图书在版编目（CIP）数据

彭水年鉴. 2019 / 彭水年鉴编辑部编. --北京：
方志出版社，2019.12
ISBN 978-7-5144-4062-1

Ⅰ. ①彭… Ⅱ. ①彭… Ⅲ. ①彭水县—2019—年鉴
Ⅳ. ①Z527.194

中国版本图书馆CIP数据核字（2019）第299096号

彭水年鉴（2019）

编　　者：彭水年鉴编辑部
责任编辑：黄　彦
出 版 者：方志出版社
地址　北京市朝阳区潘家园东里9号（国家方志馆4层）
邮编　100021
网址　http://www.fzph.org
发　　行：方志出版社图书经销中心
电话（010）67110500
经　　销：各地新华书店
印　　刷：重庆巴南彩印厂
开　　本：889 × 1194　1/16
印　　张：19.5
字　　数：530千字
版　　次：2019年12月第1版　2019年12月第1次印刷
印　　数：0001~1000册
ISBN 978-7-5144-4062-1　定价：260.00元

《彭水年鉴》编辑委员会

《彭水年鉴》编辑部

主　　　编： 冯久洪

副　主　编： 冉茂鸿　任　勇

执行副主编： 吴向华　汪卫东　谢直兴　唐　茂

编　　　辑： 陈　坤（女）

编 辑 说 明

一、《彭水年鉴》（2019年卷）旨在反映2018年彭水苗族土家族自治县经济、政治、文化、社会发展状况以及各条战线、各行各业在改革开放、促进发展、建设打造具有民族特色的旅游中等城市中所取得的新成就、新进展、新突破；同时也为上层决策经济发展，群众知晓信息，外界认识、了解、走进彭水提供信息服务平台。

二、年鉴以马克思列宁主义、毛泽东思想、邓小平理论、“三个代表”重要思想、科学发展观、习近平新时代中国特色社会主义思想为指导，坚持辩证唯物主义和历史唯物主义的立场、观点和方法，力求思想性、科学性、资料性有机统一。

三、本年鉴共9个部分，分别是特载、大事记、县情总貌、政治、经济、社会事业、乡镇街道、荣誉、附录。

四、本年鉴采用分类编辑法，由类目、分目、条目组成。为便于查阅，全书条目标题均使用黑体字加【 】表示。

五、本年鉴资料均由县级各部门和有关单位提供，并经提供单位领导审核。

六、所有数据统计部门有统计的采用统计部门的数据，统计部门没有的则采用各部门、各单位提供的数据。

七、本年鉴所收录的先进单位、先进个人均以获奖日期或获奖内容在2018年度内为准。

八、本年鉴资料收集工作得到全县各乡镇街道、县级各部门、各人民团体、各企事业单位的广泛关注和大力支持，特别是得到县委办、县政府办、县银监办等单位鼎力相助，在此一并致谢。

彭水苗族土家族自治县地图

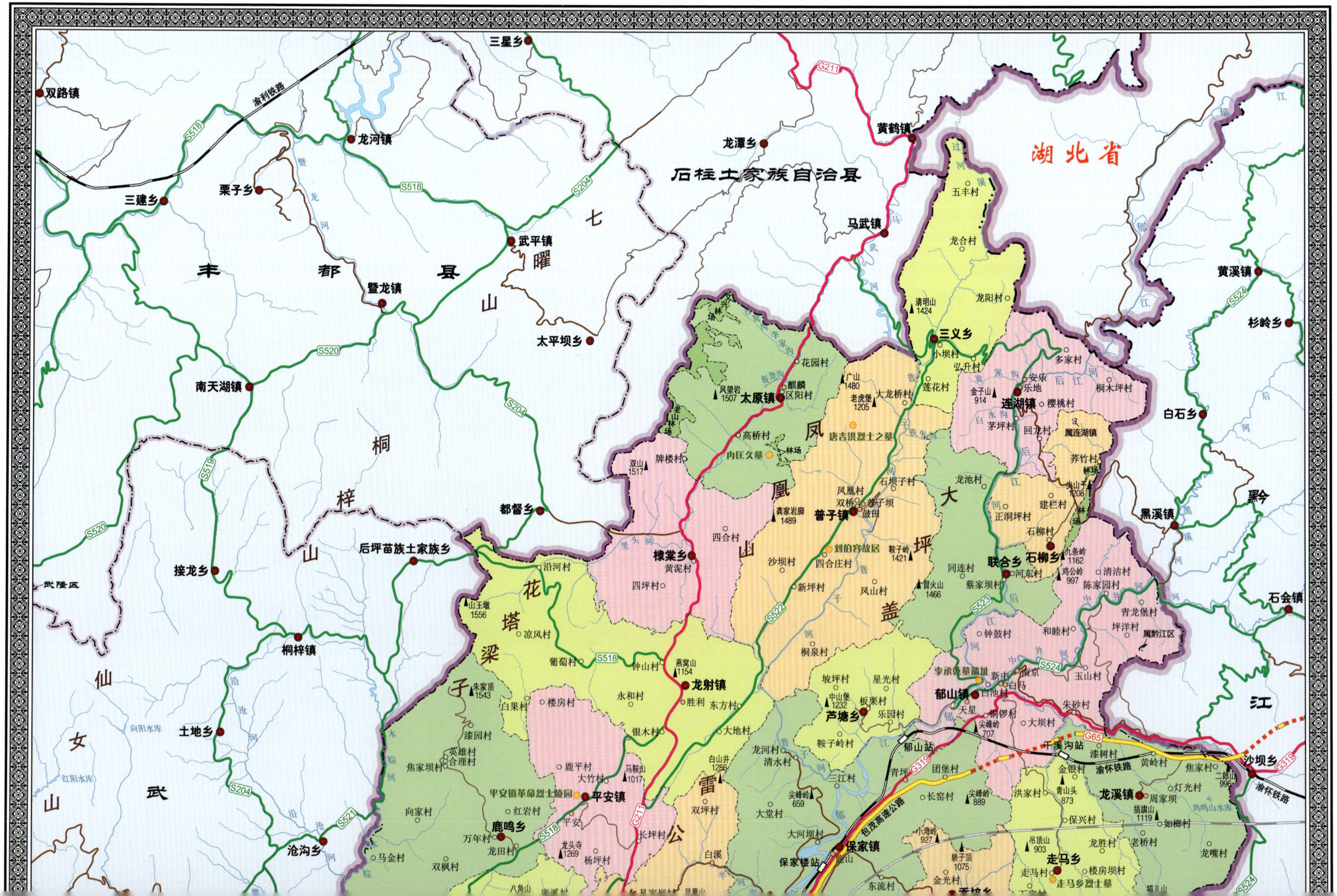

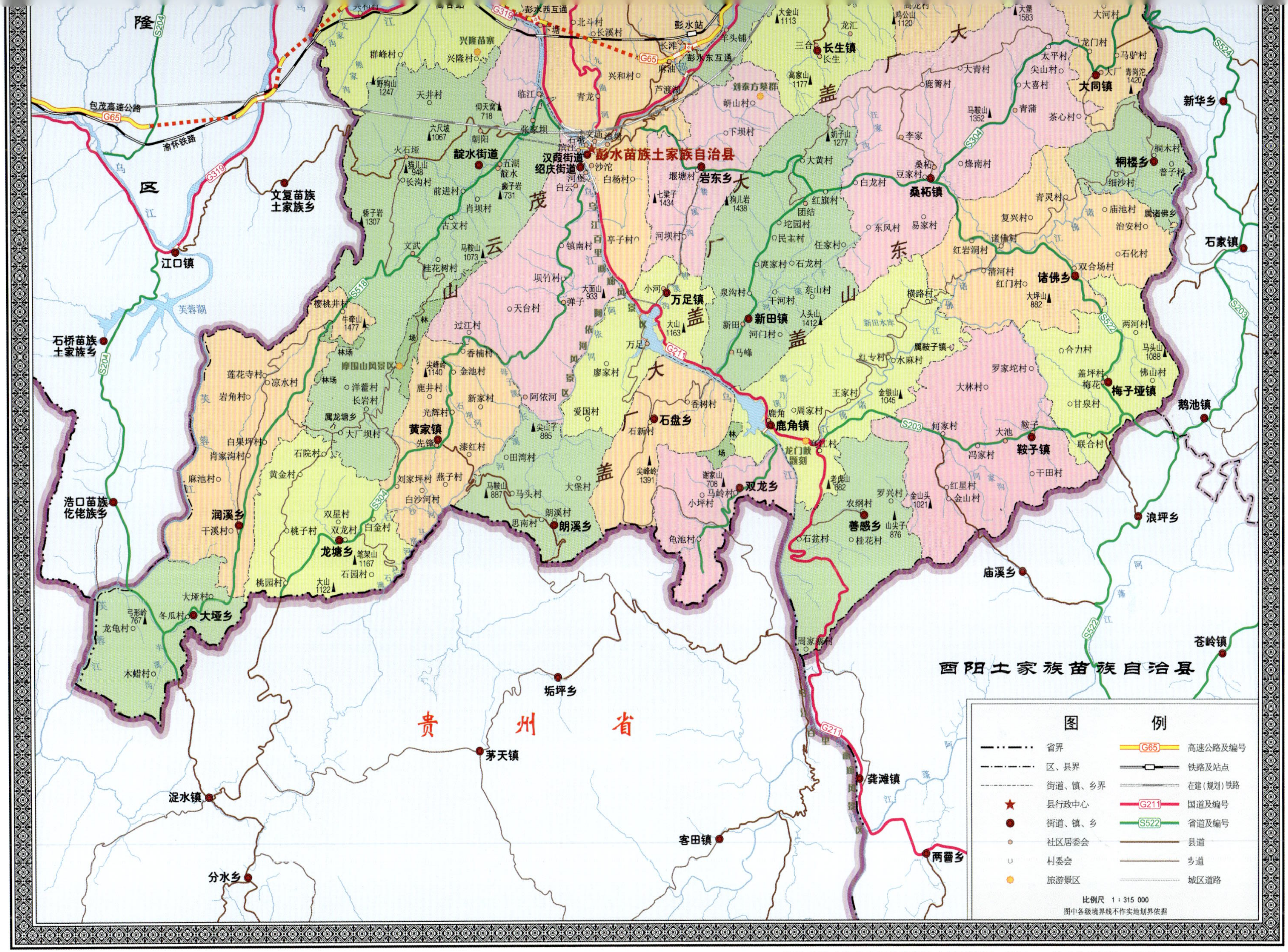

审图号：渝S（2019）012号

彭水苗族土家族自治县规划和自然资源局　监制　　重庆市勘测院　编制　　二〇一九年二月

彭水城区新貌

（周玖林 摄）

彭水之夜

（张龙河 摄）

领 导 关 怀

2018年7月17日，国家卫生健康委体改司副司长薛海宁带队到彭水专题调研基层医疗机构集团化管理改革工作

（县卫生健康委 供图）

2018年3月7日，市委政法委书记刘强（右一）到郁山司法所调研

（县司法局 供图）

2018年12月14日，市委常委段成刚（前排右一）考察重庆火吉健康产业（集团）有限公司

（县经信委　供图）

2018年11月7日，重庆市人民政府副市长屈谦（右三）到彭水专题调研基层医疗机构集团化管理改革工作

（县卫生健康委　供图）

重大活动

2018年1月15日，彭水自治县监察委员会正式挂牌成立

（县纪委监委 供图）

2018年7月5日，国家税务总局彭水苗族土家族自治县税务局正式挂牌成立

（县税务局 供图）

2018年5月22日，农历四月初八，在彭水蚩尤九黎城举行万人同跳踩花山活动

（九黎集团 供图）

2018年5月20日，在彭水蚩尤九黎城举办苗族集体婚礼

（九黎集团 供图）

2018年5月22日，第八届中国摩托艇联赛暨中美澳艺术滑水精英赛在县城水域举行

（县文化旅游委 供图）

2018年7月3日，大型系列主题公益活动“绿色中国行”——走进世界苗乡·美丽彭水在彭水自治县诸佛乡庙池村举行

（县文化旅游委 供图）

2018年7月7日，在彭水蚩尤九黎城举行2018年海峡两岸暨港澳地区户外挑战赛暨“蚩尤九黎城杯”重庆·彭水户外挑战赛

（九黎集团 供图）

2018年10月5日，在彭水蚩尤九黎城举行2018年中国苗族文化国际旅游节暨第四届蚩尤九黎城庙会

（九黎集团 供图）

旅 游 风 光

阿依河吊桥

（何义提 摄）

阿依河激情漂流

（县文化旅游委 供图）

阿依河母子溪曲径探幽

（县文化旅游委 供图）

阿依河情定苗寨篝火晚会

（县文化旅游委 供图）

阿依河青龙洞梦幻廊桥

（县文化旅游委 供图）

阿依河一线天
（县文化旅游委 供图）

阿依河竹筏放歌
（县文化旅游委 供图）

鞍子苗寨全景
（县文化旅游委 供图）

鞍子苗寨火铺
（县文化旅游委 供图）

鞍子苗寨石磨岩
（县文化旅游委 供图）

蚩尤九黎城（万人同跳踩花山）

（县文化旅游委 供图）

蚩尤大殿

（县文化旅游委 供图）

蚩尤九黎城
（冉　林 摄）

九黎神柱
（县文化旅游委 供图）

九黎遁道
（县文化旅游委 供图）

摩围山豹头岩

（卢　进　摄）

摩围山草场

（曾华康　摄）

摩围山林海

（简文相 摄）

摩围山飞云口

（县文化旅游委 供图）

摩围山森林木屋区全景
（县文化旅游委 供图）

摩围山情人谷一景
（县文化旅游委 供图）

摩围山小木屋
（县文化旅游委 供图）

乌江墨韵

（王维刚 摄）

乌江画廊

（李 科 摄）

郁山古镇

（卢 进 摄）

名特小吃

晶丝苕粉

（县商务委 供图）

毛洋芋

（县商务委 供图）

目 录

特 载

大事记

县情总貌

政　治

经　济

社会事业

乡镇街道

荣　誉

附　录

特　载

全面贯彻习近平总书记重要讲话精神
全力营造风清气正的良好政治生态

——2018年4月23日在县委十四届四次全会第一次全体会议上的讲话

中共彭水自治县委书记　钱建超

这次全会的主要任务是，深入学习贯彻党的十九大精神，以习近平新时代中国特色社会主义思想为指引，全面贯彻习近平总书记视察重庆重要讲话和参加重庆代表团审议时重要讲话精神，认真落实市委五届四次全会部署，坚决肃清孙政才恶劣影响和薄熙来、王立军流毒，加强法治和德治工作，营造风清气正的良好政治生态，推动全面从严治党向纵深发展，为更好地把党的十九大精神和总书记殷殷嘱托全面落实在彭水大地上提供坚强保证。

一、认真学习贯彻习近平总书记重要讲话精神和市委五届四次全会精神，切实当好政治生态“护林员”

今年全国两会，习近平总书记亲临重庆代表团参加审议并发表重要讲话，对重庆发展提出总体要求，对肃清孙政才恶劣影响和薄熙来、王立军流毒，营造良好政治生态作出重要指示，对法治和德治问题进行深刻阐述，为重庆各项事业发展指明前进方向、提供根本遵循。总书记的重要讲话高瞻远瞩、统揽全局，思想深邃、内涵丰富，情真意切、语重心长，是我们重整行装再出发最重要的思想武装，是做好各方面工作最切实的行动指南。市委五届四次全会全面贯彻习近平总书记视察重庆重要讲话和参加重庆代表团审议时重要讲话精神，提出营造良好政治生态的总体要求，部署了坚决肃清孙政才恶劣影响和薄熙来、王立军流毒，加强法治和德治建设等重点任务，为我们全面贯彻习近平总书记重要讲话精神、全力营造风清气正的良好政治生态明确方向要求，提出方法举措。我们要认真学习、深入落实习近平总书记重要讲话精神和市委五届四次全会各项部署，切实当好全县政治生态“护林员”。

（一）切实提升营造良好政治生态的认识。党的十八大以来，以习近平为核心的党中央把严肃党内政治生活、营造良好政治生态摆在突出位置，坚定不移正风肃纪、反腐惩恶，党风政风为之一新，党心民心为之一振。党的十九大报告进一步提出，“营造风清气正的良好政治生态”。习近平总书记在参加重庆代表团审议时就营造良好政治生态作出重要指示，给我们上了一堂深刻生动的党性政治课、法治德治课，非常及时、非常重要，为我们进一步统一思想、凝聚力量、做好工作，给予了坚强领导、有力指导。过去十年，薄熙来、王立军案件和孙政才案件的相继发生，对全市政治生态和干部队伍伤害极大。市委五届四次全会全面贯彻落实习近平总书记重要讲话精神，围绕坚决肃清孙政才恶劣影响和薄熙来、王立军流毒，部署加强政治生态建设的各项任务，并强调指出，政治生态是一个地方党风、政风和社会风气的综合体现，营造良好政治生态，是旗帜鲜明讲政治、坚决维护以习近平为核心的党中央权威和集中统一领导的政治要求，是持之以恒正风肃纪、推动全面从严治党向纵深发展的迫切需要，是锻造优良党风政风、确保改革发展稳定目标顺利实现的重要保障。为此，我们必须深刻认识营造良好政治生态的极端重要性和现实紧迫性，切实增强做好工作的政治自觉、思想自觉和行动自觉。

（二）*准确把握营造良好政治生态的部署要求*。市委五届四次全会全面贯彻习近平总书记视察重庆重要讲话精神和参加重庆代表团审议时重要讲话精神，针对重庆当前存在的问题，作出了营造良好政治生态、坚决肃清孙政才恶劣影响和薄熙来、王立军流毒、加强法治和德治建设的决定，明确了工作要求和重点任务。这些要求和任务非常具体，为我们做好各项工作提供了有力指导。全县各级各部门和广大党员干部要深刻认识营造良好政治生态的重大意义，切实把政治建设摆在营造良好政治生态的首位，把肃清孙政才恶劣影响和薄熙来、王立军流毒作为最要紧的任务，把严肃党内政治生活作为基础性工作，充分发挥法治和德治的重要作用，把营造良好政治生态与做好当前各项工作结合起来，为更好地推动党的十九大精神和总书记殷殷嘱托在彭水落地生根提供坚强保证。

（三）*切实增强营造良好政治生态的紧迫感责任感*。市委五届四次全会深刻指出全市目前政治生态污染的现象尚未彻底根除，要求全市各级各部门突出问题导向，认真查找政治生态方面存在的突出问题和工作差距，靶向施策、精准发力。对照市委五届四次全会指出的突出问题，围绕肃清孙政才恶劣影响和薄熙来、王立军流毒的工作要求，根据市委营造良好政治生态的各项部署，我们营造良好政治生态的任务还十分繁重。全县部分单位、部分领域、部分党员干部不同程度地存在市委五届四次全会列举的一些问题；同时，还存在对党的十九大精神和习近平总书记重要讲话精神学得不深、吃得不透，对营造良好政治生态的站位不高、认识不足，对肃清孙政才恶劣影响和薄熙来、王立军流毒的要求理解不深、掌握不准，认为孙政才案件和薄熙来、王立军案件与己无关、离得很远等问题。这些现象和问题，必须高度重视、彻底解决。全县党员干部要切实提高政治站位，增强营造良好政治生态的紧迫感责任感，对标市委要求深入查找突出问题，真正把自己的思想、工作、作风摆进去，全面彻底干净肃清孙政才恶劣影响和薄熙来、王立军流毒，推动全面从严治党向纵深发展。

总之，我们要全面把握习近平总书记重要讲话精神和市委五届四次全会精神，深刻认识营造良好政治生态的重大政治意义和现实意义，增强“四个意识”，坚定“四个自信”，全面加强政治生态建设，推动形成一切行动听以习近平为核心的党中央指挥、自觉向党中央和总书记看齐的良好政治氛围，形成各级党组织坚强有力奋发有为、各级领导干部忠诚担当干净干事、广大干部群众团结一心沉心静气的良好政治局面，形成全县党风政风民风全面好转、整个社会正气充盈的良好政治环境，为新时代彭水改革发展提供坚强有力的政治保证、思想保证和组织保证。

二、认真落实“三个确保”要求，坚定不移把政治建设摆在营造良好政治生态的首位

营造良好政治生态，首先要从政治上认识，从政治上落实，首要的是同以习近平为核心的党中央保持高度一致。市委五届四次全会强调，营造良好政治生态要做到“三个确保”：确保重庆各级党组织和广大党员干部一切行动听党中央指挥、向总书记看齐，确保重庆所有工作部署都以贯彻中央精神为前提，确保重庆各项事业沿着总书记指引的正确方向前进。这是市委的政治承诺，也是检验政治生态好不好的根本标准。全县上下一定要严格按照市委要求，坚决把“三个确保”贯穿营造良好政治生态工作全过程，见诸行动、落细落实。

市委五届四次全会明确指出，各级各部门要在落实“三个确保”的政治前提下，结合实际着力营造五个方面的环境。我们一定要对照要求，逐项抓落实。

一是着力营造团结和谐的环境。团结和谐是营造良好政治生态的牢固基础。习近平总书记指出，懂团结是真聪明，会团结是真本领。市委五届四次全会要求，要精心维护团结、自觉加强团结、带头增进团结。全县上下要时刻以党的事业为重、以全县大局为重、以人民利益为重，牢记维护团结的要求，着力构建清清爽爽的同志关系、规规矩矩的上下级关系。要充分发挥党委总揽全局、协调各方的领导作用，县委常委会、县人大常委会、县政府、县政协、县法检党组要发挥表率带头作用，各级党组织要讲政治、顾大局，努力形成全县上下一条心干事业、一盘棋抓工作、一股劲促发展的生动局面。

二是着力营造干事创业的环境。干部要干事，群众要创业，是良好政治生态的重要内涵。当前，彭水正处于改革发展的关键时期，迫切需要有一个干事创业的良好环境。我们要认真落实习近平总书记“四抓四劲”的要求，把心思和精力集中到工作上，坚决与慵懒无为作斗争，以敢闯敢试的冲劲、务实担当的责任、昂扬向上的激情，脚踏实地干事业，心无旁骛谋发展，努力推动高质量发展、创造高品质生活，让彭水各项事业迈上新台阶。

三是着力营造遵纪守法的环境。纪律严明、法治昌明，是良好政治生态的重要保障。习近平总书记多次强调，领导干部要带头尊法学法守法用法，决不允许以言代法、以权压法、逐利违法、徇私枉法。市委五届四次全会强调，要深入推进全面依法治市，大力提升法治建设水平。全县广大党员干部特别是领导干部，要带头遵纪守法，严格遵守宪法法律，始终把纪律和规矩挺在前面，以党员干部遵纪守法的良好形象，带动全社会形成办事依法、遇事找法、解决问题用法、化解矛盾靠法的良好氛围，推动全面依法治县不断深入。

四是着力营造崇德向上的环境。良好道德风尚是良好政治生态的应有之义。习近平总书记多次强调，党员干部应该是崇尚道德的模范。市委五届四次全会指出，领导干部要做道德建设的积极倡导者、引领者、示范者。我们要认真学习、深刻把握习近平总书记关于德治和政德的指示精神，按照市委要求，加强全县党员干部的道德修养，不断提高政德水平。要重视发挥道德教化作用，大力培育和践行社会主义核心价值观，加强社会主义思想道德和精神文明建设，弘扬优秀传统文化，树立良好道德风尚。

五是着力营造用权用人的环境。党员干部依法用权、秉公用权、廉洁用权，是良好政治生态的重要标志。习近平总书记多次强调，要把权力关进制度的笼子。市委五届四次全会明确指出，必须树立正确选人用人导向。我们要认真落实习近平总书记重要讲话精神和市委要求，牢固树立正确的权力观，加强对权力运行的制约监督，让权力在阳光下运行；严格落实新时期好干部标准，把优秀干部选出来、用出来、管出来、带出来，为彭水各项事业发展提供坚强的组织保障。

落实好上述要求，我们一定要做到“三个必须”：

（一）*必须坚决维护习近平总书记核心地位、维护党中央权威和集中统一领导。*习近平总书记作为党中央的核心、全党的核心，是全党拥戴、人民爱戴的好领袖，是新时代中国特色社会主义国家的掌舵者、人民的领路人，给人以信仰的力量、真理的力量、担当的力量、人格的力量。全县上下要坚决贯彻《中共中央政治局关于加强和维护党中央集中统一领导的若干规定》和市委规定，把维护习近平总书记核心地位作为第一位的政治要求，时时处处事事维护以习近平为核心的党中央权威和集中统一领导，不断增强忠诚核心、拥戴核心、维护核心、捍卫核心的政治、思想和行动自觉，做到思想上高度认同、政治上坚决维护、组织上自觉服从、行动上紧紧跟随。

（二）*必须深学笃用习近平新时代中国特色社会主义思想*。习近平新时代中国特色社会主义思想，是我们改造主观世界和客观世界的“源头活水”，也是领导干部成长进步的“政治营养”。营造良好政治生态，必须从中坚定政治方向、汲取政治营养。全县各级党组织和广大党员干部要坚持读原著、学原文、悟原理，在学懂弄通做实上下真功夫、实功夫，不断增强政治认同、思想认同、理论认同和情感认同，真正内化于心、外化于行、转化为果。要把学习习近平新时代中国特色社会主义思想与学习党章和宪法结合起来，与学习《习近平谈治国理政》一二卷结合起来，与学习贯彻党的十九大、十九届二中三中全会、中央经济工作会议和全国“两会”精神结合起来，与学习贯彻习近平总书记视察重庆重要讲话和参加重庆代表团审议时重要讲话精神结合起来，做到学思用贯通、知信行统一。

（三）*必须不折不扣贯彻落实党中央决策部署*。贯彻党中央决策部署，确保中央政令畅通，是维护党中央权威和集中统一领导的具体体现。全县上下要始终坚定自觉地向党中央看齐，向党的理论和路线方针政策看齐，向党中央决策部署看齐，做到党中央提倡的坚决响应、党中央决定的坚决执行、党中央禁止的坚决不做。在任何时候任何情况下，都坚决听从党中央指挥，决不允许打折扣、做选择、搞变通。要注重从全局谋划一域、以一域服务全局，作任何决策都要从习近平新时代中国特色社会主义思想中找思路、找方法，推进任何工作都要从“五位一体”总体布局和“四个全面”战略布局中找方位、找定位，使各项工作既为一域争光、又为全局添彩。

三、注重破立并举，全面彻底干净肃清孙政才恶劣影响和薄熙来、王立军流毒

市委五届四次全会指出，孙政才案件和薄熙来、王立军案件，对党的形象和党的事业造成很大危害，对全市改革发展稳定造成重大损害，对全市广大干部群众造成极大伤害，做好肃清工作，有利于各级党组织和广大党员干部进一步增强“四个意识”，自觉维护以习近平为核心的党中央权威和集中统一领导；有利于进一步认清孙政才案件和薄熙来、王立军案件的本来面目和严重危害，深入推进全面从严治党，严肃党内政治生活，涵养党内政治文化，净化党内政治生态；有利于进一步统一思想、凝聚力量，更好地贯彻党中央决策部署，更有效地做好各项工作。

2017年7月以来，为全面彻底干净肃清孙政才恶劣影响和薄熙来、王立军流毒，市委作出了系列安排，列出十个“负面清单”和十个“正面清单”。按照市委统一部署和市委脱贫攻坚专项巡视反馈意见要求，全县各级党组织围绕“聚焦形式主义、官僚主义，聚焦深化专项巡视整改，聚焦坚决肃清孙政才在脱贫攻坚领域造成的恶劣影响，着力确保如期高质量精准扶贫精准脱贫”召开了专题民主生活会，同时，聚焦“坚决肃清孙政才恶劣影响和薄熙来、王立军流毒，大力营造良好政治生态，全力推进重庆各项事业健康发展”这一主题召开专题民主生活会、组织生活会。全县广大党员干部对照初心和使命，切实把自己摆进去、把思想摆进去、把工作摆进去，联系工作实际和反面典型，深入进行党性分析，为营造良好政治生态奠定政治基础和思想基础。同时，我们要清醒地认识到，肃清工作非一日之功，不可能一蹴而就。要深入学习习近平总书记参加重庆代表团审议时重要讲话精神，按照市委坚决肃清孙政才恶劣影响和薄熙来、王立军流毒的意见要求，扎实开展肃清工作。按照市委要求，制定贯彻落实文件，全县各级党组织要按照文件要求认真抓好落实。要注意把握好三个方面：

（一）围绕“怎么看”，做细做实教育引导工作。市委梳理孙政才和薄熙来、王立军严重违反党的政治纪律和政治规矩、丧失理想信念、管党治党不力、歪曲党的理论和路线方针政策、搞任人唯亲团团伙伙、破坏党内政治生活、邀约民心欺骗群众、践踏法治道德败坏、懒政惰政哗众取宠、以权谋私腐化堕落等十个方面的恶劣影响和流毒。大家要深入学习文件精神，进一步认清孙政才和薄熙来、王立军的真实面目和现实危害，认清他们的两面性、隐蔽性、欺骗性。全县各级党组织要切实提高政治站位，分层分类抓好党员干部群众的教育引导，有针对性地做好党员干部群众的思想政治工作，把孙政才恶劣影响和薄熙来、王立军流毒是什么讲清楚，把现实表现讲清楚，把严重危害讲清楚，把如何肃清讲清楚，把各种模糊的、错误的思想认识打扫干净，以思想上的拨乱实现认识上的统一，坚决防止错误思想和行为死灰复燃。要把说清道理与多干实事结合起来，扎扎实实为群众办好事、办实事，让老百姓有实实在在的获得感、幸福感、安全感。

（二）围绕“怎么办”，全面落实“十破十立”要求。习近平总书记强调，要注重破立并举，坚持什么、反对什么必须旗帜鲜明。市委坚决落实习近平总书记的重要指示，坚持破立并举、拨乱反正、扳正船头、调正航向，从十个方面坚决肃清孙政才恶劣影响和薄熙来、王立军流毒，讲得十分清楚明白，是做好肃清工作的具体要求。全县各级党组织要认真学习好、深入领会好、准确把握好，不折不扣贯彻落实好。要对照市委明确的十个“负面清单”和十个“正面清单”，逐条对照梳理，坚持把破立工作融入到党内政治生活，融入到日常工作，强化案例教学，强化典型引导，把正确的思想、优良的作风、良好的导向、正面的典型立起来，把负面的去掉，推动形成良好的政治生态。

（三）围绕“怎么导”，充分发挥好“关键少数”作用。做好肃清工作，领导干部是关键因素。只有领导干部认清了、想通了，带头肃清了，才能以上率下，推动分管领域、部门做好肃清工作。全县各级领导干部要率先担当起领导责任和示范责任，带头讲出来，做起来，一级抓一级、一级带一级，不仅要自觉把自己摆进去、把思想摆进去、把工作摆进去，带头肃清，还要带动自己的身边人、所分管的部门单位领域做好肃清工作。要认真履行好“一岗双责”，把肃清工作作为基本职责，作为带好队伍、做好工作的基本前提，亲自抓肃清、主动抓肃清，以更加坚决的态度、更加有效的举措，推动形成全县上下认识高度统一、行动高度一致的良好局面。

四、严肃党内政治生活，夯实营造良好政治生态的工作基础

严肃党内政治生活，是加强党内政治生态建设的必要手段。党的十八大以来，党中央把严肃党内政治生活、净化党内政治生态摆在更加突出的位置来抓。党的十九大强调，要严肃党内政治生活，发展积极健康的党内政治文化。市委五届四次全会要求，全市广大党员干部要自觉尊崇党章，严格执行新形势下党内政治生活若干准则，真正让党内政治生活严起来、实起来、活起来。为此，全县各级党组织要认真落实市委五届四次全会的各项要求，进一步严肃党内政治生活，夯实营造良好政治生态的工作基础。

（一）严格执行新形势下党内政治生活若干准则。党的十八届六中全会审议通过的《关于新形势下党内政治生活的若干准则》，明确了新形势下加强和规范党内政治生活的方向、目标、原则、任务、举措，是新形势下加强党内政治生态建设的纲领性文件。全县各级党组织要进一步学习《准则》，深刻把握要求，特别要在执行和落实上下功夫，每一次理论学习、每一次民主讨论、每一次集体决策、每一次组织生活会、每一次民主生活会、每一次批评和自我批评，都要严格自我约束和自我要求，做到旗帜鲜明突出政治性要求、与时俱进体现时代性要求、严肃认真坚持原则性要求、坚决彻底贯彻战斗性要求。

（二）始终坚持正确选人用人导向。选人用人是党内政治生活的风向标，用人上的不正之风和腐败现象对政治生活危害最烈，端正用人导向是严肃党内政治生活的治本之策。一要始终坚持党管干部原则。各级党委（党组）要牢牢把握党对干部人事工作的领导权和对重要干部的管理权，认真落实选人用人主体责任，确保每一个程序、每一步推进都充分体现党组织的主导地位和集体把关作用，使选出来的优秀干部让组织放心、群众满意、干部服气。二要突出新时期好干部标准。“信念坚定、为民服务、勤政务实、敢于担当、清正廉洁”的好干部标准是选人用人的根本遵循。选拔干部，要把政治标准作为首要标准，把政治表现考准考实。要全方位、多角度考察干部，通过与干部谈心谈话，走进干部的工作圈、生活圈、社交圈，既要听其言、又要观其行，既从履行岗位职责中、又从完成急难险重任务中，考察识别干部的政治品质和政治能力，在干事创业中选拔干部。三要坚持依事择人。注重事业为上、人事相宜，围绕打好“三大攻坚战”、实施“八项行动计划”等重大任务，从符合条件的对象中看谁更优秀、从优秀对象中看谁更合适，真正把最合适的优秀人才放在最需要的岗位上。

（三）严格规范党的组织生活。一个班子强不强、有没有战斗力，同有没有严肃认真的组织生活密切相关。一要坚决贯彻执行民主集中制，不断完善科学民主依法决策机制，把需要集体研究讨论决策的重大问题拉单列项，把议事决策的必备程序落实到位，不断提升科学决策、民主决策、依法决策的水平。各级党组织主要负责人要带头发扬民主、坚持末位发言、集中正确意见，班子成员要敢于讲真话、讲实话，充分表达自己的意见，坚决杜绝“一言堂”“家长制”。在集体作出决策后，所有班子成员都要严格按照责任分工逐项抓好落实，不得随意变更或消极对待。二要不断提高组织生活会质量，认真落实“三会一课”、民主生活会和组织生活会、领导干部双重组织生活、谈心谈话、民主评议党员等制度，健全完善支部主题党日活动“三不准”制度和组织生活计划报备、全程纪实制度，突出政治学习和教育，突出党性锻炼，坚决防止随意化、形式化、平淡化、庸俗化。三要注重创新方式方法，抓住大家普遍关心的热点难点问题和党员干部思想新变化，运用大数据、互联网等手段，采取座谈交流、专家讲座、志愿服务等形式，提升组织生活的吸引力、感召力和针对性、实效性。四要用好批评与自我批评这个武器，既不回避问题、又不上纲上线，既动真碰硬、又实事求是，做到自我批评一针见血、互相批评不留情面、接受批评真心诚意。

（四）发展积极健康的党内政治文化。政治文化是政治生活的灵魂，对政治生态具有潜移默化的影响。全县各级党组织要不断创新党内政治文化的载体、形式、方法和手段，通过举办生动活泼、形式多样、丰富多彩的党内文化活动，让广大党员潜移默化地接受教育，以良好的政治文化涵养风清气正的政治生态。要积极组织广大党员干部认真收听收看党媒党刊党报，丰富党建传播平台，探索发展智能化党建、多媒体党建和智慧党建。要倡导和弘扬忠诚老实、光明坦荡、公道正派、实事求是、艰苦奋斗、清正廉洁等价值观，旗帜鲜明抵制和反对关系学、厚黑学、官场术、“潜规则”等庸俗腐朽的政治文化，不断培厚良好政治生态的土壤。

（五）持之以恒正风肃纪。净化政治生态需要长期而深入的正风肃纪才能见成效。一要严守党的政治纪律和政治规矩。全县广大党员干部特别是领导干部要带头遵规守纪，坚决防止“七个有之”，坚决做到“五个必须”，在任何时候任何情况下，都对党忠诚老实、与党中央同心同德，始终做政治上的明白人、老实人。要精准运用监督执纪“四种形态”，从严监督执纪问责，使纪律规矩真正成为“带电的高压线”。二要驰而不息转作风。全县各级党组织、党员干部特别是领导干部要贯彻执行好中央“八项规定”精神，扎实开展兴调研转作风促落实行动，切实解决文山会海、庸政懒政、不作为乱作为等“四风”问题特别是形式主义、官僚主义等问题，以具体问题的突破带动全县作风全面好转。三要保持反腐败高压态势。坚持无禁区、全覆盖、零容忍，坚持重遏制、强高压、长震慑，盯住重点领域、重点环节，切实强化“不敢腐”的震慑。严厉打击“蝇贪”，严厉整治发生在群众身边的腐败问题，开展民生领域专项整治，以实际成效取信于民。

五、提高法治和德治建设水平，为营造良好政治生态提供有力保障

习近平总书记反复强调，法治和德治是国家治理体系中的两个方面。市委五届四次全会指出，加强法治和德治对营造良好政治生态至关重要。市委制定了关于加强法治和德治工作的实施意见，我们要对照市委实施意见抓落实，结合全县实际，重点抓好以下工作：

（一）坚持法治反对人治，大力提高法治建设水平。崇尚法治、建设法治、厉行法治是营造良好政治生态的重要保障。全县上下要对宪法法律保持敬畏之心，严格依照法定权限、规则、程序行使权力、履行职责。一要切实维护宪法法律权威。全县各级党组织和领导干部要带头尊崇宪法，自觉在宪法法律范围内活动。要强化宪法学习，深入开展宪法日活动，营造全社会尊崇宪法、信仰宪法的良好氛围。二要严格执法公正司法。牢固树立“法定职责必须为、法无授权不可为”的理念，严格执法责任，加强执法监督，推进综合执法，加快建设法治政府。要深入推进司法体制综合配套改革，强化司法规范化建设，不断提高司法公信力和群众满意度，努力让人民群众在每一个司法案件中感受到公平正义。三要加强权力运行制约监督。将合法合规性审查作为重大决策法定程序，防止违法决策；推行重大民生决策事项民意调查和听证制度，开展重大决策社会稳定风险评估，防止盲目决策；严格按照集体领导、民主集中、个别酝酿、会议决定的原则决定重大事项，防止专断决策。积极推行党务政务公开，深化司法公开，强化舆论监督，切实强化对权力运行的监督制约。四要规范领导干部用权行为。进一步完善、严格执行项目招投标、政府采购等重点领域制度规范，开展工程建设等领域突出问题专项整治，全覆盖审计公共资金、国有资产、国有资源和领导干部履行经济责任情况，严格落实领导干部干预司法活动、插手具体案件处理的记录、通报和责任追究制度，坚决防止违法干预。

（二）坚持既讲法治又讲德治，大力提高德治建设水平。法治和德治如车之两轮、鸟之两翼，不可分离、不可偏废。一要把道德要求融入法治建设全过程。用执法推动守德，加大食品药品、安全生产、环境保护等领域违反道德要求行为的执法力度，深化“扫黄打非”；注重司法断案惩恶扬善，及时发布对培育和弘扬社会主义道德有示范作用的典型案例，引导群众既守法又守德。加强执法司法人员职业道德教育，加强执法说理，开展柔性执法，切实把道德要求融入到严格执法公正司法当中。二要运用法治解决道德领域突出问题。加强社会诚信体系建设，完善信用激励约束机制，让诚信者“行走天下”、失信者“举步维艰”。大力惩戒侵害英烈人格、见危不扶等行为，强化失德行为曝光，在全社会形成惩戒失德行为的强大声势。三要提高全民法治意识和道德自觉。深化“七五”普法，深入开展基层法治示范创建活动，采取群众喜闻乐见的方式开展普法活动，推动全社会树立法治意识。加强全社会道德修养，开展社会主义核心价值观全民教育行动，以榜样的力量引导全社会崇德明礼、向上向善。弘扬健康向上的道德文化，充分挖掘蚩尤文化、盐丹文化、黔中文化等民族民俗文化，积极弘扬红色文化，大力开展大操大办婚丧喜庆事宜和借机敛财不正之风专项治理，坚决防止封建腐朽道德文化沉渣泛起。

（三）坚持抓住“关键少数”，大力提高政德建设水平。在道德建设方面，领导干部必须是头雁、标兵、榜样。全县各级领导干部必须按照习近平总书记讲政德的要求，带头走正路干正事扬正气，上好大德、公德、私德人生必修课。一要牢固树立“四个意识”，时时事事处处把维护习近平总书记的核心地位作为第一位的政治要求，做到思想上高度认同、政治上坚决维护、组织上自觉服从、行动上紧紧跟随，自觉主动带领全县各级党组织和广大党员干部一切行动听党指挥、向总书记看齐。二要明大德，坚定理想信念。把讲政治贯穿于党性锻炼的全过程，严守政治纪律和政治规矩，大力发挥革命先进典型作用，时刻用坚定理想信念补足精神之“钙”，对党忠诚，对人民忠诚，讲老实话、办老实事、做老实人。三要守公德，全心全意为人民服务。全县各级领导干部要树立正确的政绩观，无论在决策部署还是推进工作时，都要坚持民生导向，在发展教育、促进就业、保障困难群体基本生活等方面推出更多更实的举措，想方设法把人民群众对美好生活的向往变成现实。四要严私德，严格约束操守和行为。全县各级领导干部要常用党规党纪量一量自己的言行，扫一扫身上的尘土，不断检视身心、修正行为。要多积尺寸之功，坚持从小事小节上加强修养，管好自己的生活圈、交往圈、娱乐圈，增强拒腐防变的免疫力。

六、把营造良好政治生态与做好各项工作相结合，着力形成推动彭水高质量发展的良好氛围

习近平总书记强调，对于重庆来说，当前最紧迫的任务，就是要营造良好的政治生态，让既定的行动纲领、战略决策、工作部署兑现。陈敏尔书记在市委五届四次全会上指出，要认真落实习近平总书记的要求，坚持“干”字当头，撸起袖子加油干、扑下身子抓落实，用好的精神状态抓兑现落实，用好的方法抓兑现落实，用好的机制抓兑现落实，用好的作风抓兑现落实。贯彻落实习近平总书记的重要指示精神和市委五届四次全会要求，关键要在抓兑现落实上下苦功夫、下真功夫，这就要求我们必须把营造良好政治生态与做好各项工作相结合，通过营造良好政治生态促进作风大转变、工作大落实。

（一）强化使命担当，进一步提升精神状态。新时代对发展提出新要求。要全面落实中央和市委各项决策部署，推动彭水经济社会持续健康高质量发展，首先是全县广大党员干部要有良好的精神状态。我们要按照团结一致、沉心静气的要求，保持坚定清醒有为的精神状态，以钉钉子精神抓好各项战略部署和行动计划兑现落实。一要凝心聚力抓落实。要认真组织广大党员干部深入学习习近平总书记系列重要讲话精神，始终在思想上政治上行动上同以习近平为核心的党中央保持高度一致，坚决维护党中央权威和集中统一领导，切实把人民群众的心气凝聚起来，把方方面面的力量汇聚起来。二要保持定力抓落实。要牢固树立正确政绩观，静下心来工作、沉下心来做事，既立足当前，做出让老百姓看得见、摸得着、得实惠的实事，又着眼长远，多做一些为后人作铺垫、打基础、利长远的好事，坚决防止急功近利、贪功求名的倾向和行为。三要集中精力抓落实。全县上下要清醒地认识到，彭水正处于改革发展的关键时期，若不抢抓机遇、直面挑战，在新一轮的发展进程中我们就会掉队。全县广大党员干部一定要牢固树立逆水行舟、不进则退的危机感，牢固树立重整行装、奋力前行的使命感，牢固树立重任在肩、真抓实干的责任感，把全部心思和精力用在干事上，以饱满的热情、振奋的精神积极投身彭水干事创业的生动实践。

（二）改进工作方法，进一步提升工作效能。陈敏尔书记在市委五届四次全会上指出，路子对了，不怕远；方法得当，事半功倍；方法体现着能力，决定着落实的成效。这要求我们做任何工作都要讲求方法，在提高工作效能上下功夫。一要坚持稳中求进。这既是一切工作的总基调，也是我们工作方法的基本要求。做任何工作，首先要保“稳”，“稳”是前提，“进”是目标，保“稳”是为了更好地“进”。我们的各项工作，都要按照这个基本要求，去谋划、去安排、去落实。二要突出问题导向。抓落实的过程就是发现问题、解决问题的过程。要对标对表中央部署和市委要求，结合彭水实际，围绕经济社会发展找差距、找短板，找准病根下猛药，拿出狠招实招，通过问题的有效解决推动工作的高效落实。三要注重精准施策。坚持以精准思维谋事、以精准方略做事，把“严”和“细”的要求贯彻到工作全过程，在精准谋划、精准推进、精准落地上出实招、下功夫、见成效，减少工作的盲目性，增强针对性、实效性。比如脱贫攻坚工作，就是要严格“六个精准”“五个一批”要求，聚焦“两不愁、三保障”，以2个深度贫困乡和46个深度贫困村为重点，用“绣花”功夫把各项工作落细落实落精准。四要善于抓住重点。牵牛要牵牛鼻子，抓工作要抓住要害。我们做工作要分清主次、区别轻重，以重点突破带动各项工作全面发力。当前我们的工作重点就是落实中央、市委部署，围绕“两点”定位、“两地”“两高”目标和“四个扎实”要求，打好“三大攻坚战”，实施“八项行动计划”等，这些都是事关全局、事关长远的工作，要集中力量抓好落实。

（三）完善制度机制，进一步提升落实水平。习近平总书记强调，抓落实，没有一套管理机制不行，不完善制度不行。陈敏尔书记指出，要以党和国家机构改革为契机，建立健全一套行之有效的政策机制，强化抓落实的保障。为此，全县要针对彭水的具体实际，认真研究工作运行机制，着力形成强大合力。一要全力确保运行机制顺畅。进一步厘清部门、乡镇、街道职责，理顺工作机制。各乡镇（街道）要强化属地责任，发挥统揽作用，把辖区内“三大攻坚战”、乡村振兴和城镇提升、深化改革和扩大开放、保障和改善民生等责任担起来，形成推动辖区各项工作的合力。县级各部门要强化政策支撑、标准制定、业务指导，强化上下联通、左右协调、内外衔接，切实履行好服务职能。二要从严从细抓好工作部署。2018年以来，我们相继出台各项工作任务分解方案，将各项目标任务项目化清单化，把责任分解到单位、落实到人头、量化到时间。各级各部门要进一步将各项目标任务细化量化，落实责任，强化举措，一个时间节点一个时间节点地去推进，一项一项去完成。三要着力强化工作督查考核。督查考核既要重过程，更要重结果。细化量化的任务要纳入督查系统全程跟踪，督查的结果该通报要通报、该报告要报告，尤其纳入考核要严格执行，要与干部成长、目标考核、绩效评估等密切挂钩，否则督查就会沦为形式、成为过场。

（四）转变工作作风，进一步提升执行能力。抓“兑现落实”必须要有务实落实的工作作风。我们要大力发扬真抓实劲、敢抓狠劲、善抓巧劲、常抓韧劲，以好的作风把工作做得更好。一要大兴调查研究之风。要按照市委的部署要求和县委工作安排，持续深入开展“兴调研转作风促落实”行动，全县各级领导干部要围绕打好“三大攻坚战”、实施“八项行动计划”等重点工作，精准调查、深入研究，提出具有前瞻性的对策措施，突破制约转型的瓶颈，闯过发展的难关。县委决定每名县级领导干部按照工作分工开展一个专题调研，全县各级各部门都要围绕全县中心工作，根据自己工作中的重点难点开展课题调研，提出解决的办法，转化为工作成果，为推动改革发展提供有力支撑。二要始终坚持群众路线。要深入基层一线，放下架子、扑下身子、迈开步子、走出院子，到车间码头、田间地头、市场社区，亲自察看，亲身体验，向基层学习、拜群众为师，问政于民、问需于民、问计于民，多为群众办实事、办好事、解难事，让广大群众得到更多的实惠。三要大兴“马上就办”之风。“马上就办”是习近平总书记20多年前在福州工作时提出的要求。陈敏尔书记在市委五届四次全会上要求全市大力发扬“马上就办”精神。全县上下要深刻认识“马上就办”的重大意义，大力提倡和发扬立办、快办、用心办的作风，大力提倡和发扬快上一拍、抢先一步的作风，一刻不等地推进各项工作落实，决不允许拖拖拉拉、庸政懒政。全县各级党组织要负起责任，瞪大眼睛，牢牢紧盯庸懒散的事和人，重拳出击。对不作为、慢作为，推、拖、压的干部，该调整的调整，该惩戒的惩戒。

市委对彭水寄予厚望，人民群众对我们充满期待。让我们更加紧密地团结在以习近平为核心的党中央周围，深学笃用习近平新时代中国特色社会主义思想，全面贯彻落实中央和市委决策部署，不忘初心、牢记使命，锐意进取、埋头苦干，全力营造良好政治生态，推动彭水各项事业发展，在决胜全面建成小康社会、夺取新时代中国特色社会主义伟大胜利的新征程中创造新的业绩。

彭水苗族土家族自治县人民代表大会常务委员会工作报告

——2019年2月22日在县第十七届人民代表大会第四次会议上

县人大常委会主任　胡勤俭

2018年工作回顾

2018年是全面贯彻党的十九大精神的开局之年。在县委坚强领导下，县人大常委会坚持以习近平新时代中国特色社会主义思想为指导，全面贯彻中共十九大精神，认真贯彻落实习近平总书记对重庆提出的“两点”定位、“两地”“两高”目标和营造良好政治生态、做到“四个扎实”的重要指示要求，聚焦打好“三大攻坚战”、实施“八项行动计划”，坚持党的领导、人民当家作主、依法治国有机统一，依法履行宪法法律赋予的各项职责，圆满完成了年度工作任务。

一、坚持党的领导，坚定正确政治方向

县人大常委会旗帜鲜明讲政治，始终把坚持党的领导贯彻和体现于人大工作各方面、全过程。

切实提高政治站位。县人大常委会坚持以党的政治建设为统领，牢固树立“四个意识”，坚定“四个自信”，做到“两个维护”，严格遵守党的政治纪律和政治规矩，坚决肃清孙政才恶劣影响和薄熙来、王立军流毒，自觉在思想上政治上行动上与以习近平同志为核心的党中央保持高度一致。

坚决落实中央、市委、县委要求。深入学习贯彻习近平总书记关于坚持和完善人民代表大会制度重要思想，准确把握丰富内涵，始终坚定制度自信。认真贯彻市委第五次人大工作会议和县委人大工作会议精神，全面落实县委加强和改进新时代人大工作部署要求，推动关于健全人大讨论决定重大事项制度和各级政府重大决策出台前向本级人大报告、建立国有资产管理情况报告制度等重要文件落地见效。严格执行重大事项请示报告制度，县人大常委会党组向县委请示报告工作26次。切实把思想和行动统一到中央精神、市委部署和县委要求上来。

坚持把学习宣传实施宪法作为人大的重要职责。十三届全国人大一次会议把习近平新时代中国特色社会主义思想作为国家指导思想载入宪法。县人大常委会围绕坚定宪法自信、加强地方立法、改进监督工作、依法行使权力等切实加强宪法的学习宣传和贯彻落实。

二、坚持务实管用，做好立法工作

坚持以良法促进发展、保障善治，制定条例草案1件，对4件条例进行清理，对其中1件条例进行修改。

加强饮用水水源保护立法。水是生命之源，保护水源就是保护人民群众的身体健康和生命安全，也是践行绿水青山就是金山银山的发展理念。在我县3903平方千米的土地上居住着70余万人，有大小河流75条，水源点3300个左右。资源储量丰富，可开发利用价值高。近年来，一批企业集聚彭水开发优质饮用水产业，尤其是太极集团开发的太极水，远销国内外，影响很大。在《彭水苗族土家族自治县饮用水水源保护条例》立法的具体工作中，进行了深入调查研究，广泛收集各方面意见建议360余条，同时借鉴四川、贵州、云南等地成功经验。市人大常委会也高度重视条例的论证工作，副主任杜黎明2次组织市人大法制委、民宗侨外委、常委会法制工委等到彭水自治县水源地进行实地考察。水源保护条例将按程序提交本次人代会审议通过。

切实开展法规清理工作。为保障条例贯彻实施的实效性，根据环境、政策和经济社会发展的阶段变化，对自治条例、矿产资源管理条例、城乡建设管理条例、旅游条例进行自查和清理工作，对旅游条例中与生态环境保护不相适应的内容进行修改，确保符合新时代发展的要求。

积极参与市人大立法工作。积极配合做好《重庆市公共汽车客运条例》《重庆市全民健身条例》《重庆市地名管理条例》《重庆市鼓励公民见义勇为条例》等12项法规立法调研和意见征集工作，提出意见建议41条，部分建议得到市人大常委会采纳。

三、坚持求真务实，增强监督实效

坚持依法监督、有效监督，听取审议工作报告15项，开展工作评议2项、执法检查2项、专题调研5项，发出审议意见3项，形成调研报告21篇，有效促进了经济社会发展。

围绕财政预算决算加强监督。财政是国民经济的综合反映。加强预算决算审查监督是保障经济持续健康发展，促进公共财政资金有效使用。县人大常委会扎实开展预算草案初步审查，坚持预算审查前听取人大代表和社会各界意见建议，为人代会审查批准预算草案提供参考。全面建成预算联网监督硬件系统，有序推进预算联网监督工作。加强对预算决算执行情况的监督，提出积极培植新税源、加大招商引资、加强债务管控等建议，推动建立全方位、全过程、全覆盖的预算绩效管理体系，提高财政资金使用效益。听取关于审计工作的报告，高度重视审计查出问题的整改，切实增强预算监督实效。

围绕经济高质量发展加强监督。高度重视对全县经济运行的监督，积极作为，把监督工作融入全县经济社会发展大局之中，着力推进“生态特色宜居城、生态旅游目的地、生态产业发展区、生态文明示范县”建设。听取审议“十三五”规划纲要实施中期评估、2018年上半年计划执行情况报告，提出扩大投资消费、深化重点领域改革、统筹做好规划落实等建议，助推完成年度发展的主要目标任务。听取审议县属国有企业改革发展情况的报告，提出进一步完善国企改革、切实防范债务风险、强化国有资本经营预算管理等建议，推动构建国有资产监管长效机制。对全县旅游产业发展工作开展评议，提出完善规划、健全机制，大力实施“旅游+”发展战略，不断提升旅游发展整体水平等评议意见，助推全县旅游产业提质增效、上档升级。对退耕还林工作进行专题调研，提出合理配套完善基础设施，搞好土地流转，因地制宜发展林业生态经济的建议，为更好服务

“三农”，助力乡村振兴奠定基础。对邮政管理、新型城镇化、新型工业化等工作进行专题调研，结合实际提出建议意见，有力推动相关工作深入开展。

围绕坚决打赢精准脱贫攻坚战加强监督。坚决打赢脱贫攻坚战，是落实新发展理念，实现社会公平的重要措施。县人大常委会把推进脱贫攻坚作为重大政治任务抓紧抓好，组织考察三义、大垭2个深度贫困乡脱贫攻坚工作情况，认真听取全县脱贫攻坚工作评议意见落实情况的报告，充分肯定取得的明显成效，提出要严格按照“两不愁三保障”目标要求，全面推进基础设施建设、产业培育、社会保障、教育扶贫、医疗救助、易地扶贫搬迁等各项工作，努力提高脱贫攻坚工作水平。全县各代表小组围绕扶贫项目实施、便民服务中心建设、危旧房改造、项目资金管理等，认真组织开展调查研究、政策宣讲、技术培训等活动。

围绕保障和改善民生加强监督。针对人民群众普遍关注的“入园难、入园贵、入园不放心”的问题，对全县学前教育开展评议，提出了加快推进学前教育三年行动计划实施、提高公办幼儿园占比和生均公用经费、着力改善民办幼儿园办园条件等评议意见，推动学前教育优质均衡普惠发展。听取全县义务教育基本均衡发展情况审议意见落实情况的报告，督促有关方面切实履行责任，进一步加大财政投入，优化资源布局，加强师资建设，努力办好人民满意的教育。选择人民群众关心的食品安全、河道管理工作开展执法检查。检查《重庆市食品生产加工小作坊和食品摊贩管理条例》贯彻实施情况，提出加强基层监管执法能力建设，加强食品小作坊和食品摊贩监督管理的要求，切实保障人民群众身体健康和生命安全。检查《重庆市河道管理条例》贯彻实施情况，督促全面落实河长制，做到守河有责、守河负责、守河尽责。着力加强农村饮水安全、文物保护工作监督。听取审议农村安全饮水工作情况的报告，提出加快农村饮水工程项目实施，加强规范化管理的建议，提高全县农村饮水安全的保障水平。听取全县文物保护工作审议意见落实情况的报告，提出制定完善文物保护政策措施、落实文物保护工作经费、建立文物博物馆等建议，不断推进文物资源合理有效利用。

围绕司法公平正义加强监督。公正司法是维护和保障社会公平正义的重要防线。听取审议县人民检察院开展公安派出所刑事执法监督工作情况的报告，提出了加强与公安机关协作、畅通人民群众申诉、控告、检举渠道的建议，提升司法公信力。组织人大代表考察县人民法院、县人民检察院工作，旁听基层法庭的庭审活动，促进司法机关秉公办案、公正司法。认真开展人大信访工作，加强调查研究，督促落实诉访分离制度，以法治思维引导信访，以法治方式化解矛盾。共接待群众来访41批180余人次，办理群众来信47件次。对规范性文件开展备案审查，坚持“有件必备、有备必审、有错必纠”原则，确保规范性文件合法合规。

四、坚持依法依规，做好决定任免工作

县人大常委会坚持党的领导，坚持服务大局，依法作出决议决定。严格按照法定程序，开展选举任免工作。

依法讨论决定重大事项。围绕全县经济社会发展、财政预决算、司法公开等重大事项，作出批准2017年财政决算、批准2018年财政预算调整、批准第十三个五年规划纲要中期评估报告、确定人民陪审员名额等8项决议决定，保证县委重大决策部署的贯彻落实。

依法开展选举任免工作。坚持党管干部与人大依法任免相统一，依法选举县监委主任，选举市人大代表16名，补选县人大代表8名。加强代表资格审查工作，依法终止县人大代表资格12名。任免国家工作人员57人次，其中决定任命9人次，任命31人次，决定免职6人次，免职11人次。组织6批27人次参加任前法律知识考试。坚持任前表态发言制度，40人进行任前供职发言。

加强干部任后监督。干部是实现经济社会发展的基础。加强干部任后监督，是宪法和法律赋予人大的一项重要职责。县人大常委会采取座谈、走访、述职、测评等方式，对县财政局、县教委、县民宗委、县统计局等11个部门的局长（主任）进行胜任度评价。督促人大任命干部认真履职，不断增强政治意识、法律意识、人大意识和岗位意识。

全面贯彻宪法宣誓制度，组织6批40人次在县人大常委会会议上进行宪法宣誓，以增强国家公职人员遵守宪法原则、弘扬宪法精神、履行法定职责的自觉性和坚定性。

五、坚持主体地位，提升代表履职能力

县人大常委会充分发挥代表作用，完善工作机制，提升服务保障水平，代表依法履职水平显著提升。

加强与代表和人民群众的联系。深入开展“两联一述”等活动，坚持县人大常委会组成人员联系人大代表、人大代表联系人民群众、代表定期向选区选民述职工作，切实加强与人民群众的联系。扎实开展“主任接待日”活动，接待代表4批52人次，收到代表建议意见300余条，梳理转办25条。邀请县人大代表230余人次，列席县人大常委会会议，参与工作调研、执法检查、学习考察等活动，广大代表充分反映社情民意，提出许多建设性意见，使人大工作更接地气、更具实效。

加强代表建议办理督办。高度重视代表建议办理督办工作，认真听取审议“一府一委两院”办理代表建议情况的报告，会前广泛调研、会中认真审查、会后迅速交办。县十七届人大一次会议期间代表提出的12件跨年度建议，县十七届人大三次会议代表提出的227件建议已全部办理完毕，代表建议办理由“重答复”向“重落实”转变。县领导牵头就加快完成县城污水管网配套、郁江桥建设、加强支持农村电子商务发展等26件建议进行重点督办，目前已全部完成。切实提升代表建议办理督办实效。

加强代表履职服务保障。加强代表履职培训，采取分级培训、专题培训的方式，分别在全国人大深圳培训基地、浙江大学、厦门大学、吉林大学、中国人民大学乌鲁木齐培训基地举办培训班，培训代表127人次，有效提高人大代表的履职能力。落实代表履职考核暂行办法，加强代表履职评价，激发代表履职活力，评选优秀县人大代表35名，县人大代表优秀建议10件，代表建议办理工作先进单位11个。落实人大代表履职补助，为全县2000余名市、县、乡镇人大代表履职提供经费保障。

六、坚持联系指导，提升乡镇人大工作水平

县人大常委会把加强乡镇人大建设作为一项重要工作来抓，切实加强联系指导，推动乡镇人大工作深入开展。

加强联系指导。制定乡镇人大工作指导意见，健全完善县人大常委会领导、各专工委室分片联系指导乡镇人大工作制度，县人大常委会领导、县人大各专工委室经常深入联系片区开展调研和指导，指导乡镇人大依法开好人代会、主席团会和视察调研活动。进一步规范乡镇人大工作程序。协调解决乡镇人大工作中的困难和问题。

加强培训交流。召开乡镇人大主席座谈会，总结交流工作经验，积极探索做好新时代乡镇人大工作的方式方法。举办专题培训班，加强对乡镇人大主席和人大办主任政策理论和业务知识培训，着力提升乡镇人大工作者政治素质和能力水平。

加强工作联动。与乡镇人大联动开展脱贫攻坚、水源保护、学前教育、旅游产业发展等调研，形成调研报告130余篇。与乡镇人大联动开展人代会会前视察活动，市、县、乡镇三级人大代表近2000人次参加视察活动。

七、坚持正确导向，加强人大新闻宣传和理论研究

县人大常委会始终坚持正确的舆论导向，着力加强新闻宣传和理论研究。

积极开展人大新闻宣传工作。充分运用新闻媒体，积极调动人大工作者和新闻工作者的积极性、主动性，撰写报送人大工作新闻稿件280余篇（条），被市县媒体刊发刊播160余篇（条）。重庆日报专题报道了县人大代表助推脱贫攻坚工作情况。《百年古村绽放新的光彩》《县人大做好专委会工作》分别获重庆人大新闻奖一等奖、三等奖。全年编辑出版《彭水人大》6期，组织选用稿件260余篇，40余万字，选用图片300余张。着重宣传上级和县委、县政府重大决策部署和全县经济社会发展成效，报道县人大及其常委会、乡镇人大、人大街道工委工作动态、展示各级人大代表履职风采。编发《人大调研》2期，刊用调研报告21篇。“彭水人大网”更新发布信息680篇（条），访问量达6万余人次。传递正能量，为彭水经济社会发展起到积极的促进作用。

积极开展人大理论研究。认真开展人大理论征文活动，撰写理论文章21篇，《我国人大特定问题调查制度的发展历程与趋势研究》《以“三个明确”为支点，扎实开展乡镇人大工作》《人大专题询问走向常态化制度化》分别获市人大理论征文一等奖、二等奖、三等奖。扎实开展课题研究，《我国人大质询制度的借鉴与完善》是重庆市唯一被《中国人大制度理论研究会刊》刊用的理论文章，研究水平和文字能力不断增强，影响力不断扩大。

八、坚持从严从实，加强自身建设

坚持以政治建设为根本，扎实推进“工作机关”“代表机关”建设，不断提升工作能力和水平。

切实加强党的建设。认真履行“一岗双责”，坚持把政治建设摆在首位，认真贯彻新形势下党内政治生活的若干准则，严格落实党风廉政建设责任制，全面加强党风廉政建设和反腐败工作。严格遵守中央八项规定精神，扎实开展“以案为鉴”强化纪律建设等7个专项治理，筑牢干部职工拒腐防变思想防线。扎实开展党建带群建，全力加强机关工会、共青团、妇联组织建设，机关党的建设更具活力。

切实加强制度建设。本着有章可循的原则，进一步健全完善规章制度，对代表建议批评和意见办理、常委会领导信访接待日、机关管理、新闻发布、新闻宣传、信访工作等制度进行修改完善，切实增强规章制度的时效性和规范性。

切实加强效能建设。不断深化“学习型、服务型、创新型、效能型、廉洁型”机关建设，加强政治理论学习、强化党性锻炼，扎实推进效能建设、作风建设。坚持当场颁发任命书，当天签发公告公报、任职文件，不断提高工作效率。县人大常委会带头讲政治、讲大局、讲效率，机关职工团结协作、积极进取、认真努力，形成了奉公守法、爱岗敬业、风清气正的良好局面。

切实加强工作交流。2018年，主要承办市人大新闻宣传工作片区会、渝东南片区新闻线索分析会、市人大机关离退休干部座谈会。江北、南川、渝北和广东、广西、河北、辽宁等市内外兄弟区县人大到彭水考察交流19批293人次。积极参加在广西环江、湖北五峰召开的全国部分少数民族自治县（旗）人大工作联席会。组织考察组外出学习考察预算联网监督、乡村振兴、退耕还林、学前教育、新型城镇化、人事代表等工作，学习经验、取长补短，不断提升工作水平。

切实履行联系工作职责。全力推进脱贫攻坚工作，县人大常委会领导每人联系1个乡镇，经常深入基层调研指导。在人员紧缺的情况下，选派6名机关干部到高谷镇开展驻村帮扶，其中4名担任第一书记，机关职工联系帮扶贫困户，经常深入贫困户走访慰问，帮助解决具体困难。认真履行河长职责，积极开展巡河护河工作，切实维护河道水域生态环境。扎实抓好走访服务民营企业工作，走访服务民营企业20家，听取企业意见建议，积极协调解决企业发展难题。认真开展大下访活动，接访下访人民群众35批320余人次，及时化解群众诉求。县人大常委会班子成员联系的龙虎水库、鹿角乌江大桥、摩围山旅游度假区等重点项目按要求积极推进。

2018年，上级人大对彭水特别关爱。全国人大民族委员会副主任委员肖怀远深入彭水自治县调研民族教育发展情况，市人大常委会主任张轩在彭水自治县主持召开了黔江、涪陵、南川、武隆、丰都等9个区县参加的片区座谈会，各位副主任先后深入汉葭、靛水、润溪、乔梓等乡镇街道，调研脱贫攻坚、学前教育、水源保护、人居环境改造、少数民族特色村镇保护等工作情况，其中副主任杜黎明3次、张定宇2次深入全县调研指导。市人大常委会办公厅、人代工委、研究室，市人大法制委、财经委、民宗侨外委等14个专工委室和市级相关工作部门也深入彭水调研指导工作。有力促进彭水自治县人大工作的深入开展。

一年来，县人大常委会工作取得了新的进展和成效。这是习近平新时代中国特色社会主义思想科学指引的结果，是在中共彭水自治县委坚强领导下，全体县人大代表、县人大常委会组成人员、县人大各专工委室以及广大人大工作者团结奋斗、积极进取的结果。成绩的取得，离不开"一府一委两院"的密切配合，离不开乡镇人大、人大街道工委的协同努力，离不开全县人民和社会各界的热情参与。

面对新时代新任务新要求，我们也清醒地认识到，我们的工作还存在一些差距，主要是：立法质量还有待进一步提高；监督力度还有待进一步加大；讨论决定重大事项工作机制还有待进一步完善；县人大常委会联系代表、代表联系群众的内容和形式还需进一步丰富。

2019年工作安排

2019年，是新中国成立70周年，是全面建成小康社会的关键之年，也是打赢打好精准脱贫攻坚战的决胜之年。县人大常委会将以习近平新时代中国特色社会主义思想为指导，深入学习贯彻中共十九大精神，在县委的坚强领导下，聚焦打好"三大攻坚战"、实施"八项行动计划"，紧扣人民群众关切，依法行使各项职权，更好地发挥县人大及其常委会的职能作用，为推进彭水经济社会发展和民主法治建设作出积极努力。

一、坚持党的领导，在主动担当履责上展现新作为

以习近平新时代中国特色社会主义思想武装头脑、指导实践、推动工作。树牢"四个意识"，坚定"四个自信"，做到"两个维护"。始终坚持党的领导、人民当家作主和依法治国的有机统一。认真落实习近平总书记关于坚持和完善人民代表大会制度的重要思想，围绕中心，服务大局，依法履职，勇于担当。切实提高政治站位，确保人大工作正确政治方向。认真落实市委、县委关于加强和改进新时代人大工作的要求，主动在大局中谋划、深入推进人大各项工作，充分发挥人大常委会在服务改革发展中的重要作用。坚持重大事项向县委请示报告制度，主动将县委要求贯穿依法履职的各方面、全过程。坚决贯彻执行县委决策部署，主动承担起推动地方经济社会发展和民主法治建设的责任，积极推进县委中心工作的落实。

二、履行法定职责，在增强工作实效上迈上新台阶

不断提升立法质量。高质量完成饮用水水源保护条例立法工作，组织开展市容和环境卫生管理条例立法调研与论证工作，着手起草条例文本。积极配合市人大常委会做好有关法律、法规草案的意见征集工作。

着力增强监督实效。听取审议计划、预算执行及审计、农村扶贫产业发展、环境状况和环境目标完成情况等专项工作报告。完善国有资产报告制度，审议关于国有资产管理情况的综合报告。

听取县监察委员会专项工作报告。对《中华人民共和国公路法》贯彻实施情况开展执法检查。对工业经济、城市建设及管理、农村集体经济发展、义务教育、审判执行、公益诉讼、科技工作等工作情况开展专题调研。开展学前教育、旅游产业发展评议意见落实情况跟踪监督。与市人大联动开展民营企业发展法治环境工作评议。做好预算联网监督，切实用好预算联网监督系统，促进政府建立透明“钱袋子”。及时开展国有企业管理运行、自然资源等工作监督。认真开展规范性文件备案审查工作。积极开展信访工作，及时转办督办群众来信来访。

依法行使重大事项决定权。认真落实县委重大决策部署，依法对财政决算、计划和预算调整等重大事项作出决议决定。落实政府重大决策出台前向人大报告制度，听取审议有关重大事项的情况报告。

扎实开展选举任免工作。依法按程序选举和任免国家工作人员。开展干部胜任度评价工作，加强对选举和任命干部履职情况的监督。进一步规范完善宪法宣誓活动场所硬件设施。

三、突出主体地位，在代表作用发挥上彰显新活力

持续落实“两联一述”活动开展，坚持“主任接待日”活动。推进代表之家、代表工作站等工作平台的规范化、制度化建设。加强代表建议办理，积极探索推行代表建议及办理情况网上公开。完善代表履职考核评价机制，加强代表履职情况量化管理。加强对县、乡镇人大代表的培训，着力提高代表履职能力。组织开展代表活动，推动代表更加广泛深入地参与县人大常委会立法、监督、调研、考察、学习等工作。

四、强化自身建设，在履职能力提升上实现新突破

始终坚持以政治建设为统领，切实加强思想建设、组织建设、作风建设、纪律建设。认真履行“一岗双责”，认真落实党风廉政建设责任制，全面加强党的建设，切实加强人大常委会自身建设。按照中央部署和县委安排，扎实开展“不忘初心、牢记使命”主题教育。加大对县人大常委会组成人员的培训力度，进一步提升履职能力。加强对乡镇人大的指导，促进乡镇人大更好地履行法定职责。继续办好“两刊一网”，加强新闻宣传和理论研究，不断扩大人大工作影响力。坚持以脱贫攻坚为统揽，指导联系乡镇切实开展好各项工作。认真履行河长职责，努力完成县委交办的各项工作任务。积极参加全国部分少数民族自治县（旗）人大工作联席会议，有计划地组织外出考察学习，加强与其他区县人大的经验交流，为加强和改进新时代人大工作集聚智慧。

让我们更加紧密地团结在以习近平为核心的党中央周围，在中共彭水自治县委的坚强领导下，同舟共济、奋发有为，为推动彭水经济社会发展和民主法治建设作出新的更大贡献，以优异成绩庆祝中华人民共和国成立70周年！

彭水苗族土家族自治县人民政府工作报告

——2019年2月21日在县第十七届人民代表大会第四次会议上

县人民政府县长 石 强

2018年工作回顾

2018年，是全面贯彻中共十九大精神的开局之年，也是彭水经济社会发展取得较快进步的一年。一年来，在市委、市政府和县委的坚强领导下，在县人大、县政协的监督支持下，我们团结带领全县各族人民，深学笃用习近平新时代中国特色社会主义思想，全面落实中共十九大作出的战略部署，紧紧围绕习近平总书记对重庆提出的“两点”定位、“两地”“两高”目标和营造良好政治生态、做到“四个扎实”的重要指示要求，坚持稳中求进工作总基调，按照高质量发展要求，坚决打好“三大攻坚战”，谋划实施“八项行动计划”，推动全县经济社会持续平稳健康发展，朝着全面建成小康社会目标迈出了新的步伐。

一年来，我们坚持以脱贫攻坚为统揽，聚焦高质量、供给侧、智能化，突出抓发展、转作风、促规范，撸起袖子加油干，凝心聚力向前行，全县经济社会发展呈现“稳中向好、变中出新、转中有为”的良好态势。主要取得了八个方面的成效：

一、着力推进提质增效，经济运行蹄疾步稳。全县地区生产总值达170.1亿元、增长7.5%，三次产业比调整为15.9:39.3:44.8。有序实施110个重点项目，完成固定资产投资87.5亿元、增长10.5%。新培育限额以上商贸企业25家，实现社会消费品零售总额65.8亿元、增长13.3%。完成一般公共预算收入13.3亿元，其中税收收入占比达64.5%。新增城镇就业6016人，农村公益性岗位安置贫困人口3438人，城镇、农村居民人均可支配收入分别达29124元、11144元。金融机构余额存贷比达98.8%。

二、着力推进精准扶贫，脱贫攻坚进展明显。在扶贫开发领导小组之下组建23个专项工作组，强化“1+N”扶贫工作体系，统筹整合财政涉农资金9.9亿元用于脱贫攻坚，衔接落实中央外办、山东聊城、两江新区等帮扶资金2.3亿元。深化落实产业扶贫、设施扶贫、教育扶贫、健康扶贫等“八大扶贫举措”，聚焦“四个深度发力”高质量破解深度贫困问题，全年实现6个贫困村销号、2952户11033名贫困人口脱贫，全县贫困发生率降至2.5%。新增“四好农村路”640千米，行政村通畅率、自然村通达率均达100%。统筹实施农村饮水安全全覆盖工程1240处，有效解决11.6万人安全饮水问题。竣工投用农网改造升级项目8个，城乡供电可靠率达99.7%。新建4G基站320座，光纤网络实现村村通。易地扶贫搬迁3800人，整治农村不安全住房2万户，贫困户改房、改厨、改厕和院坝硬化、人行便道硬化基本实现全覆盖。资助贫困家庭学生3.8万人次，全县在读大学生稳定在2万名以上，没有一个学生因贫失学。设置33个“流动医院”进村入户送医送药，家庭医生签约服务覆盖31.5万人，贫困患者住院费用自付比例降至7.6%，健康扶贫获全国通报表扬。

三、着力推进转型升级，产业实体提速壮大。乌江画廊成功创建国家AAAA级旅游景区，阿依河、摩围山等景区提档升级，“一节一赛”和渝东南生态民族旅游文化节精彩纷呈，“世界苗乡·养心彭水”“中国爱情治愈圣地”享誉国内外，全年接待游客2529万人次、增长20.7%，实现旅游综合收入111.8亿元、增长21.8%。清洁能源、健康食品、特色轻工等多点支撑的工业格局更加巩固，宏绿自热食品、火吉饮料、搬运帮等10家实体企业入驻工业园区，工业企业技改投资比重提高到30%，规模以上工业总产值达50.3亿元、增长15.9%。红薯、烤烟等农业产业稳定发展，前胡种植面积全国领先，退耕还林产业基地规模全市第一，蜜蜂保有量全市第二，成功创建市级出口红薯及其制品质量安全示范区，“彭水香椿”“彭水紫苏”获评全国名特优新农产品。农村电商服务站点实现行政村全覆盖，“世界苗乡·彭水赶场”公众号平台效应彰显。

四、着力推进城乡建设，形象面貌大幅改观。城市规划面积拓展到30平方千米，常住人口城镇化率提高到36.8%。新城签约落地优势企业13家，开工房建72万平方米，累计聚集人口3万人。老城启动一批棚户区和节点改造，水泥厂至九黎城滨江路、郁江大桥重建工程即将竣工，20栋楼宇和3座桥梁灯饰更新升级，城市环卫保洁面积扩大至240万平方米，城市更加美丽宜居。蚩尤九黎城二期工程加快推进，景观大道、九黎大酒店建成投用，被国台办确定为“海峡两岸交流基地”。启动创建善感、润溪等乡村振兴综合示范乡镇，有序开展周家寨村、庙池村等“三变”改革试点，建成3个巴渝民宿示范点。扎实推进承包地确权登记颁证，全面清理整治“大棚房”问题，农村建设用地复垦201.8公顷、地票交易144.07公顷。大力实施交通建设三年行动计划，渝湘高铁主城至黔江段顺利开工，渝怀铁路二线、石黔高速公路有序建设，保家至乔梓等乡村公路加快建成。生态修复中小水电站15座，完工重点水利项目3个，工程性缺水问题得到有效缓解。

五、着力推进环境保护，生态质量持续提升。强化自然保护地保护管理，自然保护区内矿业权全面清退。新增耕地317公顷，整治坡耕地464.53公顷，建成高标准农田2266.67公顷。推进水土流失治理102平方千米、岩溶石漠化治理60平方千米，实施地灾治理项目14个。引导农户退耕还林6666.67公顷，完成各类营造林24466.67公顷，森林覆盖率达58%。打好“蓝天保卫战”，县城空气质量优良率达95.6%。完成河流岸线划界1190千米，县乡村三级河长巡河2.3万次，乌江、郁江彭水段水质分别达III类、I类标准。有效控制噪声污染，县城交通干线、区域环境等噪声符合国家限定标准。建成运行县城污水处理厂二期工程，配套完善城市污水管网22.3千米、乡镇污水管网60.8千米，城乡集中式饮用水水源地水质达标率分别为100%、95.8%，城市水质指数全市第一。关闭搬迁禁养区畜禽养殖场29个，农村生活垃圾治理通过国家级验收。成功举办“绿色中国行—走进世界苗乡·美丽彭水”系列活动。万元地区生产总值能耗下降3.4个百分点。

六、着力推进改革创新，发展动能有效激发。以供给侧结构性改革为主线，承接推进县级重点改革150项，关闭出清僵尸企业、空壳公司10家，为市场主体减少税费2亿多元，民生补短板支出增长14.4%。深化“放管服”改革，全面推行“双随机、一公开”监管，工商注册登记实现“三十一证合一”，企业开办时间压减到3个工作日。深入推进国企改革，完成城投公司、福冠公司重组整合，推动九黎控股集团上市融资。新培育市场主体3749个，新增注册商标1032件，民营经济占地区生产总值比重达54%。大力实施“创新型企业培育工程”，培育科技型企业70家，企业研发投入占比达4%。招商落地在建项目34个、计划投资80.3亿元，落户企业贡献税收2.1亿元，实际利用内资12亿元、增长19.8%。强化大数据智能化推广应用，推进“互联网+政务”“互联网+教育”“互联网+医疗”等公共服务，群众办事更加便捷。

七、着力推进民生改善，社会大局和谐稳定。扎实创建义务教育发展基本均衡县，生均办学条件达标率达85.7%，高考本专科上线率达98.8%。推进医共体“三通”建设试点，基层医疗机构集团化管理被市委纳入重大改革专项。公共文体设施免费开放惠及群众70万余人次，重庆彭水代表队荣获全国广场舞电视大赛金奖。全面实施全民参保计划，关心帮扶城乡特殊困难群体，建成投用3个社区养老服务站，社会福利中心床位容量达360张。深入开展扫黑除恶专项斗争，打掉黑恶势力团伙5个，侦办涉恶案件74起，治安案件减少34.5%，八类主要刑事案件减少11.4%。连续15年杜绝重特大安全事故，安全生产工作连续14年荣获全市先进。构建全链条食品安全监管体系，国家食品安全示范城市创建居全市前列。成功创建全国民族团结进步示范县。县医调委被评为全国人民调解先进集体。

八、着力推进整改规范，政府运行更加优化。举一反三全面整改落实历次巡视、督察、检查、考评等反馈意见问题，政府工作更加规范有序、严谨高效。强化源头治理、动态管理、应急处理，有效防控金融、房地产、政府性债务、国企国资等领域风险隐患。稳妥推进政府机构改革，不断优化行政审批服务，政务服务“一网通办”“全渝通办”。优先办结12项重点民生实事，群工系统受理群众反映事项4035件，一批群众的身边事、烦心事得到有效解决。认真办理人大代表建议、政协委员提案，其办结率、满意率均为100%。坚决贯彻中央八项规定精神，扎实推进兴调研转作风促落实行动，“六个专项治理”效果明显。持续深化全面从严治党，深入开展“以案四说”警示教育，坚决肃清孙政才恶劣影响和薄熙来、王立军流毒，全县政治生态持续向好。

同时，民族宗教、国家安全、退役军人事务、外事侨务、统计、供销、人事、保密、档案、史志、应急管理、消防、移民、科普、人防、气象、地震等工作取得新成效，妇女、儿童、青年、老龄、慈善、残疾人、红十字等事业取得新进展。

奋斗充满艰辛，奉献铸就辉煌。进入新时代的彭水，发展成效令人鼓舞，发展态势催人奋进，发展前景让人期待！这得益于习近平新时代中国特色社会主义思想的正确指引，得益于党中央、国务院、市委、市政府和县委的坚强领导，得益于县人大、县政协的监督支持，凝聚着全县各级各部门以及广大人民群众的智慧和艰辛。

在肯定成绩的同时，我们也清醒地认识到，彭水仍是全市最为贫困落后地区的县情没有根本改变，全县发展不平衡不充分的问题还较为突出。发展质量不高，经济结构不优，骨干支柱产业量小质弱，新的动能尚未巩固，转型跨越任重道远。城乡发展不够协调，基础设施建设还有不少欠账，基本公共服务存在一些短板，脱贫攻坚任务艰巨。经济风险持续累积，金融、政府债务、房地产等领域还存在一些困难和问题，各类潜在隐患须引起高度重视。部分干部群众思想不够解放、开拓创新劲头不足，少数机关干部担当意识、服务意识不强，不作为、慢作为现象依然存在，党风廉政建设和反腐败斗争还需常抓不懈。

2019年工作安排

2019年，是新中国成立70周年，是全面建成小康社会关键之年，也是打赢打好精准脱贫攻坚战的决胜之年。从全国看，总体仍处在发展重要战略机遇期，经济发展长期向好态势不会改变，中央坚持稳中求进工作总基调，宏观政策强化逆周期调节，经济运行必将保持在合理区间。从全市看，重庆全面融入“一带一路”、长江经济带、西部大开发等国家发展战略，持续推进“三大攻坚战”“八项行动计划”，支持渝东南片区加快建设武陵山区特色生态经济走廊，高质量发展体制机制正在形成。从自身看，彭水发展基础更为坚实，利好政策叠加落地，要素动能集聚涌现，尤其是渝湘高铁主城至黔江段开工建设，将彭水拉入了重庆“一小时经济圈”和国家“八纵八横”厦渝主通道，势必加速资源优势、要素优势转化为发展优势、经济优势，势必推动彭水在“从全局谋划一域”上争得更多主动，在“以一域服务全局”上发挥更大力量。

做好2019年的工作，我们必须深学笃用习近平新时代中国特色社会主义思想，牢牢把握全面建成小康社会总体目标，突出抓重点、补短板、强弱项，坚决打好“三大攻坚战”、大力实施“八项行动计划”，确保全面建成小康社会得到人民认可、经得起历史检验。必须牢牢把握高质量发展要求，深入推进供给侧结构性改革，提速构建实体经济、科技创新、现代金融、人力资源协同发展的现代产业体系，努力在经济发展转型提质增效上取得更大进展。必须牢牢把握改革开放创新这个根本动力，加大重要领域和关键环节改革力度，扎实推进以大数据智能化为引领的创新驱动发展战略行动计划，加快培育新动能和新的增长点。必须牢牢把握“共抓大保护、不搞大开发”导向，深入践行“绿水青山就是金山银山”理念，立足“民族、生态、文化”特色优势，坚持走生态优先、绿色发展新路，加快建设山清水秀美丽之地，努力实现生态美、产业兴、百姓富的有机统一。必须牢牢把握以人民为中心的发展思想，始终以最广大人民根本利益为我们一切工作的根本出发点和落脚点，顺应民心、尊重民意、关注民情、致力民生，让人民群众有更多、更直接、更实在的获得感幸福感安全感。

2019年政府工作的总体要求是：以习近平新时代中国特色社会主义思想为指导，全面贯彻中共十九大和十九届二中、三中全会精神，深化落实习近平总书记对重庆提出的“两点”定位、“两地”“两高”目标和营造良好政治生态、做到“四个扎实”的重要指示要求，按照中央、全市、全县经济工作会议安排部署，统筹推进“五位一体”总体布局，协调推进“四个全面”战略布局，坚持稳中求进工作总基调，坚持新发展理念，坚持推动高质量发展，坚持以供给侧结构性改革为主线，坚持深化市场化改革、扩大高水平开放，坚持以脱贫攻坚为统揽，继续打好“三大攻坚战”和实施“八项行动计划”，全力抓好稳增长、促改革、调结构、惠民生、防风险工作，进一步稳就业、稳金融、稳外贸、稳外资、稳投资、稳预期，保持经济持续健康发展和社会大局稳定，为全面建成小康社会打下决定性基础，以优异成绩庆祝中华人民共和国成立70周年。

2019年，全县经济社会发展的主要预期目标是：地区生产总值增长8%左右，规模以上工业总产值增长15%，固定资产投资增长10%，社会消费品零售总额增长13%，税收收入增长6.4%，城镇和农村常住居民人均可支配收入分别增长9%、9.5%，常住人口城镇化率提高2个百分点，城镇登记失业率控制在3.8%以内，节能减排降碳完成市上下达任务。

实现上述目标，我们务必紧扣发展主题主线，坚持解放思想抓发展、改革创新抓发展、转变方式抓发展、把握机遇抓发展、沉心静气抓发展，全力做好以下八个方面工作：

一、围绕转型提质，全力壮大生态产业，提速构建绿色现代经济体系

做靓生态旅游。秉承重庆“山水之城·美丽之地”目标定位、“行千里·致广大”价值定位，积极融入大武陵山国际旅游目的地，提速打造彭水旅游业发展升级版，进一步提升“世界苗乡·养心彭水”的美誉度影响力，全年接待游客2700万人次，旅游综合收入达120亿元。深入推进“旅游+”发展战略，完善“快旅慢游”服务体系，加快“智慧旅游”建设，逐步实现“全景式规划、全季节体验、全产业发展、全要素配套”。加快实施乌江画廊等景区提升工程，推动阿依河成功创建国家AAAAA级旅游景区。开通阿依河至九黎城段乌江游船，健全城市绿道、登山步道等生态休闲设施，充分展现“山、水、城、景”风貌特色。有序建设摩围山休闲旅游度假区，不断完善景区特色景观、文化娱乐等旅游产品。大力发展乡村民俗生态旅游，推动一批乡村旅游示范点创建国家AAA级旅游景区。创新营销模式，讲好彭水故事，继续办好“一节一赛”“渝东南生态民族旅游文化节”，有效激活假日经济、周末经济、后备箱经济。

做强生态工业。大力发展以太极水、自热食品、红薯精深加工等为主的健康食品产业，以节能环保、智能装备等为主的战略性新兴产业，以制鞋、服装等为主的特色轻工产业，以水电、风电等为主的清洁能源产业，加快构建特色资源绿色加工产业集群。立足生态特色工业园区定位，大力实施园区产值“倍增计划”，提速完善园区服务配套功能，深入推进腾笼换鸟、提质增效，新招引入驻实体企业10家以上。坚持盘活存量、做大增量并举，抓紧实施健康食品产业园、太极水二期、际华3539制鞋公司搬迁等工业项目，新增5家规模以上工业企业。

做优生态农业。坚持质量兴农、绿色兴农、科技兴农，打造5个山地特色高效农业示范点、3个市级现代农业示范园区。全面落实粮食安全行政首长责任制，稳定粮食产量30万吨以上。大力发展红薯、烤烟、畜牧及其他特色产业，种植红薯2万公顷、烤烟5333.33公顷、中药材2666.67公顷，稳定中蜂保有量10万群，巩固特色经果林6666.67公顷。着力壮大新型农业经营主体，发展农业产业化龙头企业5个以上，新培育30个农民专业合作社、20个家庭农场，完善利益联结机制，让农民更多分享产业收益。

力促三产融合。大力发展现代服务业，扩大移动支付、网络零售等新兴消费，积极培育共享经济、数字经济和会展经济。健全商贸物流体系，招引2家大型商超入驻，新培育10家限额以上商贸企业。深化农业供给侧结构性改革，推动农业“接二连三”，鼓励发展设施农业、观光农业，壮大农产品加工产业，打造一批绿色有机农产品品牌。深化农产品电商出村试点，培育20家电商企业，发展20个电商扶贫示范网店、10个农产品网货示范基地。

二、围绕决战决胜，全力推进脱贫攻坚，夯实全面建成小康社会根基

坚定攻坚目标。深入贯彻习近平总书记关于扶贫工作重要论述，严格按照“两不愁、三保障”等要求，扎实推进“六个精准”“五个一批”落地见效，确保实现6个贫困村销号、8000名贫困人口脱贫，全县贫困发生率控制在3%以内，整体实现脱贫摘帽。坚持把提高脱贫质量放在首位，严格执行贫困退出标准和程序，做到“脱贫即出、返贫即入、应扶尽扶”，贫困人口错退率、漏评率均低于2%。着力巩固脱贫成果，继续实施脱贫稳定性排查，减少和防止贫困人口返贫，返贫率控制在0.5%以内。建立“先干先得、多干多得、不干不得”的正向激励机制，探索财政资金改补为股、改补为酬、改补为奖等方式，有效激发脱贫内生动力。

补齐发展短板。深化产业扶贫，统筹实施“一村一品”“一户一业”提升行动，确保“村村有特色产业、户户有增收项目”。支持开发多种形式的公益岗位，统筹推进“一户一人一技能”培训工程，鼓励贫困家庭劳动力创业就业。按照“搬得出、稳得住、逐步能致富”要求，扎实推进易地扶贫搬迁，结合美丽乡村建设有序打造一批集中安置点。提速建设“四好农村路”，新建300千米农村小组公路，全面提升通村通组公路养护畅通水平。稳定解决21万人安全饮水问题，农村安全饮水覆盖率达100%。全面提升农村供电质量，实现所有贫困村通动力电。加快农村4G网络全覆盖，新增2.5万个光纤网络终端用户。

提高脱贫实效。承接用好中央定点帮扶、东西部扶贫协作等各类帮扶资源，聚焦深度贫困全面精准发力，努力在整体脱贫上出效果、在扶贫帮扶上出亮点、在扶贫方法上出经验。全面落实教育扶贫政策措施，阻断贫困代际传递。创建国家健康扶贫工程示范县，不断提高医疗服务保障水平。加强对已脱贫村、已脱贫户、临界非贫困村和临界非贫困户的跟踪帮扶管理，建立健全后扶机制，力促贫困群众稳定脱贫致富奔小康。抓好中央脱贫攻坚专项巡视等反馈问题整改，以高质量整改带动高质量脱贫。深入开展扶贫领域腐败和作风问题专项治理，从严查处贪污挪用、截留私分、优亲厚友、虚报冒领等违纪违法行为。

三、围绕乡村振兴，全力抓好“三农”工作，加快农业农村现代化

坚持示范引领。扎实创建善感、润溪等乡村振兴综合示范乡镇，加快推进周家寨村、樱桃村、庙池村等单项试点示范，力争在产业振兴、文化振兴、生态振兴等方面率先取得突破性进展。深化农村综合改革，完善农村承包地、宅基地“三权分置”制度，扩大农村集体经营性资产股份合作制覆盖面。推进集体林权制度改革，建设集体林业综合改革实验区。探索建立“地票”“林票”制度，深入开展农村“三变”改革试点，着力以“三权”促“三变”、以“三变”促“三增”，不断发展壮大农村集体经济。推动“三社”融合发展，培育4个市级基层社示范社，新建40个村级综合服务社。加强农村人才队伍建设，回引培养一批农村致富带头人，大力培育新型职业农民。做好第三次全国土地调查，严格耕地保护与利用，坚决遏制农地非农化。

建设大美乡村。全面加强农村规划建设管理，保护好原生态自然人文景观和山水田园风光，创建3个市级大美乡村示范片、20个绿色村庄，发展一批农家乐和乡村民宿。深入开展“五沿带动、全域整治”行动，扎实推进农村人居环境整治，全面完成农村危旧房改造，实施旧房整治提升1000户，创建整洁庭院3000户。扎实推进农村“厕所革命”，农村卫生厕所普及率达75%。

培育文明乡风。深入开展核心价值观进农家、优秀传统文化进农家等“五进农家”活动，不断丰富农村群众精神文化生活。加大农村道德模范、致富能人、脱贫光荣户等评选力度，开展文明村镇、星级文明户等创建工作。全面强化村民自治，积极推行“一约四会”及村社风俗监督员制度，引导村民养成良好文明和卫生习惯。建设平安乡村，促进乡村善治，保障村民合法权益。

四、围绕宜居宜游，全力提升城市品质，早日建成民族生态旅游城市

统筹城市建设。立足“山城”“江城”独特风貌和民族历史文脉，着力推进老城提质、新城提速、蚩尤九黎城提韵，让苗乡彭水颜值更高、气质更佳。加快建设上塘乌江大桥复线桥、两江大桥加固改造等重点项目，有序实施老城棚户区和重要节点改造，全面加强城区背街小巷和城郊环境卫生综合治理。高标准加速度推进新城开发，力促巨能、海怡天、新疆建设兵团建工等落地企业启动项目建设，提速完善新城配套功能，推动新城形象面貌明显变化。丰富提升蚩尤九黎城文化内涵，高起点规划开发高铁站场片区，打造民族生态旅游城市“新名片”。

完善城市功能。围绕“精致城镇”目标，按照“产城景融合发展”要求，加快推进老城、新城、蚩尤九黎城、摩围山和乌江画廊景区一体化建设提升。提速完善“两江一河六岸”及环山生态旅游休闲设施，持续巩固城区夜景灯饰提升工程，构建清水绿岸、璀璨闲雅的城市环境。加快推进老城排水管网雨污分流改造，新建一批公厕和停车位。积极推进彭酉、彭务高速公路建设，加快实施渝湘高铁、渝怀铁路二线、石黔高速公路彭水段工程，有序改造一批骨干道路，构建互联互通、高效顺畅的综合交通网络。

精细城市管理。积极建设智慧城市，深化大城细管、大城智管、大城众管，推动“马路办公”机制化常态化。强化城市规划设计管控，依法遏制违法建设行为，深入整治“十乱”现象。持续优化城市综合管理运行机制，统筹实施环卫保洁提升工程。着力增强市民环境卫生意识，引导市民积极参与城市绿化美化提升工程，让我们的城市更加干净整洁靓丽。

五、围绕生态文明，全力加强污染防治，努力把彭水建成山清水秀美丽之地

推进绿色发展。学好用好“两山论”，走深走实“两化路”，大力发展生态产业，不断壮大生态经济。实行最严格的环境保护制度，守住“三线一单”硬约束，做到源头严防、过程严管、后果严惩。推进资源节约集约利用，落实能源资源消耗总量和强度“双控”目标责任，确保能源消费总量稳步下降。巩固中央环保督察反馈问题整改成果，扎实推进全市环保集中督察等反馈问题整改，深入排查整治环境突出问题，确保生态环境安全。

严格生态环保。强力实施五大环保行动，保护好山水林田湖草综合生态系统，着力构建乌江、郁江等水系生态带和摩围山、七跃山等山脉生态屏障。全面加强茂云山、七跃山等自然保护区保护管理，彻底清理整治自然保护区生态破坏问题。持续实施石漠化和水土流失综合治理，深入开展国土绿化提升行动，完成新一轮退耕还林2666.67公顷，森林覆盖率达60%，林业有害生物成灾率低于3‰。认真抓好“河长制”各项工作，扎实推进“三水共治”，确保国控监测断面水质、市级水功能区水质全面达标，乡镇集中式饮用水水源地水质达标率达90%以上。

狠抓污染防治。强化大气污染防治，确保县城空气质量优良天数保持在330天以上。加大噪声污染整治力度，区域环境噪声平均值控制在国家限值以内。狠抓污水处理设施改造提标，建设72千米乡镇污水管网，乡镇生活污水集中处理率达80%。推行垃圾分类处理，健全农村生活垃圾收运体系，全覆盖治理自然村落生活垃圾。加强农业面源污染治理，推动农业投入品减量化、生产清洁化、废弃物资源化、生产模式生态化。

六、围绕创新驱动，全力深化改革开放，进一步拓展经济发展新空间

全面深化改革。对标中央、市委改革部署，立足实际突出抓好改革事项创新落地。深化供给侧结构性改革，落实“巩固、增强、提升、畅通”八字方针，着力在补齐基础设施短板、推进产业转型升级、促进企业降本增效等方面取得新进展。纵深推进“放管服”改革，探索“点菜放权”机制，统筹抓好商事制度、建设项目审批制度等改革工作，实现审批服务事项“全渝通办”全覆盖。扎实推进财政事权和支出责任划分改革，全面实施预算绩效管理。加快转变国企经营管理理念，完善现代企业法人治理结构，健全市场化选人用人、业绩考核和薪酬分配机制，努力以经营模式创新提升国企盈利和抗风险能力。构建推动高质量发展的体制机制，扎实开展质量提升行动，扩大高质量产品和服务供给。优化统计工作体系，做好全国第四次经济普查。

激发创新活力。积极推动互联网、大数据、人工智能与实体经济深度融合，着力发展大数据、智能化产业及其配套项目，促进传统产业加速向数字化、网络化、智能化发展。推进更大规模减税降费，不断增强微观主体活力，新培育5000个民营市场主体，引导扶持一批“个转企”“小升规”“规改股”“股上市”，加快民营经济高质量发展。优化创新生态环境，落实创新激励政策，强化产学研协同创新，新增10家科技型企业，成立2个科技研发中心，申报3个市级创新创业示范团队。

提升开放水平。深度对接长江经济带、重庆内陆开放高地建设，深化与渝东南、武陵山等地区市县的交流合作。强化竞争政策的基础性地位，优化政务、市场、法治、社会和城市等发展环境，构建亲清新型政商关系，持续开展集中走访精准服务民营企业活动，营造“近悦远来”的良好氛围。牢固树立市场意识、经营意识、品牌意识，进一步加大借资、借智、借力和人才引进、资金引进、技术引进力度，大力招引落地50个优质实体项目，实际利用内资达13亿元以上。用好国家补短板政策，健全吸引民间投资重点项目库，有序开工110个新建项目，接续抓好72个续建项目，充分发挥投资关键作用。重点培育亿友鞋业等一批外贸企业，积极发展跨境电商，力促外贸出口总额突破1000万元。

七、围绕“七有”目标，全力改善社会民生，不断满足人民群众日益增长的美好生活需要

繁荣民族文化。扎实推进公民道德建设工程，引导群众自觉践行社会主义核心价值观。深入挖掘、传承、创新民族优秀传统文化，推动民族民俗文化发展和传统工艺振兴。开展民族文化资源普查，保护好传统村落、历史文化名镇名村、历史建筑等文化遗产资源。支持民族文化题材文艺创作生产，推出一批民族文艺精品。加快完善文化体育设施，统筹实施文化惠民工程，引领倡导全民阅读。着力壮大文化产业，积极培育新型文化业态。

发展社会事业。加快老城学校扩容、新城学校配套和农村学校标准化建设，义务教育办学条件标准达标率达86.8%，成功创建义务教育发展基本均衡县。强化职业教育，提升高中教育，普通高考重本上线突破900人。提高幼儿园普惠率，分类发展民办教育，清理规范校外培训机构。深化医药卫生体制改革，巩固基层医疗卫生机构集团化管理改革成果，健全现代医院管理制度，推动中医药事业发展。落实“健康中国人行动计划”，实施母婴安全、健康儿童行动计划，全面加强疫苗监管。

强化民生保障。有效保障农转城人员合法权益，抓好城镇就业的农业转移人口落户工作。实施更加积极的就业政策，多渠道提供职业培训和就业服务，新增城镇就业5000人。构建多层次养老保险体系，深化医保支付方式改革。健全社会救助、社会福利等制度体系，关心保障低保对象、孤残儿童等特殊困难群体基本生活。完善养老服务体系，加强和改进老龄工作，在全社会营造尊敬老年人、关爱老年人的浓厚氛围。投用残疾人康复托养中心，优化残疾人精准康复服务。促进军民深度融合发展，健全退役军人事务工作体系，做好优抚安置双拥工作。

八、围绕平安和谐，全力防控各类风险，筑牢共建共治共享的社会治理格局守住风险底线

优化金融生态环境。加强影子银行、互联网金融等薄弱环节监管，落实银行业支持实体经济发展20条措施，解决好民营企业和小微企业融资难融资贵问题。严控政府隐性债务，多渠道化解政府债务存量，持续优化政府债务结构。加强房地产市场调控，以稳地价、稳房价、稳预期为目标，完善住房市场体系和住房保障体系，促进房地产市场平稳健康发展。

创新社会治理。纵深推进扫黑除恶专项斗争，有黑必扫、有恶必除、有乱必治，让群众安居、安业、安心。健全立体化、信息化社会治安防控体系，深入实施公共交通、校园安全等领域专项治理，始终保持打击违法犯罪高压态势。加强基层民主建设，扎实开展“枫桥经验”彭水实践十项行动，加快健全自治、法治、德治“三治融合”的乡村治理体系。做好“七五”普法工作，完善公共法律服务体系。依法管理民族宗教事务，提高新形势下民族宗教工作水平。健全社会心理服务体系和疏导机制、危机干预机制，塑造自尊自信、理性平和、亲善友爱的社会心态。

确保安全稳定。牢固树立安全发展理念，健全应急管理机制，开展“企业安全生产主体责任巩固年”行动，强化安全生产大排查大整治大执法，严密防范安全事故发生。加强食品药品监管，保障人民群众舌尖上的安全。提升全社会防灾救灾减灾能力，新建5处城市应急避难场所，治理销号50个地灾隐患点。推行领导干部开门接访、主动约访、带案下访、上门回访“四访”工作机制，有效化解各类矛盾纠纷，及时回应群众合理诉求。

全面加强政府自身建设

面对发展新挑战、工作新要求、人民新期望，我们一定以更加昂扬的姿态、更加饱满的干劲、更加扎实的作风，脚踏实地、齐心协力做好各项工作，努力建设人民满意的学习型、创新型、法治型、服务型、廉洁型政府。

一、始终忠诚坚定。深学笃用习近平新时代中国特色社会主义思想，树牢“四个意识”，坚定“四个自信”，坚决做到“两个维护”。扎实开展贯彻落实习近平总书记对重庆所作重要讲话和系列重要指示批示精神“回头看”，不折不扣推进党中央、国务院和市委、市政府、县委各项决策部署落地见效，以实际行动兑现市委“三个确保”政治承诺。深入开展“不忘初心、牢记使命”主题教育，永葆忠诚干净担当政治本色。严守政治纪律和政治规矩，坚决肃清孙政才恶劣影响和薄熙来、王立军流毒，营造良好政治生态。

二、始终与时俱进。大力弘扬“开明、开放、包容，创业、创新、实干”的人文精神，坚决破除思维理念束缚和体制机制弊端，强力推进各领域各行业存在问题整改规范，着力在“转”字上下功夫、在“变”字上做文章，切实转变发展方式、工作方式和管理方式，不断提升政府工作的效率效益效果。保持斗争精神，增强斗争本领，敏于发现问题，敢于面对问题，善于化解问题，成于解决问题。大兴调查研究和学习之风，牢记根本宗旨，践行群众路线，增强“八种本领”，一心一意谋发展，全心全意干事业。

三、始终依法行政。维护宪法权威，弘扬法治精神，坚持用法治思维和法治方式履职尽责，做到办事依法、遇事找法、解决问题用法、化解矛盾靠法。坚决落实县委决策部署和县人大及其常委会决议决定，严格执行重大事项请示报告制度。坚决贯彻民主集中制，做到科学、民主、依法决策，凡涉及公众利益的重大事项，都主动深入听取各方意见。坚持严格规范公正文明执法，有权不可任性，用权必受监督。全面深化政务公开，健全政府法律顾问制度，改进行政复议、行政应诉工作。

四、始终担当作为。坚定“功成不必在我”的精神境界和“功成必定有我”的历史担当，既干让人民群众看得见、摸得着、得实惠的实事，又做为后人做铺垫、打基础、利长远的好事。大力弘扬求真务实的工作作风，坚持以真抓的实劲、敢抓的狠劲、善抓的巧劲、常抓的韧劲，做实做细做好政府各项工作。保持敢想敢干、锐意进取、勇争一流的精神风貌，善于运用改革的办法破解难题、创新的思维开展工作，让勇于担当成为习惯，让奋勇争先成为常态。牢固树立“一条船”思想，不断增强团结协作意识，形成“一盘棋”抓工作、“一股劲”促发展的生动局面。加强政府诚信建设，依法兑现政府承诺，坚决整肃不作为、慢作为。完善激励约束、容错纠错机制，旗帜鲜明给干事创业者撑腰鼓劲。

五、始终清正廉洁。坚决贯彻中央八项规定及其实施细则、市委县委实施意见精神，驰而不息整治“四风”。依法接受人大及其常委会的法律监督、工作监督，主动接受政协的民主监督，认真办理人大代表建议和政协委员提案。支持纪检监察机关、审计机关依纪依法开展工作，自觉接受司法监督、舆论监督和社会监督。认真履行全面从严治党主体责任，加强政德建设，深入开展“以案四说”警示教育，依法严惩重点领域、关键环节及群众身边的腐败问题和不正之风，确保干部清正、政府清廉、政治清明。

新时代赋予新使命，新起点激励新作为。让我们更加紧密地团结在以习近平为核心的党中央周围，在市委、市政府和县委的坚强领导下，在战略部署上“扣扣子”，在责任履行上“担担子”，在任务落实上“钉钉子”，不忘初心，牢记使命，砥砺前行，奋力推进彭水各项事业不断迈上新台阶，为打赢打好精准脱贫攻坚战、决胜全面建成小康社会、实现人民对美好生活的向往而继续努力奋斗！

中国人民政治协商会议彭水苗族土家族自治县第十届委员会常务委员会工作报告

——2019年2月20日在县政协十届三次会议上

县政协主席　谢　胜

2018年工作回顾

2018年，是全面贯彻习近平新时代中国特色社会主义思想和中共十九大精神的第一年，是彭水经济社会发展极不平凡的一年。在以习近平为核心的中共中央坚强领导下，县委团结带领全县干部群众深入贯彻习近平新时代中国特色社会主义思想和中共十九大精神，全面落实总书记对重庆提出的“两点”定位、“两地”“两高”目标和营造良好政治生态、做到“四个扎实”的重要指示要求，坚决肃清孙政才恶劣影响和薄熙来、王立军流毒，坚持稳中求进总基调，聚焦打好“三大攻坚战”、实施“八项行动计划”，统筹稳增长、促改革、调结构、惠民生、防风险各项重点工作，政治生态持续向好，干部群众精神饱满，经济社会发展稳步向前。

一年来，在县委的坚强领导下，县政协常委会认真落实县委决策部署，带领县政协各参加单位和全体政协委员，紧扣全县中心任务，认真履行“三大职能”，充分发挥人民政协作为协商民主重要渠道和专门协商机构作用，广泛凝聚共识，积极建言献策，为全县各项事业发展作出积极贡献。

一、深学笃用习近平新时代中国特色社会主义思想、中共十九大精神，旗帜鲜明讲政治

坚持把习近平新时代中国特色社会主义思想和中共十九大精神作为统揽政协工作的总纲，把讲政治贯穿政协工作全过程和各方面，坚定不移听党话、跟党走。

牢牢把握正确的政治方向。充分发挥县政协党组在政协工作中的领导作用，牢固树立“四个意识”，坚定“四个自信”，坚决做到“两个维护”。召开县政协党组专题民主生活会，围绕“十破十立”反思剖析、查找差距、明确整改方向，全面彻底干净肃清孙政才恶劣影响和薄熙来、王立军流毒，严守政治纪律和政治规矩，持续巩固风清气正的良好政治生态，以更加积极的行动兑现市委“三个确保”政治承诺。在政治立场、政治方向、政治原则、政治道路上始终同以习近平为核心的中共中央保持高度一致，确保政协工作正确的政治方向。

夯实团结奋斗的思想基础。以学习引导为抓手，坚持每会必学，会会必讲，将习近平新时代中国特色社会主义思想及系列重要讲话、十九大精神、党章党规、政协章程纳入必学内容，推行中心发言人制度，带着信仰“学习”，带着问题“思考”，带着责任“践行”，带着初心“领悟”，进一步提高用习近平新时代中国特色社会主义思想统领政协工作的能力和水平。全年召开党组理论中心组学习会议、党组会议、主席会议、常委会议、理论研讨会议共21次，在重庆大学举办委员培训2期、培训委员100人，撰写理论文章、心得体会130余篇，切实增强政治认同、思想认同、理论认同、情感认同。

始终坚持党的全面领导。县委对政协的领导坚强有力，隆重召开县委政协工作会议，及时出台《关于加强和改进新时代人民政协工作的意见》《关于加强新时代人民政协党的建设工作的实施意见》，对推进新时代彭水政协事业发展作出重要部署，积极为政协履职创造良好条件。自觉接受县委领导，按照县委常委会审定的政协年度协商计划以及通报、视察、调研计划推进全年工作；严格执行重大事项请示报告制度，并按县委要求精心抓好落实；主席班子成员主动履行脱贫攻坚、“河长制”职责，参与扫黑除恶、集中走访服务民营企业专项工作，推进所承担的阿依达“太极不老水”、凤升水库等重点项目建设，确保县委决策部署不折不扣地贯彻落实到政协工作之中。

二、紧紧围绕全面落实总书记殷殷嘱托，主动参政议政建言出智，不遗余力助发展

落实总书记对重庆的殷殷嘱托，对标对表市委、县委打好“三大攻坚战”、实施“八项行动”工作部署，集中听取部门重点工作通报10次，开展集中考察4次，组织重点协商12次，开展考察调研活动20余次，交办提案157件。

为推动城乡协调发展谋智。围绕加快“三城”一体化建设，就统筹老城、新城、蚩尤九黎城“三城”融合发展重大决策部署开展调研视察、协商议政。对新城基础设施、功能配套、空间布局等方面提出意见建议，助推城市品质提升。针对七跃山自然保护区规划面积过大，制约地方发展的问题，深入涉及乡镇调研、充分听取有关部门意见，形成《关于调整七跃山自然保护区总体规划的建议》，通过市政协层面给予鼓与呼。针对新型城镇化进程大提速行动计划、打好交通建设“三年会战”、实施乡村振兴战略建言资政，并将所提意见建议供县委、县政府决策参考。针对农村一、二、三产业融合发展，深入润溪、大垭、三义、太原等地调研，为助推农业发展转型升级、农村面貌全面改善、农民幸福指数提升积极建言出智。

为建设山清水秀美丽之地建言。围绕市政协安排的“山水自然美”“人文精神美”“城乡特色美”“产业素质美”等重点课题，县政协组织专班，历时近3个月的调研考察，形成《关于实施生态优先绿色发展战略，构建长江上游生态屏障建设的调研报告》《关于立足产业兴生态美，提升民族地区产业发展的调研报告》，为“推动长江经济带发展，加快建设山清水秀美丽之地”献良策，得到市政协高度评价。组织委员和有关单位就生态环境保护、打好污染防治攻坚战等工作开展专题考察、听取工作情况通报，提出建议意见60余条，为“山清水秀美丽之地”建设谏诤言。针对工业转型升级难点问题，深入保家工业园区，茂田水泥、太极阿依达等10余家企业调研视察，提出意见建议40余条，形成《县域实体企业发展环境视察报告》《全县工业转型升级专题调研报告》《全县农村信息化建设专题调研报告》，得到县政府主要领导批阅批示，为提速产业转型升级谋实招。

为深化改革创新献计。围绕深化改革关键问题，就全县供给侧结构性改革、深入推进“放管服”“营改增”改革等进行常委会议协商议政，提出进一步扩大开放、优化营商环境和深化行政审批服务等近20条建议。积极配合市政协走访调研彭水规模以上民营企业活动，客观反映彭水民营经济取得成绩和存在问题及困难，呼吁大唐电力直供彭水、完善生态补偿机制等建议，努力争取市级支持，力求在更高层面推动彭水供给侧结构性改革。围绕经济平稳运行重大问题，听取全县系统性金融风险防范和房地产领域风险防范工作情况通报，务实提出担当作为、主动防范，加强事前、事中和事后监督管理，着力化解房地产业积压的重大矛盾等合理性建议意见18条。聚焦体制改革难点问题，就深化司法体制综合配套改革、深入推进医药卫生体制改革等专题进行调研，针对《彭水自治县旅游条例（修正草案）》《彭水自治县饮用水水源保护条例（草案）》，召开专题协商会集中提出建议，为修订完善两个《条例》聚智献策。

为打赢脱贫攻坚战助力。把脱贫攻坚作为一项重要政治任务，认真贯彻落实县委脱贫攻坚决策部署，全年召开主席会议、党组会议、常委会议以及专题会、协调会研究脱贫攻坚28次，不少建议被列为县政府相关部门改进工作的重要内容，为全县打赢打好精准脱贫攻坚战贡献政协力量。县政协机关充分发挥联系乡镇脱贫攻坚牵头部门作用，会同相关单位，协助有关乡镇，在公路建设、水利设施、文化阵地、村级公共服务中心设施配备、集镇建设等方面提供帮扶。县政协继续开展“脱贫攻坚委员在行动”活动，组织委员参与助学、就业、医疗等公益活动30余场次，扶持贫困群众1000余人次；据不完全统计，有经济实体的委员通过自己的企业带动近1000余贫困户稳定增收。

三、坚持以人民为中心的思想，促进民生改善共享发展成果，服务民生有成效

坚持把以人民为中心作为履职尽责的出发点和落脚点，努力促进改革开放40年成果更多更公平地惠及全体人民。

提案办理“关注”民生。县政协十届二次会议以来，委员们围绕城市提质、经济发展、法制建设、社会事业等方面提出提案157件，县委、县政府及时交办40余个县级部门和有关单位办理，促成一大批热点难点问题有效解决。《关于加强我县饮用水源保护的建议》《关于依法解决医患纠纷，创造宽松医疗环境的建议》等关注社会民生的12件提案被列为重点提案，7名县政府领导牵头督办，委员建议得到很好落实。全会期间，组织召开提案现场办理会，2件提案得到有关部门现场答复。闭会期间，认真组织提案办理协商会4次，通过见面会、督办会、委员视察等形式，深入原县交委、县文化委，县城市管理局、县民政局等10个承办单位督促检查，促成委员履职成果得到有效转化运用。

通报视察“直击”民生。常委会议、主席会议听取义务教育发展基本均衡县创建工作情况通报、全县殡葬改革管理工作情况通报和全县社会救助工作情况通报，就城乡教育发展不充分、不平衡，老城、新城配套学校建设规划布局，“大班额”消减；殡葬管理执法力量不足，服务水平较差，遗留问题繁杂；社会救助机构不健全，人员编制不匹配，精准性不够等一系列市民关注的问题，组织委员开展调研考察，针对性地提出意见建议40余条，并形成政协建议案2份报送县人民政府，邀请县政府分管领导通报建议案办理情况，有力保障和促进民生改善。

社情民意“反映”民生。强化社情民意信息舆情汇集、民意表达功能，广泛收集民情民意。通过社情民意直通车、片区委员活动小组等有效载体，及时访民情、听民声、传民意，全年针对群众反映强烈的夜市噪音扰民、城区停车难等热点问题，转送县政府领导阅悉及相关单位办理社情民意30件，促成有关问题得到解决，让广大群众感受到“政协温度”。在党委政府与各界群众之间架起沟通桥梁，缔结联系纽带，发出密切联系群众的“好声音”，传递促进社会和谐的“正能量”。

议政建言“普惠”民生。在县政协十届二次全委会期间，组织委员围绕打造特色产业品牌、医疗保障、食品安全、药品监管、文化遗产保护等10个主题议政发言，得到县委政府高度肯定；委员们围绕政府工作报告和其他工作报告开展讨论，就全县工、农、医、教、文、体、旅等领域建设及脱贫攻坚方方面面积极进行参政议政建言，提出200余条意见建议，以实际行动做好“委员作业”，交好“履职报告”。

四、牢牢把握大团结大联合主题，努力增强向心力画大同心圆，同向同行聚力量

始终坚持大团结大联合，最大限度调动一切积极因素，团结一切可以团结的力量，努力寻求最大公约数，画出最大同心圆。

团结各界增进共识。主动邀请民主党派、工商联和无党派人士参加县政协组织的调研、考察、座谈和学习研讨等活动，在扩大有序参与、广泛商量中发扬民主，增进共识。医药卫生界别围绕全县卫生计生人才队伍建设工作开展考察调研，就全县医疗卫生队伍总量不足、加大医疗卫生人才培养等方面，提出针对性意见建议。农业界别围绕特色效益农业品牌打造、贫困村村级集体经济发展等深入乡镇开展调研，形成议政材料2篇。少数民族、宗教界别围绕民族团结示范县创建、民族政策落实情况开展视察，促进全县民族和睦、社会和谐。工会、共青团、妇联、工商联、侨联、文艺、科技、经济、教育等界别都结合自身优势，开展主题突出的界别活动，充分彰显政协特色。主动适应经济社会发展和统一战线内部结构变化，不断深化同党外知识分子、非公有制经济人士、新社会阶层代表人士联系，为改革发展稳定大局汇聚力量。

协作交流加强联谊。市政协关心支持彭水政协工作，全年市政协6名班子成员到彭水调研指导和组织开展有关活动，选派3名县政协班子成员参加外出考察和全国政协系统干部培训。认真准备、积极参加政协各类联席、联谊会议，围绕会议主题提交调研报告10篇并作交流发言，为打造全域旅游、助推脱贫攻坚等贡献彭水政协智慧。切实加强各地政协交流，涪陵区、綦江区、黄山市等政协到彭水考察20余批次，实现文化、教育、卫生、医疗等领域资源共享、经验互鉴、难题共解。结合重点考察调研课题，围绕实施乡村振兴战略、创新提案办理等主题到周边区县及毗邻省市考察学习，形成《借鉴外地先进经验，助推美丽乡村建设》《增强政协履职创新能力》等报告10余篇。通过交往联谊，大力宣传推介彭水“民族、生态、文化”三大特色，助力提升彭水知名度、美誉度。

文史宣传凝心聚力。充分发挥政协文史资料工作存史、资政、团结、育人积极作用，广泛传递正能量。征集“三亲”史料16万字，搜集涉彭史料170万字，校勘库存史料30万字，修改完善《彭水政协志》。宣传工作进一步加强，全年编发宣传稿件200余篇，其中《重庆政协报》采用60余篇、县级媒体或刊物采用130余篇，编发《政协工作动态》29期。通过广泛宣传，既展示县政协工作、履职成果和委员风采，又提升外界对彭水的认知度和认同感。

五、不断加大政协党建工作力度，全面提升履职能力和水平，自身建设展新貌

深入贯彻市委、县委政协工作会议和党建工作会议精神，以党建新成效提升自身建设水平，不断增强政协工作活力。

着力加强党的建设。扎实推进“两学一做”学习教育活动常态化制度化，开展“不忘初心、牢记使命”主题教育，推动全面从严治党，抓实党建工作，在落实制度、夯实基础、抓长抓常上做实做细，取得良好成效，县政协党组在全市政协系统党的建设工作座谈会上，作为3个区县代表之一进行交流发言，为彭水争得荣誉。县政协机关主动配合县纪委监委派驻纪检监察组履行监督执纪问责和监督调查处置职责。务实开展“以案说纪、以案说法、以案说德、以案说责”警示教育活动，围绕以案为鉴强化纪律作风建设，让党风廉政教育警钟长鸣。争取县委支持，成立政协机关党组，有效解决政协机关党建工作体系不健全问题，进一步充实机关党建力量，夯实党建阵地建设。全年开展党员集体学习讨论10次，支部主题党日活动8次，专题民主生活会4次，领导干部讲党课4次，围绕党员“四讲四有”主题开展研讨活动3次，党员干部撰写调研报告、理论文章、心得体会40余篇。

着力深化理论研究。注重理论与实践结合，充分发挥理论先导作用，加强和深化政协理论研究。召开习近平总书记关于加强和改进人民政协工作重要思想理论研讨会，组织全县政协各参加单位、委员围绕“坚持中国共产党对人民政协的领导”等9大方面59个主题，积极开展理论研究，共征集理论研讨文章40余篇20余万字，其中1篇入选《重庆市政协理论研究会论文集》并获奖，积极引导全县政协系统切实把思想和行动统一到新时代人民政协新使命新要求上来。

着力延伸履职通道。探索成立7个乡镇（街道）委员片区活动小组，各小组每季度开展1次集中学习、考察（调研）等活动，每位委员主动提交好提案、反映社情民意、参加调研视察、提供有价值的信息、参与公益活动，推进基层委员片区活动组织化、规范化、有序化。全年委员片区活动小组就深入推进脱贫攻坚、人居环境改造、农村产业发展、乡村旅游、学前教育等热点问题开展调研、考察活动，提出意见建议60余条，形成专题调研报告3篇，乡镇基层委员参与80余人次，委员主体作用发挥更加明显，服务委员步伐更加坚实。

着力规范机关运行。持之以恒正风严纪，严格规范机关运行，坚持用制度管人和约束人，健全和完善《机关管理制度》《机关运行管理办法》，出台《县政协机关“不作为、慢作为”问题集中专项治理工作方案》《政协机关办公用房整合方案》并逐项落实，完成机关文化建设既定任务，统筹协调、执行落实、服务保障的能力不断提高。

面对新时代新使命新要求，县政协工作离县委的要求和人民群众的期盼还有一定差距，主要表现在：政协党的建设还需进一步强化；政协工作的制度化规范化程序化还需进一步完善；委员履职能力和水平还需进一步提升；民主评议监督的共识尚未形成、民主监督实效方面还需要进一步探索等。

2019年工作思路

2019年是中华人民共和国成立70周年，是人民政协成立70周年，是全面建成小康社会关键之年，是彭水自治县打赢打好精准脱贫攻坚战的决胜之年，做好全年各项工作意义重大。县政协工作总体要求是：高举中国特色社会主义伟大旗帜，以习近平新时代中国特色社会主义思想为指引，深入贯彻落实中共十九大和十九届二中三中全会精神，紧扣总书记对重庆提出的“两点”定位、“两地”“两高”目标和营造良好的政治生态、做到“四个扎实”的重要指示要求，树牢“四个意识”，坚定“四个自信”，坚决做到“两个维护”，落实市委“三个确保”政治承诺，切实把思想和行动统一到中共中央和市委、县委的决策部署上来，在县委的坚强领导下，坚持团结和民主两大主题，积极履行政治协商、民主监督、参政议政职能，为彭水高质量发展贡献智慧和力量。

一、保持政治定力，主动履职尽责，更加坚定地用习近平新时代中国特色社会主义思想引领政协工作。坚持把习近平新时代中国特色社会主义思想作为政协工作的总纲，从思想上政治上扣好履职的第一粒扣子，守住政治底线圆心，筑牢政治思想轴心，做到思想上高度信赖、政治上坚决维护、组织上自觉服从、感情上深刻认同，始终与党同心、与党同向、与党同行，确保人民政协事业沿着习近平总书记指引的道路前进。深学深研习近平总书记关于加强和改进人民政协工作的重要思想以及近期关于政协工作的重要讲话精神，落实市委第五次政协工作会议精神和县委政协工作会议要求，紧紧抓住“加强”和“改进”这个关键，结合开展以深化“大学习、深调研、真落实”和“怎么办”“怎么干”为主题的研讨活动，对标对表、选准切口，从中找差距、找方法、找思路、找方向，引导广大委员牢牢把握新时代人民政协履职的正确政治方向，不断开创政协工作新局面。

二、坚持党的领导，忠诚履职尽责，更加自觉地推动政协党的建设。切实加强政协党组建设，充分发挥政协党组在政协工作中“把方向、管大局、保落实”的领导作用，自觉在县委领导下谋划和推进工作，做到重要工作主动报告、重大事项及时反映、重要议题及时沟通，一以贯之地把县委的决策部署贯彻到政协全部工作中，体现在履职全过程。自觉把党建、党风廉政建设、意识形态、法纪教育等工作与政协本职工作同部署、同检查、同落实，推动主体责任“横向到边、纵向到底”。突出思想政治建设，坚持建言资政和凝聚共识“双向发力”，认真开展“不忘初心、牢记使命”主题教育，强化思想政治引领。加强组织建设，认真贯彻落实中共中央、市委和县委关于加强新时代人民政协党的建设工作要求，健全县政协党组、机关党组、机关党总支和党支部等各级组织，建立“上下衔接、立体覆盖、各尽其责、无缝对接”的政协党的组织体系，实现党的组织对所有党员委员的全覆盖，党的工作对政协委员的全覆盖。坚持破立并举，坚决肃清孙政才恶劣影响和薄熙来、王立军流毒，共同维护风清气正的良好政治生态。

三、聚焦中心工作，精准履职尽责，更加有效地服务彭水高质量发展。践行新时代人民政协事业发展的新方位新使命新要求，充分发挥政协专门协商机构作用，紧扣全县中心任务，选好协商议题，组织协商活动，提出更多有深度、有价值的意见建议，为县委、县政府科学决策、民主决策贡献政协智慧。聚焦全面落实“六稳”要求、继续聚焦打好“三大攻坚战”，实施“八项行动计划”，针对“三城”“产城景”融合发展、供给侧结构性改革、转型升级高质量发展、精准服务民营企业、乡村振兴、生态宜居、乡村治理等课题，充分发挥全委会、主席会、常委会、专委会协商平台作用，开展广泛多层协商，为全县转型提质发展务实议政、精准建言。主动对接市政协开展的“委员履职尽责实践活动”，当好深入推动长江经济带发展、加快建设山清水秀美丽之地的“建言者”“践行者”“监督者”和“宣传者”。

四、聚力脱贫攻坚，倾情履职尽责，更加努力地增强人民群众获得感。围绕2019年全县脱贫整体“摘帽”的总路线图，全面夯实帮扶责任，种好联系帮扶“责任田”，进一步提振政协机关干部参与精准扶贫工作“精气神”。持续深入开展“脱贫攻坚委员在行动”活动，让委员更加主动地融入脱贫攻坚主战场。聚焦基础设施扶贫、产业扶贫等攻坚拔寨目标，进行专题议政性协商。围绕精准扶贫政策的落实与完善、脱贫稳定增收难点等问题，开展重点调研。针对教育扶贫、健康扶贫、社会保障兜底扶贫等方面建言献策，为助力全县决战决胜脱贫攻坚、全面建成小康社会贡献政协智慧和力量。

五、关切民生福祉，尽心履职尽责，更加有力地推动协商监督工作。准确把握人民政协性质定位，依照宪法法律和政协章程，落实新时代人民政协民主监督新要求，贯彻县委《关于加强和改进新时代人民政协工作的意见》，对焦县委、政府重大决策部署的贯彻落实、关乎民生改善等内容，通过会议、考察、民主评议、提案和社情民意信息反映等方式，开展协商监督；围绕看病就医、住房保障、物业管理、社区养老、出行停车、噪音油烟扰民等方面的问题，选择3－5个单位开展委员民主评议工作，抓好涉及民生的重点提案考察工作，把更多惠及群众的民生实事办好办实，办出党委政府的“好口碑”。

六、筑牢一线意识，高效履职尽责，更加严格地推进政协自身建设。自觉保持一线思维、一线标准、一线状态，担负起政协制度参与者、实践者、推动者的政治责任。注重能力建设，努力增强委员的政治把握能力、调查研究能力、联系群众能力、合作共事能力，不断提高履职尽责的科学化水平。提高建言质量，开展好专题协商、对口协商、界别协商、提案办理协商活动，做到商以求同、协以成事。推进履职转化，围绕年度重点协商议题组织常委会议、主席会议和和专项考察，推动每一项重点履职任务都能落到实处、产生实效。深化调研考察，改进调研方式，推动提质增效，更好地为党委、政府科学决策服务。按照“守纪律、讲规矩、重品行”要求，努力打造一支讲政治、接地气、能聚力、敢担当的政协队伍。不断改进服务联系走访委员制度，更好地发挥委员主体作用，用好委员履职量化考核办法，持续推行委员履职报告制度，增强委员履职的主动性和积极性。结合机构改革，规范和优化专委会设置，更好地发挥专委会的基础作用，成为开展协商议政的抓手、加强界别活动的阵地、发挥委员作用的平台。加强政协联系交流、政协文史和宣传工作，讲好彭水故事，传递彭水好声音，努力为彭水发展营造良好的外部环境。加强政协机关建设，健全完善机关工作制度，增强服务保障能力，更好地发挥机关服务保障作用，努力打造“学习型、创新型、服务型、效能型、廉洁型”机关，以一线的状态和标准助推政协工作高质量发展。

新时代领航新征程，新使命呼唤新作为。让我们更加紧密地团结在以习近平为核心的中共中央周围，以习近平新时代中国特色社会主义思想为指导，在县委的坚强领导下，不忘初心，牢记使命，以永不懈怠的精神状态和一往无前的奋斗姿态，为决战决胜脱贫攻坚、全面建成小康社会奋勇前进，以优异成绩迎接中华人民共和国和人民政协成立70周年。

大事记

1　月

15 日　县十七届人大二次会议举行第二次全体会议，选举唐鹏程为县监察委员会主任。

是日　彭水苗族土家族自治县监察委员会正式挂牌成立。

17 日　县委书记钱建超参加市委宣传部组织的“把党的十九大精神全面落实在重庆大地上——新时代新气象新作为区县负责人系列访谈”。

22 日　全县召开经济工作会议，对全年经济工作作具体部署。

25 日　根据市五届人大一次会议议程安排，彭水代表团召开第一次全体会议，推选胡勤俭为彭水代表团团长，巩义胜为副团长。

26 日　市五届人大一次会议彭水代表团的代表们审议政府工作报告。

2　月

6—8 日　中国人民政治协商会议彭水苗族土家族自治县第十届委员会第二次会议召开。

7—9 日　彭水苗族土家族自治县第十七届人民代表大会第三次会议召开。

12 日　中国共产党彭水苗族土家族自治县第十四届纪律检查委员会第三次全体会议召开。

是日　彭水自治县 2018 年春节联欢晚会在县民族会场举行。

是日　县人民政府与搬运帮（北京）科技有限公司举行投资合作签约仪式。

22 日　彭水自治县全面启动 2018 年全民义务植树活动。

27 日　彭水自治县乡村振兴战略行动计划动员大会暨 2018 年脱贫攻坚工作会议召开。

28 日　彭水自治县县委政法工作会议召开。

3　月

12 日　彭水自治县召开全县干部大会，传达学习习近平总书记参加重庆代表团审议时重要讲话精神，市委书记陈敏尔在重庆代表团举行全体会议上的讲话精神和全市干部大会精神，要求进一步增强“四个意识”，坚定“四个自信”，切实把全县各级党组织和领导干部的思想和行动统一到习近平总书记重要讲话精神上来，确保把习近平总书记殷殷嘱托学习好、宣传好、贯彻好、落实好。

15 日　全县旅游产业发展领导小组会议召开。

21 日　彭水自治县召开森林资源管理暨国土绿化提升行动会议，安排全县森林资源管理和国土绿化提升行动工作。

是日　彭水自治县召开创建民族团结进步示范县工作推进会。

22 日　彭水自治县召开 2018 年新型城镇化工作会。

29 日　县委书记钱建超主持召开县委全面深化改革领导小组召开第六次会议，审议《关于落实党的十九大改革部署的实施细则》《彭水苗族土家族自治县 2018 年全面深化改革工作考核办法》《彭水苗族土家族自治县 2018 年全面深化改革工作要点》等文件。

4　月

3 日　彭水自治县召开 2018 年工业和信息化工作会议，安排部署 2018 年工作。

4 日　彭水自治县召开武装工作会议，全面贯彻落实西部战区、军委国防动员部、重庆警备区三级党委扩大会议部署新年度工作任务会议精神，研究部署全县武装工作。

17 日　习近平总书记全国两会期间系列重要讲话精神市级宣讲团走进彭水自治县。市级宣讲团成员、重庆工商大学党委副书记孟东方作宣讲报告。

19 日　重庆银行—彭水自治县金融扶贫与乡村振兴战略工作对接会召开。会议就重庆银行从模式上、产品上、具体实施细则上，如何加强对彭水自治县金融扶贫与乡村振兴的帮助进行对接落实，为全县金融扶贫和乡村振兴提供资金保障。

27 日　武隆区委书记黄宗华，区委副书记、区长卢红率党政代表团到彭水，考察彭水自治县旅游发展和城市规划建设情况。

28 日　2018·第七届中国乌江苗族踩花山节·民歌会·苗歌大合唱在蚩尤九黎城举行。

5　月

3—5 日　县委书记钱建超率彭水党政代表团与山东省聊城市进行东西扶贫协作工作对接，学习考察聊城市在城市建设与管理、现代农业、特色旅游及工业经济方面的先进经验和做法，进一步加强聊城与彭水的东西扶贫协作工作。

21—24 日　第六届“两岸一家亲—渝台少数民族交流活动”在彭水自治县举行，来自宝岛台湾的 54 名少数民族同胞欢聚彭水，与彭水各族人民共话中华民族情，畅叙两岸一家亲。

22 日　彭水举办第七届中国乌江苗族踩花山节·民歌会。

22—25 日　第八届中国摩托艇联赛“太极水杯”重庆彭水大奖赛暨中美澳艺术滑水精英赛在乌江彭水县城水域举行赛事。

23 日　县委书记钱建超主持召开山东省聊城市·重庆市彭水自治县扶贫协作工作座谈会，进一步贯彻落实党中央关于扶贫协作的部署要求，双方确立未来三年协作帮扶计划，细化帮扶方案，落实帮扶举措，促进全县高质量脱贫、高质量发展。

24 日　县委书记钱建超到靛水街道、龙塘乡调研，查看暴雨洪涝受灾情况，指导灾后生产自救。

25 日　彭水代表团到重庆国际博览中心参加第二十一届中国西部国际投资贸易洽谈会。

6　月

4 日　彭水自治县召开全县旅游发展大会。

6 日　重庆银行与县人民政府签署《金融扶贫与乡村振兴战略合作协议》，助力彭水精准扶贫和乡村振兴。

8 日　彭水自治县召开脱贫攻坚大排查问题整改工作部署会议。

13 日　县委书记钱建超主持召开全县卫生改革工作调研座谈会，听取全县卫生计生改革工作情况汇报。

13—14 日　市政协副主席、民盟中央常委、民盟重庆市委主委吴刚一行到彭水自治县大同镇调研脱贫攻坚工作。

21 日　重庆市第十三环境保护督察组督察彭水自治县工作动员会召开。市第十三环境保护督察组组长周登署通报了督察任务、总体安排和要求等，市第十三环境保护督察组副组长唐德刚对彭水配合做好督察工作提出要求。

是日　重庆市第十三环境保护督察组督察彭水自治县工作汇报会召开，市第十三环境保护督察组组长周登署、副组长唐德刚听取县委书记钱建超所作工作汇报。

28日　县委书记钱建超到新田镇国茂水泥厂现场调研环保督察转办案件办理情况。

7　月

2日　民族地区和革命老区彭水自治县村党组织书记培训班开班，全县39个乡镇街道的296名村级党组织书记参训，切实加强村党组织书记队伍建设，进一步提升履职能力和服务群众、带领群众脱贫致富的本领。

3日　“大型系列主题公益活动绿色中国行—世界苗乡·美丽彭水”在彭水自治县诸佛乡庙池村举行。中央农村工作领导小组原副组长、原林业部部长徐有芳宣布开幕，国家林业和草原局副局长张永利，重庆市人民政府副秘书长游贤勇等领导嘉宾出席活动。

是日　大型电视访谈节目“‘两山’路上看变迁，绿色中国十人谈”（彭水篇）在诸佛乡庙池农庄举行。中国科学院院士、著名生态学家唐守正，国务院发展研究中心资源与环境政策研究所副所长常纪文，国家林业和草原局经济发展研究中心主任李冰，中国生态文明研究与促进会常务理事、《党政领导干部生态文明建设读本》主编黎祖交，中国社会科学院农村社会问题研究中心秘书长、中国县镇经济交流促进会调研部主任李人庆，重庆社会科学院农村发展研究所所长助理、研究员、博士丁忠兵，彭水县委书记钱建超，著名表演艺术家卢奇围绕“乡村振兴、美丽彭水”的主题，与中央电视台主持人刘栋栋一同深入探讨以党的十九大精神为引领，如何在广袤的乡村大地实现绿色发展、乡村振兴。

6日　县委书记钱建超率队赴汉葭街道长滩社区1组、彭水火车站等地检查指导抢险救灾工作，并主持召开抢险救灾工作专题会，安排部署抢险救灾工作。

是日　2018·第三届渝东南生态民族旅游文化节在蚩尤九黎城开幕。市旅发委副主任秦定波宣布开幕。

7日　2018·海峡两岸暨港澳地区户外挑战赛暨“蚩尤九黎城杯”重庆·彭水户外挑战赛，在蚩尤九黎城、摩围山景区开赛。国家体育总局对外体育交流中心主任、中华全国体育总会联络部副部长黄凌海，重庆市体育局党组成员、副巡视员陈玉林，县委书记钱建超，县领导程途、秦胜成、罗远江、廖志华参加开幕式。

9日　县委书记钱建超主持召开县委理论学习中心组专题学习会，深入贯彻落实中共十九大精神。国信优易数据有限公司CPO、中科点击创始人兼总裁彭作文作专题辅导报告。

10日　市人大常委会副主任王越率调研组到彭水调研少数民族特色村镇保护与发展工作并召开座谈会。

16日　彭水自治县精准脱贫攻坚专题培训班举行开班式，深学笃用习近平扶贫思想，全面贯彻落实中央和市委决策部署，深入学习和解读相关政策、业务知识。

17日　彭水自治县召开党员干部亲属涉权事项公开动员部署会，正式启动党员干部亲属涉权事项公开工作。市纪委监委第八纪检监察室副主任陈波到会指导。

是日　市扫黑除恶专项斗争第40检查指导组检查指导彭水自治县工作动员会召开。市第40检查指导组组长田维武、副组长周赟珏就做好检查指导工作分别作讲话。

是日　国家卫生健康委员会体改司副司长薛海宁率调研组到彭水，调研基层医疗体制改革工作。

30日　彭水自治县召开县扶贫开发领导小组第10次会议暨实施乡村振兴战略工作领导第三次会议，通报2018年6月脱贫攻坚工作督查情况，听取全县上半年脱贫攻坚工作开展情况汇报、脱贫攻坚存在的问题整改情况汇报和汉葭街道、梅子垭镇、岩东乡关于脱贫攻坚工作开展情况汇报。

31日　彭水自治县召开2018年度议军会议，听取有关工作情况汇报，研究解决驻彭部队实际困难和有关事宜，进一步提升军事工作能力和水平。

是日　县委书记钱建超率队看望慰问武警县中队、西部战区某部队官兵。

8　月

2日　中国工商银行重庆分行行长刘亚干率队到彭水自治县调研。双方就进一步深化政银合作，寻找新的结合点，支持地方实体经济发展、推进民生项目建设以及旅游经济的发展等进行了交流对接。

16日　彭水自治县召开全县民营经济发展大会。强调要认真落实全市民营经济发展大会精神，团结一致、沉心静气，抢抓机遇、真抓实干，切实推动民营经济实现高质量发展。

是日　彭水自治县召开农村人居环境整治暨城乡环境卫生提升行动启动大会。

17日　县纪委监委18个派驻（派出）机构举行集中授牌授印会议。

27日　彭水自治县召开2018年党外代表人士暑期谈心会，通报上半年全县经济发展情况，听取各民主党派、县工商联和无党派人士代表对当前工作的意见建议。

9　月

4日　市发改委党组书记、主任熊雪率领市发改委扶贫集团成员单位负责人到三义乡，召开定点包干脱贫攻坚现场会。

5日　彭水自治县召开第34个教师节庆祝表彰大会暨教育扶贫工作推进会，按照高质量发展要求，落实立德树人根本任务，抓好教育扶贫各项工作，努力办好人民群众更满意的教育。

9日　中央扫黑除恶第9督导组第4小组督导彭水自治县工作见面会召开。中央扫黑除恶第9督导组第4小组组长邢国麟就做好督导工作讲话。

10—12日　交通运输部党组成员、副部长戴东昌率国务院扶贫开发领导小组督查组到彭水督查脱贫攻坚工作。

17日　市委常委、组织部部长、郁江总河长胡文容到郁江彭水段巡河并召开座谈会，强调要深学笃用习近平生态文明思想，按照市委、市政府的工作要求，扎实落实“河长制”各项任务，着力打造水清岸绿、鱼翔浅底的美丽郁江。

19日　民盟“超天使工程”示范基地重庆彭水授牌仪式暨影像培训活动举行。

21日　首届彭水农民丰收节暨郁山“苕粉节”在郁山镇举办。

30日　彭水自治县在东门坡烈士陵园隆重举行烈士纪念日活动，深切缅怀革命先烈、传承革命先辈遗志，缅怀烈士功绩，寄托深切哀思。

10　月

9—10日　市人大常委会副主任夏祖相到彭水开展“主任接待日”活动。夏祖相一行先后深入重庆市宝霸石材有限公司，黄帝峡巴渝民宿示范点，润溪乡白果坪村食用菌基地、便民服务中心，走访市人大代表李沛琨，就脱贫攻坚、乡村振兴、人大代表履职等情况进行现场调研。

12—14日　中共中央政治局委员、中央外事工作委员会办公室主任杨洁篪到彭水自治县调研定点扶贫工作并召开座谈会。他强调，要深入贯彻落实习近平新时代中国特色社会主义思想，深学笃用习近平总书记扶贫重要论述，切实增强政治担当，下大力气真抓实干，着力细化实化思路举措，不断提升精准帮扶实效，确保高质量打赢脱贫攻坚战。

24—25日　市委书记陈敏尔到彭水调研，并在武隆区召开座谈会。他强调，当前全市脱贫攻坚进入全面冲刺、决战决胜的关键阶段，全市上下要深学笃用习近平总书记扶贫重要论述，提高政治站位，敢于担当、善于作为，撸起袖子加油干、扑下身子抓落实，高质量打赢打好脱贫攻坚战。

26日　两江新区·彭水自治县对口帮扶座谈会在大垭乡召开，研究部署对口帮扶计划，实现优势互补共同发展。

11　月

26日　彭水自治县举行招商引资项目入驻工业园区集中签约仪式，签约际华三五三九公司胶鞋、胶靴生产项目，重庆摩西机器人有限公司智能装备生产项目，重庆保地钢结构制作安装有限公司装配式建筑构件加工项目等5个项目。

27日　县委举行首次聘请法律顾问签字仪式。

30日　彭水自治县召开扶贫开发领导小组第15次会议暨乡村振兴战略领导小组第6次会议，审议《关于打赢打好脱贫攻坚战三年行动的实施意见》《三义乡脱贫攻坚规划调整项目》《大垭乡脱贫攻坚规划调整项目》等相关文件。

12　月

3日　彭水自治县退役军人事务局在两江行政中心挂牌成立。

10日　县委书记钱建超主持召开渝湘高铁项目前期工作推进会，听取渝湘高铁项目前期工作推进情况，对彭水高铁站的相关初步设计规划进行审查和讨论。

13日　重庆市优秀扶贫干部杨骅先进事迹报告会走进彭水。

14—15日　市委常委，两江新区党工委书记、管委会主任段成刚到彭水自治县实地调研脱贫攻坚工作并召开座谈会。

18日　全县干部群众通过广播、电视、网络等方式收听收看庆祝改革开放40周年大会直播，深入学习领会习近平总书记重要讲话精神。

24日　2018年区县党委和政府扶贫开发工作成效考核市级交叉检查组到彭水自治县检查脱贫攻坚工作情况。

27日　县委书记钱建超主持召开“讲好彭水故事”座谈会，强调深学笃用习近平新时代中国特色社会主义思想，深入贯彻落实市委全面深化改革委员会第二次会议精神，围绕全县历史、地理、人文研究和宣传推介工作，扎实开展“讲好彭水故事”讨论研究，引导全县党员干部坚守使命、继往开来，持续讲好彭水故事、传播彭水声音、增强彭水自信，不断提高彭水知名度、美誉度和影响力。

28日　彭水自治县召开庆祝改革开放40周年座谈会，深入学习贯彻习近平总书记在庆祝改革开放40周年大会上的重要讲话精神，回顾全县改革开放40年走过的不平凡历程，激励全县上下以习近平新时代中国特色社会主义思想为指导，高举中国特色社会主义伟大旗帜，深入推进思想大解放，推动新时代改革开放再出发，为彭水高质量打赢脱贫攻坚战、全面建成小康社会作出新的更大贡献。

县情总貌

基本概况

地　　理

彭水苗族土家族自治县位于重庆市东南部，处于武陵山区，居长江一级支流乌江下游。北连石柱土家族自治县，东北接湖北省恩施土家族苗族自治州利川市，东连重庆黔江区，东南接酉阳土家族苗族自治县，南邻贵州省沿河土家族自治县、务川仡佬族苗族自治县，西南连贵州省道真仡佬族苗族自治县，西连武隆区，西北与丰都县接壤，全县辖区面积3903.79平方千米。地处北纬28°57′—29°51′、东经107°48′—108°36′之间，东西宽78千米，南北长96.40千米，水陆边界线总长414.90千米。渝怀铁路、渝湘高速公路、319国道穿境而过。县城位于乌江、郁江交汇处，沿高速公路距重庆市主城区180千米、铁路216千米。县人民政府驻汉葭街道北门街33号，海拔245米。

历史沿革

彭水，商周春秋属巴，战国属楚黔中郡，秦统一后延续之。西汉建元元年（前140年）置涪陵县，治所在今郁山镇。东汉三国两晋南北朝历五百余年，县域隶属屡变。隋开皇十三年（593年）置彭水县，治所今郁山镇，属黔安郡。唐武德元年（618年）改黔安郡置黔州。至唐开元二十一年（733年），分江南道西部增置黔中道，为全国十五道之一，彭水为道、州、县三级治所驻地，除辖彭水、黔江等六县外，还统领数十羁縻州，其界北到今湖北建始，东到今湖南沅陵，南到今广西凌云，西到今贵州毕节，面积约29万平方千米。宋绍定元年（1228年），彭水隶属绍庆府（路），治所今绍庆街道，历143年，中经元代，至明洪武四年（1371年）绍庆府废后，彭水隶属新置重庆府。清乾隆元年（1736年），彭水改属酉阳直隶州。民国后，先属东川道，继属四川省，民国24年（1935年）隶属四川省第八行政督查区。1949年11月16日，国民党政权在彭水的统治结束。1950年1月，彭水属川东行署涪陵专区。1952年9月，属四川省涪陵专区。1983年11月，经国务院批准建立彭水苗族土家族自治县，次年11月10日正式挂牌成立，隶属四川省涪陵地区。1997年重庆成为直辖市，彭水隶属重庆市。自西汉建元元年（前140年）置涪陵县（治所今郁山镇）至今，彭水建县历二千余年，更屡次成为道、州、县治所，历史悠久，人文荟萃，是国家西南版图的一方要地。

地质地貌

彭水的地质构造，属新华夏构造体系，位于

鄂黔隆起带向四川中台坳下降的斜坡上，东北属鄂黔台褶皱带，西南属大娄山褶皱带。地层分区上属黔北川南分区思南—酉阳小区。出露岩全系沉积岩。

彭水地域在1.5亿年前的大部分地史时期均为海洋所占据。从震旦系到侏罗系，在前震旦系变质岩基础上，接受了厚达万米的巨厚沉积，在漫长的地质发展史中，经历了多次不均衡的升降运动为主的构造运动。晚侏罗系到晚白垩世间的燕山旋回的宁镇运动，以水平挤压为主形成的老厂坪（石柱县境内）背斜、普子向斜、郁山背斜、桑柘向斜、筲箕滩（黔江境内）背斜等规模巨大的北北东向褶皱及筲箕滩、七梁子冲断层等伴生断裂。背斜出露水面，沿断层开始了强烈的侵蚀。第三纪开始的喜马拉雅运动中，使县境普遍间歇性而又不均衡地抬升，造成郁山、马武（石柱境内）及太原、棣棠、三岔溪、诸佛、桐楼、大园（属鹿角镇）、龙塘、弹子岍（属汉葭镇）正断层和火石垭、龙洋（属润溪乡）、大垭、石盘逆掩断层以及筲箕冲断层等，形成彭水北北东向岭谷相间的原始地貌。现代地貌和土壤的形成过程亦随之开始。

彭水全境地势西北高而东南低，为构造剥蚀的中、低山地形。地貌类型复杂，“两山夹一槽”是彭水地貌的主要特征。地形地貌受北北东向构造控制，主要山脉呈北北东向延伸，成层现象明显，谷地、坡麓、岩溶洼地及小型山间盆地相间，逆顺地貌并存。各类地貌中丘陵河谷区占13.39%，低山区占52.88%，中山区占34.03%。

气　候

2018年，彭水自治县气温偏高，降水偏多，日照时数接近常年。汛期涝重于旱，暴雨洪涝较2017年偏重，高温干旱综合指数较2017年偏轻。

年平均气温为18.0℃，较常年值17.5℃偏高0.5℃，春季气温为1951年以来历史同期最高，夏季气温较常年显著偏高，冬季气温正常，秋季气温偏低；年降水量为1533.7毫米，较常年值1206.4偏多27%，降水时空分布不均，春季为1951年以来同期第二多，仅次于2016年，冬季偏少，秋季偏多，夏季接近常年；年日照时数为973.4小时，较常年偏多9%，冬、春季正常，夏季偏多、秋季偏少；大部分地区入春、入夏和入冬较常年偏早，入秋正常。

自然资源

【土地资源】 全县土地利用向农业用地倾斜，耕地随海拔的升高而递减，林地随海拔的升高而递增。土层薄、肥力低、质地黏重的中低产田土、低产园、低产林多，可开发改造利用潜力大。土地以亚热带山区黄壤为主，可分为6个土类，13个亚类，20个土属，54个土种，66个变种。（1）水稻土类。彭水属冲积性水稻土亚类。所占面积2386.67公顷，其中：灰棕潮土水稻土属1180公顷，黄色潮土水稻土属1206.67公顷。零星分布于乌江、郁江沿岸低阶地，小河流下游冲积坝子内。暗紫色水稻土亚类集中分布在普子向斜底部的普子（砂石）、龙射、走马、芦塘、乔梓、新田（新场）、鞍子等乡镇，最高海拔1400米。（2）潮土类。彭水有灰棕潮土属和黄色潮土属两类，所占面积分别为399公顷和2026.67公顷。分布于乌江、郁江沿岸低阶地及中山区的岩溶盆地，溪谷带、坝。（3）紫色土类。彭水只有中性紫色土1个亚类，面积3466.67公顷，均属暗紫泥土属。分布于普子向斜和青冈向斜底部的红层台状低山丘陵区及桑柘向斜两翼，呈不连续的环状和条带状。（4）黄壤类。为彭水主要土壤类，总面积12.89万公顷，其中：黄壤亚类7.56万公顷，分布在海拔250—1350米之间地带；灰化黄壤亚类7153.33公顷，分布于海拔800—1400米间的条岭状页岩低中山林区，在龙射、龙溪、走马、大垭、双龙、朗溪、善感等乡镇出露；生草黄壤亚类

2.86万公顷，分布于海拔800—1400米岩溶低中山顶部和中上部的缓坡台地，东山盖、西山盖、石盘山以及七曜山、茅尖山等地；粗骨性黄壤亚类1.76万公顷，分布于条岭状页岩低山逆倾坡地带的太原、棣棠、高谷、大垭、朗溪、万足、岩东、迁乔、龙溪、走马、郁山（朱砂）、连湖、桐楼、诸佛、梅子垭、鞍子、善感、鹿角（大园）、双龙等乡镇。（5）黄棕壤类。总面积6062.20公顷，其中山地黄棕壤亚类3348.87公顷，生草黄棕壤亚类2713.33公顷。山地黄棕壤亚类分布于海拔1400米以上的中低山；生草黄棕壤亚类分布于海拔1350—1400米以上的岩溶中山顶部和缓坡地。（6）石灰岩土类。为彭水第二大土类，总面积1.78万公顷，其中：黑色石灰岩土亚类1020公顷，黄色石灰岩土亚类1.68万公顷。黑色石灰岩土亚类分布于石灰岩露头的区域或岩石缝穴及凹地；黄色石灰岩土亚类分布于岩溶低中山区的溶槽，溶斗和缓坡地带，在桑柘、新田、普子、龙射、平安、靛水等乡镇出露。

【动物资源】 彭水人工饲养动物30余种。陆生野生动物有552种。有国家重点保护野生动物：Ⅰ级黑叶猴、胡兀鹫和云豹；Ⅱ级有大鲵、红腹角雉、柳叶鸡、白冠长尾雉、红腹锦鸡、白腹锦鸡等28种；Ⅲ级动物及市级保护动物有灰狼、狗獾、野猪、草兔、豪猪、赤狐、貉、豹猫等138种。

【植物资源】 彭水植物资源比较丰富。有维管束植物188科840属2162种。按资源植物分为药用、观赏、实用、工业四类。其中，药用植物资源种类较多，有中草药植物1417种，以杜仲、厚朴、银花、黄连、党参、当归和天麻等最为著名；观赏植物资源349种，主要是被子植物；野生食用植物有153种；工业用植物287种，主要以乔林木为主。珍稀植物有猕猴桃、五倍子、野生大豆、红三叶、金橘、岩桑、辛荑、重阳木、银杏、红豆木、黄杉和杜仲。农作物主要有玉米、红苕、马铃薯、小麦、水稻、油菜、芝麻、棉花、烟草、魔芋、花生、辣椒等。经济果木主要有板栗、核桃、油桐、桃、李、杏、梨等50余种。

【矿产资源】 全县矿产资源较为丰富，主要矿藏有大理石、方解石、萤石、石灰石、重晶石、石膏、白云石、砂井盐、铁、铜、铅、锌、硫铁矿等三十多种。其储量重晶石、方解石均在100万吨以上，大理石5亿余立方米，萤石423万吨，白云石1亿吨以上。煤炭资源丰富，地下埋藏储量10066万吨，可开采量1918.20万吨。此外还有石油、天然气等。

【水资源】 彭水水资源丰富，乌江由东南向西横贯县境，境内流长64千米，有郁江、长溪河、芙蓉江、木棕河等大小支流20余条，过境水资源量特别大，但时间、空间分布不均，供需不平衡。水能资源蕴藏量274.36万千瓦，居全市首位，为重庆市能源基地县。

旅游资源

随着渝怀铁路、渝湘高速公路、国道319线“三改二”工程和彭酉公路、彭务公路等建设开通，彭水将成为重庆市的“后花园”。彭水还是距离重庆直辖市最近的民族自治县，地处长江三峡、武隆芙蓉洞、仙女山、湖南张家界等旅游“极核”的中心地带，担负着旅游中转站的职能，在发展跨省、跨县联合旅游上具有难得的区位优势。

【中国·彭水乌江画廊旅游区】 原名中国·彭水乌江画廊水上休闲运动旅游区，位于县域西南中部，规划面积170平方千米。乌江，发源于贵州，全长1050千米，在涪陵汇入长江。彭水境内流长64千米，彭水电站、银盘电站建成蓄水后，高峡平湖，峡湖相连，青山绿水，风光秀美。乌江是诗画长卷，历史长河，风情走廊。舟行乌江，两岸山峦雄奇，一里一景，风光旖旎，有“天险乌江，千里画廊”之美誉。清代诗人梅若翁曾赞叹：“蜀中山水奇，应推此第一!”船游景区，起于万足码头，止于龚滩古镇，全长41千米，起点距县城10千米。千里乌江，百里画廊；如诗如画，时尚浪漫。万足到周家寨36千米属乌江画廊精品段。高峡平湖，峡湖相连，青山绿水，风光秀美。犀牛峡奇秀峻美，马峰峡雄奇险峻，庞公峡清幽娟秀，“不是三峡，胜似三峡”；万足湖风情浪漫，鹿角湖渔歌唱晚，洪渡湖炊烟袅绕，“不在西湖，宛若西湖”。游船途经万足湖、马峰峡、鹿角湖、庞公峡、洪渡湖、周家寨，推出“让爱起航”主题，组织摆手舞互动，品尝乌江鱼美味，真可谓人在船上坐，船在画中行，歌舞峡谷生，情在景中生。

【阿依河景区】 阿依河景区位于县南中部，居长溪河中下游，距彭水县城21千米。苗家人把善良、美丽、聪慧的女子称为“娇阿依”，阿依河因此得名。景区融山、水、林、泉、峡于一体，集雄、奇、险、秀、幽于一身，是全市乃至全国以喀斯特地貌为主的观光型、探险型、休闲型、民俗体验型河谷风景区。峡谷幽深，十里竹海，碧波鱼跃，风景绝美，享誉“全国民族文化旅游新兴十大品牌”“巴渝新十二景”，是“中国之美·十大自助游黄金线路”，被誉为“重庆生态旅游的后起之秀”。峡谷听音、竹筏放歌、碧潭戏水、浪遏飞舟、激情水寨、密洞寻奇、长廊寄情等产品深受广大游客喜爱，中国阿依河国际漂流大赛走向世界。徒步穿行，可观奇花异草，古藤老树；荡舟江上，可享激流险滩，惊涛碧浪；夜宿山寨，可品苗家美味，体验民族风情，是休闲观光、民俗体验、户外攀岩及水上运动的首选之地。

【摩围山景区】 摩围山位于县西南中部，居摩围山国家森林公园核心部分，距离县城30千米，属于彭水南部“百里乌江画廊”的中下段，总面积为1910.2公顷。摩围山海拔1394米（相对高度1170米），雄伟壮丽、直插云霄。著名诗人白居易曾赞叹“摩围山下色，明月峡中声”，形象描绘了摩围山及乌江峡谷的风光。景区内峰峦叠嶂、峡谷纵横，除有石林、绝壁、天坑、地缝、溶洞等地质奇观外，兼有漫山云雾、日出日落等天象景观和古树参天、千里碧海等森林景观；同时，具有深厚的历史、宗教文化背景。始建于唐代宗时期的“云顶古寺”仍存有石柱、石门、残墙、碑刻等遗迹。景区内植被丰富，森林覆盖率90%以上，负氧离子11万个/立方厘米，2016年10月，彭水摩围山景区获第二批“中国森林氧吧”称号。景区开发以养生度假为主题，成功开发飞云口、罗曼谷（爱情呐喊谷）、木屋村、石林、滑草、滑雪场等产品，精心建设养生酒店。木屋村中，有爱的小木屋和水晶房子。摩围山小木屋、水晶房子坐落在山林之中，屋中设有地暖，即使屋外天寒地冻在屋内也是如沐春风。

【郁山古镇文化旅游区】 郁山古镇位于县东北部，居郁江下游，距离县城45千米。因富有食盐、丹砂资源，早在5000多年前，苗族、土家族先民蚩尤部落、濮人等，取水提盐，采矿炼丹，创造了古老的盐丹文明，为彭水成为今渝黔湘鄂桂结合部的政治、经济、文化、军事中心奠定了坚实的基础。汉建元元年（前140年）置涪陵县，属巴郡，治所今郁山镇。之后，郁山先后成为县、郡、州治所地历时近千年，建制镇历史长达780余年，千年古镇名副其实。郁山古镇具有得天独厚的优势：历史悠久，具有5000年盐业开发利用史，先后为县、郡、州、道治所所在地；文化底蕴深厚，是以盐丹文化为核心的“黔中文化”的发祥地，具有独特的盐丹文化、城镇文化、饮食文化、建筑文化、民俗文化、流放文化；有很多文物遗址，唐废太子李承乾、唐大臣长孙无忌、宋代著名文学家、书法家黄庭坚先后流放于此，列入各级政府文物保护单位的有近十处，其中黄庭坚衣冠冢、唐太子李承乾墓、贺龙德政碑、古盐井都十分珍贵；郁山拥有优美的自然风光，境内有3条各具特色的河流（郁江、中井河、后照河）和一系列溶洞群，形成了青山、秀水、奇洞、怪石于一体的郁山风光带。

【蚩尤九黎城】 蚩尤九黎城位于县新城区东南角，乌江左岸，占地30公顷，总建筑面积59680平方米，是彭水自然风光与苗族历史文化的有机结合体。旅游景区分蚩尤九黎城、县游客集散中心和蚩尤部落三期工程，集苗族文化、旅游景区、游客接待于一体，打造“苗王神宫，九黎圣殿；苗族圣地，风情家园”的苗族主题文化旅游品牌，一期项目基本建成。蚩尤九黎城是中国最大的苗族传统建筑群，创下了数个世界之最：九黎神柱是世界上高度最高、直径最大、雕刻鬼神像最多的苗族图腾柱；九黎宫是世界最高最大的吊脚楼建筑体，世界最大的四合院建筑体，最奇特的楼中楼阁与楼中殿堂建筑集群；九道门是世界上建有最多朝门的苗族建筑景观。每年农历五月十一日，蚩尤九黎城举行世界最大蚩尤祭祀仪式。“祭祀仪式”演变成万人规模的“蚩尤大典”，活动上还有各种苗族非物质文化表演，苗族特色美食品尝等活动，是展现苗族文化的重要平台。

【鞍子苗寨】 鞍子苗寨位于鞍子镇，由石磨岩景区和罗家坨苗寨组成。石磨岩景区位于大池村，紧邻鞍子场，面积约2.5平方千米。景区属冰川时期留下来的石林，以石莲花为标志，造型千奇百怪，鬼斧神工，仙鹤嘴、埃及石狮、蓝鲸头、奥运火炬等栩栩如生。区内另有两座老式歌堂。罗家坨苗寨位于新式村，距离鞍子场7千米，山寨建在山坳中，长约2千米，全寨70余户300来人全是罗氏后裔。苗寨为国家第一批民族村寨保护项目，古色古香，风情醉人。世代生活在这里的罗氏子孙，住苗居、唱苗歌、跳苗舞、习苗俗、行苗礼，吊脚楼、火铺、鼎罐饭、三道茶……令人流连忘返。鞍子是重庆市“民歌之乡”，是民族文化品牌《娇阿依》的故乡，是乌江画廊上散发异域风情的神秘之地。一曲《娇阿依》，千年苗乡情。鞍子依托苗寨、苗族歌舞和奇石景观，打造苗族风情主题文化旅游品牌，推广“山盟海誓”“爱如磐石”爱情体验。

【乌江苗都】 古城彭水，三山拱卫，两江环流，依山傍水，错落有致。县城历史悠久，是黔中文化的发祥地。城区有汉代汉葭县旧址，唐代黔州、黔中道、宋朝绍庆府驻地旧址，黄庭坚首建绿阴轩遗迹，贺龙的红三军司令部和刘邓大军设指挥部旧址等。建有纪念黄庭坚的山谷公园。乌江穿城而过，郁江、九曲河到此汇聚，七桥相连彩虹卧波，十千米滨江文化走廊，中国·彭水水上运动大赛靓丽纷呈，国际艺术划水大赛、中国摩托艇联赛时尚浪漫，堪称“黔州故地，武陵水城”。

【乡村旅游景点】 彭水旅游资源点众多，乡村旅游资源十分丰富，可谓七彩乡村，繁花似锦。新世纪之初，市民周末大多在郁江芦渡湖游玩。随后保家老营顶（俗称老人顶）桃树林成为踏春赏花好去处，“桃花山庄”应运而生，重庆、涪陵、黔江游客自发前来，车山人海，人流如织，赏花者日达万余人。2010年前后，郁山成功打造“玉泉新村”，乡村旅游进入规模化发展。2012—2013年，长生镇、岩东乡联合打造“长生花海”，善感乡成功打造周家寨，组织文化活动，乡村旅游经济蓬勃发展。“长生花海”，以天师教首领范长生故乡水田坝为中心，连接大河三坝、桃花山庄、绕旗坝、岍山坝，为四季自驾、纳凉避暑的好地方。周家寨，画廊新村，“一脚踏两省，一杆钓三县，一眼收美景”，上山穿越怪石迷宫，下河尽情抛竿垂钓，入户品尝苗家美食，是休闲度假好去处。黄家镇挖掘其深厚的红色文化，打造红色旅游。以中国工农红军第三军在彭水的驻扎地为载体修建的重庆红军历史陈列馆于2016年10月22日开馆。馆内展示当年红三军转战彭水留下的宝贵红军遗迹，其中“一张留言条”格外引人注目。有红军街广场、牌坊等红色旅游景点，推出红军菜等特色。

人　口

2018年，全县常住人口48.85万人。其中，城镇人口17.99万人，乡村人口30.86万人。城镇化率36.83%，比上年提高1.52个百分点。

全年人口出生率为9.78‰，死亡率为4.23‰，人口自然增长率为5.55‰，出生婴儿性别比（以女性为100，男性对女性的比例）为108.5。年末户籍总人口70.15万人，比上年增加0.13万人。其中，户籍城镇人口20.57万人，户籍乡村人口49.58万人。

民　族

彭水自治县是一个以苗族为主兼有土家族、蒙古族、侗族、满族等11个少数民族的自治县，少数民族占全县总人口的64%，其中苗族34.8万人，土家族9.8万人，各民族分布居住在全县各乡镇、街道。彭水的苗族来源一部分是蚩尤的后裔，另一部分从今湖南泸溪发展起来的盘瓠部落迁徙而来。彭水苗族在全县各乡镇均有分布，主要集中在梅子垭镇、靛水街道、鞍子镇、新田镇、平安镇、诸佛乡、润溪乡等地。彭水土家族的先民为巴人，主要来自“八蛮”和“廪君”，并融入了其他民族。彭水土家族在全县各乡镇均有分布，主要集中在连湖镇、太原镇、龙射镇、普子镇、长生镇等地。彭水蒙古族分别聚居于今鹿鸣乡的向家村和太原镇的香树坝村，都姓张、谭，来源于元朝时南下征战的蒙古人。彭水侗族主要分布在诸佛乡境内，均属杨姓，来源于湖南芷江。彭水回族分布在棣棠乡和黄家镇一带，主要为马姓，为清代至民国时期零星迁入定居的。其他少数民族是新中国成立后调彭水工作或婚嫁进入彭水的。

宗　教

彭水宗教主要有佛教和天主教。佛教东晋时期传入彭水，唐代建有名刹云顶寺、开元寺。到解放前，全县共有佛寺153处。2000年1月，彭水自治县佛教协会成立。全县佛教皈依人员400余人。清康熙四十三年（1704年）天主教传入彭水。县天主教爱国会成立于1991年10月，接受洗礼的天主教教徒有200余人。全县现有宗教活动场所1个：天主教真原堂，在建宗教活动场所2个：云顶寺、高谷兴隆佛教活动点，宗教团体2个：县佛教协会、县天主教爱国会。

行政区划

截至2018年年底，彭水苗族土家族自治县辖3个街道、18个镇、18个乡，即：汉葭街道、绍庆街道、靛水街道；保家镇、郁山镇、高谷镇、桑柘镇、鹿角镇、黄家镇、普子镇、龙射镇、连湖镇、万足镇、新田镇、平安镇、长生镇、鞍子镇、梅子垭镇、太原镇、龙溪镇、大同镇；岩东乡、鹿鸣乡、棣棠乡、三义乡、联合乡、石柳乡、走马乡、芦塘乡、乔梓乡、诸佛乡、桐楼乡、善感乡、双龙乡、石盘乡、大垭乡、润溪乡、朗溪乡、龙塘乡。

名优特产

【龙塘沟白酒】　普子龙塘沟酒厂位于普子镇，是一家百年老厂。清光绪二十一年（1895年）在龙塘沟开办“龙塘酒坊”。中华人民共和国成立后，逐渐将龙塘沟传统小灶酒厂转办扩大为国营酒厂。2001年，改制为民营企业。凭借武陵山天然纯净的自然环境，秉承传统的小灶白酒工艺，以当地生产的玉米、高粱、苦荞、糯米、小麦和优质泉水为原料，精心酿造、多年洞藏，形成天然纯正、甘甜醇和、清香浓郁、回味长久的独特风格。旗下有散装玉米酒、高粱酒、苦荞酒，有洞藏罐装、洞藏瓶装“龙塘沟”“龙隐台”“蚩尤酒”“酒罐罐”等品牌。2014 年 6 月，通过国家 QS 质量达标，获得全国工业品生产许可证，在桂林五省一市白酒品鉴会上获金奖。除县内销售外，还销往重庆、涪陵、黔江等地。

【火棘果】 火棘又称救军粮、水杈子，是一种可药可食可观赏的多用途花果植物。营养价值高，含原花青素、总黄酮、胡萝卜素、维生素 B1、维生素 B2、维生素 PP、维生素 C、维生素 E、多种氨基酸、有机酸以及微量矿质元素等，极具保健功效。重庆火吉健康产业（集团）有限公司以野生火棘果（红籽）为原料，建成现代化火棘果生产线一条，产品涵盖火吉野生果汁、火吉果精油等。其中年产火吉果汁 800 万听到 1200 万听，消耗火棘果原材料 1000 到 1500 吨，选用 800—1800 米海拔的野生、天然火棘果作为原料，配方精简、工艺独特，不添加香精、色素，火棘果从深山走向市场。

【蛇酒】 该酒采用成年健康的“五步蛇”，经驱虫、除菌、清理肠道等污物后，以 57 度小灶白酒和武陵山特有的名贵中草药风湿藤、小血藤等为原料、采用现代工艺精制而成，具有清热解毒、祛风除湿、活血化瘀等功效，对风湿及风湿性关节炎、中风偏瘫、三叉神经痛、全身筋骨疼痛、手脚麻木、脑风疼痛、骨质增生等病症有独特疗效。

【殷氏擀酥王】 “食尽江南珍馐味，始知郁镇有擀酥”。殷氏擀酥王创于清嘉庆元年（1796 年），至今已有两百余年历史。采用武陵山自产苗豆配与精面、白糖、酥油、香油、瓜片、橘饼、核桃、蜂蜜、枣泥、桂花、果仁等。采用独特的传统工艺与精湛的手工技艺制作而成“擀酥王”系列，堪称饼中一绝，属纯天然绿色优质食品。皮薄馅厚，酥沙松软，入口化渣，清香滋润，食后丹桂余芳。被中国第五届美食节评为“名优产品”，被中国重庆名优农展会评为“最受消费者欢迎产品”，后获评“重庆老字号”“重庆名小吃”称号。不仅是美食珍馐，更是馈赠、保健和举酒赏月佳品。

【彭水软籽石榴】 软籽石榴因其籽粒像颗颗红玛瑙，故又名水晶石榴。1986 年从突尼斯引入中国，历经 10 余年的栽培试验和观察，各方面性状表现优异。适应性强，抗旱、抗病，适应范围广，择土不严，无论平原、丘陵、浅山坡地，只要土层深厚，均可生长良好。尤以成熟早（8 月中旬、农历 7 月初籽粒开始着色变红）、籽粒大（百粒重 56.2 克）、色泽鲜（籽粒红色）、果个大、果红色美观、果仁特软等特点突出，经济效益十分显著。果皮薄，平均厚 0.3 厘米，可食率 61.9%，肉汁率 92.6%，含糖量 15.8%，含酸量 0.29%，维生素 C 含量 1.87 毫克/100 克，更有健胃消食化积之功效。石榴中所含有的氨基酸，几乎都是人体必需的氨基酸，例如谷氨酸、天门冬氨酸等；所含的无机质以钾为多，它是维持生命不可或缺的物质。除此之外，还含有维他命类和其他一些有效成分，诸如类固醇荷尔蒙、生物碱等。

【彭水响李】 彭水响李是 80 年代末引进四川茂县的青脆李品种，结合彭水当地自然条件进行种植，种植过程中全部使用农家肥，果子成长过程中不使用农药。这种青脆李咬上一口，会发出一声清脆的响声，当地村民将其称为响李。彭水响李正是“彭水想你”的谐音，也表达当地苗族娇阿依想你的含义。响李果子形态饱满，果皮青色，果肉外青里黄，缝合线正，缝沟浅，果粉厚、灰白色、肉质脆、味甜，有着浓浓的蜂蜜味。其营养丰富，富含维生素、氨基酸，生津利尿、清除肝热，有利健康。口感最佳期为7月25日到8月5日间，一天口感最佳的采摘时间在清晨和傍晚。作为全县重要的经济作物，县政府经常组织彭水响李管护知识培训，学习整形修枝、病虫害防治知识。县境内已建立多个彭水响李的生态种植基地，进入成熟期开始采摘时，市民纷纷前往彭水响李的生态种植基地，体验采摘乐趣，通过组织各类采摘活动促进当地经济发展。

【彭水紫苏】 彭水苏麻，学名紫苏，是卫生部首批公布既是食品又是药品的60个物种之一。武陵山脉一带对原生栽培种称之“苏麻”，因幼苗叶背和未成熟前籽粒呈紫色，故又称“紫苏麻”。彭水苏麻全株可入药，苏叶辛、温，归肺、脾经，为感冒药及藿香正气液的必须原材料。彭水苏麻籽实归肝胆经，气味辛、温、无毒，富含α－亚麻酸、迷迭香酸、齐墩果酸、熊果酸、蛋白质、叶酸、维生素（E、K1、叶酸等）以及硒、锶、锌、镁、铁、铜等微量元素。现代研究证明，α－亚麻酸代谢物EPA具有清血脂，具有改变血液黏稠的作用，DPA又称神经活性因子，有抗抑郁功用，脑黄金DHA是形成脑细胞和视神经细胞的基础物质，多选择渗入大脑和生殖器官中发挥重大作用。彭水苏麻在武陵山脉一带常用于肝病食疗，多显效。长食具有健脑、护肝、清血脂、“体白身香”的功用。2007年，紫苏被列入中欧中国南部山区农业生物多样性项目重要种质资源。2017年，被列入全国名特优新农产品目录，是重庆市名牌农产品、中国绿色食品博览会金奖产品、农产品地理标志纪录片《源味中国》全球传播产品。

【晶丝苕粉】 用鲜红薯为原料，采用原始的加工工艺，全手工精致提炼而成。其色微黄或微黑，光亮透明，味道滋润爽口，口感绵软，光滑富有弹性。食用时，将粉丝放入用温水浸泡5－10分钟，再将泡过的粉丝放入沸水中煮3－5分钟即可。晶丝苕粉可作酸辣、凉拌、油炸或与鸡、鸭、猪蹄清沌，可与牛、羊、鱼肉焖烤，亦可与各种肉丝、肉片爆炒，食法多样。

【大脚菌】 大脚菌分黄褐色、白色。气味浓香，质地细嫩，汤色乌黑油亮，吃之清香爽口。主要产于彭水自治县黄家、朗溪等乡镇，属纯天然绿色食品，人工无法栽培。大脚菌生长在海拔2000米左右，生长期只有2—3天，每年生长1次（有些年份不生长）。大脚菌含有丰富的维生素和蛋白质，营养价值极高。对人体有滋补、降压、健脾、美容、调节新陈代谢、清热、预防妇科疾病等功效。被西欧国家誉为“山珍”菌王，是家庭食用、承办宴席、赠送贵宾的珍稀贵重佳品。

【黄家灰豆腐】 灰豆腐是彭水自治县黄家镇一带的传统饮食。黄家灰豆腐制作技艺目前多以家传为主，其中大部分传承人为家庭主妇。豆腐做出来后，切成小块，放入准备好的清洁干燥草木灰中，这个过程叫“灰鲊”。经过一夜“灰鲊”后的豆腐，失去水分和原本的柔软，变得干硬。再入灰炒制，豆腐由干硬再次变得蓬松绵软。表皮不破、掰开，里面有均匀绵密的蜂窝组织。灰豆腐既保留豆香味、充满嚼劲，同时蜂窝组织能充分吸收汤汁。炖汤、素炒皆宜。黄家镇灰豆腐制作技术已成为彭水非物质文化遗产之一。

经济体制改革

【创新驱动发展】 2018年，彭水苗族土家族自治县综合经济体制改革专项小组承担的改革任务共有10个大项、34个子项。建立统筹大数据智能化发展的制度体系。《彭水自治县以大数据智能化为引领的创新驱动发展战略行动计划（2018—2020）》于2018年12月29日印发实施。推动数据资源共享开放应用改革。严格执行《重庆市政务信息资源共享开放管理办法》（重庆市政府320

号令)；全县政务信息资源共享平台建设进入公开招投标阶段。推广服务型制造模式。加大宣传力度，动员有条件的企业“发展供应链管理专业化服务和实施产品生命周期管理服务，拓展在线支持服务和产品后市场服务，发展一体化服务外包和总集成总承包服务”，同时加大培训学习力度。提高企业智能化管理水平。组织企业参加两化融合评估，并指导企业申报市级两化融合试点项目，太极集团重庆阿依达饮料有限公司成为市级两化融合试点企业。

【户籍制度改革】 落实《重庆市户口迁移登记实施办法》和《关于认真贯彻实施居住证暂行条例暨进一步规范流动人口居住证办理工作的通知》，全县城镇户口203761人，城镇化率29.05%，全年农业转移人口落户城镇504人，网上申办居住证215人。

【城市提升】 创新通信网建设体制机制。成立铁塔公司，解决通信杆（塔）资源共享的问题。在与社会塔共建方面，铁塔公司已与电力公司、公安局签订战略合作协议，正在推进和城市管理局的战略合作。落实政策鼓励社会资本多种形式参与高速公路等基础设施建设。县交通局配合落实市交委落实社会资本参与彭酉高速建设事宜，主动与中铁二十局、二十四局等大型国企洽谈农村公路基础设施建设。创新招投标监督管理。严格执行《重庆市人民政府办公厅关于印发重庆市工程类扶贫项目监督管理办法（试行）的通知》（渝府办发〔2018〕132号）相关规定，未达到依法必须进行招标标准的，区县发展改革委依法审批、核准项目时，明确由所在乡镇或本区县相邻乡镇共同组建项目法人；乡镇管理能力不足或国家政策有明确要求的，可由区县政府统一组建的政府公共投资集团作为项目法人；项目法人在不拆分项目的前提下，可对具备相应条件的同类项目进行打捆公开招标确定承包商。县发改委代拟并以府办名义印发《关于加强非必须招标工程项目管理的通知》（彭水府发〔2018〕113号），将非必须招标项目纳入“三重一大”议事决策范围进行集体决策，严禁领导干部利用职权或职务影响，以指定、打招呼等方式，插手干预工程建设项目。探索“标准规范、负面清单、告知承诺+事中事后监管”审批新模式。严格执行《重庆市发展和改革委员会关于印发重庆市国家重点生态功能区产业准入负面清单（试行）的通知》（渝发改规〔2017〕1597号）和《重庆市发展和改革委员会关于印发重庆市产业投资准入工作手册的通知》（渝发改投〔2018〕541号）；县发改委制定《行政审批及项目备案服务指南》，明确各项审批所需前置要件和申请材料，实行一次性告知，当即受理；实行所有审批在大厅统一办公、统一审批，严禁审批事项体外循环和让办事群众两头跑路现象。

【军民融合】 县发改委代拟，由县委、县政府印发的《彭水自治县军民融合发展战略行动计划(2018—2020年)》（彭水委发〔2018〕74号），于2018年9月27日印发实施，推进军民融合发展。

【经济体制完善】 利用综合标准依法依规推动落后产能退出。建立健全部门协调机制，编制《2018年利用综合标准依法依规推动落后产能退出工作方案》，各部门根据职能职责主动作为，推动淘汰落后产能工作。自然保护区内非煤矿产品加工企业退出工作，2018年应关闭的4家企业已断电。依法有效去除“僵尸企业”“空壳公司”。通过重组整合，关闭注销国有公司子企业3家，退出参股企业1家；注销内资企业443户、个体工商户931户、农民专业合作社42户。制定优化企业负债结构工作方案。对5户县属国有企业债务风险防范工作进行专题调研，督促企业制定“三年财务规划”和“2018年6月—2019年6月资金平衡计划”，严格执行企业融资审批程序，积极化解企业违约风险。扎实推进九黎集团上市工作，现上市主体九黎股份公司已完成组建。制定股权融资专项方案。印发《关于报送企业上市相关政务服务事项办理规程的通知》（彭水财金〔2018〕2号）、《关于上市挂牌工作的有关事项的通知》（彭水财金〔2018〕5号），建立企业上市和资源储备名册，筛选上报近三年拟在境内外上市和新三板挂牌的优质企业5家，督促跟踪九黎集团、红星美凯龙企业发展有限公司上市进程。指导搬运帮科技有限公司申报进入重庆市拟上市企业储备库前期准备工作。推进企业减负。推进涉企收费清理，并在县发改委门户网站公布行政事业性收费目录清单、重庆市政府定价的涉企经营服务收费等目录清单，对乱加价的乡镇供水总站进行处罚；同时加强对电价降费政策落实的督促检查。制定促进民营经济大发展的实施意见。9月10日县委县政府正式印发《关于全面优化营商环境促进民营经济发展的实施意见》（彭水委发〔2018〕71号）和《关于进一步营造企业家健康成长环境弘扬优秀企业家精神更好发挥企业家作用的实施意见》（彭水委发〔2018〕72号）。县发改委积极对接市级考核部门，全面吃透市对县民营经济考核政策，印发《关于2018年市对县民营经济增加值目标责任分解的通知》（彭水发改发〔2018〕420号），将指标任务细化分解到各责任部门。推进市场准入负面清单制度试点。县发改委全面落实市场准入负面清单制度，对于禁止投资的，不予审批、核准、备案；对限制投资的，依法作出是否予以准入的决定，共审批项目385个、核准项目6个、备案项目84个。有序推进实施公平竞争审查制度。县发改委印发《2018年清理现行排除限制竞争政策措施的工作方案》（彭水发改发〔2018〕88号），对全县出台的相关政策文件进行自查清理，并报市级部门备案，明确今后出台的各种产业、投资政策，以不破坏统一市场和公平竞争为前提，不得制定含有排除、限制竞争内容的政策措施。全面推行“多证合一”。实行“三十一证合一”及个体“两证整合”。全面推行注册登记全程电子化。全面实现内资公司、个人独资企业、合伙企业、非公司企业法人注册登记全程电子化，已办理全程电子化登记84户。修订政府定价目录。及时转发取消或停征对应中央设立的21项行政事业性收费项目，取消、停征或调整14项市定行政事业性收费，将市定收费项目从24项压减至10项，涉企收费减至3项。深化实施“双随机一公开”综合监管。及时调整完善随机抽查事项清单、执法检查人员名录库、检查对象名录库，建立智能化随机抽查系统，确保抽查事项全覆盖。涉及县级32个部门实行抽查事项260余项、开展抽查600余次、检查对象1000余个。按30%的比例抽取10户成品油加油站进行跨部门抽查，完成国家市场监管总局下达的1户教育托管机构的抽查任务。对各类市场主体年报情况按5%比例共计1648户进行综合检查。全面深化预算管理改革。严格执行《中华人民共和国预算法》等相关规定，规范预算编制、预算执行、预算调整、决算等财政收支管理。制定《彭水自治县县级基本支出预算管理办法》，建立定员定额经费标准动态调整，提高基本支出保障度；制定《彭水自治县县级项目支出预算管理办法》，规范项目编制和执行，实现项目的分级分类和开放式、滚动式，全周期管理。全面推开国库集中支付电子化改革工作，着力提升资金支付效率，确保财政资金安全、规范运行。深化税收制度改革。严格落实增值税改革优惠措施降低税率，将17%和11%的两档税率下调至16%和10%；统一小规模纳税人标准为年应税销售额未超过500万；试行留抵退税，对符合条件的先进制造业和现代服务业包含的18个大类行业、电网企业增值税期末留抵税额予以退还。制定推进普惠金融发展工作方案。出台《彭水自治县推进普惠金融发展实施方案》（彭水府发〔2018〕16号），引导和鼓励金融机构着力完善金融服务，积极探索创新金融产品，大力推进普惠金融发展。全辖区有农村金融机构网点86个，助农取款服务网点437家，自助设备终端306台，建成“惠农e通‘四融’”266个，开通“流动银行”车1辆。

【健全社会信用体系】 建成全县统一的公共信用信息平台，印发《彭水县公共信用信息目录(2018年版)》，推进行政许可、行政处罚等信用信息归集共享。“信用重庆”归集共享彭水区域内信息68623条，“信用彭水”归集共享信息72572条。2018年8月，县发改委转发国家部委签署的《关于对严重拖欠农民工工资用人单位及其有关人员开展联合惩戒的合作备忘录》，与相关单位一起开展对彭水区域内严重拖欠农民工工资用人单位和人员的联合惩戒。

【重大风险防范化解】 化解地方政府性债务风险。健全政府性债务统计月报、季报、年报制度，实施政府性债务风险评估，开展高风险单位实施风险预警。行政事业单位、平台公司等债务情况已清理完成。出台《彭水自治县防范化解地方政府隐性债务风险工作实施方案》，切实防范化解地方政府隐性债务风险。制定金融监管实施意见。印发实施《彭水自治县小额贷款公司网络小额贷款业务风险专项整治实施方案的通知》（彭水财金〔2018〕3号），加大对小额贷款公司网络贷款业务风险的监管整治力度。印发《关于开展非法集资风险排查活动的通知》（彭水打非金〔2018〕3号），加强对全县非法集资易发领域开展风险排查，确保区域性、行业性非法集资风险得到有效化解，潜在风险苗头得到及时控制。印发《彭水自治县防范化解金融领域重大风险工作方案》（彭水府办发〔2018〕80号），进一步压实责任，守住不发生区域性金融风险、不引发系统系金融风险的底线。

【绿色发展】 推进售电侧改革。自2018年1月1日起，对余热、余压、余气自备电厂免收系统备用费，其自发自用电量暂免收政策性交叉补贴。2018年7月17日，转发《重庆市物价局关于开展清理规范电网和转供电环节收费工作的通知》（渝价〔2018〕101号），取消变电站间隔占用费、计量装置校验费、电力负荷管理终端设备费、电卡补办工本费、复电费、更名过户费等电网收费项目。及时转发市物价局先后三次降低一般工商业电价、趸售电价和输配电价每千瓦时1.11分、1.74分、5.08分，共计7.93分/每千瓦时，并开展监督检查。推进油气体制改革。武陵山天然气长输管道工程主体建设已完工，开始试运行。

【监察体制改革】 完善县审计管理体制。规范县审计机关领导干部任免工作，县审计局主要领导纳入市委组织部管理，由市审计局党组配合市委组织部管理和考核，副职领导干部由市审计局委托县委组织部管理和考核。修订完善并严格执行审计项目计划管理、经费资产管理、审计质量监督、干部人事管理以及重大事项报告、督查考核等59项制度。健全审计业务管理制度。加强审计监督体系建设，出台《关于进一步加强内部审计工作的意见》《彭水苗族土家自治县内部审计工作实施办法》等制度；加强大数据审计技术运用基础建设，搭建财政业务系统数据自动采集网络平台，建立审计对象数据库，健全《彭水苗族土家族自治县审计局重要电子数据安全管理制度》等多项规章制度，更好地发挥审计监督职能作用。完善统计体制。出台《关于深化统计管理体制改革提高统计数据真实性的实施意见》，各部门按文件要求通力协作，稳步推进统计管理体制改革。

经济社会发展

【产业协调】 2018年，全县实现地区生产总值170.1亿元，同比增长7.5%。其中，三次产业分别实现增加值27.1亿元、66.9亿元、756.1亿元，同比增长5.2%、9.8%、6.4%；三次产业结构从2017年的18.9:41.6:39.5优化为2018年的15.9:39.3:44.8，非农产业占比由81.1%提高到84%。农业新型经营主体进一步壮大，全年新增农民专业合作社126个，新培育家庭农场8个，县级以上龙头企业达到61家。能源工业、建材工业、健康食品加工业、矿产品加工业快速发展，带动规模以上工业完成总产值50.3亿元，同比增长15.9%；完成增加值35.6亿元，同比增长4.9%。大力培育限额以上商贸企业，全年完成25家限额以上商贸企业统计入库。乌江画廊景区成功创建国家AAAA级旅游景区，全县国家AAAA级旅游景区达到4个，旅游经济继续保持良好发展势头，全年接待游客2529万人次，实现旅游综合收入111.8亿元。

【脱贫攻坚】 全县贫困村减少至6个，贫困户减少至3482户，贫困人口减少至12266人，贫困发生率降低至2.5%。累计发放扶贫小额贷款10532户，兜底保障1.16万人，资助贫困学生3.8万人次，医疗扶贫专项基金再补助8.04万人次，易地扶贫搬迁3800人。建成村通畅路325千米、通达路245千米、人行便道510千米，实施农村饮水全覆盖工程1240处，实施建卡贫困户宅基地复垦4101户，C、D级危房改造313户，整治不安全住房2万户，完成院坝硬化102万平方米、改厨10067户、改厕12967户，基本实现乡镇及撤并场镇污水处理、农村生活垃圾治理全覆盖，全县行政村通畅率、自然村通达率以及脱贫村通客车率、光纤覆盖率、电子政务覆盖率、4G网络覆盖率均达100%。

【基础设施】 顺利开工渝湘高速铁路，基本完工水泥厂至九黎城滨江路、朱家嘴大桥等项目，建成“四好农村路”640千米。完工吴家湾水库、雷公水库；凤升水库、龙虎水库、摩围山水库大坝主体完工；普子河清水河段综合整治工程、棣棠河棣棠太原段综合整治工程全面完工，鞍子乡防洪排涝工程、诸佛江鞍子何家坝至善感段（何家坝段）综合整治工程、后灶河重点河段综合整治工程主体完工；靛水防洪排涝工程隧洞全线贯通；完成诸佛寺电站验收。建成高标准农田2233.33公顷，完成第一批农网工程，新建变压器25台、10千伏线路34.93千米、0.4千伏及以下线路55.54千米。共建成分散式光伏发电项目11个，装机65.5千瓦，年发电量6.91万千瓦时。天然气管道“县县通”项目彭水段管道及其配套设施、站场、阀室均处于安全平稳试运行状态。

【城乡形象】 新城加快基础设施建设，第一幼儿园投入使用，思源实验学校二期、规划展览馆、法院、检察院、社会福利中心儿童收养部、残疾人托养康复中心、车管所、中医院门诊楼等项目主体完工。老城持续提升城市形象，启动两江大桥加固改造工程，郁江大桥重建工程完工，改造民族风情街和沙沱公路小区等城市道路节点，提档升级楼宇灯饰20栋、桥梁灯饰3座，消除背街小巷无灯区。蚩尤九黎城一期主体工程全面结束，二期工程征地拆迁工作全面展开，并成功创建国家海峡两岸交流基地，获“首批国民休闲旅游胜地·民族（民俗）特色胜地”称号。打造阿依、美丽苗家、朱子溪三个大美乡村市级示范片，建成万足镇丹阳寨、润溪乡黄帝峡、靛水街道花丘堡三个巴渝民宿示范点。新城、老城、蚩尤九黎城、村镇协同发展，全县城镇化率达到36.8%。

【环境保护】 深入实施碧水、蓝天、田园、绿地、宁静五大环保行动，打好污染防治攻坚战，加强生态建设。67个跨乡镇断面水质全部达到Ⅲ类以上，清理乌郁两江水域及次级河流漂浮垃圾1925吨，建成投运乡镇污水处理设施并配套管网12个，通水运行二期污水处理厂，投运县城生活垃圾填埋场渗滤液处理厂，完成县城污泥处理厂主体工程，县城污水集中处理率95%，乡镇污水集中处理率80%。县城空气质量优良率95.62%，城市生活垃圾无害化处理率100%，农村生活垃圾有效治理行政村比例100%。全面退出自然保护区内32宗矿业权，完成退耕还林、森林抚育等各类营造林2.45万公顷，完成大垭、善感坡耕地水土流失综合治理工程，整治汉葭片区、绍庆片区等地质灾害隐患点14处，新改建城市绿地8万平方米。鑫沃·世纪城项目成功申报“重庆市绿色生态建筑”。

【深化改革】 深入实施供给侧结构性改革，关闭注销国有公司子企业3家，退出参股企业1家；注销内资企业505户、个体工商户1050户、农民专业合作社47户；扎实推进涉企收费清理，降低一般工商业电价7.93分/每千瓦时，切实减轻实体企业负担。全力推进善感乡周家寨村、诸佛乡庙池村“三变”改革试点工作，完善各类基础设施、发展产业；稳步推进农业项目财政补助资金股权化改革，部分项目已实现分红。基层医疗卫生机构集团化管理改革被市委纳入全市全力攻坚突破重大改革项目。统筹推进科教体制改革、开放型经济体制改革、社会保障体制改革、生态文明体制改革等。加大招商引资力度，全年共签订招商引资项目49个，工业园区入驻总部经济企业达到460余家，实际利用内资12亿元，同比增长19.8%，实现外贸出口905万元。扎实开展东西协作和对口帮扶，加强与中央外办、市发改委帮扶集团、市城乡建委帮扶集团、两江新区、山东聊城等沟通衔接，促进区域合作共赢。加快实施创新驱动发展，全年发明专利申请量60件，太原冷水鱼申报国家级星创天地获得初评，培育入库科技型企业70家，引导成立县级科技研发中心2个，全县高新技术企业达到4家。

【社会民生】 挂牌运行39个乡镇文图分馆，建成标准化塑胶运动场地83片、社区健身点10个，城乡公共文体基础设施得到较大程度改善，人均体育场地面积达1.75平方米。全年举办各类大型文化活动20余场次，开展送文化下乡和流动文化服务进村3000余场次。坚持学前教育普惠发展，普惠率达到97.2%，职教中心成功创建市级特色发展示范校，全面免除高中学生、职业教育学生学费，积极开展控辍保学工作，无人因贫失学。基层医疗机构出院均次费用低于全市平均水平20%，分级诊疗基层首诊率保持在72%以上，县域内就诊率提高到87%。城镇登记失业率3.37%，低于市上控制指标0.43个百分点。城乡常住居民人均可支配收入分别达到29124元、11144元。居民养老保险、医疗保险参保分别达到246734人、572730人。公共租赁住房保障困难家庭246户。完工新城残疾人康复托养中心、新田镇马峰社区养老服务站、高谷镇准福利院改造主体工程，建成郁山镇凤凰山公墓、桑柘镇厚德山公墓，投用新城万福陵园。

机构领导名录

县级领导人名录

中共彭水苗族土家族自治县委员会

县委书记：钱建超
县委副书记：石　强　彭玉萍（女）
张　勇（挂职，4月到任）
县委常委：钱建超　石　强　彭玉萍（女）
张　勇（挂职，4月到任）
程　途　唐鹏程　何　川
巩义胜　陶　敏（女）
罗道书
裴煜宇　李　福（3月到任）

彭水苗族土家族自治县人民代表大会常务委员会

主　任：胡勤俭
副主任：庹朝福　鞠清洁　陈钱万　秦胜成

易　敏（女）

彭水苗族土家族自治县人民政府

县　长：石　强

副县长：张　勇（挂职，4月到任）

巩义胜　任昌卜　夏　斌　王凡鹏

罗远江　谭祥平　谭毅力

钟福荣（挂职）

政协彭水苗族土家族自治县委员会

主　席：谢　胜

副主席：冉龙超　冉启明　廖志华

梅小玫（女）　杨从勇　吴　铁

县级机构负责人名录

中共彭水苗族土家族自治县纪律检查委员会　监察委员会

书　记、主　任：唐鹏程

副书记、副主任：李文胜　钱文权　冉启超

常　委、委　员：罗季春

常　　　　　委：陈小珊（女）　钱能涛

常　委、委　员：王　明　魏树林

中共彭水苗族土家族自治县委组织部

部　长：何　川

副部长：张　军　赵江南（女）　陈　君

中共彭水苗族土家族自治县委宣传部

部　　　长：裴煜宇

常务副部长：韦　胜

副部长、县委外宣办主任：张　波

副部长、县社科联主席：赵学亚

县委网信办（县网信办）主任：龙文专

县宣传文化信息中心主任：田小川

中共彭水苗族土家族自治县委统战部

部　长：陶　敏（女）

副部长：李　振　冉雄伟　杨　波

侨联主席：陈红梅（女）

台办副主任：谢　勃

中共彭水苗族土家族自治县委办公室

县委办主任：杨国洪

县委办副主仁：冉茂鸿　董永升

于子森（挂职）

县委办副主任、县委督查室主任：杨　新

县委办副主任、机要保密局局长：许　平

县委办副主任、县委研究室主任：徐俊峰

县纪委派驻县委办纪检组组长：张　力（女）

县委改革办（法治办）副主任：

罗贵阳（6月离任）

梅海飞（8月到任）

中共彭水苗族土家族自治县委研究室

县委研究室主任：徐俊峰

县委研究室副主任：王　宏　刘小平

彭水苗族土家族自治县人大常委会办公室

主　任：王业培

副主任：何贵秀（女）（9月离任）

晏其林

人大常委会法制民族委

主　任：王天发

副主任：罗　强　袁　伟（兼）

人大常委会财政经济委

主　任：王　冲

副主任：丁　慧（女）　严久林

人大常委会农业城环委

主　任：代荣成

副主任：庹小洪　李素芳（女）（兼）

人大常委会教科文卫工委

主　任：袁学刚

副主任：廖小涛

人大常委会人代工委

主　任：刘成林

副主任：刘　位（女）

人大常委会预算工委

主　任：丁　慧（女）

副主任：李绍成

县人大常委会信访办公室

主　任：段茂淑（女）

副主任：罗玉萍（女）

彭水苗族土家族自治县人民政府办公室

主　任：任孝云（8月离任）

冯久洪（8月到任）

副主任：冉　旭（7月离任）

周晓敏（女）　王雪松

王建军（兼）　冯鹏飞（挂职）

彭水苗族土家族自治县人民政府研究室

副主任：廖秀华　任　勇

政协彭水苗族土家族自治县委员会办公室

主　　任：秦维亚

副 主 任：王　勇　严九江

提案委主任：刘应平

农业委主任：陈　瑜

经济委主任：向国茂

科教文卫体委主任：王天平

联络委主任：蹇廷超

研究室主任：段战农

彭水苗族土家族自治县人力资源和社会保障局

局　　长：张国甫

副 局 长：梅绪权　王天云　侯静莲（女）

党组成员：沈华凡　王小琴　王胜洋

廖永鸿

彭水苗族土家族自治县直属机关工作委员会

书　　记：彭玉萍（女）

常务副书记：张泽勇

副 书 记：向刚宗

纪工委书记：吴国庆

彭水苗族土家族自治县机关事务管理局

局　长：谢德华（8月离任）

副局长：李　静（女）（8月开始主持工作）

刘　利（女）　冯小飞

中共彭水苗族土家族自治县委机要保密局

局　长：许　平

副局长：艾曦东

专职密码督查员：袁　婧（女）

电子政务中心主任：马小飞

彭水苗族土家族自治县机构编制委员会办公室

主　任：傅江陵

副主任：李安方

中共彭水苗族土家族自治县县委老干部局

局　长：何　红（女）

副局长：周云琴（女）

县老干部活动中心主任：黄兴军

中共彭水苗族土家族自治县委党校

常务副校长：黄江河（8月离任）

唐富学（8月到任）

副　校　长：李泽茂（8月离任）

周小林（8月到任）　刘　勇

校务委员：伍北群（女） 郑凤竹（女）

中共彭水苗族土家族自治县委县人民政府信访办公室

主　任：王建军
副主任：刘在祥　王海莉（女）　杨忠辉
督查专员：张素芬（女）　王静洁（女）

彭水苗族土家族自治县工商业联合会（总商会）

主　　席：游兴茂
党组书记：刘月红
副 主 席：谢应奎　陈智勇　陈爱华（女）
　　　　　张幸福　杨昌洪　廖小川
　　　　　李元仙（女）　程家琪
挂职副主席：何　林
副 会 长：葛先萍（女）　李寅生
　　　　　曹怀滨　杨小峰　张小俊
　　　　　张力夫　董长珍（女）

彭水苗族土家族自治县总工会

主　　席：易　敏（女）
常务副主席：孙德清
副 主 席：莫亚群（女）　王　松
　　　　　肖　杰（挂职）
　　　　　何　敏（女）（兼职）
　　　　　唐立硌（兼职）

共青团彭水苗族土家族自治县委员会

书　记：梁　潇
副书记：周晓琳（女）　何　娟（女）

彭水苗族土家族自治县妇女联合会

主　席：匡　琳（女）
副主席：王桂英（女）　高才华（女）
　　　　周俊利（女）（兼职）
　　　　葛先萍（女）（兼职）

彭水苗族土家族自治县残疾人联合会

理事长：黄江河
副理事长：秦榜华　刘维红

彭水苗族土家族自治县科学技术协会

主　席：冉业凡
副主席：吴玉学　王贵兰（女）
　　　　王　婷（女）（挂职）

彭水苗族土家族自治县文学艺术界联合会（黔中文化研究院）

主　席、院　长：张传武
副主席、副院长：周健伟　刘兴模

中共彭水苗族土家族自治县委政法委员会

书　　记：程　途
常务副书记：陈卫东
副书记、综治办主任：田仕军
副书记、防邪办主任：王子兰（女）
副书记：冉启怀
综治办副主任：汪　盛
防邪办副主任：石　川

彭水苗族土家族自治县公安局

局　长：夏　斌
政　委：包　庆
副局长：李方顺　陈大奎　梁晓鸿　周清茂
政治处主任：尹顺华
纪检组长：胥呈波

彭水苗族土家族自治县消防大队

大 队 长：卢元安
政治教导员：张洪桥

彭水苗族土家族自治县人民检察院

检察长：陈天文
常务副检察长：黄治文

副检察长：张清亮　陈昌凡
纪检组长：覃成林
政治处主任：刘洪武

彭水苗族土家族自治县人民法院

院　长：秦长春
常务副院长：冉隆川
副院长：徐中和　陈　霞（女）
政治处主任：郭唐均
纪检组长：胡振常
执行局局长：庹德鸿
专　委：冉启驰　彭　然（6月到任）

彭水苗族土家族自治县司法局

局　长：肖世成
副局长：张　洪　汪卫军（8月离任）
侯洪才　何贵秀（女）（8月到任）
纪检组长：王小权

彭水苗族土家族自治县人民武装部

部　长：王　丰
政　委：李　福

彭水苗族土家族自治县农业委员会

县委农工委书记：谭小华
县农业委员会主任：苏光华
县委农工委副书记：周小平
县委农工委委员、县农业委员会副主任：
唐宁敏　王建军　王　胜
县委农工委委员、农技推广中心主任：
何昌均
县委农工委委员、农业综合行政执法大队大队长：谭　勇

彭水苗族土家族自治县畜牧发展中心

主　任：刘卉红
副主任：王　程　谢太候　张乾鹤

彭水苗族土家族自治县林业局

局　　长：冉　靖（女）
党组书记：刘汉中
党组成员、县森林公安局局长：罗　臣
党组成员、副局长：赵乾琨　李　兵
党组成员、副局长兼县国有林场场长：
董雄然

彭水苗族土家族自治县水务局

局　长：徐道东（8月离任）
贺守良（8月到任）
副局长：孙德昌　陈　红　王子剑
党组成员：邓文安　庹小科
水务工程管理中心主任：宁环军

彭水苗族土家族自治县扶贫开发办公室

主　任：贺守良（8月离任）
徐道东（8月到任、11月离任）
张泽勇（11月到任）
副主任：陈维凡　张寿平（女）
何振飞（11月离任）
李育奎（11月到任）

彭水苗族土家族自治县经济和信息化委员会

书　记：李孝前
主　任：冉　旭（8月到任）
党组成员、副主任：焦辉平　梁光均
党组成员：王小兵
副主任：祝　娟

国网重庆彭水供电公司

总经理：邓劲松
副总经理：马文海　周　伟　徐　峰
杨小东　邓文东

彭水苗族土家族自治县烟草专卖局（分公司）

局　　长、经　理：吴树成

纪检组长、副局长：张泽波

副经理：唐晓渝　代先强　陈代明　刘　浪

彭水苗族土家族自治县工业园区管委会

主　任：谭祥平（兼）（10月离任）

任昌卜（兼）（10月到任）

常务副主任：张志鸿（兼）

副主任：陈昌华（兼）

李孝前（兼）（8月离任）

冉　旭（兼）（8月到任）

黄建明（兼）

彭水苗族土家族自治县工业园区实业公司

董事长兼总经理：张志鸿

副总经理：陈德旭　冉　剑　冉青松

总工程师：廖志彬

彭水苗族土家族自治县商务局

局　长：邵江涛

副局长：周应彭　谢湖滨　汤天应

皮小坤（女）

党组成员：杨家刚

彭水苗族土家族自治县供销合作社联合社

主　任：赵朝军

副主任：陈　鹏　陈启峰　李远胜

中国石油天然气股份有限公司重庆销售分公司黔江彭水经营部

经　理：杨增勇

副经理：周雨春

彭水苗族土家族自治县投资促进服务中心

主　任：任小兵

副主任：邓相宇（女）　孟德学

彭水苗族土家族自治县旅游发展委员会

局　长：袁业国

副局长：冉昌嵘　廖售吟（女）　廖建军

党组成员：冉　伟

重庆福冠投资有限公司

董事长、总经理：徐中伟

副总经理：张达清（挂职）　安维平

郭荣华　刘维兵

总工程师：任正权

财务总监：马　显

重庆九黎旅游控股集团有限公司

董 事 长：何　良

副总经理：廖昌鸿　王汉章　代朝今

龚于洁（女）

财务总监：徐崇禧

总工程师：何琴华（女）

彭水苗族土家族自治县规划局

局　长：李素芳（女）

副局长：张　玲（女）

彭水苗族土家族自治县城市管理局

局　长：文元林

副局长：向建国　王子贵　孙德兵　谢光远

县城市环境管理中心主任：唐　亮

彭水苗族土家族自治县城乡建设委员会

主　任：胡　宏

副主任：曹　勇　冯佑平　冯立胜

县纪委派驻纪检组长：李　静

党组成员：李泽兵

城乡规划建设执法大队大队长：王国华

彭水苗族土家族自治县国土资源和房屋管理局

局　长：严海林

副局长：冉茂强　黄　恩　敖国娥（女）
县纪委派驻纪检组长：王国江
党组成员：罗登连

彭水苗族土家族自治县环境保护局

局　长：廖福保
副局长：崔锦洪　张绍云　陈黎明（女）
县纪委派驻纪检组长：庹小容（女）
生态环境监测站站长：陈坤照
环境行政执法支队长：毛　伟

彭水苗族土家族自治县移民服务中心

主　任：段晓锦
副主任：李朝斌　张　浩　张德礼
党组成员：张　强

彭水苗族土家族自治县新城管委会

主　任：罗道书
副主任：王凡鹏　罗　军　钟兴云（兼）
　　　　梁晓黎（兼）　王　洵　王　松
　　　　任　刚
专职副书记：唐　宏

彭水苗族土家族自治县交通委员会

主　任：陈敬红
副主任：文　朴　任　军　腾建康
公路局局长：陈启军
运管所所长：苟　勇
县纪委派驻纪检组长：叶庆丰

中国电信股份有限公司彭水分公司

总经理：黄德坤
副总经理：黄美国　秦叙友

中国移动通信集团重庆有限公司彭水分公司

总经理：王建华
副总经理：王　亮　邵　波

彭水苗族土家族自治县财政局

局　长：谢成红
副局长：谢华鸥　张维斌（6月离任）
　　　　尤文锋（7月到任）
　　　　田小华（女）
县纪委派驻纪检组长：任孔奎
党组成员：廖秀敏（女）

彭水苗族土家族自治县税务局

局　长：杨　睿
副局长：肖　强　刘　毅　肖　贤　李　伟
　　　　许　敏（女）　汪贵权　王　剑
县纪委派驻纪检组长：郑　杰
总经济师：郭　庆

中国银行业监督管理委员会黔江监管分局彭水办事处

主　任：陈天旺

中国人民银行彭水苗族土家族自治县支行

行　长：高冀川
副行长：汪庭华
纪检组长：毛海波

中国工商银行股份有限公司重庆彭水支行

行　长：王仁鑫
副行长：卢　强　杜　科（女）

中国农业银行重庆彭水支行

行　长：肖　亮
副行长：倪伟松　何小明

中国农业发展银行彭水苗族土家族自治县支行

行　长：彭　刚（10月离任）
　　　　雷　鸣（10月到任）
副行长：罗宗成　李　灿

重庆农村商业银行彭水苗族土家族自治县支行

行　长：王　平

副行长：何德兵　杨　彬

中国邮政储蓄银行彭水苗族土家族自治县支行

行　长：徐立友

副行长：石正平

重庆银行彭水苗族土家族自治县支行

行　长：周兴春

副行长：雷　涛

重庆彭水苗族土家族自治县民泰村镇银行

行　长：朱小林

副行长：袁　虹　谢玉琴（女）

重庆三峡银行彭水苗族土家族自治县支行

行　长：张晓华

行长助理：赵洪波

中华联合财产保险股份有限公司重庆分公司彭水支公司

经　理：王　伟

中国太平洋财产保险彭水支公司

总经理：田　鹏

中国平安财产保险股份有限公司彭水支公司

总经理：刘　恋（女）

中国人寿保险股份有限公司彭水支公司

总经理：文金祥

副总经理：刘　洋

中国平安人寿保险股份有限公司重庆彭水支公司

经　理：兰　川

中国太平洋人寿保险股份有限公司彭水支公司

总经理：田维珍（女）

彭水苗族土家族自治县发展和改革委员会

主　任：王传军

副主任：邵　尉　吴晓川　李光奎

低碳经济管理服务中心主任：廖书勤

彭水苗族土家族自治县安全生产监督管理局

局　长：郑永东

煤炭局长：曹华东

副局长：徐中荣（8月离任）

汪卫军（9月到任）　陈远兵

张　玲

安监执法大队大队长：甘国平

重庆市食品药品监督管理局彭水苗族土家族自治县分局

局　长：冉茂波

副局长：张凌燕（女）

县纪委派驻纪检组长：严昌平

彭水苗族土家族自治县工商行政管理局

局　长：向　俊

副局长：王子超　胡朝志　温安坤

县纪委派驻纪检组长：李晓丰

彭水苗族土家族自治县质量技术监督局

局　长：田永东

副局长：任永友

彭水苗族土家族自治县审计局

局　长：张和奎

副局长：廖建华　尤文锋　李昕屿（女）

审计中心主任：周平天

经责办主任：陶　红（女）

彭水苗族土家族自治县统计局

局　长：杨祥奎

副局长：涂　勇　郭大波　冉鹏飞

社会经济调查队队长：肖庆杰

彭水苗族土家族自治县国有资产管理局

局　长：巩义胜

副局长：冯田松　王德金　冉建华

彭水苗族土家族自治县科学技术委员会

主　任：何道信

副主任：谢刚俊　陈　坤　余　波

彭水苗族土家族自治县气象局

局　长：张玉坤

副局长：左　斌

彭水苗族土家族自治县红十字会

常务副会长：谢德华

秘　书　长：黄庆华（女）

彭水苗族土家族自治县民族宗教事务委员会

主　任：向　涛

副主任：高曲云

彭水苗族土家族自治县卫生和计划生育委员会

党委书记、主　任：代　鸿

党委副书记：冉启朝

党委委员、纪检组长：李泽漩

党委委员、副主任：蒲世海　邓登慧（女）石发禄

彭水苗族土家族自治县民政局

局　长：尹雪梅（女）

副局长：邵瑞江　刘　波

彭水苗族土家族自治县教育委员会

主　任：付美兵

副主任：朱洪斌　陈恒平　陈代全

县政府教育督导室专职督学：周　勇

县纪委派驻教委纪检组长：冉茂锡

彭水苗族土家族自治县文化委员会

主　任：何念屈

副主任：王世夏　刘洪生　吕中媚

县文化执法大队队长：吕中媚

彭水苗族土家族自治县广播电视台

台　长：刘将彬

副台长：陈发伦　王小玲（4月退休）李大明

彭水日报社

社　长、总　编　辑：张　波

副社长、副总编辑：温江华　廖凤莲（女）周青松

彭水苗族土家族自治县档案局

局　长：任永松

副局长：吴向华　汪卫东　谢直兴

党组成员：唐　茂

乡镇街道负责人名录

汉葭街道

党工委书记：唐富学（8月离任）任孝云（8月到任）

党工委副书记、办事处主任：肖健康

人大工委主任：冯佑高

党工委副书记：陈代文

党工委委员、政法书记：苟　渠

党工委统战委员：王明芬（女）（8月离任）

党工委委员、办事处副主任：杨红波

党工委宣传委员：吴相芬（女）

党工委委员、纪工委书记：朱哲旭

党工委委员、武装部长、办事处副主任：

黄一轩

党工委组织委员：张红霞（女）

办事处副主任：谢常辉

绍庆街道

党工委书记：曾林方

党工委副书记、办事处主任：刘朝权

党工委副书记、人大工委主任：周广平

党工委副书记：尹承章

党工委委员、纪工委书记：范其福

党工委委员、政法书记：苏　兴

党工委委员、人武部长：谢泽滨

党工委委员、办事处副主任：刘华川

办事处副主任：李　莉（女）

党工委组织委员：刘小容（女）

党工委宣传委员：刘帮清

党工委统战委员：庹贞琴（女）

靛水街道

党工委书记：钟兴云

办事处主任：梁晓黎

党工委副书记：何振飞

纪工委书记：李鸿章

办事处副主任：罗富安　王卫林

武装部长、办事处副主任：陈　普

宣传委员：庹林祥

统战委员：王　旭

政法书记：潘　峰

组织委员兼人大工委副主任：陈秋瑾（女）

高谷镇

党委书记：任云义

党委副书记、镇长：邓小伟

人大主席：三建华

党委副书记：任　兵

纪委书记：代明华

政法书记：谢成建

组织委员：何江涛

宣统委员：王　勇（女）

副镇长：张小龙

郁山镇

党委书记：庹华明

党委副书记、镇长：金应强

党委副书记、人大主席：周卿民

党委副书记：马晓春

党委委员、人大副主席：宁环兵

党委委员、副镇长：王川源　谢海浪

副镇长：马培淑（女）

党委委员、纪委书记：冉茂兵

党委委员、政法书记：吴　锐

党委委员、人武部长：罗春华

党委组织委员：豆　毅

党委宣传委员、统战委员：刘庆彬

保家镇

党委书记：陈昌华

党委副书记、镇长：黄建明

人大主席：谭昭智

党委副书记：李柏汝

党委委员、副镇长：周　强、谢成忠

副镇长：张　军

党委委员、纪委书记：李胜贤

党委委员、政法委书记：彭万洪

党委委员、人武部长：郁德洪

党委组织委员：何　冀

党委宣传委员、统战委员：向国辉

桑柘镇

党委书记：吴成印

党委副书记、镇长：孙　林

党委副书记、人大主席：赵泽洪

党委委员、副镇长：赵中奎　魏远琴（女）

副镇长：庹雪峰
党委委员、纪委书记：刘建宏
党委委员、政法委书记：董延卫
党委委员、人武部长：任朝培
党委组织委员：李林峰
党委宣传委员、统战委员：张志强

鹿角镇

党委书记：冯田松（8 月离任）
党委副书记、镇长：王　伟（从 8 月起主持党委工作）
党委副书记：龚安定
党委委员、人大主席：刘兴德
党委委员、纪委书记：赵渝来
党委委员、政法书记：冯　明
党委委员、人武部长：刘　密
党委组织委员：毛　莉（女）
党委宣传委员、统战委员：任继成
副镇长：黄永源

黄家镇

党委书记：王迎春
党委副书记、镇长：陈飞宇
人大主席：谢晓红
副书记：陈　卫
纪委书记：邓春宏
政法委书记：廖亚非
武装部长、副镇长：陶西华
副镇长：陈露萍（女）
组织委员：叶腾秀（女）
宣传委员、统战委员：罗远忠

普子镇

党委书记：何成军
党委副书记、镇长：杨小刚
党委副书记：曾庆强
党委委员、副镇长：李孝勇　郭唐敏（女）
副镇长：宁胡江
党委委员、纪委书记：严昌怀
党委委员、政法委书记：何　奎
党委组织委员：李方红
党委宣传委员、统战委员：杨绪银

龙射镇

党委书记：王昌高
党委副书记、镇长：张维斌
人大主席：向国凡
党委副书记：张德双
党委委员、纪委书记：冉开成
党委委员、政法委书记：毛　胤
党委委员、人武部长：廖选安
党委组织委员：刘　洋
党委宣传委员、统战委员：豆江黎（女）
人大副主席：钟　鹰

连湖镇

党委书记：汪　艾
党委副书记、镇长：冉宗兵
党委委员、人大主席：杨天川
党委专职副书记：方建禄
党委委员、纪委书记：朱元栋
党委委员、副镇长、人武部长：周　清
党委委员、副镇长、政法委书记：陈　昊
副镇长：刘君建
党委组织委员：高　翔
党委宣传委员、统战委员：蒲　媛（女）

万足镇

党委书记：曾春森
党委副书记、镇长：胡　洪
人大主席：焦辉照
党委副书记：张雪峰
党委委员、纪委书记：陈远家
党委委员、政法委书记：陈大兴

党委委员、人武部长：张国强
副镇长：黄邦德
党委组织委员：刘昌勇
党委宣传委员、统战委员：李秋亚（女）

新田镇

党委书记：夏　均
党委副书记、镇　长：张晓辉
党委委员、人大主席：任永成
党委副书记：简银宝
党委委员、纪委书记：盛　强（8月离任）
毛云东（8月到任）
党委委员、副镇长、政法书记：张直奎
党委委员、副镇长、武装部长：刘　辉
党委组织委员、人大副主席：冉向东
党委宣传委员、统战委员：赵晓玲（女）
副镇长：冉茂长

鞍子镇

党委书记：任　洪
镇　　长：简远成
人大主席：冉　洪
专职副书记：谢从奎
纪委书记：向　阳
政法书记、副镇长：罗　阳
武装部长、副镇长：张　波
副镇长：毛显华
组织委员：廖园桂
宣传委员、统战委员：陈兰萍（女）

平安镇

党委书记：任小林
党委副书记、镇长：邓　拓
党委委员、人大主席：王　俊
纪委书记：金小闯
专职副书记：陈继高
党委委员、政法书记、副镇长：冯中银

党委委员、人武部长、副镇长：赵　洪
副镇长：王海平（女）
党委组织委员：彭椿燕（女）
党委宣传委员、统战委员：杨显福

长生镇

党委书记：刘邦宪
党委副书记、镇长：刘方亮
人大主席：卫世乾
党委副书记：徐昌明
纪委书记：宁环明
政法书记、副镇长：何宁建
武装部长、副镇长：王源韩
副镇长：冯进军
组织委员：李　燕（女）
宣传委员、统战委员：周权成

龙溪镇

党委书记：张国学
党委副书记、镇长：赵兴荣
人大主席：王德平
党委副书记、副镇长：张　勇
党委委员、纪委书记：董莹莹（女）
党委委员、政法委书记：焦辉忠
党委委员、人武部长：冉卓鹏
党委组织委员：王明元
党委宣传委员、统战委员：蔡小聪

梅子垭镇

党委书记：文振华
党委副书记、镇长：王汉松
党委委员、人大主席：何群友
党委副书记：李继林
党委委员、纪委书记：彭术娟（女）
党委委员、政法委书记：赵春生
党委委员、人武部长：任云川
副镇长：谢腾飞

党委组织委员：文　科（女）
党委宣传委员、统战委员：廖望光

太原镇

党委书记：梁易华
党委副书记、镇长：徐林（10月离任）
支　海（10月到任）
党委委员、人大主席：李元锋
党委副书记：黄彩彩（女）
党委委员、纪委书记：吴　维
党委委员、人武部长、副镇长：严鸿彬
党委委员、政法书记、副镇长：汪远飞
副镇长：周　斌
党委组织委员：刘　源
党委宣传委员、统战委员：冯万奎

大同镇

党委书记：曹华东
党委副书记、镇长：徐　林
党委委员、人大主席：徐登勇
党委委员、党委副书记：夏　旭
党委委员、纪委书记：余　飞
党委委员、人武部长：张正明
党委委员、政法书记：肖小江
党委组织委员：肖　楷
党委宣传委员、统战委员：夏高刚
副镇长：刘恩会

鹿鸣乡

党委书记：王栋梁
党委副书记、乡长：吴宇鹏
党委委员、人大主席：张　宏
党委副书记：赵晓航
党委委员、纪委书记：何泽万
党委委员、政法委书记、副乡长：张　饶
党委委员、人武部长、副乡长：冉　训
党委组织委员：张朝霞（女）

党委宣传委员、统战委员：黎家安
副乡长：李永秋　谢　均

诸佛乡

党委书记：冯久林
党委副书记、乡长：豆超琼（女）
人大主席：周大义
党委副书记：陈继高（8月离任）
李兴西（8月到任）
党委委员、纪委书记：邓明斌
党委委员、政法书记、副乡长：
李兴西（8月离任）
李清（8月到任）
党委委员、人武部长、副乡长：邵宽
党委组织委员：段丽霞（女）
党委宣传委员、统战委员：
谭银龙（8月离任）
金小丁（女）（8月到任）
副乡长：李清（8月离任）
谭银龙（8月到任）　张小兵

走马乡

党委书记：冯洪安
党委副书记、乡长：田银东
人大主席：王明海
党委专职副书记：李其泉
党委委员、纪委书记：张小凯
党委委员、政法书记、副乡长：胡秀江
党委委员、人武部长、副乡长：龙文彬
党委委员、副乡长：周庆玖
党委组织委员：郑富尹（女）
党委宣传委员、统战委员：王灵宪

石柳乡

党委书记：余光明
党委副书记、乡长：陈忠均
人大主席：喻修田

党委专职副书记：王付全
党委委员、纪委书记：张英安
党委委员、政法委书记、副乡长：廖昌平
党委委员、武装部长、副乡长：张　勇
副乡长：徐　玲（女）
党委组织委员：吴胜娟（女）
党委宣传委员、统战委员：朱国家

岩东乡

党委书记：田　燕（女）
党委副书记、乡长：张知海
人大主席：张德文
党委副书记：卢策群
纪委书记：谭继奎
政法委书记：谭勤华
人武部长：田　川
副乡长：方义华
党委组织委员：徐　华
党委宣传委员、统战委员：杨于桥

润溪乡

党委书记：曾宪军
党委副书记、乡长：张先顶
党委副书记、人大主席：谭书琼（女）
党委专职副书记：任武胜
纪委书记：刘志潘
政法委书记：王云其
武装部长、副乡长：李真兵
党委组织委员：张学成
党委宣传委员、统战委员：刘恩会（女）
副乡长：朱远长　王　非

棣棠乡

党委书记：杨秀举
党委副书记、乡长：王美洲
党委委员、人大主席：谢　明
党委副书记：赵亚丽
党委委员、纪委书记：李　波
党委委员、政法委书记：王云朴
党委委员、武装部长：黄光川
党委组织委员：王　伟
党委宣传、统战委员：龙桂林
副乡长：陈小波

乔梓乡

党委书记：陈　永
党委副书记、乡长：陈光旭
党委委员、人大主席：谢尚峰
党委副书记：豆东山
纪委书记：廖寿文
党委委员、人武部长：向小东
党委委员、政法委书记：陈文刚
副乡长：向坤杰
党委组织委员：彭文全
党委宣传委员、统战委员：杨红梅（女）

龙塘乡

党委书记：冉启康（8月离任）
党委副书记、乡长：李海霞（女）
党委副书记、人大主席：罗远书
党委委员、副书记：罗文锋
副乡长：许碧川　李　鹏
党委委员、纪委书记：庹征荣
党委委员、政法委书记：陈开合
党委委员、人武部长：晏贞华
党委组织委员：熊建华
党委宣传委员、统战委员：陈　静（女）

联合乡

党委书记：杨从永
党委副书记、乡长：王　鹏
党委副书记、人大主席：魏　群
党委委员、专职副书记：代成川
副乡长：葛先奎

党委委员、纪委书记：汪常胜
党委委员、政法委书记：罗礼洋
人武部长：肖世红
党委组织委员：冉一涟
党委宣传委员、统战委员：操　玲（女）

芦塘乡

党委书记：廖燕峰
乡　　长：周清冽
人大主席：何玉方
党委副书记：赵奎荣
纪委书记：张　俊
副乡长、政法委书记：罗名兵
副乡长、人武部长：魏光举
党委组织委员：廖庆华
党委宣传委员：陈洪川

朗溪乡

党委书记：陈海洋
党委副书记、乡长：蒋廷昌
党委委员、人大主席：刘小平
党委委员、专职副书记：罗　坤
党委委员、纪委书记：陈守明
党委委员、副乡长、政法委书记：彭国平
党委委员、副乡长、武装部长：冉　雄
副乡长：宋廷友
党委组织委员：赵绪堂
党委宣传委员、统战委员：苏小蓉（女）

善感乡

党委书记：崔明伟
党委副书记、乡长：庹玉均
党委委员、人大主席：艾立鸿
党委副书记：冯　勇
副乡长：焦辉波
党委委员、纪委书记：李绍银
党委委员、政法委书记：洪　江
党委委员、人武部长：谭海波
党委组织委员：唐　雪（女）
党委宣传委员、统战委员：廖　皓

三义乡

党委书记：李小平
党委副书记、乡长：董民强
党委副书记、人大主席：何英杰
党委副书记：赵玉玲（女）
党委委员、纪委书记：任建成
党委委员、政法委书记：侯小平
党委委员、人武部长：王薛桑
党委组织委员：马小刚
党委宣传委员、统战委员：陈传国
副乡长：李小林

双龙乡

党委书记：张小洪
党委副书记、乡长：黄　辉
党委委员、人大主席：敖大明
党委副书记：谢　伟（女）
党委委员、纪委书记：刘　涛
党委委员、副镇长：廖石川
党委委员、政法委书记、人武部长：刘　皇
党委组织委员：凌征霞（女）
党委宣传委员、统战委员：吴家强

石盘乡

党委书记：陈　瑜
党委副书记、乡长：任紫胜
人大主席：韩清平
党委副书记：陈　寨
党委委员、纪委书记：谢云峰
党委委员、副乡长、政法委书记、人武部长：刘定兵
党委委员、副乡长：廖云伟
党委组织委员：李海峰

党委宣传委员、统战委员：高　靖（女）

大垭乡

党委书记：赵中娅（女）

党委副书记、乡长：周　强（9月离任）

罗贵阳（9月到任）

党委委员、人大主席：陈明江（9月离任）

李永凡（9月到任）

党委副书记：王汉松

党委委员、纪委书记：朱元栋（9月离任）

李松洁（9月到任）

党委委员、政法委书记、副乡长：胡小平

党委委员、人武部长、副乡长：

陈　勇（9月离任）

任大玖（9月到任）

副乡长：文　黎

党委组织委员：赵广周

党委宣传委员、统战委员：陈小东

桐楼乡

党委书记：刘邦宪（8月离任）

冯佑峰（8月到任）

乡　　长：张　倩（女）

人大主席：冉　军

党委副书记：陈彦全

纪委书记：金小闯（8月离任）

殷中睿（8月到任）

武装部长、政法书记、副乡长：龙　宇

副乡长：高　寒

组织委员：匡　波

宣传委员、统战委员：任　伟

政　　治

党政机关

中共彭水自治县委

【概况】　2018年，县委在市委的坚强领导下，深学笃用习近平新时代中国特色社会主义思想，深入学习贯彻中共十九大和十九届二中、三中全会精神以及市委五届三次、四次、五次全会精神，围绕统筹推进“五位一体”总体布局、协调推进“四个全面”战略布局，紧扣习近平总书记对重庆提出的“两点”定位、“两地”“两高”目标和营造良好政治生态、做到“四个扎实”的重要指示要求，扎实贯彻新发展理念，坚持以脱贫攻坚统揽经济社会发展全局，坚决打好“三大攻坚战”，大力实施“八项行动计划”，统筹推进稳增长、促改革、调结构、惠民生、防风险、保稳定各项工作，推进全面从严治党向纵深发展，全县各项事业取得新进展新成效。2018年实现地区生产总值168亿元、同比增长7.5%；固定资产投资87亿元、同比增长10%，社会消费品零售总额65.6亿元、同比增长13%，一般公共预算收入13亿元、同比增长0.7%，城镇常住居民人均可支配收入29220元、同比增长9.0%，农村常住居民人均可支配收入11150元、同比增长9.3%。

【党的建设】　研究出台《中共彭水苗族土家族自治县委关于营造良好政治生态的意见》《中共彭水苗族土家族自治县委关于加强法治和德治工作的实施意见》和《中共彭水苗族土家族自治县委关于坚决肃清孙政才恶劣影响和薄熙来王立军流毒的意见》，坚决肃清孙政才恶劣影响和薄熙来、王立军流毒，坚决防止“七个有之”，全力营造风清气正的良好政治生态。抓实支部“主题党日”活动，“一支一策”整顿提升后进党支部，持续提高基层党建工作经费和村干部待遇，基层党组织战斗堡垒作用和党员先锋模范作用得到更好发挥。注重在脱贫攻坚一线培养锻炼干部，对全县有脱贫任务的290个村（社区）选派驻村工作队员955名，其中县级机关370名，做到每个贫困村都有3名以上县级机关干部，2018年在脱贫攻坚一线提拔重用干部20人。深入贯彻中央“八项规定”精神，深挖严查隐形变异“四风”问题，持续推进违规公款吃喝、违规收送红包礼金、违规发放津补贴或福利等专项整治，全年查处违反中央“八项规定”精神案件34件，给予党纪政务处分26人、诫勉谈话18人、通报批评26人、调整职务2人。发挥巡察“利剑”和派驻“探头”作用，以零容忍态度惩治腐败，全年处置问题线索542件，立案105件，结案100件，给予党纪处分125人、政务处分9人。用好“大同镇政府公款吃喝打白条”事件和有关同志严重违纪违法案等典型案例，深入开展“以案四说”警示教育，做到查处一案、警示一批、教育一片。

【经济建设】 扎实推进全域旅游和“旅游+”发展战略，成功创建蚩尤九黎城、阿依河、摩围山、乌江画廊4个AAAA级旅游景区，阿依河景区通过国家AAAAA级旅游景区景观质量评审，与30家旅行社签订合作协议，拓展31个省市旅游市场。2018年接待游客2529万人次，实现旅游综合收入111.8亿元，分别同比增长20.72%、21.83%。大力发展以太极水、红薯精深加工等为主的健康食品产业，以民族轻纺、特色工艺品制造等为主的特色轻工产业，以大数据智能化、贵金属综合加工等为主的战略性新兴产业，巩固建设清洁能源基地，太极不老泉远销日本、韩国、新加坡等地，宏绿自热食品、搬运帮等项目落地彭水，工业经济新增长点加快形成。大力发展红薯、中药材、烤烟、中蜂、畜禽养殖等现代山地特色高效农业，推进农业发展模式向农工商、产加销一体化以及农旅融合发展转型，前胡种植1533.33公顷成为全国单品种植最大县，红薯全产业链年收入达5.6亿元，烤烟产业年收入达5亿元，畜牧业年收入达10亿元。

【政治建设】 坚定“四个自信”，践行“两个维护”，先后召开35次县委常委会、18次县委理论学习中心组会、2次县委全会、一系列全县性工作会议和专项工作会议，深入学习贯彻习近平新时代中国特色社会主义思想和中共十九大精神，对标对表抓落实，确保全县各级党组织和广大党员干部一切行动听党指挥、向总书记看齐，确保全县所有工作部署以贯彻中央精神为前提，确保全县各项事业始终沿着习近平总书记指引的正确方向前进。把习近平新时代中国特色社会主义思想和中共十九大精神纳入各级党委（党组）中心组必学内容，列入全县干部教育培训计划，作为党校培训重要内容，2018年举办学习贯彻习近平新时代中国特色社会主义思想和中共十九大精神专题培训班21期、培训1700余人次。组织县委宣讲团、基层理论“名嘴”、大学生村干部、本土人才等宣讲队伍开展主题宣讲1200余场次，组织文艺工作者开展“文艺演出式”宣讲200余场次，形成领导带头学、干部赶着学、党员群众跟着学的浓厚氛围。把学习贯彻习近平新时代中国特色社会主义思想，与学习贯彻习近平总书记视察重庆重要讲话和参加重庆代表团审议时的重要讲话精神结合起来，与推进“两学一做”学习教育常态化制度化结合起来，与推动彭水各项事业发展结合起来，聚焦打好“三大攻坚战”和实施“八项行动计划”，扎实开展兴调研转作风促落实行动，形成专题调研报告31篇，切实把习近平新时代中国特色社会主义思想转化为推进彭水改革发展的生动实践。

【文化建设】 充分挖掘蚩尤文化、盐丹文化、黔中文化等民俗民族文化，打造一批地域性和民族性较强的文化艺术精品；实施文化惠民工程，加快推进13个村综合文化服务中心示范工程和183个村综合文化服务中心覆盖工程建设；成功创建全国民族团结进步示范县，全县各族人民“五个认同”进一步增强；成功举办第七届中国乌江苗族踩花山节、第八届中国摩托艇联赛“太极水杯”重庆彭水大奖赛暨中美澳艺术滑水精英赛、戊戌年彭水民间祭祀蚩尤典礼，彭水知名度、美誉度、影响力大幅提升。

【生态文明建设】 全面落实“河长制”，全县重要水功能区水质达标率为100%，乌江出水水质保持在Ⅲ类以上，城市水质指数居全市第一。加大节能减排降耗力度，规模以上企业万元产值能耗同比下降12.5%。实施“五大环保行动”，着力解决大气、水、噪声、土壤污染及突出环境问题，县城空气质量优良天数349天，优良率达95.6%。开展农村人居环境整治三年行动和城乡环境卫生提升行动，推行“户集、村收、乡运、县处理”生活垃圾治理模式，城乡垃圾和污水处理设施实现全覆盖和常态化运行，城乡环境质量进一步提升。扎实开展全国第二次污染源普查，深入开展“绿盾2018”专项行动，大力实施退耕还林、天然林保护、低效林改造、封山育林等国土绿化工程，统筹实施石漠化、水土流失综合治理，森林覆盖率达57%。全面完成中央环保督查反馈问题整改，国家生态环境部到彭水现场交办4个问题已全部整改销号，扎实推进市级环保集中督察组反馈问题整改。

【民生实事】 实施岗位开发、创业指导、就业服务、就业援助等行动，开发公益性岗位3438个，城镇登记失业率为3.39%。落实立德树人根本任务，抓好教育扶贫各项工作，大力实施科教兴县和人才强县行动计划，率先免除高中阶段学费，2018年高考上线5685人，其中重本上线810人。实施健康扶贫工程，强化医疗卫生服务，实行集团化管理促进基层医疗机构均衡发展，组建33个“流动医院”进村入户开展送医送药服务，分级诊疗基层首诊率达72%，乡镇卫生院和行政村卫生室标准化率达100%，健康扶贫工作获全国通报表扬。深入实施全民参保计划，医疗保险参保57.2万人，城乡居民养老保险参保24.6万人。认真贯彻精准扶贫精准脱贫基本方略，突出对标对表，聚力深度贫困，强化精准施策，深化问题整改，夯实攻坚保障，扎实推进中央外办定点帮扶和聊城彭水东西协作，抓好责任、工作、政策落实，凝聚攻坚合力，脱贫攻坚工作取得显著成效，完成年度目标任务。通过自查，2018年实现6个贫困村、2952户11033人脱贫，全县贫困发生率降至2.5%。

彭水自治县人民代表大会及其常务委员会

【概况】 彭水苗族土家族自治县人民代表大会常务委员会位于绍庆街道下坝街38号。县人大机关核定行政编制28名，事业编制9名，机关工勤编制4名，在岗职工43名，设县人大常委会办公室、县人大法制民族委、县人大财政经济委、县人大农业城环委、县人大常委会教科文卫工委、县人大常委会人事代表工委、县人大常委会预算工委、县人大常委会信访办、县人大常委会研究室。其中，办公室下设秘书科、行政科、督查科、规范性文件备案审查科、人大代表联络科5个内设机构。至2018年年底，县十七届人民代表大会实有代表249名；县第十七届人大常委会组成人员29人，其中主任1人、副主任5人、委员23人。

2018年，县人大常委会在县委坚强领导下，坚持以习近平新时代中国特色社会主义思想为指导，全面贯彻中共十九大精神，认真贯彻落实习近平总书记对重庆提出的“两点”定位、“两地”“两高”目标和营造良好政治生态、做到“四个扎实”的重要指示要求，聚焦打好“三大攻坚战”、实施“八项行动计划”，坚持党的领导、人民当家作主、依法治国有机统一，忠实履行宪法和法律赋予的职责，依法推进彭水经济社会发展和民主法治建设。

【县十七届人大二次会议】 1月14日至15日在县城召开，会议应到代表254人，实到代表238名，分10个代表团。经过代表们无记名投票选举，会议选举产生市第五届人民代表大会代表16名，选举唐鹏程为县监察委员会主任。

【县十七届人大三次会议】 2月6日至9日在县城召开，会议应到代表253人，实到代表235名，分10个代表团。会议听取和审议县人民政府县长石强作的县人民政府工作报告，县人大常委会主任胡勤俭作的县人大常委会工作报告，县人民法院院长秦长春作的县人民法院工作报告，县人民检察院检察长陈天文作的县人民检察院工作报告。会议审查和批准全县2017年国民经济和社会发展计划执行情况及2018年计划草案的报告、全县2017年财政预算执行情况和2018年财政预算草案的报告。会议表决通过相关报告的决议。会议表彰了人大代表优秀建议和人大代表建议办理工作先进单位。

【立法工作】 坚持以良法促进发展、保障善治，制定条例草案1件，对4件条例进行清理，对其中1件条例进行修改。开展饮用水水源保护立法工作，经过深入调查研究，广泛收集各方面意见建议360余条，同时借鉴四川、贵州、云南等地成功经验，市人大常委会副主任杜黎明2次组织市人大法制委、民宗侨外委、常委会法制工委等到彭水自治县实地考察指导，高标准起草《彭水苗族土家族自治县饮用水水源保护条例（草案）》。根据环境、政策和经济社会发展的阶段变化，对自治条例、矿产资源管理条例、城乡建设管理条例、旅游条例进行自查和清理工作，对旅游条例中与生态环境保护不相适应的内容进行修改。积极配合做好《重庆市公共汽车客运条例》《重庆市全民健身条例》等12项法规立法调研和意见征集工作，提出意见建议41条，部分建议得到市人大常委会采纳。

【监督工作】 坚持依法监督、有效监督，听取审议工作报告15项，开展工作评议2项、执法检查2项、专题调研5项，发出审议意见3项，形成调研报告21篇，有效促进经济社会发展。加强财政预决算监督，开展预算草案初步审查，建成预算联网监督硬件系统，听取审计工作的报告，切实增强预算监督实效。围绕经济高质量发展加强监督，听取审议“十三五”规划纲要中期评估、2018年上半年计划执行情况、国有企业改革发展等工作情况报告；开展全县旅游产业发展工作评议，助推全县旅游产业提质增效、上档升级；专题调研退耕还林工作、邮政管理、新型城镇化、新型工业化等工作。围绕坚决打赢精准脱贫攻坚战加强监督，组织考察三义、大垭2个深度贫困乡脱贫攻坚工作，听取全县脱贫攻坚工作评议意见落实情况的报告，努力提高脱贫攻坚工作水平。围绕保障和改善民生加强监督，对全县学前教育开展评议，对食品安全、河道管理工作开展执法检查，听取审议农村安全饮水、义务教育基本均衡发展情况审议意见研究落实情况、文物保护工作审议意见研究落实情况等报告。围绕司法公平正义加强监督，听取审议县人民检察院开展公安派出所刑事执法监督工作情况的报告，组织人大代表考察县法院、县检察院工作。认真开展人大信访工作，共接待群众来访41批180余人次，办理群众来信47件次。对规范性文件开展备案审查，坚持“有件必备、有备必审、有错必纠”原则，确保规范性文件合法合规。

【决定重大事项】 根据中央、市委重大决策和县委的重要部署，针对全面性、根本性和长远性的重大问题和人民群众普遍关心的热点难点问题，依法行使决定权。围绕全县经济社会发展、财政预决算、司法公开等重大事项，作出批准2017年财政决算、批准2018年财政预算调整、批准十三五规划纲要中期评估报告、确定人民陪审员名额等8项决议决定，保证县委重大决策部署的贯彻落实。

【人事任免】 坚持党管干部与人大依法任免相统一，贯彻落实任前法律知识考试、任前表态发言、颁发任命书、宪法宣誓等制度，依法任免国家机关工作人员。加强代表资格审查工作，依法补选县人大代表8名，终止县人大代表资格12名。任免国家工作人员57人次，其中决定任命9人次，任命31人次，决定免职6人次，免职11人次。组织6批27人次参加任前法律知识考试。坚持任前表态发言制度，40人进行任前供职发言。对县财政局、县教委、县民宗委、县统计局等11个部门的局长（主任）进行胜任度评价，督促人大任命干部认真履职，不断增强政治意识、法律意识、人大意识和岗位意识。全面贯彻宪法宣誓制度，组织6批40人次在县人大常委会会议上进行宪法宣誓，以增强国家公职人员遵守宪法原则、弘扬宪法精神、履行法定职责的自觉性和坚定性。

【代表工作】 充分发挥代表作用，完善工作机制，提升服务保障水平，代表依法履职水平显著提升。加强与代表和人民群众的联系，深入开展“两联一述”“主任接待日”活动，邀请县人大代表230余人次，列席县人大常委会会议，参与工作调研、执法检查、学习考察等活动。加强代表建议办理督办，听取审议“一府一委两院”办理代表建议情况的报告，县十七届人大一次会议期间代表提出的12件跨年度建议，县十七届人大三次会议代表提出的227件建议已全部办理完毕。县领导牵头重点督办的26件建议全部完成。采取分级培训、专题培训的方式，分别在全国人大深圳培训基地、浙江大学、厦门大学、吉林大学、中国人民大学乌鲁木齐培训基地举办培训班，培训代表127人次。落实代表履职考核暂行办法，加强代表履职评价，评选优秀县人大代表35名，县人大代表优秀建议10件，代表建议办理工作先进单位11个。落实人大代表履职补助，为全县2000余名市、县、乡镇人大代表履职提供经费保障。

【指导乡镇人大工作】 制定乡镇人大工作指导意见，健全完善县人大常委会领导、各专工委室分片联系指导乡镇人大工作制度，县人大常委会领导、县人大各专工委室经常深入联系片区开展调研和指导，指导乡镇人大依法开好人代会、主席团会和视察调研活动。召开乡镇人大主席座谈会，举办专题培训班，加强乡镇人大干部政策理论和业务知识培训。与乡镇人大联动开展脱贫攻坚、水源保护、学前教育、旅游产业发展等调研，形成调研报告130余篇。与乡镇人大联动开展人代会会前考察活动，市、县、乡镇三级人大代表近2000人次参加考察活动。

【新闻宣传和理论研究】 积极开展人大新闻宣传工作，撰写报送人大工作新闻稿件280余篇（条），被市县媒体刊发刊播160余篇（条）。《重庆日报》专题报道了县人大代表助推脱贫攻坚工作情况。《百年古村绽放新的光彩》《县人大做好专委会工作》分别获重庆人大新闻奖一等奖、三等奖。编辑出版《彭水人大》6期，组织选用稿件260余篇，40余万字，选用图片300余张。着重宣传上级和县委、县政府重大决策部署和全县经济社会发展成效，报道县人大及其常委会、乡镇人大、人大街道工委工作动态，展示各级人大代表履职风采。编发《人大调研》2期，刊用调研报告21篇。“彭水人大网”更新发布信息680篇（条），访问量达6万余人次。积极开展人大理论研究，撰写理论文章21篇，《我国人大特定问题调查制度的发展历程与趋势研究》《以“三个明确”为支点，扎实开展乡镇人大工作》《人大专题询问走向常态化制度化》分别获市人大理论征文一等奖、二等奖、三等奖。扎实开展课题研究，《我国人大质询制度的借鉴与完善》是重庆市唯一被《中国人大制度理论研究会刊》刊用的理论文章，研究水平和文字能力不断增强，影响力不断扩大。

【互动交流】 全国人大民族委员会副主任委员肖怀远深入彭水调研民族教育发展情况，市人大常委会主任张轩在彭水主持召开黔江、涪陵、南川、武隆、丰都等9个区县参加的片区座谈会，各位副主任先后深入彭水调研脱贫攻坚、学前教育、水源保护、人居环境改造等工作情况，其中副主任杜黎明3次、张定宇2次深入调研指导。市人大常委会办公厅、人代工委、研究室，市人大法制委、财经委、民宗侨外委等14个专工委室和市级相关工作部门也先后到彭水调研指导。承办市人大新闻宣传工作片区会、渝东南片区新闻线索分析会、市人大机关离退休干部座谈会，江北、南川、渝北和广东、广西、河北、辽宁等市内外兄弟区县人大到彭水考察交流19批293人次。分别参加在广西环江、湖北五峰召开的全国部分少数民族自治县（旗）人大工作联席会。组织考察组外出学习考察预算联网监督、乡村振兴、退耕还林、学前教育、新型城镇化、人事代表等工作，学习经验、取长补短，不断提升工作水平。

彭水自治县人民政府

【概况】 彭水苗族土家族自治县人民政府由县长、副县长及县政府工作部门的主任、局长等人员组成。县政府实行县长负责制，县长领导县政府全面工作，分管领导按照分工负责处理分管工作，县政府工作部门主任、局长负责本部门的工作。县政府驻地汉葭街道北门街33号，履行经济调节、市场监管、社会管理和公共服务等职能。

【经济发展】 2018年，实现地区生产总值170.11亿元、同比增长7.5%，规模以上工业企业实现总产值50.31亿元、同比增长15.9%，全年完成固定资产投资87.81亿元、同比增长10.5%，社会消费品零售总额65.82亿元、同比增长13.3%，一般公共预算收入13.25亿元、同比下降0.5%，城镇和农村常住居民人均可支配收入分别达29124元、11144元，分别增长8.6%、9.3%。三大产业占比调整为15.9:39.3:44.8，税收收入8.55亿元、同比增长1.3%，占地方财政收入的29.2%。新培育限额以上商贸企业25家，实施重点项目110个，宏绿自热食品、火吉饮料、搬运帮等10家实体企业入驻工业园区。连续举办“一节一赛”和渝东南生态民族旅游文化节，乌江画廊成功创建国家AAAA级旅游景区，阿依河、摩围山等景区提档升级，全年接待游客2529万人次、同比增长20.7%，实现旅游综合收入111.8亿元、同比增长21.8%。

【脱贫攻坚】 强化“1+N”扶贫工作体系，统筹整合财政涉农资金9.9亿元，衔接落实中央外办、山东聊城、两江新区等帮扶资金2.3亿元，用于脱贫攻坚。全年实现6个贫困村销号、2952户11033名贫困人口脱贫，全县贫困发生率降至2.5%。新增“四好农村路”640千米，行政村通畅率、自然村通达率均达100%。统筹实施农村饮水安全全覆盖工程1240处，解决11.6万人安全饮水问题。竣工投用农网改造升级项目8个，城乡供电可靠率达99.7%。新建4G基站320座，光纤网络实现村村通。易地扶贫搬迁3800人，整治农村不安全住房2万户，贫困户改房、改厨、改厕和院坝硬化、人行便道硬化基本实现全覆盖。资助贫困家庭学生3.8万人次，全县在读大学生稳定在2万名以上，没有一个学生因贫失学。设置33个“流动医院”进村入户送医送药，家庭医生签约服务覆盖31.5万人，贫困患者住院费用自付比例降至7.6%，健康扶贫获全国通报表扬。

【城乡建设】 2018年，全县城市规划面积拓展到30平方千米，常住人口城镇化率提高到36.8%。新城签约落地优势企业13家，开工房建72万平方米，累计聚集人口3万人。老城启动一批棚户区和节点改造，水泥厂至九黎城滨江路、郁江大桥重建工程即将竣工，20栋楼宇和3座桥梁灯饰更新升级，城市环卫保洁面积扩大至240万平方米。蚩尤九黎城二期工程加快推进，景观大道、九黎大酒店建成投用，被国台办确定为“海峡两岸交流基地”。启动创建善感、润溪等乡村振兴综合示范乡镇，有序开展周家寨村、庙池村等“三变”改革试点，建成3个巴渝民宿示范点。扎实推进承包地确权登记颁证，全面清理整治“大棚房”问题，农村建设用地复垦201.8公顷、地票交易144.07公顷。大力实施交通建设三年行动计划，渝湘高铁主城至黔江段顺利开工，渝怀铁路二线、石黔高速公路有序建设，保家至乔梓等乡村公路加快建成。生态修复中小水电站15座，完工重点水利项目3个。

【改革创新】 以供给侧结构性改革为主线，承接推进县级重点改革150项，关闭出清僵尸企业、空壳公司10家，为市场主体减少税费2亿余元，民生补短板支出增长14.4%。深化“放管服”改革，全面推行“双随机、一公开”监管，工商注册登记实现“三十一证合一”，企业开办时间压减到3个工作日。深入推进国企改革，完成城投公司、福冠公司重组整合，推动九黎控股集团上市融资。新培育市场主体3749个，新增注册商标1032件，民营经济占地区生产总值的54%。实施“创新型企业培育工程”，培育科技型企业70家，企业研发投入占比达4%。招商落地在建项目34个、计划投资80.3亿元，落户企业贡献税收2.1亿元，实际利用内资12亿元、同比增长19.8%。强化大数据智能化推广应用，推进“互联网+政务”“互联网+教育”“互联网+医疗”等公共服务，群众办事更加便捷。

【改善民生】 扎实创建义务教育发展基本均衡县，生均办学条件达标率85.7%，高考本专科上线率98.8%。推进医共体“三通”建设试点，基层医疗机构集团化管理被市委纳入重大改革专项。公共文体设施免费开放惠及群众70万余人次，重庆彭水代表队获全国广场舞电视大赛金奖。全面实施全民参保计划，关心帮扶城乡特殊困难群体，建成投用3个社区养老服务站，社会福利中心床位容量360张。深入开展扫黑除恶专项斗争，打掉黑恶势力团伙5个，侦办涉恶案件74起，治安案件减少34.5%，八类主要刑事案件减少11.4%。连续15年杜绝重特大安全事故，安全生产工作连续14年荣获全市先进。构建全链条食品安全监管体系，国家食品安全示范城市创建居全市前列，成功创建全国民族团结进步示范县。县医调委被评为全国人民调解先进集体。

【常务会议】 县政府常务会议一般每月召开1—2次，由县长召集和主持，由县长、副县长、县政府办公室主任组成。会议主要学习、传达和研究贯彻党中央、国务院、市委、市政府和县委的重要指示和决定，讨论决定县政府工作中的重要事项，讨论地方性法规草案和政府规范性文件，通报和讨论县政府其他重要事项，并形成会议纪要。2018年，县政府共举行常务会议23次，学习中央经济工作会议、习近平总书记在打好精准脱贫攻坚战座谈会上的重要讲话、习近平总书记在深入推动长江经济带发展座谈会上的重要讲话等有关精神。审议《重庆医科大学附属第二医院彭水自治县人民医院组建医疗联合体合作协议（送审稿）》《关于2017年国民经济和社会发展计划执行情况及2018年计划（草案）的报告（送审稿）》《彭水自治县企业科技创新激励办法（试行）（送审稿）》《2018年精准扶贫精准脱贫实施意见（送审稿）》《彭水自治县交通基础设施建设提升行动计划工作方案（送审稿）》《彭水自治县建立粮食生产功能区和重要农产品生产保护区的实施意见（送审稿）》等文件，研究议定2018年彭水旅游形象宣传广告投放、关于国家级公益林区划落界、县属国有企业融资贷款、县工业园区农产品仓储物流基地项目建设、2018年村集体经济发展试点、原郁江三桥建设项目遗留问题化解等事项。研究相关人事任免事项。

政协彭水自治县委员会

【概况】 政协彭水自治县委员会前身是成立于1950年6月的彭水县各界人民代表会议，1954年7月，彭水县第一届人民代表大会第一次会议召开后，至1980年11月26年时间，原各界人民代表会议不复存在。中共十一届三中全会后，彭水县统一战线工作得到较快地恢复和发展，1980年12

月，彭水县政协正式成立，1984年11月，随着彭水苗族土家族自治县的成立，原政协彭水县委员会正式更名政协彭水苗族土家族自治县委员会。

自1980年12月正式成立以来，政协彭水自治县委员会历经37个年头、9届委员会，2017年1月4日至8日，政协彭水自治县第10届一次全委会召开，选举产生了十届委员会主席、副主席、秘书长及常务委员。

【职能职责】 人民政协的主要工作职能是政治协商、民主监督、参政议政。政治协商是对国家和地方的大政方针以及政治、经济、文化和社会生活中的重要问题在决策之前进行协商和就决策执行过程中的重要问题进行协商。民主监督是对国家宪法、法律和法规的实施，重大方针政策的贯彻执行、国家机关及其工作人员的工作，通过建议和批评进行监督。参政议政是对政治、经济、文化和社会生活中的重要问题以及人民群众普遍关心的问题，开展调查研究，反映社情民意，进行协商讨论。通过调研报告、提案、建议案或其他形式，向中国共产党和国家机关提出意见和建议。

【目标定位】 始终坚持中国共产党的全面领导，深入贯彻习近平新时代中国特色社会主义思想和中共十九大精神及习近平总书记在庆祝人民政协成立65周年大会上的讲话精神，牢牢把握正确政治方向，在政治立场、政治方向、政治原则、政治道路上始终同以习近平为核心的中共中央保持高度一致。牢固树立“四个意识”，坚定“四个自信”，坚决做到“两个维护”，深刻领会“懂政协、会协商、善议政”内涵实质，全面落实总书记对重庆提出的“两点”定位、“两地”“两高”目标，做到“四个扎实”，营造良好政治生态。聚焦打好“三大攻坚战”、实施“八项行动计划”，按照县委常委会审定的政协年度协商工作计划，统筹稳增长、促改革、调结构、惠民生、防风险等重点工作目标，全面落实、推进全年工作，以更加积极的行动兑现市委“三个确保”政治承诺。确保政协工作正确的政治方向。

【助力脱贫】 认真贯彻落实县委脱贫攻坚决策部署，严格实施《脱贫攻坚委员在行动活动方案》，调动委员为脱贫攻坚献计出力。县政协主席会班子成员和相关市管干部带头助推脱贫攻坚，分别带领委员、相关部门深入鞍子、乔梓、芦塘、岩东、朗溪、连湖、龙射、双龙、联合、石柳、龙塘等联系乡镇经常性开展调研视察、走访座谈活动，实地协调解决问题。全年召开主席会议、党组会议、常委会议以及专题会、协调会研究脱贫攻坚28次，不少建议被列为县政府相关部门改进工作的重要内容，为全县打赢打好精准脱贫攻坚战贡献政协力量。县政协机关充分发挥联系乡镇脱贫攻坚牵头部门作用，会同相关单位，协助乡镇在公路建设、水利设施、文化阵地、村级公共服务中心设施配备、集镇建设等方面提供帮扶。组织部分委员参与助学、就业、医疗等公益活动30余场次，扶持贫困群众1000余人次；有经济实体的委员通过自办企业带动近1000余贫困户稳定增收。

2018年9月，县政协领导班子成员调研脱贫攻坚工作

（县政协　供图）

【履职服务】 坚持县委想什么就议什么，县政府干什么就研什么，群众急什么就帮什么，务实履行协商议政和民主监督职能。

为推动城乡协调发展谋智。围绕加快“三城”一体化建设，就统筹老城、新城、蚩尤九黎城“三城”融合发展重大决策部署开展调研视察、协商议政。针对七跃山自然保护区规划面积过大，制约地方发展等问题，深入涉及乡镇调研、充分听取有关部门意见，形成《关于调整七跃山自然保护区总体规划的建议》，通过市政协层面给予鼓与呼。针对农村一、二、三产业融合发展，深入润溪、大垭、三义、太原等地调研，为助推农业发展转型升级、农村面貌全面改善、农民幸福指数提升积极建言出智。

为建设山清水秀美丽之地建言。围绕“山水自然美”“人文精神美”“城乡特色美”“产业素质美”等重点课题，组织专班，经过历时近3个月的调研考察，形成《关于实施生态优先绿色发展战略，构建长江上游生态屏障建设的调研报告》《关于立足产业兴生态美，提升民族地区产业发展的调研报告》，为“推动长江经济带发展，加快建设山清水秀美丽之地”献良策，得到市政协高度评价。组织委员和有关单位就生态环境保护、打好污染防治攻坚战等工作开展专题通报，提出建议意见60余条。针对工业转型升级难点问题，深入保家工业园区，茂田水泥、太极阿依达等10余家企业调研视察，提出意见建议40余条，形成《县域实体企业发展环境视察报告》《全县工业转型升级专题调研报告》《全县农村信息化建设专题调研报告》，得到县政府主要领导批阅批示，为提速产业转型升级谋实招。

为深化改革创新献计。围绕深化改革关键问题，就全县供给侧结构性改革、深入推进“放管服”“营改增”改革等进行常委会议协商议政，提出进一步扩大开放、优化营商环境和深化行政审批服务等近20条建议。积极配合市政协走访调研彭水规模以上民营企业活动，客观反映彭水民营经济取得成绩和存在问题及困难，呼吁大唐电力直供彭水、完善生态补偿机制等建议，努力争取市级支持，力求在更高层面推动彭水供给侧结构性改革。围绕经济平稳运行重大问题，听取全县系统性金融风险防范和房地产领域风险防范工作情况通报，提出着力化解房地产业积压的重大矛盾等合理性建议意见18条。聚焦体制改革难点问题，就深化司法体制综合配套改革、深入推进医药卫生体制改革等专题进行调研，针对《彭水自治县旅游条例（修正草案）》《彭水自治县饮用水水源保护条例（草案）》召开专题协商会，集中提出建议，为修订完善两个“条例”聚智献策。

全年集中听取义务教育发展基本均衡县创建工作情况通报、全县殡葬改革管理工作情况通报和全县社会救助工作情况通报10次，就城乡教育发展不充分、不平衡，老城、新城配套学校建设规划布局，“大班额”消减；殡葬管理执法力量不足，服务水平较差，遗留问题繁杂；社会救助机构不健全，人员编制不匹配，精准性不够等一系列市民关注的问题，组织委员开展调研视察，针对性地提出意见建议40余条，有力保障和促进民生改善。及时访民情、听民声、传民意，全年针对群众反映强烈的夜市噪音扰民、城区停车难等热点问题开展考察调研活动20余次，组织重点协商12次、集中考察4次，转送县政府领导阅悉及相关单位办理社情民意30件，促成有关问题得到解决，让广大群众感受到“政协温度”。组织委员围绕打造特色产业品牌、医疗保障、食品安全、药品监管、文化遗产保护等10个主题议政发言，就全县工、农、医、教、文、体、旅等领域建设积极进行议政建言，提出意见建议200余条，得到县委县政府高度肯定。

为延伸履职通道着力。探索成立7个乡镇（街道）委员片区活动小组，各小组每季度开展1次集中学习、考察（调研）等活动，各委员片区活动小组及委员就深入推进脱贫攻坚、人居环境改造、农村产业发展、乡村旅游、学前教育等热点问题积极开展调研、视察，提出意见建议60余条，形成专题调研报告3篇，乡镇基层委员参与80余人次，委员主体作用发挥更加明显，服务委员步伐更加坚实。

【提案办理】 县政协十届二次会议以来，委员们围绕城市提质、经济发展、法治建设、社会事业等方面提出提案157件，县委、县政府及时交办40余个县级部门和有关单位办理，促成一大批热点难点问题有效解决。《关于加强我县饮用水源保护的建议》《关于依法解决医患纠纷，创造宽松医疗环境的建议》等关注社会民生的12件提案被列为重点提案，7名县政府领导牵头督办，委员建议得到很好落实。全会期间，组织召开提案现场办理会，2件提案得到有关部门现场答复。闭会期间，认真组织提案办理协商会4次，通过见面会、督办会、委员视察等形式，深入承办单位督促检查，促成委员履职成果得到有效转化运用。

【文史宣传】 充分发挥政协文史资料工作存史、资政、团结、育人的积极作用，广泛传递正能量。征集“三亲”史料16万字，搜集涉彭史料170万字，校勘库存史料30万字，修改完善《彭水政协志》。全年编发宣传稿件320余篇，其中《重庆政协报》采用60余篇，编发《政协工作动态》29期。通过广泛宣传，展示县政协工作、履职成果和委员风采，提升外界对彭水的认知度和认同感，宣传通联工作实现质与量提升突破。

【教育培训】 全年召开党组理论中心组学习会议、党组会议、主席会议、常委会议、理论研讨会议共21次，在重庆大学举办委员培训2期、培训委员100人，县政协3名班子成员被选派参加外出考察和全国政协系统干部培训，参加政协各类联席、联谊会议，围绕会议主题提交调研报告10篇并作交流发言，为打造全域旅游、助推脱贫攻坚等贡献彭水政协智慧。组织全县政协各参加单位、委员围绕“坚持中国共产党对人民政协的领导”等9大方面59个主题积极开展理论研究，共征集理论研讨文章40余篇20余万字，其中1篇入选《重庆市政协理论研究会论文集》并获奖，切实增强政协队伍的政治认同、思想认同、理论认同、情感认同。

纪检监察

【概况】 中共彭水苗族土家族自治县纪律检查委员会与彭水苗族土家族自治县监察委员会合署办公，实行一套工作机构，两个机关名称的体制，履行党的纪律检查和国家监察职能。县纪委监委机关现有行政编制55名、工勤编制1名、事业编制12名；设领导职数11名，其中县纪委设书记1名、副书记3名、常委5名，县监委设主任1名（由县纪委书记兼任）、副主任3名（由县纪委副书记兼任）、委员5名（其中3名由县纪委常委兼任）；内设办公室、组织部、宣传部、党风政风监督室、信访室、案件监督管理室、第一二三四五六纪检监察室、民生监督室、案件审理室、纪检监察干部监督室15个部室和下属事业单位县党风廉政信息中心；现有在职职工59人。

【体制改革】 稳步推进监察体制改革。县委书记钱建超担任“施工队长”，严格按照中央和市上确定的时间表、路线图精细施工。完成县监委组建和人员转隶，划转行政编制15个，转隶干部14人。坚持问题导向，全面梳理问题、制度、工作“三张清单”，优化流程再造，进一步完善监督执纪问责、监督调查处置程序运行机制。优化内设机构设置，实行监督检查和审查调查职能分离、部门分设，委机关执纪监察一线人数占总人数的比例达74.4%。采取归口方式向乡镇（街道）派出7个监察室，择优选配专职监察干部21人，选聘村（居）监察监督员296人，打通监察监督“最后一千米”。县监委全面贯彻合署办公要求，依法行使监察职权，对所有行使公权力的公职人员实施监察，切实推动纪法贯通、法法衔接全程实践，建立集中统一、权威高效的监察体系。改革后监察对象由2.3万人增至2.8万人，增长23.6%。

全面深化派驻机构改革。完善派驻机构领导体制和运行机制，将17个派驻派出机构优化调整为11个；授予派驻机构部分监察权限，完成派驻机构的更名和授牌。加大县纪委监委派驻机构综合改革力度，派驻机构人员编制、工资关系收回县纪委监委，统筹调剂人员，攥指成拳、收拢力量，提升监督效能。

2018年12月，对全县村居监察监督员集中发放聘书

（县纪委监委　供图）

【“两个责任”落实】　县委示范带动，把党风廉政建设和反腐败工作纳入重要议事日程，与全县经济社会发展同研究、同部署、同检查、同考核，持续传导压力，推动责任层层落实。县纪委严格执行“两个责任”履责纪实、廉政约谈、专题报告等配套制度，督促各级党组织和领导班子成员切实履职尽责。坚持常委会议听取基层纪检监察组织工作及所监督单位政治生态情况汇报，全年共听取39个单位汇报。以市委脱贫攻坚专项巡视反馈意见整改为契机，全面检查101个单位部门“一把手”述责述廉报告140份，责令42人立即整改。全年按程序启动“一案双查”44件，给予党纪处分24人、第一种形态处理63人，对朗溪乡村民林权纠纷案中存在形式主义、官僚主义问题的7名领导干部进行严肃问责。

【问题整改】　把巡视反馈意见整改作为提高政治站位，坚决肃清孙政才恶劣影响和薄熙来、王立军流毒，营造风清气正政治生态的具体行动。针对市委巡视组指出的扶贫领域51项问题和13项工作建议，督促、协调各单位部门推进问题整改，全覆盖专项督查2次，确保整改实效。坚持立交立办、快查快结，精准研判处置巡视移交200件问题线索，办结198件，立案29件38人，组织处理62件65人。突出政治巡察定位，认真贯彻中央、市委巡视部署和县委巡察工作要求，制定《县委巡察工作领导小组工作规则》《县委巡察组工作规则》等制度，严格对标修订《县委巡察工作五年规划》，全县所有党组织纳入巡察规划。十四届县委已开展6轮巡察，将常规巡察与专项巡察、机动巡察贯通起来、穿插使用，覆盖44个县级党组织，占38.6%，对129个村（社区）开展延伸巡察，占43.6%，累计发现问题671个，提出整改意见建议283个，处理23人。

【“八项规定”落实】　持之以恒抓好中央“八项规定”精神落实。紧盯元旦、春节、“五一”、端午、中秋、国庆等重要节点，正风肃纪，完善重要节点值班报告督办制度，常态化、多样化开展暗访督查、随机抽查、交叉互查；利用“大数据”筛查“四风”问题线索，发现一起、查处一起、通报一起。全年共查处违反中央“八项规定”精神问题34件72人，同比增长42%、44%。深刻汲取大同镇政府公款吃喝欠酒楼白条舆论事件教训，开展“以案为鉴强化纪律建设”专项治理，931人主动上交违规领取津补贴和其他福利共269.66万元。

针对大操大办婚丧喜庆事宜借机敛财突出问

题开展专项治理，提出“五不得”“五倡导”，实行“干群同治”，全年受理举报104起，劝导制止违规整酒367起，查处公职人员违规整酒问题10起，全县“新事新办、丧事简办、无事不办”渐成风尚。开展“不作为、慢作为”问题集中专项治理，聚焦“庸官”“看官”“躲官”“木官”，全县有216名党员干部、公职人员因作风问题受到批评教育和提醒约谈，有69个单位主要负责人因工作“慢半拍”受到县领导约谈提醒，进一步拧紧作风建设发条，全县机关干部作风明显好转。开展政府投资工程建设领域突出问题专项治理，聚焦项目审批、招投标、验收等关键环节，排查梳理并处置问题线索129件，查实立案13件，给予党纪政务处分9人，责令有关部门限期整改问题17个，进一步建章立制，从源头堵塞漏洞。

【执纪审查】 抓好学习宣传贯彻党章和新修订的《中国共产党纪律处分条例》等党内法规，强化纪律规矩意识。全县各级纪检监察组织运用监督执纪“四种形态”处理705人，同比增长87.5%。充分运用第一种形态，约谈函询、批评教育等方式处理571人次，占处理总人次的81%；妥善运用第二种形态，给予轻处分115人次、组织调整2人，占处理总人次的16.6%；准确运用第三种形态，给予重处分、重大职务调整13人次，占处理总人次的1.83%；果断运用第四种形态，依规依纪依法处理严重违纪违法涉嫌犯罪党员干部4人次，占处理总人次的0.57%，监督执纪由“惩治极少数”向“管住大多数”拓展。

以坚如磐石的决心惩治腐败。全年处置问题线索542件，同比增长83.1%；立案105件，同比增长22.1%；结案100件，同比增长13.6%；给予党纪政务处分131人，同比增长8.3%，其中县处级干部24人、同比增长9%，乡科级干部29人、同比增长31.8%。依法办理市监委指定管辖的留置案件1件。坚持“摸、查、侦、劝”四措并举强化追逃追赃工作，5名“天网”在逃人员全部追回，追逃追赃工作在全市作经验交流发言。积极探索开展社会经济组织骗取扶贫财政资金补贴问题专项治理试点，为在全市推开提供彭水经验。全年查处扶贫领域腐败和作风问题179件，同比增长467.7%，给予党纪政务处分55人，运用第一种形态及组织处理203人。扎实推进党员干部亲属涉权事项公开制度，制定《村（社区）干部行为规范“十不准”》，建立大数据平台，登记党员干部10097人、亲属111531人，涉权16097人次，940人主动找组织说清问题。开展农村危旧房改造领域腐败和作风问题专项治理，向全县各级各部门发出《关于限期主动说清违纪违法问题的通告》，28名党员干部主动说清问题，并上交违纪资金2.65万元，查处违纪问题5件，处理9人，追回虚报冒领资金近13万元，承建商和补助对象主动退回不合规资金21.6万元。把扫黑除恶与反腐“拍蝇”结合起来，深挖彻查放纵、包庇黑恶势力甚至充当“保护伞”行为，与县扫黑办建立问题线索双向移送“绿色通道”和案件会商机制，对全县近3年的黑恶问题线索进行“大起底”，并坚持直查直办、快查快结，共处置问题线索110件，查实立案20件，处理6人，通报曝光4起推动工作不力问题。

【廉政教育】 用好用活通报曝光手段，提高警示教育的针对性。全年通报曝光违纪违法典型案例49批次93起，发出纪律检查建议书13份、监察建议书6份。与市纪委监委宣传部联合制作《打“白条”是用党委政府形象“买单”》警示教育片，编发《悔不当初》《扶贫领域腐败和作风问题典型案例》警示录。扎实开展“以案四说”警示教育，全年有98个单位开展“以案四说”警示教育，受教育人数1万余人。探索制定党员干部不实信访举报澄清制度，全年为71名党员干部澄清信访举报不实反映，向25名被谈话函询对象发出予以采信通知，激发和保护党员干部干事创业的积极性。

【自身建设】 坚持政治机关定位，旗帜鲜明讲政治，带头维护以习近平为核心的党中央权威和集中统一领导。严格执行民主集中制和请示报告制度，开展纪检监察干部谈心谈话，掌握思想动态。强化业务培训和岗位练兵，选调11名纪检监察干部参加中央纪委国家监委、市纪委监委组织的培训，派出4人到市纪委监委实岗锻炼，抽调22名基层纪检监察干部到委机关跟案实战培训，组织66名纪检监察干部到西南政法大学接受为期1周的全脱产业务培训，依托县委党校开展全县纪检监察干部专题培训，不断提升业务能力。严格执行市纪委监委制定的《纪检监察干部打听、过问、干预监督执纪工作报告办法》《重庆市纪检监察干部“八条禁令”》，制定《县监委工作规则》《关于加强问题线索管理实施办法》《县纪委监委机关干部工作失职失责问责制度》等制度规定，引导全县纪检监察干部善用、慎用监督执纪、审查调查核心权力。对纪检监察干部违纪违法问题“零容忍”，全年运用第一种形态提醒谈话、批评教育纪检监察干部10人次，立案4件，给予党纪政务处分5人、免职1人、调整岗位1人。

组织工作

【概况】 2018年，在县委的坚强领导和市委组织部的正确指导下，彭水自治县委组织部深入学习贯彻习近平新时代中国特色社会主义思想，按照中共十九大部署和新时代党的建设总要求，深入贯彻习近平总书记视察重庆重要讲话和参加重庆代表团审议时重要讲话精神，认真落实市委五届三次、四次全会部署要求和县委十四届三次、四次全会部署要求，以脱贫攻坚统揽组织工作全局，深入落实全面从严治党要求，持续开展“两学一做”学习教育，着力选干部、配班子，育人才、聚贤能，强基层、打基础，为全县坚决打赢脱贫攻坚战、全面建成小康社会提供组织保证和人才支撑。

【思想教育】 指导全县各级党组织通过主题党日活动、专题学习讨论、上党课等方式，集中开展中共十九大精神学习研讨2500余次；分层次、分领域、分群体开办学习贯彻习近平新时代中国特色社会主义思想和中共十九大精神专题培训班8期；全面落实基层党组织书记上党课制度，乡镇党委书记、副书记、组织委员，村党支部书记、第一书记分别到联系支部和所在支部上党课，引导广大党员、群众原原本本、原汁原味学习习近平新时代中国特色社会主义思想和中共十九大报告，推动精神实质在基层落地落实。

【脱贫攻坚】 持续推进村级便民服务中心提档升级工程，建立规范化标准，合理设置功能室，打造文化广场，安装体育健身器材，大力推进超市、电商、金融“三进村”进驻便民服务中心，丰富农村物质文化生活。实施农村带头人队伍整体优化提升行动，选优配强296个村（社区）党组织书记，建立村级干部备案管理台账和村级后备人才库。精准选派驻村工作队队员955名，其中市级部门选派5名，县级机关选派370名，乡镇选派580名，确保全县有脱贫任务的290个村（社区）都有驻村工作队，实现115个贫困村驻村工作队有县级以上机关派出的人员不少于3人。坚持以基层党组织为引领，着力突破农民穷、干部累、支部软的困境，指导各村（社区）结合农村“三变”改革，深入挖掘自然环境和历史文化优势，充分利用产业发展集体资金成立村级集体公司63个。2018年，县委组织部划拨专项党费300万元，用于天台村、镇南村等10个村发展壮大村级集体经济。

【党员队伍建设】 出台《彭水自治县农村党员发展3年规划》，确保贫困村每2年，其他村每3年发展1名年轻党员。加强农村入党积极分子培养，每个村每年保持1－2名入党积极分子常数，分2批对240名发展对象进行专题教育培训，2018年发展党员201名。加强党员教育培训力度，深入推进无职党员设岗定责、党员责任区、党员示范户、党员承诺制等工作，支持农村党员通过创办领办专业合作社、家庭农场等方式发挥先锋模范作用。

【干部队伍建设】 认真贯彻落实《干部选拔任用条例》，严格坚持德才兼备、以德为先，坚持五湖四海、任人唯贤，坚持事业为上、公道正派的原则选任干部。进一步加强和改进选人用人工作，营造风清气正选人用人环境，根据市委组织部反馈，彭水自治县2018年度“一报告两评议”满意度得分99.74分。印发《在脱贫攻坚一线培养锻炼干部办法（试行）》（彭水委办发〔2018〕15号），激发广大干部在脱贫攻坚一线干事创业的积极性；贯彻执行《重庆市调整不适宜担任现职干部实施细则（试行）》，结合日常了解、考核督查及班子回访等情况，对不适宜担任现职的干部及时进行调整。2018年全县在脱贫攻坚一线提拔重用干部20人次，因脱贫攻坚不力免职降职17人次。

按照“统一领导、集中管理、分级负责、分类培训”原则，全年共举办干部教育培训班41期，培训5000余人次，其中学习贯彻习近平新时代中国特色社会主义思想和中共十九大精神专题培训班19期，培训1550余人次，组织领导干部赴市外高校培训12期，涉训570余人次。落实市委组织部调训330余人次，参训率100%。指导行业部门抓好以新任教师、中小学骨干教师、乡镇医师、农业技术人员为重点的专业技术人才培训，培训35000余人次，全面提升各级干部的政治素养和业务能力。

【干部考核管理】 完成乡镇（街道）、县级部门2017年度综合目标考核的结果评定和成果运用，根据《2018年度区县（自治县）和国家级开发开放平台政绩考核指标》文件精神和全县实际，科学制定《2018年乡镇（街道）、县级部门政绩考核指标》。

【协作交流】 根据市委组织部聚焦深度贫困地区打好精准脱贫攻坚战加强东西部扶贫协作统一要求，选派2名党政干部、5名专业技术人才赴山东聊城市茌平县挂职锻炼，选派10名专业技术赴山东省聊城市进行为期一个月的短期交流学习。同时，接收山东派至彭水自治县挂职干部2名。

【完善人才机制】 组建人才服务联络员队伍，并建立相关工作机制，打造人才“一站式”服务平台，由县委组织部、县人力社保局牵头，在县就业服务服务大厅开设专用窗口，为人才办事提供“一站式”服务。招录公务员35名、选调生31名、“三支一扶”33名、事业人员542名；组织行业部门赴北京等地高校引进紧缺实用人才12人，其中硕士研究生7人。引进山区人才18人，市级科技特派员26人。

宣传工作

【概况】 2018年，彭水自治县委宣传部自觉承担起举旗帜、聚民心、育新人、兴文化、展形象的使命任务，把学习宣传贯彻习近平新时代中国特色社会主义思想作为重中之重，守正创新、担当作为，扎实抓好意识形态工作，持续强化理论学习教育，深入开展重大主题宣传，培育弘扬社会主义核心价值观，大力推进媒体融合发展，切实加强对外宣传，唱响主旋律、发出好声音、凝聚正能量、营造好氛围。

【理论武装】 扎实推动习近平新时代中国特色社会主义思想和中共十九大精神落地生根，各级党委（党组）理论学习中心组开展学习1800余次，其中县委理论学习中心组（扩大）开展学习17次。向全县干部职工赠送《习近平新时代中国特色社会主义思想三十讲》《习近平扶贫论述摘编》等理论学习用书15000余册。组织县委宣讲团、基层理论“名嘴”、大学生村干部、本土人才等宣讲队伍开展习近平新时代中国特色社会主义思想、中共十九大精神等主题宣讲1200余场次。组织文艺工作者、理论骨干深入乡镇、村社开展“文艺演出式”宣讲200余场次。全年意识形态领域总体安全，无意识形态领域责任事故发生。

【新闻宣传】 办好“把党的十九大精神全面落实在重庆大地上·彭水篇新时代新气象新作为”、“推动重庆各项事业沿着习近平总书记指引的方向奋力前行”等大型全媒体主题专栏，推动中共十九大精神和习近平总书记对重庆的殷殷嘱托在彭水生根见效。开设“庆祝改革开放40周年”专题专栏，按要求转发中央、市委新闻媒体社论评论和重点报道120余篇，推出“看效果·大型系列报道”“今日山乡”等主题采访报道，刊出新闻稿件75条。围绕“三大攻坚战”“八项行动计划”和脱贫攻坚、民生实事等主题，开设“脱贫攻坚进行时”“新闻纵深”“民生巡礼”等专题专栏，推出系列报道2000余篇。

【网络舆情】 实施网络媒体“占屏计划”，在中国·彭水网、“两微一端”等网络媒体相继推出“改革开放40年”“一节一赛”“脱贫攻坚”“学习贯彻党的十九大精神”等系列网上主题宣传。加强网上舆论引导，撰写原创网评文章25篇，完成新闻跟帖任务119次，转发跟帖14444条。收集整理涉彭舆情1206条，向县委、政府主要领导编报《彭水舆情专报》67期，向县级部门、乡镇和街道编发《彭水舆情信息通报》190期。开展涉彭网上舆论引导200余次，其中开展较大和重大网上舆论处置引导20余次。加大融媒体建设力度，中国·彭水网获评“传媒中国年度融合创新十大品牌影响力城市网络媒体”。

【宣教工作】 以梦想课堂为载体，积极开展中国梦、中国特色社会主义和理想信念教育。组织开展并积极参加“拥抱新时代、践行新思想、实现新作为”人生规划大赛。抓好“感动重庆人物”推选工作，2人获评“最美巴渝·月度感动人物”。广泛开展岗位学雷锋活动，1人获评市第四批岗位学雷锋标兵。推出“乡村振兴”先进典型人物晏洲，随“在希望的田野上”乡村振兴报告团赴全市各区县、高校开展巡回宣讲35场次。围绕习近平新时代中国特色社会主义会思想、社会主义核心价值观、脱贫攻坚、乡村振兴等主题内容，发布各类建筑围挡及公路挡墙广告1000平方米，T型户外公益广告60块，栏杆广告3000块。

【文化建设】 按照“七个一”标准，持续推进183个村综合文化服务中心建设。39个乡镇街全面建成文图分馆，并挂牌运行。“两馆一站”全年累计服务群众40余万人次。成功举办2018年中国乌江苗族踩花山节开幕式暨万人踩花山、舞林会、民俗会、民歌会等大型节赛文化活动20余场次。组织开展送文化下乡和流动文化服务进村等文化惠民活动3000多场次。完成抗战不可移动文物普查工作。1人入选国家级非遗代表性传承人；新成功申报市级非物质文化遗产名录10个。组织参加重庆市第三届非物质文化遗产彭水专场活动、乡镇惠农表演、“全国文化遗产日”非遗宣传展示等活动。

【精神文明】 深入开展文明创建活动，1个家庭获评全国“最美家庭”。深入推进“文明新风进农家”主题活动，6个家庭上榜重庆市“最美阳台”“最美庭院”名单。深化“我推荐我评议身边好人”活动，推出重庆好人3名。深入推进“文明新风进农家”主题活动，积极开展“移风易俗”“十抵制十提倡”等活动。深化“家风润万家”等教育实践活动，常态化开展“我们的节日”系列活动，持续开展“衣旧情深”“文明邻里”“周六文明劝导我参与”等志愿活动，深入开展“我们一起奔小康”等品牌活动。强化未成年人思想道德建设，积极开展“红樱桃”“冬日针爱”志愿活动，推出“新时代重庆好少年”1名。

【对外宣传】 围绕全县改革发展稳定和乡村振兴、脱贫攻坚、旅游发展等外宣主题，上报各类新闻选题线索168条次，在市级以上主流媒体刊出新闻稿件330余篇。成功举办“全国百家网络媒体全媒体记者彭水采风活动”，吸引全国100家重点媒体宣传推介彭水。召开县级以上新闻发布会12场次。政务微博发布各类信息2830条，政务微信公众号发布各类信息630条。参加国家和省市文化交流、展演及比赛20场次。三义乡仡雄舞蹈队获2018东方明珠全国广场舞电视大赛总决赛冠军；“阿依山娃组合”晋级央视2019星光大道；在彭水自治县取景拍摄的电视剧《深山仁心》在央视十二频道播出。

统战工作

【概况】 中共彭水苗族土家族自治县委统战部位于彭水汉葭街道鼓楼社区34号（彭水县委办公室1楼），与彭水自治县台办、侨办、侨联合署办公。核定行政编制10名，领导职数4名，参公编制2名，工勤编制2名；内设机构3个（综合科、基层统战事务科、海外统战事务科），领导职数各1名（共3名），在岗职工12名。

【思想建设】 2018年，组织召开统一战线各界人士迎春座谈会、党外人士暑期谈心会、双月座谈会、迎春座谈会、民营经济座谈会，举办党外中层干部培训班，对中共十九大精神、习近平总书记在全国两会期间有关重要讲话精神、尤权视察重庆时有关讲话精神进行深入贯彻学习，牢固树立全县统一战线的“四个意识”，坚定了“四个自信”。深入开展“不忘合作初心、继续携手前进”主题教育活动，组织各民主党派成员、统战干部、无党派代表人士赴浙江大学、厦门大学、县社会主义学院进行素质能力提升培训。严格按照中央关于全面从严治党的重大部署、市委“十破十立”和县委相关要求，在全县统一战线全面彻底干净肃清孙政才恶劣影响和“薄、王”思想遗毒，巩固全县统一战线风清气正、正气充盈的良好政治生态。召开2018年党外知识分子、新的社会阶层人士工作培训会，进一步巩固团结奋斗的共同思想基础。

【民主政治】 围绕全县重点投资项目、重要民生项目、社会热点等课题，制定2018年度政党协商计划并按计划开展协商工作。组织各民主党派成员、工商联和无党派代表人士围绕协商课题开展调研，撰写调研报告。政党协商工作正按计划有序推进。利用党外知识分子“智力密集、人才荟萃、联系广泛”的特点和优势，引导党外知识分子在经济社会发展中发挥积极作用、贡献特殊力量。积极开展送教育下乡、送科技下乡、送文艺下乡、送医疗卫生和政策法律下乡等“五下乡”活动，有力助推脱贫攻坚和民族团结进步事业等党政关注的重点工作。新的社会阶层人士统战工作有序推进。开展新的社会阶层人士摸底调研和情况统计。开展新的社会阶层人士学习培训，代县委草拟《新的社会阶层人士统战工作实施意见》和党员县领导列名联系新阶层人士工作制度，启动建立新专联组织的前期工作。

【服务发展】 利用民主党派资源，助推脱贫攻坚。以市委统战部确定的民盟市委民主监督彭水脱贫攻坚为切入点，积极争取民盟中央及民盟市委支持，力促西门子公司助力彭水医疗扶贫，以超50%的优惠力度为县内医疗机构配置CT、超声、DR等医疗设备，优惠金额3518万元。2018年，仅县人民医院借助捐赠设备就成功抢救40名急性心梗患者，为130名患者进行心脏介入治疗。

充分利用侨务资源，联系香港应善良基金会为彭水自治县贫困村新捐建60万元的产业路。开展“侨爱光明行”“天籁列车”“慈善列车”等活动，受惠群众1000余名，受惠资金达100万元。引导全县统一战线围绕脱贫攻坚深入开展调研，形成有价值的调研报告12篇，提出意见建议50余条。大力实施“光彩行动”，组织基层商会为贫困群众捐款捐物近100万元，商会会员企业与全县50户建卡贫困户子女进行助学帮扶。充分利用台海资源，以台资企业为龙头，带动135户农户致富增收，户均年收入增加2000元。扎实开展结对帮扶。派出2名优秀统战干部分别到大同镇大厂社区、大河村担任第一书记。全体统战干部继续按照帮扶责任开展帮扶工作，帮助贫困户厘清脱贫思路、制定脱贫规划。组织贫困台属、贫困侨眷开展种养殖实用技术培训，提高种养殖技术水平。

【党外人士队伍建设】 建立统一的党外后备干部名单。按照党外干部综合评价办法，与县委组织部共同建立有54名县管党外领导干部、80名党外中层干部的党外后备干部名单，对后备名单进行动态管理。加大了党外代表人士推荐。自2017年12月以来，县委常委会2次专题研究党外干部培养工作，党外干部队伍建设力度空前。同时，2名党外干部被选为第五届市人大代表，2名党外干部被推荐成为第五届市政协委员。制定2018年党外干部培训计划，完成50名党外中层干部培训，7月底组织50名党外领导干部到浙江大学培训。继续按照《党外代表人士个性化培养方案》的要求，组织相关单位开展党外代表人士个性化培养。有目的地安排党外干部参与热点、难点工作，引导他们投身各种工作实践之中，在实践中提高素质，增强技能，增长才干，提高处理复杂工作的能力。同时，推荐1名优秀县管党外干部赴市委统战部党外干部实践锻炼基地进行为期1年的挂职锻炼。

【非公经济发展】 出台民营经济发展和民营企业家健康成长的两个《实施意见》以及对两个《实施意见》任务的分解方案。牵头制定全县集中走访精准服务民营企业方案，全体县领导对全县280余家“四上”企业进行全面走访，摸清企业发展现状，帮助企业查找和解决问题。完成走访企业95家，召开座谈会、现场办公会95场；宣讲总书记重要讲话精神和涉企政策95场次。民营企业共提出涉及融资困难、企业负担、行政审批、生产经营环境、环境保护、企业用工、职能部门服务等问题63件，现场解决问题23件，政策解释28件，转办研究12件。着力培育市场主体。积极培育各类民营市场主体，形成“中小微企业铺天盖地、大型企业顶天立地”的良好局面。鼓励支持非公经济“个转企”“微升小”“小升规”“规改股”“股上市”。完善政策落地机制。建立县级领导联系民营企业制度，县政府每年至少召开一次民营企业家座谈会，听取意见建议、解决具体问题。鼓励民企改革创新。积极争取市级有关部门给予政策支持，鼓励民营企业围绕促进非公经济发展，开展多种形式的改革创新。

【海外统战工作】 成功承办渝东南片区对台工作会。根据市台办的交办，彭水自治县承办了渝东南片区对台工作会，市台办对会务的各项筹备工作给予了充分肯定。积极开展对台交流。圆满完成“第六届渝台少数民族交流”活动，热情周到的接待服务深受台湾同胞好评。成功开展赴台交流。6月底，由县人大常委会主任胡勤俭，县委常委、统战部部长陶敏率队赴台参访交流。蚩尤九黎城成功获批国家级海峡两岸交流基地。利用春节，积极开展对“三胞”及眷属的慰问和座谈，为他们解决实际困难、办实事。

【民族宗教工作】 全面推进民族团结进步示范创建，促各民族团结和谐。全国民族团结进步示范县创建工作于2018年11月22日接受并通过市级验收。第十一届全国少数民族运动会于2019年在郑州市举行，彭水自治县和长江师范学院负责射弩项目备战工作，并最终将按两队成绩决定代表重庆市参赛资格。在长江师范学院举行的市内选拔赛上，彭水自治县东弩队完胜长江师范学院射弩队，取得了代表重庆市参赛资格，圆满完成备战训练阶段性目标任务。切实加强宗教事务管理。多层次组织学习新修订的《宗教事务条例》。多方面强化宗教事务管理。指导监督县佛教协会开展云顶寺观音生日法会活动。对县域内非法宗教造像进行清理整治；联合相关部门开展“中国真理教会”彭水活动点治理。

人力资源和社会保障

【概况】 彭水苗族土家族自治县人力资源和社会保障局位于彭水自治县汉葭街道文庙街2号（彭二小对面），直属事业单位有县社会保险局、县就业和人才服务局、县劳动保障监察大队、县军队转业安置办公室、县劳动人事争议仲裁院5个事业单位。核定行政编制24名、事业编制118名，行政工勤编制2名。在编人员情况：行政23名，事业94名，行政工勤2名。机关内设办公室、法规工伤科、人力资源科、公务员科、事业人事科、工资福利科、社会保险科、基金监督科、劳动关系科9个科室。

【城乡就业】 2018年，城镇新增就业6016人，城镇登记失业人员就业2121人、就业困难人员实现就业749人，分别完成目标任务的125.3%、141.4%、187.3%，城镇登记失业率为3.37%，比市上控制指标低0.43个百分点。开展就业技能培训1235人，发放扶持创业贷款4511万元，分别完成考核任务102.8%、150.4%。通过“六服务”措施帮助彭水籍高校毕业生就业，就业率95%以上、贫困高校毕业生就业率100%。完成流动人员人事档案存档13874卷，切实推进档案数字化工作。为市信息产业组织送工7030人，完成目标任务156.2%。

2018年4月，县城十字街民营企业招聘周现场招聘

（县人社局　供图）

【社会保障】 养老保险。职工养老保险：参保35973人，完成考核目标的128.87%；基金累计征收34442.66万元，完成考核目标的108.59%；享受待遇19366人，支付待遇44368.47万元。居民养老保险：参保253202人，完成考核目标的108.59%；基金累计征收3242.9万元，完成考核目标170.05%；享受待遇93834人，支付待遇14937.33万元。医疗保险。职工医保：参保34271人，完成考核目标的100%；基金征收24262万元，完成考核目标的103.68%，基金支出12899万元，较上年同期增加177万元。居民医保：参保575418人，完成考核目标的100%；基金收入48854万元；基金支出37622万元。工伤保险。参保39239人，完成考核目标的109.6%；基金征收1894万元，完成考核目标的131.5%；支付待遇2101万元。失业保险。参保2.5万人，完成考核目标的111%；基金征收600万元，完成考核目标的109%，基金支出387万元，享受待遇2125人次。职业年金。参保13153人，基金征收10475.18万元。通过对两定机构的日常稽核，收取违约金222.2万元，查处违规使用基金88.3万元，共清理养老保险死亡冒领2253人，追回基金127.89元，确保基金安全高效运行。

【人事人才】　严把公务员“入口”，招录公务员（含参公）35人。管好“中间”，培训公务员70名。引进高层次紧缺人才12名（硕士7名、双一流高校学士5名），公开招录事业人才542名，招聘“双特”教师25名，招聘定向委培大学生50人，择优招聘退役士兵为乡镇事业人员6名，招募“三支一扶”大学生33人。全年新增高技能人才7人，完成职业技能鉴定（颁证）1706人，开展职称委托评审工作，分别推荐初、中、高级职称评审230人、34人、82人，工程类（非公人才）职称评审22人；评审高级工20人，中级工8人，初级工9人。向市局申报技师3名，专技人员公需科目培训7081人。公开招录公务员（参公）28人，从公安院校公安专业重庆籍毕业生单独招警7人，从2015年选聘大学生村干部中定向招录公务员44名和2018年从优秀村（社区）干部中招录公务员3名，现处于考察阶段。调整413个事业单位岗位设置，中、高级职务岗位比例大幅增加，进一步拓展基层事业单位工作人员晋升空间，签订聘用合同9600人次，辞退、解聘机关事业单位人员74人。推行县以下机关公务员职务与职级并行制度，晋升副主任科员7人，参公过渡，公招转正确定副主任科员以下非领导职务80人，登记备案工作有序推进，报市局登记备案124人。完成副科级职务任免备案认定40人，八级职员备案31人。军转干部服务工作进一步加强。完成1名计划安置、1名军队转改文职人员落户和4名自主择业军转干安置。推荐市级评选表彰项目8批次20余人，彭水自治县获市先进集体8个，市先进个人13名。结合2014—2016年度考核情况开展全县公务员奖励工作，对罗远江等46名公务员记三等功一次，杨国洪等351名公务员给予嘉奖。推荐1名同志参加重庆市2018年第一期省部级以上先进模范休假疗养活动。

【收入分配】　严格按政策审批机关工作人员年度考核结果晋升级别（岗位）工资档次、执行公务员职级工资制人员年度考核结果滚动晋升级别工资2231人、事业单位工作人员正常增加薪级工资7333人、机关事业单位工作人员年终一次性奖金2989余人。办理日常工作调动工资手续1214人，认定工龄112人，审批一次性抚恤金108人、遗属生活困难补助96人，审批退休273人，完成机关事业单位4685人职务、职称、岗位变动调整工资审批工作。继续规范管理工资日常业务审批流程，进一步简化机关事业单位工资审批及统发程序，实现全县机关事业单位工资网络化管理，提高工资统发数据的准确度。坚持特繁工种工龄认定会审制度，办理征地农转非退休人员1216人。

【劳动关系】　充分发挥协调劳动关系三方机制作用，加大劳动用工的监管力度，强化争议调处工作，促进劳动关系的和谐稳定。调解仲裁深入推进。处理劳动争议仲裁案件577起，调解结案311件，调解率66%；裁决结案157件，结案率97.5%。监察执法力度不断加大。常规办结案件32件，较上年同比上升433%。处理农民工工资拖欠案件21件，较上年同比上升425%，涉及金额300万元，较上年同比下降21%。处罚社保类行政案件13件，罚款3.1万元。向公安机关移送拒不支付劳动报酬案件3件。“两金三制”机制基本建立。全县实行农民工实名制项目123个、农民工工资专户123个，占比100%；银行代发农民工工资的项目120个，占比97.56%。县农民工工资保障金7100万元。开展劳动监察专项执法检查5次，检查企业412家，涉及劳动人员7940人，提供法律咨询320余人次。突出化解政府类投资项目欠薪问题，实现政府类投资工程项目“零拖欠”“零非访”，切实维护全县社会稳定。公正实施伤残鉴定。受理工伤申请283件，其中工伤认定246件、限期补正材料17件、不予认定11件、不予受理2件、中止认定1件、驳回申请6件。劳动关系风险防控能力持续提升。完成劳务派遣行政许可6家，企业薪酬调查16家，16家公司执行特殊工时制度行政许可工作，同比增长50%、0%、11%。签订集体合同25份，涉及企业32户3461人，同比下降26.5%，12.4%，6.3%。全面落实“三方四家”工作。20家企业经市级验收合格和谐劳动关系示范点创建工作。

【信访维稳】 建立信访接待、登记、转办、督查制度，日常信访由法规工伤科牵头负责，重大信访实行领导包片、包案、包销。全年信访答复91件。其中，承办市级信访案件48件，办结率100%，承办县级信访43件，办结率100%，全年无越级上访现象发生。专门成立综治工作领导小组，落实专人负责相关工作，全年未发生一起综治事件。

【依法行政】 复议诉讼。全年行政诉讼20件，出庭应诉19次（一件为再审未要求出庭）。实现行政审批事项在网审平台规范运行。法治宣传。开展5次大型宣传活动，赴乡镇宣传1次，咨询1400余人次，发放宣传资料5000余份，宣传内容涵盖就业、社保、劳务开发等。建议提案办理。办理代表建议4件、政协提案2件，代表、委员满意率100%，做到“事事有回音、件件有着落”。

机关党建

【概况】 2018年，在县委的正确领导下，县委直属机关工委紧紧围绕服务中心、建设队伍两大核心任务，全面贯彻落实中共十九大精神和习近平新时代中国特色社会主义思想，坚定不移贯彻全面从严治党要求，牢固树立“四个意识”，坚定“四个自信”，做到“四个服从”，充分发挥机关党建工作走在前头、做表率的作用。

【思想政治建设】 坚持把政治建设摆在首位，开展政治学习和政治教育，筑牢机关党员政治基础。确保全县机关党员牢记“四个意识”，做到“两个维护”，在思想上高度认同，政治上坚决维护，组织上自觉服从，行动上紧紧跟随。始终保持高度的政治自觉性和政治自醒，坚持正确政治方向，站稳正确政治立场，全面彻底干净肃清孙政才恶劣影响和“薄、王”遗毒，全县机关党员讲政治守规矩意识明显增强；实现机关党员思想政治教育常态化，丰富机关思想政治教育内容，坚持把中共十九大精神、习近平新时代中国特色社会主义思想作为理论学习的首要内容，积极拓展中共党史、时事政治、党建业务工作等学习，切实增强机关党员本领；持续推进“两学一做”学习教育常态化制度化，坚持集中学习和自学结合，积极创新学习方式，实现学习全覆盖。

【党风廉政教育】 进一步深化“两个责任”落实，深入开展党风廉政教育，广泛开展“一案四说”，加强党风廉政建设法规制度学习教育，在重点节日如：清明、“七一”进行党风廉政教育，教育党员继承优良的革命传统。积极配合派驻纪检组工作，将监督执纪四种形态与机关日常工作紧密结合起来，积极开展七个专项治理工作，依据工委实际制定工作方案，做到细化宣传、强化责任落实，形成长效治理机制。

【机关党建调研】 保质保量完成机关党建调研工作，以认真负责的态度深入机关基层组织调研，落实专人撰写高质量机关党建调研文章。成功承办重庆市提升机关党的思想政治工作实效性专题研讨会，向47个市级部门或区县，展示彭水机关党建的成果，互相交流机关党建的工作经验，得到市直工委的充分肯定。

【严肃党内政治生活】 严格落实“三会一课”、民主生活会和组织生活会、谈心谈话、民主评议党员等制度，结合机关党建季度督查，全县74个机关单位的党组织党内政治生活体现政治性、时代性、原则性、战斗性，党组织的创造力、凝聚力、战斗力提高，党员的思想觉悟、党性观念得到增强。

【党员队伍建设】 全面贯彻落实习近平总书记7月3日在全国组织工作会议上的讲话和陈希部长7月4日在全国组织工作会议上的讲话，并在三季度进行督查落实。全面贯彻落实《中国共产党支部工作条例（试行）》，购买单行本发放至各支部要求学习到位、落实到位。规范机关党组织的换届选举，以“二十字”好干部为标准，选拔政治素质好、年富力强、有发展潜力的优秀干部担任机关专兼职党组织负责人，2018年81个党组织成功换届或改选，并对全县223个党组织书记进行专题培训，提升他们的抓党建促党建能力。严格党员管理。按照党员发展十六字方针，完成全年的党员发展工作，35名同志批准加入中共预备党员，30名预备党员按期转正。工委专门购置4000枚党徽发放给各单位，要求把党员身份亮出来，促使机关党员发挥先锋模范作用。关心慰问机关困难党员，对70名生活困难党员送上节日的慰问，共发放慰问金35000元。

【机关党建纪实】 以“12371”的数据为基础，8月份实现纪实系统全面开通并运行，实现“三会一课”“主题党日”内容上网，微信缴纳党费，第四季度全县机关党组织共录入活动1464条，党员微信交纳党费88181元，基本实现“互联网+党建”的目标。

【“四责一体”机关党建工作机制】 通过“两议四联”机制定责，明确各机关党组织和负责人的职责，促使机关党组织负责人谋党建、抓党建、懂党建。建立完善“三清单”制度明责，紧紧围绕责任清单、任务清单、整改清单，进一步明确机关党建工作的内容和抓手。着力“三项举措”考责，严格落实季度督查、半年观摩点评、年度考核考评的工作要求，实现机关党建由“虚”变“实”。坚持“约谈、通报、函询”三项制度问责，通过季度督查，2018年，先后约谈13个县直机关“一把手”，下发督查通报3期、整改函74份，实现机关党建由“软”变“硬”。

【脱贫攻坚】 积极充实驻村、帮扶联系人队伍，机关工委先后派出吴国庆、夏孟春、王云虎3名同志担任鹿鸣乡焦家村、双枫村第一书记，并积极根据单位人员调整更换第一书记或帮扶联系人，实现脱贫攻坚工作人人参与。在工作上，全力支持帮扶焦家村，专门拨付经费改善焦家村阵地建设，组织驻村队员、村组干部、致富带头人、群众代表24人，到长寿、涪陵学习产业发展经验，积极规划实施乡村产业发展助推鹿鸣乡进行产业脱贫。

机关事务

【概况】 2018年，县机关事务管理局以习近平新时代中国特色社会主义思想为指导，“不忘初心，牢记使命”，紧紧围绕县委、县政府中心开展工作，坚持绿色发展理念，践行“厉行节约、反对浪费”条例，遵循一切从严从简。带头落实中央“八项规定”和市委实施意见精神，不断探究在公务接待、公车管理、办公用房管理等方面的管理体制机制，争创节约型机关建设，保障党政机关高效运转，在全县党政机关中起到“严控三公”的示范引领作用。

【公务接待服务】 按照“有利公务、务实节俭、严格标准、简化礼仪”的要求，优质高效地做好公务接待和会议活动保障工作，完成各类公务接待活动共95批次2365人，其中：副国级领导2批154人、部级领导38批646人、厅级领导27批469人，重大活动3次约430人、其他25批次666人，重要会议4次约1350人，圆满完成中央政治局委员、中央外事工作委员会办公室主任杨洁篪到彭水调研定点扶贫工作，中央政治局委员、重庆市委书记陈敏尔到彭水调研脱贫攻坚工作等重要接待任务以及中央扶贫巡视组、国务院扶贫督查组、国务院扫黑除恶督查组、市环保督查组、市扶贫审计组等重要团组到彭水的接待服务工作，实现接待任务零失误、零出错。

【公务用车管理】 全年跨部门车辆集中管理平台共调度车辆3024余次，服务人次达9058余人次。科学调度，全年完成“一节一赛”“绿色中国行”“第三届渝东南文化旅游节”、党代会、人代会、全国人大调研组、中央巡视组、市委调研组等大型节赛、会议、调研活动的公务用车调度。严格规范管理，推进公务用车阳光运行，对全县范围内保留公务车实行统一标志化管理，强化社会监督。严格执行公务用车报废、配备、更新，坚持客观、公开、公正、规范、节约的原则，规范保留车辆的处置管理。严格配备标准，完成三次公务用车更新购置会审，有效保障了各个用车单位的公务出行。

【办公用房管理】 按照县委、县政府“让老城减负、向新城转移”的工作要求，编制完成县纪委监委等20个县级部门办公用房统筹调配方案，适时启动办公用房调整工作，进一步盘活存量资产，切实提高办公用房使用效率。按照公平公正公开的原则，为避免国有资产的闲置浪费，采用公开竞租方式，依法处置闲置门面7处，实现年收入54.88万元，确保国有资产的保值增值。强化量力而行、经济实用的原则，严格控制装修标准，并顺利完成原行政服务中心维修改造工程。

【公共机构节能】 健全全县公共机构名录库，完善公共机构能源资源消费统计系统，督促各公共机构按时完成能耗消费统计，更能直观地反映节能工作的薄弱环节，有利于采取更加针对的措施，从而降低能耗，实现绿色环保型党政机关建设的目的。顺利完成县公安局办公楼国家级公共机构节约能源资源示范单位创建并顺利通过国家验收。开展形式多样的节能宣传活动，在宣传周活动中，制作展板11块、发放节能宣传资料8000余份、宣传画1000余张、环保袋500个、节能科普扇子500把，积极宣传和动员全社会参与节能降耗，保卫蓝天。

【扶贫助困】 逐户走访17户贫困户，详细了解贫困户生产生活困难、发展意愿和意见建议，制定帮扶计划，记录贫困户家庭信息，从健康扶贫、产业扶贫、金融扶贫、教育扶贫、社会扶贫等各方面详细制订帮扶措施。按照“一对一”帮扶的原则，认真落实好帮扶政策，扎实做好脱贫攻坚宣传工作，扶贫同扶智相结合，形成与结对帮扶户交心谈心、共同促进的良好工作局面。

机要保密

【概况】 中共彭水苗族土家族自治县委机要保密局位于彭水汉葭街道鼓楼街34号县委办公大楼二楼。该局办公区域面积167平方米，其中办公用房3间，功能用房3间。核定公务员编制5名，事业编制6名，在岗职工9名，内设密码通信科、保密科，下辖县电子政务中心。

【技术防护】 新建市委电子政务内网彭水两江桥行政楼接入区，实现县政协办、县发改委、县编办等3家单位的涉密计算机在本单位接入市委电子政务内网的需求，电子文件的办理效率和安全性得到提升。

【保密宣教】 2018年，县委机要保密局多次在县委常委会、县委中心组学习会和保密委成员会上组织观看警示教育片；市委保密办副主任罗志伦为全县县市管领导干部、各级各单位负责人等220余名同志开展保密形势教育；组织召开2018

年保密工作会；在县委党校开办4期保密知识课程，培训干部180余人次；组织订阅《保密工作》《保密科学技术》等保密书籍，积极开展学刊用刊活动；通过保密宣传栏、剖析典型案例、播放影视作品、短信微信、关注“保密观”公众号等形式，大力宣传保密法律法规和政策理论。

【高考保密】 认真做好各类考试保密管理，制定《普通高校招生全国统一考试试卷保密工作方案》，实现平安高考。

【保密检查】 对全县所有乡镇（街道）和县级部门开展安全保密检查，提升保密工作业务水平。

【网络建设】 筹备全县党政信息平台网络改造，实现与市电子政务内网安全互联，为党政机关内部办公、管理、监督和协调提供服务支撑，基本完成方案设计。

【技术保障】 为全县各类大型会议和视频会议提供可靠的技术支撑；完成主会场视频会议系统升级工作，编制乡镇（街道）视频会议系统升级方案。

机构编制

【概况】 彭水苗族土家族自治县机构编制委员会办公室位于彭水自治县绍庆街道两江行政大楼4楼。核定行政编制6名（实有5人），内设综合科、机构编制科和督查科，下设副科级全额拨款事业单位县事业单位登记管理局，核定事业编制5名（实有4人）。

【党政机构改革】 认真学习贯彻机构改革文件精神。《中共中央关于深化党和国家机构改革的决定》《深化党和国家机构改革方案》《重庆市机构改革方案》印发后，及时组织全体干部职工进行学习、讨论，切实增强推进党和国家机构改革的责任感和使命感。严格按照《中共中央办公厅关于严明纪律切实保证党和国家机构改革顺利进行的通知》《中共重庆市委办公厅关于严明纪律切实保证全市党政机构改革顺利进行的通知》《中共重庆市委组织部、重庆市机构编制委员会办公室关于严明机构改革期间有关纪律的通知》精神，对标对标，贯彻落实。精心起草党政机构改革方案。全市区县机构改革工作培训会后，县机构改革协调小组及时召开专题会议，研究部署机构改革具体工作。根据《重庆市机构改革方案》《重庆市关于区县（自治县）机构改革的总体意见》《区县机构改革有关具体问题的政策口径》，与市委编办反复沟通修改形成《彭水苗族土家族自治县机构改革方案（初稿）》，经县委常委会、县委全委会审议审定后，形成《彭水自治县机构改革方案（送审稿）》，已按程序报市委待审批。及时组建退役军人事务局。按照中央和市委有关部署要求，将县民政局的退役军人优抚安置职责、县人力社保局的军队转业干部安置职责整合，组建县政府工作部门县退役军人事务局。及时配备工作人员，将县民政局、县人力社保局具体从事相关工作的人员统一划转至县退役军人事务局集中办公。将县人力社保局管理的下属事业单位县军队转业干部服务中心调整为县退役军人事务局管理。

【其他领域改革】 扎实做好乡镇机构设置有关工作。根据《中共重庆市委办公共厅、重庆市人民政府办公厅印发〈关于进一步优化完善乡镇机构设置的指导意见〉的通知》精神，深入乡镇（街道）开展调查研究，结合实际，草拟《彭水县关于进一步优化完善乡镇机构设置的实施方案（送审稿）》，经县行政体制和事业单位改革专项小组会审议，下一步将按照市委编办统一部署推进落实。推进监察体制改革试点工作。根据《中共重庆市委办公厅关于印发〈重庆市深化国家监察体制改革试点工作实施方案〉的通知》《重庆市编办关于国家监察体制改革试点划转检察机关涉改部门机构编制的通知》要求，结合《中共彭水自治县委、县人民政府关于印发〈彭水苗族土家族自治县深化国家监察体制改革试点工作实施方案〉的通知》，增设县纪委监委内设机构“民生监督室”，从县人民检察院划转政法专项编制15名，完善县纪委、县监委机关“三定”方案。依法撤销县政府工作部门监察局。优化完善派出监察机构设置。根据《中共重庆市委办公厅印发〈关于区县（自治县）监察委员会向乡镇（街道）派出监察机构的指导意见（试行）〉的通知》要求，结合《中共彭水苗族土家族自治县委办公室关于印发〈彭水自治县监委向乡镇（街道）派出监察机构实施方案（试行）〉的通知》，设置县监委派出监察室7个，调剂划转县级行政编制5名、乡镇行政编制24名。调整设置县委巡察办。根据《中共重庆市委关于加强区县党委巡察工作的意见》，设立县委巡察工作领导小组办公室，为县委工作机构，设在县纪委。撤销县纪委下属事业单位“中共彭水苗族土家族自治县委巡察工作领导小组办公室”。

【行政审批制度改革】 深化简政放权。根据《重庆市人民政府办公厅关于调整取消一批行政审批等管理事项的决定》（渝府发〔2017〕56号）、《重庆市人民政府关于取消一批行政许可等事项的决定》（渝府发〔2018〕39号）要求，共取消行政审批事项11项。印发《关于进一步深化完善行政许可标准化有关工作的通知》，在征求审批部门意见基础上，对行政许可目录清单进行动态调整，报县政府审定后，印发《彭水自治县人民政府关于印发〈行政许可事项清单（2018版）〉的通知》，并对现有的693项审批事项在县政府门户网站公布。继续优化重点领域行政审批流程。印发《关于深入推进网上行政审批改革有关工作的通知》《关于印发编制政务服务事项清单加快推进“互联网+政务服务”工作方案的通知》，对县级行政许可“马上办、网上办、就近办、一次办”事项进行多次清理，分类建立清单，不断规范完善行政审批事项网上办事指南，加快推进行政审批标准化、业务办理协同化，逐步实现“全渝通办”，进一步提升审批服务效能。清理汇总工程建设项目审批及办理事项清单。按照《关于印发重庆市工程建设项目审批制度改革试点实施方案的通知》（渝府发〔2018〕43号）要求，印发《关于清理报送工程建设项目审批及办理事项清单的通知》，根据各单位反馈的情况，梳理形成工程建设项目审批及办理事项清单135项。

【事业单位改革】 完成经营类事业单位改革工作。指导督促涉改单位人员分流、资产划转、社保转接、党组织关系接转等工作，完成县工人俱乐部、县退休职工医疗保健中心、县良种场、县广播电视台网络传输公司、县电影发行放映公司法人注销工作。抓好事业单位登记管理。加强事业单位法人监督管理，对6个事业单位法人公示信息进行实地抽查。规范事业单位法人年度报告公示，共办理事业单位法人设立登记4件、变更登记35件、注销20件，对200个事业单位法人年度报告进行了公示。按时做好变化单位的统一社会信用代码赋码工作。

【机构编制管理】 开展政策法规宣传。开展“机构编制宣传月”活动，利用网络、《彭水日报》、手机短信等媒介，大力宣传机构编制各项政策法规，提高广大干部尤其是领导干部对机构编制管理重要性和必要性的认识。强化控编减编。严格落实控编减编工作方案和相关政策规定。截至2018年11月30日，县级行政编制627名（含8名物价检查专项行政编制和群团机构改革市上划拨1名），实有584人；乡镇（街道）行政编制960名（含大学生周转编制15名），实有885人；政法专项编制559名，实有528人。全县事业编制13315名，实有10257人，全县事业编制未突破市委编办核定的编制数。实时核销机关空余工勤编制，全年共核销工勤编制2名。夯实机构编制基础工作。加强机关事业单位编制使用动态管理，根据机构编制、实有人员变化情况及时调整数据库，实时监控编制使用情况。承接做好编制划转、置换工作，将县人民检察院划转的15名、县公安局6名、县司法局3名政法专项编制置换成县级行政编制；用于留置场所建设划出3名公安专项编制。对机构编制实名制系统数据进行自查，完善机构和人员编制基础信息，进一步提高数据的准确性。加大机构编制监督检查力度。贯彻落实《重庆市机构编制核查暂行办法》，印发《关于开展机构编制管理工作核查的通知》，重点围绕批复的“三定”规定贯彻情况、机构编制档案建立情况、人员调动编制管理情况进行督察，有效加强和规范机构编制管理工作。持续开展党政机关事业单位网站名称管理及“挂标”认证工作。根据中央编办和市委编办要求，全面完成党政机关事业单位中文域名注册，按时做好管理及续费工作。为全面提升网络安全服务保障能力和水平，对县级部门、乡镇（街道）开展自建互联网站挂标清理及认证工作。加强重点领域编制使用需求。动态调整保障重点急需，按照“严控总量、盘活存量、优化结构、增减平衡”的要求，增核县人民政府政策研究室事业编制6名，用于电子政务和“放管服”改革工作；增核彭水日报社事业编制6名、县广播电视台事业编制5名，用于新媒体建设。将彭水中学的初中教育分离出来，单独设立“彭水苗族土家族自治县第三中学校”，核定中小学教职工编制176名。将学前教育分离出来，单独设立13所幼儿园。按照“分期分批、逐步到位、有序规范、保证急需”的原则，充分考虑事业单位人员结构和增减平衡，在余编范围内研究批复教育系统2019年公开招聘用编计划270名、卫生系统2019年公开招聘用编计划219名、政法专项编制用编计划16名；批复事业编制用编计划30名，用于引进高层次人才。

老干部工作

【概况】 中共彭水苗族土家族自治县委老干部局位于彭水汉葭街道鼓楼街96号县委大院（原政协综合楼），建筑面积约650平方米，县老干部活动中心（县老年大学）、关工委办公室、县离退休干部党工委设在县委老干局。县委老干局核定行政编制5人（其中：公务员编制4人，工勤编制1人），在岗职工4人（行政编制空缺1人），内设办公室、调研保健科。县老干部活动中心核定参公事业编制6人（含关工委编制1人），在岗职工5人（空缺1人）。县离退休干部党工委设书记1名，专职副书记1名，下设党员管理教育科。全体在职干部中，中共党员6人（其中：女党员3人）。

【老干部工作】 县委老干局服务管理的离退休干部314人，其中：离休干部22人、县四大班子退休干部32人、原黔江地区批复享受副县级待遇退休干部23人、落实渝委办发〔2007〕45号文件纳入服务管理副处级退休干部237人。2018年，新增服务管理副处级及以上退休干部18人。2月27日，彭水自治县老干部工作在全市老干部工作会议上作经验交流发言。全年组织老干部政治理论学习12次，情况通报2次，县内参观考察2次，座谈会3次，参加全县重要会议和重大活动12次98余人次。组织开展5次集中慰问，累计支出各类慰问金55万余元。加大对身患重病、失能、高龄等特殊困难离退休干部的帮扶力度，支出特困帮扶资金20余万元。3月26日，组织130多名离退休干部进行县内参观考察，参观岩东乡青脆李基地、庐山村食用菌种植基地、油菜花海。10月29日，组织120余名离退休干部到县职教中心、县第二中学（保家中学）进行参观考察。4月16日和9月26日，分2批组织200余名离退休干部到重庆大坪医院进行健康体检。5月8日和10月

10日，组织60余名离退休干部在县人民医院进行健康体检。

【正能量活动】 开展“庆祝改革开放40周年”系列活动：以“我看改革开放新成就”“我为彭水乡村振兴战略建言献策”为主题开展征文活动，共征集到征文22篇。经评审，共评出一等奖1篇、二等奖3篇、三等奖4篇、优秀奖14篇。6月26日，组织举办离退休干部“亲历改革 见证发展”主题暨“七一”演讲比赛，钱之荣、庹志楼、汤小琴等9名老同志参加比赛，评出一等奖1名、二等奖2名、三等奖3名、优秀奖3名。10月16日，组织120余名身体健康、行动方便的老干部开展重阳节游园活动。先后多次组织老干部参加市上组织的老年门球比赛、钓鱼比赛、棋牌赛等。3月19日，组织2名退休干部参加老干部太极拳培训班。5月10日－11日，渝东南片区钓鱼比赛（第三组）在彭水举行，黔江、秀山等共7个队参加比赛，彭水自治县组织6名退休干部参赛，彭水一队获二等奖。5月15日－18日，组织10名离退休干部参加重庆市第十届老干部门球邀请赛。10月24日－25日，组织4名离退休干部参加第四组开展棋牌比赛活动，获三人牌二等奖。10月30日—11月1日，组织20余名离退休干部参加渝东南五区县第二届老干部门球联谊赛，彭水二队获三等奖。

2018年6月，离退休干部“亲历改革 见证发展”主题暨“七一”演讲比赛

（县委老干局 供图）

【离退休干部党工委工作】 县离退休干部党工委统一印发《2018年离退休干部党建工作要点》《离退休干部党支部工作职责及工作制度》，健全完善离退休干部党建工作机制。4月，组织万建民等9名离退休支部书记到秀山自治县参加市老干部党校培训。7月，组织30余名离退休支部书记（委员）参加全县机关党支部书记专题培训班。12月，开展离退休干部党支部走访调研活动。按照支部书记300元/人·月和委员260元/人·月的标准落实离退休干部党支部支委成员工作补贴。

【关心下一代工作】 组织全县青少年开展“中华魂”（腾飞的祖国—改革开放四十年）主题教育读书活动暨征文、演讲比赛。全县共收到征文342篇（其中：小学组223篇，中学组119篇，评审出小学组，一等奖26篇，二等奖65篇，三等奖73篇；中学组，一等奖17篇，二等奖35篇，三等奖38篇），推荐27篇优秀征文参加市级比赛，被市上评为一等奖4篇、二等奖16篇、三等奖7篇；选拔出8名优秀选手参加全市中学组和小学组的演讲比赛，获得一等奖1名，二等奖2名、获得三等奖5名。

【脱贫攻坚】 定点包干帮扶朗溪乡深度贫困村大堡村，选派1名县管领导干部到村任驻村工作队长兼第一书记，选派1名年轻干部长期驻村帮扶，每名职工联系帮扶贫困户5户，建立帮扶台账，落实帮扶责任和措施。

党校工作

【概况】 中共彭水自治县委党校（县行政学校、县社会主义学院），位于彭水靛水街道五湖居委1组。校园占地面积3.22公顷，建筑面积28897平方米，建筑容积率0.90，绿化率36%。主要建筑有教学楼、报告厅、学苑宾馆。学校功能齐全，设备完善，环境优美。属参照《中华人民共和国公务员法》管理的县委直属事业单位。内设机构有办公室、教研科、培训科、后勤科4个科室。现有编制24人，在编24人。其中10人参照公务员管理，14人为专业技术人员。16名专兼职教师中，研究生学历11人，副高职称3人，中级职称10人，初级职称1人。

【干部培训】 全年共举办各类培训班次23期，培训人数共计3152人。其中常规班6期，培训人数191人；专题班4期，培训人数741人；其他班13期，培训人数2220人。学制2个月的班次1期，学制1个月的班次3期。

【教学基地】 注重深度开发彭水自身苗族文化的优势资源，着力深化现场教学基地建设。10月，中共重庆市委组织部、中共重庆市委党校（重庆行政学院）联合下发《关于印发市级干部教育培训现场教学基地名录的通知》（渝委组〔2018〕148号），将《彭水县苗族文化传承实践教学基地》纳入“第四批市级干部教育培训现场教学基地”。

【科研咨政】 全年在各级各类刊物公开发表论文41篇。参加中共黔江区委党校举办的第九届渝东南片区党校系统理论研讨会征文活动，提交论文10篇，获奖9篇（一二三等奖各1、5、3篇）。编辑出版《乌江论坛》4期，共刊发64篇文稿。报送《决策参考》5期。

【人才培养】 将学校定量定标与教师自主规划相结合，通过自主研究、跟班学习、科研交流、教学观摩等形式，积极创造条件帮助教师扩展视野、丰富知识，提升教师综合素质。先后派出教师到中央党校、重庆市委党校、浙江省委党校、上海浦东新区党校、重庆社会主义学院、河北社会主义学院、中山大学等学习共计24人次。

【脱贫攻坚】 校务委员郑凤竹担任芦塘乡坡坪村第一书记，任昌华担任芦塘乡鞍子岭村第一书记，彭记文、赵朝静担任鞍子岭村驻村工作队队员。全校24名教职员工对口帮扶芦塘乡鞍子岭村、坡坪村120户困难群众，坚持每月走村入户，充分发挥党校思想教育优势，坚持扶贫与扶志、扶智相结合。

信访工作

【概况】 2018年，彭水自治县信访办以习近平新时代中国特色社会主义思想为指导，全面贯彻落实中共十九大精神和市委五届三次四次全会精神，紧扣社会主要矛盾的新变化，坚持以人民为中心、以社会治理创新为动力、以依法及时就地解决群众合理诉求为目标，坚定不移推进信访工作制度改革，继续打造阳光信访、责任信访、法治信访，全力防控化解重大社会稳定风险和信访突出问题，切实强化源头预防、多元化解、法治保障等工作，实现“七个坚决防止”总体目标，维护群众合法权益，全县社会和谐稳定。

【党风廉政建设】 深入学习习近平新时代中国特色社会主义思想，深刻领会习近平总书记对信访工作的批示精神，持续抓好“两学一做”学习教育常态化制度化，进一步强化党风廉政建设“两个责任”，深入开展党性党风党纪教育，严守政治纪律和政治规矩，完善廉政风险防控机制制度，强化监督执纪“四种形态”的执行力，加强党风廉政建设法规制度学习教育，筑牢拒腐防变思想防线。

【信访业务办理】 2018年，严格落实信访事项网上办理规程，强化信访业务规范化、标准化、精细化管理。实现信访信息系统应用率、及时受理率、按期办结率、按期复查复核率均达100%，信访事项参评率达83%以上，群众满意率达99.9%，全部达到市上考核要求。

【矛盾排查化解】 严格实行每月每季度定期排查、敏感时段集中清查制度，对排查出来的矛盾纠纷实行网格化管理。2018年，县级层面共开展矛盾纠纷大排查大化解活动5次，排查出重点矛盾纠纷57件，办结率达100%；全县各乡镇（街道）、县级部门共排查梳理各类信访矛盾纠纷1217件，办结率为98%。

【信访法治建设】 2018年，每周星期二、星期四由县司法局轮流指派一名律师到县联合接访中心参与接访，积极引导信访群众通过法定渠道解决诉求。全面实行“诉访分离”，深入推进依法分类处理信访诉求，持续开展“违法上访、非法维权”专项治理，积极引导群众逐级走访，着力推进依法化解矛盾和依法履行信访工作责任，推动信访法治化建设。

【接访下访工作】 坚持日常星期二、星期四和重要节点每天轮流安排一名县领导坐班接访，乡镇（街道）、县级部门和村社区领导随到随接，切实解决群众实际困难和问题。2018年，市管领导接访下访群众713批次1853人次；县管领导接访下访群众9361批次11445人次。

2018年8月，县委书记钱建超（中）接访信访群众

（县信访办 供图）

【四项攻坚行动】 对重点领域、重点群体、重点问题、重点人员严格落实包案化解责任。2018年，市级交办的1个重点群体和11件重点问题全部化解办结，1名重点人员成功化解；县级自排交办的21件重点领域突出问题办结19件，2个重点群体、9件重点问题全部化解办结，2名重点人员全部成功化解。

【助力脱贫攻坚】 紧紧围绕信访工作就是群众工作的主线，全办干部职工按时深入一线进入农户面对面交流，有效化解扶贫领域的信访、舆情等矛盾问题，开展矛盾纠纷大排查大化解，深入查找干部在作风不实、政策执行不力、优亲厚友、不作为、慢作为、乱作为等信访突出问题。

社会团体

总　工　会

【概况】　2018 年，在县委和市总工会的正确领导下，全县各级工会坚持以习近平新时代中国特色社会主义思想为指导，认真贯彻落实中共十九大精神，紧紧围绕县委、县政府实施生态优先、绿色发展战略和打好“三大攻坚战”“八项行动计划”等中心工作，积极履职履责，加强思想引领，着力提升素质，深化帮扶救助，强化维权服务，推动改革创新，全县工会工作取得新进展新成效，获得全市工会工作综合目标考核特等奖。

【组织建设】　深入开展“农民工入会集中行动”，依法推进“新领域建会集中行动”，大力推进货车司机等“八大群体”建会入会工作。新建基层工会68 个，发展会员 1172 人；全县党政机关、国有企事业单位，职工 200 人以上的非公企业建会率达 98.51%，职工入会率达到 98.64%。其他类非公企业建会率达 55.56%，建会企业职工入会率达 100%。积极推进会员实名制登记和农民工输出地录入工作，完成会员实名制登记 18176 人。大力推进基层工会组织“六有”合格职工之家达标建设活动，积极开展县级先进职工之家创建活动。

【劳动竞赛】　围绕县委生态优先绿色发展战略，以“当好主人翁　建功新时代”为主题，组织 5 家基层工会 7000 余名职工参加全市网上劳动竞赛活动，通过线下竞赛、网上展示的方式，营造比、学、赶、超的浓厚竞赛氛围。彭水第一小学校教师晏苗苗获重庆市网上劳动和技能竞赛金牌职工表彰。组队参加全市交通行业技能竞赛、汽修行业技能竞赛和卫生行业技能比赛活动，带动全县职工劳动竞赛活动深入开展。

【劳模工作】　开展元旦、春节劳模慰问活动，慰问劳模 49 人，发放慰问金 2.75 万元。组织举办“践行十九大，助推脱贫攻坚”劳模参观活动和座谈会。成功推荐评选“全国工会系统先进工作者”1 人并享受省部级劳模待遇，推荐评选全国优秀工会工作者 1 人，推荐评选重庆“五一劳动奖状”1 个、重庆“五一劳动奖章”3 个、重庆市工人先锋号 1 个，在全社会弘扬劳模精神、劳动精神和工匠精神。

【民主管理】　加强厂务公开民主管理工作的宣传引导，强化职代会制度建设，夯实民主根基。全县国有企事业单位职代会建制率、厂务公开推行率均达 100%，规模以上非公有制企业职工代会建制率、厂务公开推行率达 100%，200 人以下非公有制企业职工代会建制率、厂务公开推行率达 85%。大力推进县微型企业协会阿依河社区分会 50 家非公企业开展厂务公开民主管理工作建制扩面工作，积极推进非公企业彬宇物业公司、重庆启航箱包公司和重庆亿友鞋业公司职代会建设和开展集体协商工作。扎实推进工资集体协商“集中要约攻坚行动”，深入开展“指导员在行动”，全县分别签订集体合同 85 个，覆盖企业 2868 个，惠及职工 27831 人，实现规模以上已建工会企业工资专项集体合同建制率动态保持 95% 以上，续签率和报备率均达 100%。

【劳动保护】 2018年，县总工会动员全县20家企事业单位3000余名职工参加“安康杯”竞赛活动，通过知识竞赛、安全知识答题、安全应急演练、安全讲座等形式落实安全生产责任，普及安全知识。组队参加重庆市安全文艺创作比赛活动并获优秀奖表彰。参与全县安全生产月宣传活动1场次，发放宣传资料700余份；联合县卫生计生委、县安监局、县人力社保局等部门开展职业病防治宣传咨询活动，接受群众咨询180人次，发放宣传资料8500余份。联合县安监局举办“安康杯”安全生产知识竞赛活动1次，8个基层工会组织参加竞赛，营造浓厚的安全生产氛围。积极参与安全生产隐患排查和职业病防范检查活动，维护职工劳动安全权益。

【服务帮扶】 不断规范困难职工建档工作，稳步推进困难职工解困脱困工作。“六节”慰问建档困难职工1810人次，发放慰问金75.82万元。开展建档困难职工帮扶救助活动，其中：生活救助168人，发放救助金38.66万元；子女助学94人，发放助学金50.6万元；医疗救助42人，发放救助金32万元。组织开展建档困难职工子女“助学成才”社会实践支助活动，组织24名建档职工子女参加社会实践活动，为每人购买意外伤害保险100

2018年，县总工会深入乡镇开展“尊法守法·携手筑梦”公益法律服务农民工活动

（县总工会　供图）

元，发放“助学成才”支助资金82350元。开展“炎夏送清凉”活动慰问20家单位（企业）一线职工2170余人，发放防暑降温物资10.8万元。积极推进职工互助保障工作，公开招聘专职经办人员1名，组织动员217家单位14452名职工参加互助保障活动，投保金额125.5万元，比2017年增长2.18%；协助完成职工医疗理赔323人次，理赔金额64.53万余元。

【职工维权】 组织开展“尊法守法、携手筑梦”暨“春风送法律、平安万里行”公益法律服务农民工行动4场次，采发放宣传资料5000余份，提供法律咨询服务400余人次，提升农民工知法、尊法、守法、用法意识。联合县信访办、公安局、司法局和人力社保局到云南省昭通市开展跨区域农民工工资拖欠维权活动，为59名彭水籍农民工追讨欠薪217.67万元。组织3名签约志愿律师进驻联系单位开展“千名律师进企业服务职工在基层”活动21次，走访基层职工近1500余名，举办《中华人民共和国宪法》等法律法规知识讲座3场，协调处理职工劳动争议纠纷5件次，为职工挽回劳动经济权益11.4万元。完成职工“法律援助”案件10件，结案率100%，为农民工挽回经济损失近58.1万元。

【职工活动】 举办“中国梦·劳动美—学习贯彻习近平新时代中国特色社会主义思想和党的十九大精神”职工演讲比赛，在全县基层工会干部中开展习近平新时代中国特色社会主义思想和中共十九大精神宣讲活动，切实履行工会组织政治责任，引导全县广大干部职工坚定不移地听党话、跟党走。组织320余名基层工会干部宣讲习近平新时代中国特色社会主义思想和中共十九大精神，以及习近平总书记关于工人阶级和工会工作的重要论述、中国工会十七大精神，增强工会干部和职工群众的政治意识，在全县职工群众中掀起深入学习贯彻习近平新时代中国特色社会主义思想和中共十九大精神的热潮。举办第十三届“能源杯”职工运动会，全县各乡镇街道、县级部门和企事业单位共86个代表队1800余名运动员参加6个大项14个小项的角逐。牵头承办2018·第七届中国乌江苗族踩花山节·民歌会·苗歌大合唱比赛活动，来自各街道、县级部门和企业的16支代表队近千名歌手参加比赛。组队参加全市职工篮球运动会获区县组第三名。

【女工工作】　强化女职工组织建设，全县新建女职工组织43个，并按要求配备女职工干部。做好女职工权益维护工作，组织动员143个单位5474名女职工参加特殊疾病保险，保险金额35.7万元，为4名女职工理赔25万元。开展女职工维权行动月宣传活动122场次，发放宣传资料56450余份，现场解答各类提问1500余人次；举办女职工知识讲座28场次，参加培训女职工达700余人。广泛开展女职工活动，举办“三八”国际劳动妇女节108周年纪念活动、女职工趣味运动会。各级女职工组织举办各类节日活动135场次，参加人员2600余人。

【财务经审】　加强工会财务管理工作，强化与税务部门协调沟通，全年征收工会经费155万元，完成上解任务48万元。强化工会财务管理，严格执行工会财务工作制度，健全各项内控制度，确保工会经费用于工会事业发展。加强和规范工会经费管理，积极推动基层工会独立建立工会银行账户工作，科学编报工会经费年度收支预算，实行工会经费独立核算。严格执行《重庆市基层工会经费收支管理实施细则》，规范基层工会经费管理和使用。积极推进工会审计审查，完成对20家基层工会对下工会经费审计审查活动，保障工会经费按规定使用。强化本级工会经费管理和使用，进一步规范工会资产管理。

【干部培训】　举办2018年基层工会干部培训班1期，并纳入县委组织部全县干部培训计划，邀请重庆市总工会相关部室领导和专家到彭水授课，参培基层工会干部达311人，有效提升了基层工会干部的业务能力和工作水平。全面完成市总工会调训任务44人次和县委各类培训任务。

【脱贫攻坚】　积极履行脱贫攻坚牵头单位职责，选派副主席王松担任岩角村第一书记和脱贫攻坚驻村工作队长，选派2名机关干部分别担任润溪乡岩角村和保家镇长尧村脱贫攻坚驻村工作队队员。为润溪乡和岩角村解决脱贫攻坚专项资金共计16万元，协助岩角村发展油茶基地26.67公顷，投入资金7.31万元维护岩角村公路16千米，协调修建人畜饮水池22个，解决农户106户530余人的饮水困难。

共　青　团

【概况】　2018年以来，团县委在县委、县政府的坚强领导下，坚持以习近平新时代中国特色社会主义思想为指导，认真学习贯彻中共十九大精神，不忘初心，牢记使命，认真落实习总书记提出的“建机制、强功能、增实效”指示精神和市委群团改革“回头看”工作要求，持续纵深推进共青团改革，以从严治团为抓手、以凝聚青年为目标、以服务大局为主线，发挥桥梁纽带作用，团结带领广大团员青年积极投身全县经济社会发展事业，在助力脱贫攻坚、乡村振兴工作中不断贡献青春力量。

【思想引领】　以团支部活动和团日活动为主阵地，系统开展“青年大学习”活动，全县团员青年参与总数达21718人次。在重要节点开展丰富多样的团日活动，通过具有仪式感的活动形式，增强广大青少年的归属感和获得感。举办“我们的中国梦新春纳福·文化拜年新春游园”、喜乐元宵、清明祭扫、端午节亲子互动等活动，引导青少年更好地认识传统节日，培养传统美德；组织各学校团委开展“开学第一课”“离队入团仪式”“十八岁成人礼”“五四青年节”文艺汇演、“争鸣杯”辩论赛和各类主题校园文化艺术节等活动，发挥团委带队带头作用。“六一”期间，全县各小学少先队在团县委的指导下组织开展“争做新时代好队员一你好，新时代”主题队日活动，17个学校共计5000余名学生参与活动，展现新时代少先队精神风貌。

【助力脱贫攻坚】 2018年以来，结合各地情况在“五四”“六一”“国庆”“元旦”等重要节日精准开展“冬日阳光·温暖你我”等关爱慰问行动，累计关爱慰问贫困弱势青少年和留守儿童3200余人，发放慰问物资金额达30余万元。整合西部计划志愿者16名，组建4个“山茶花”脱贫攻坚青年志愿者到村工作小组，重点在三义乡、大垭乡、龙射镇、连湖镇开展脱贫攻坚工作。向市青少年发展基金会申请7所希望小学援建项目，援助总金额215万元；向沙坪坝星光小学争取援助资金在大垭中心校援建希望图书室1间；对接少年先锋报社，对三义中心校、大垭中心校定期寄送报刊杂志。2018年，实施5项贫困大学生资助项目向24名优秀大学生发放各类助学金12.3万元。

【预防青少年犯罪】 发挥县预青办职能职责，开展维护青少年合法权益的法律援助工作，与县司法局联手设立青少年维权工作站1个；联合县检察院、县公安局建立合适成年人数据库，选拔出89个“合适成年人”志愿者，为2名涉案未成年人在诉讼中提供临时监护；参与举办“感恩生命 健康生活”2018年彭水自治县全民禁毒宣传月活动，协助发放禁毒宣传单、宣传手册1000余份，接受群众禁毒咨询400余人次。

【青年志愿服务】 2018年共招募39名西部计划志愿者，全县实际在岗西部计划志愿者共计54人。一年来，团县委组织和号召各级团组织开展志愿活动60余场次、全县1000余人次志愿者参与到服务中。在春运期间组织志愿者在汽车站和火车站开展“暖冬行动”帮助农民工顺利返乡，在高考期间组建爱心车队送考、搭建爱心服务点服务考生，7月组织20余名志愿者参与“绿色中国行—走进世界苗乡·美丽彭水系列主题公益活动”和2018“阿依河杯”全球蚩尤（苗族）文化与彭水旅游发展研讨会的嘉宾接待和现场后勤保障服务等工作，11月组织29名志愿者参与开展“团团有约·情系摩围”青年联谊活动现场服务工作。

2018年11月，“团团有约 情系摩围”青年联谊活动

（王 懿 摄）

【青年创新创业】 开展“新芽计划”新型职业农民免费培训2期，培训人数300余人次；举办“青锋计划”未来企业家培养配套系列活动三场次；举办青年电商辅导分队深入贫困乡镇培训活动2场次。成立重庆市青年创新创业促进会彭水分会，市青商会、市青企协、市创促会、市农青会与三义乡、大垭乡签约组建市青年企业家助力脱贫攻坚产业分队到乡开展帮扶工作。通过微信公众号、政务微博推送创业就业信息60余期，向团市委推荐创业典型案例3例、推选“脱贫攻坚 青春榜样”6名，吸引带动广大青年回乡创业，

助力乡村振兴。

【助力“河长制”】 招募100名青年志愿河长，初步建成“1+X”的青年志愿河长队伍体系，即各乡镇（街道）一支青年志愿河长团队和所辖各村一名青年志愿河长，基本实现全县河库志愿巡护全覆盖，定期开展巡河护河等环境保护志愿活动。

【城乡社区市民学校】 依托城乡社区市民学校，由西部计划志愿者等团属骨干为留守儿童常态化开展学业辅导、自护教育、心理疏导等关爱活动；筹资11万元建立外出农民工亲子交流基地，缓解外出农民工与留守儿童亲情交流难问题，选派1名西部计划志愿者专门为亲情交流平台、非遗传承相关课程进行全天候服务；定期为困境儿童举办免费公益培训班，培训内容涵盖舞蹈、美术、书法、声乐、跆拳道、播音主持等8个项目，持续开展“情暖童心·流动少年宫”活动，让大垭乡中心校和三义乡中心校的600余名孩子感受城市孩子的教育模式。

【校外教育】 青少年活动中心先后开展新春游园、学雷锋社会实践、祭扫烈士墓、亲子农事体验、少儿财商教育、孝母感恩、军事夏令营、青少年书画大赛、演讲比赛、青少年自护教育等各类活动30余场。全县青少年学员先后在第九届“红星杯”和彭水自治县第七届“安全在我心中”美术书法大赛、2018年“第十一届上海国际青少年钢琴大赛”和2018年“丝路琴声”国际钢琴艺术节暨音才奖国际钢琴邀请赛等各类赛事中屡获佳绩。2018年11月，县青少年活动中心10名学员在“财信文旅杯·童心向党少年强”重庆第三届青少年体育大赛（跆拳道单项比赛）中获3金，1银，5铜，1个第5名。其中1名选手获最佳技能奖，1名选手获“优秀运动员”称号。

妇女联合会

【概况】 彭水苗族土家族自治县妇女联合会位于彭水自治县靛水新城党校（党校教学楼4楼），核定行政编制5名，在岗在编人员4名，领导班子配备成员1正2副2兼（挂兼职副主席不占编制），内设办公室、综合部。

【凝聚妇女人心】 将思想政治工作摆在首位，开展以学习宣传贯彻中共十九大精神和习近平新时代中国特色社会主义思想为主要内容的理想信念教育，凝聚广大妇女团结奋斗的强大精神力量。召开各类学习会议和活动40余次，开展“巾帼心向党·建功新时代”学习教育活动，依托“妇女之家”开展“百千万巾帼大宣讲”活动500余场次，参与妇女群众1万余人次，制作彭水改革开放她记忆宣传片，举办点赞改革开放·她记忆—幸福分享会。

【聚焦脱贫攻坚】 2018年，县妇联扎实开展帮

2018年12月，县妇联联手爱尔眼科医院总院及卡尔蔡司、徒步协会、高视远望等爱心企业在彭水县善感中心小学举办“爱心暖冬行·山区送光明”公益活动

（县妇联 供图）

扶和政策宣传，科学制定产业脱贫规划，争取资金和项目发展脱贫产业。举办家政服务（母婴护理）、“乡村振兴·巴渝巾帼培训”等各类实用技术培训14次，培训妇女1000余人，提升妇女综合素质和创业就业能力。联合县就业局开展“春风送岗位”行动，发放宣传资料千余份；开展送税法知识进企业活动，宣传税法知识及相关政策。争取“渝大嫂”“母亲创业循环金”“母亲水窖·校园安全饮水”等项目资金145万元。慰问困难妇女儿童1516人次，发放慰问金115950元和价值66600元的慰问物资，为全县困境儿童发放绿色希望包。组织困境儿童及“爱心妈妈”参加“情暖童心·相伴成长”儿童关爱服务项目团辅活动。发放“春蕾圆梦行动”助学金76000元。组织开展各类“双学双比”技能活动100余次，增强农村妇女致富能力。举办“开展志愿服务　助力脱贫攻坚”志愿服务、“巾帼扶贫　情暖万家”“爱心暖冬行　山区送光明”等公益活动。

【创新家庭建设】　以提升家庭文明素养为重点，通过开展各类活动，培育良好家庭家教家风，促进社会文明和城市提升。开展“最美母亲”寻找活动，举办“弘扬好家风　感恩慈母情”—2018年“最美母亲”故事会。开展“绿色生活美万家”行动，定制环保购物袋、围裙等物品发放给广大妇女群众倡导家庭践行绿色生活。开展“最美阳台”“最美庭院”创评活动，引导家庭自觉参与绿色生态文明建设，6户家庭被评为重庆市百佳“最美阳台”“最美庭院”。强力推进“净化美环境万家行”活动助力全县城乡环境卫生提升，深入乡镇、村开展知识讲座、现场示范指导、室内物品摆放“双学双比”竞赛等系列活动10余次。开展“巾帼护河·共建生态家园”主题活动10余次。牵头制定《关于指导推进彭水自治县家庭教育的五年规划（2016－2020年）》，成立家庭教育指导工作领导小组，成立专业化家庭教育指导队伍和平台，开展大型家教教育讲座6场，参训家长及监护人达1500人次。开展“热爱家乡·写生九黎城”六一亲子活动，组织80组家庭到九黎城绘画写生。开展“书香润万家”家庭阅读活动和“我爱我家”儿童作品征集活动，推动全民阅读深入开展，促进家庭文明建设。开展优秀家规家训和家风故事征集活动。联合县纪委举办以“清廉家风润万家”为主题的家庭助廉系列活动。

【维护合法权益】　县妇联以代表和维护妇女儿童合法权益为己任，履行维护和代表妇女权益的基本职责，推动男女平等基本国国策，进一步增进妇女儿童的获得感、幸福感、安全感。开展男女平等基本国策、妇女权益保障法、妇女创业就业、维权、健康知识等宣传宣讲活动30余次，设立宣传站、咨询点50个，张贴标语300余条，出黑板报、宣传栏62期，发放宣传材料2万余份，受益妇女儿童达18万人次。加强与县人民法院、检察院、公安等司法部门的沟通和协作，构建社会化的维权机制，形成维权合力。设立法律援助中心驻妇联工作站。与县人民法院建立家事审判合议庭，对涉及婚姻家庭纠纷的案件进行诉前调解。认真接待群众来信来访，做到“件件有着落，事事有回音”。共接待来电、来信、来访100余件，调解个案26件，积极主动介入社会关注的侵害妇女儿童合法权益的重大典型案件6起。

【推进组织改革】　从妇联干部自身能力提升入手，不断增强服务意识，提升服务能力，优化队伍结构，并逐步建立起长效的工作组织保障机制。举办妇联干部培训班，组织全县各级妇联执委、机关企事业单位妇委会主任共计198人参加培训，提升履职能力。推进“妇女之家”“儿童之家”规范化建设，打造示范点。结合“兴调研转作风促落实行动”、主题党日和节假日慰问等活动，走访基层妇联组织39个，产业基地4个，基层妇女群众500余人。

【丰富特色活动】 举办“三八”国际妇女节108周年活动，为108名先进集体和先进个人颁发荣誉证书，积极向市上推荐巾帼能人，激励妇女奋发向上。举办“巾帼心向党 践行新思想”主题征文演讲比赛，开展“寻找新时代最美女性”随手拍活动，激励全县女同胞争做自尊、自信、自立、自强的新时代女性。

【延伸网络手臂】 将妇联工作与新时代接轨，开展“互联网+妇联”工作，扎实做好网上服务，畅通网络妇情民意渠道，注重网络舆论引导。定期完善更新妇联网络宣传员、网络评论员队伍，加强妇联宣传力量。维护好新媒体平台，开设创新、丰富的栏目，增强互动。通过新浪微博、微信公众平台、头条号、企鹅号发布信息，吸引更多粉丝，提高关注量和阅读量，更大范围的迅速传播妇联资讯。通过微信工作群、QQ工作群与各级妇联组织保持密切联系，线上共享资讯，高效开展各项工作。

科学技术协会

【概况】 彭水苗族土家族自治县科学技术协会位于彭水自治县靛水新城（中共彭水自治县委党校教学楼4楼），核定行政编制5名、事业编制1名，在岗职工7名，内设办公室。

【核心价值体系】 围绕《市科协工作要点》和《全民科学素质行动计划纲要》实施的主体环节，以素质办名义制定出台《2018年全民科学素质工作要点》。副主席王贵兰被市科协、市委宣传部、市教委、市科委、团市委、市社科联、少年先锋队重庆工作委员会表彰为“第三届重庆市青少年科学素养大赛优秀组织工作者”，彭水自治县2018年全国科普日活动被中国科协表彰为“全国科普日活动优秀组织单位”，全市科协系统年终考核再次获特等奖，成为连续4年获特等奖的区县。

【科普平台】 2018年，县科协在县电视台、出租车显示屏和固定的LED显示屏等3个信息传输平台推送《科普中国V视》等科普条目和科普知识专题；在15个贫困村、县城部分公共场所和企事业单位安装调试36台“科普文化重庆云”；办好《彭水科普》网站，分类建立青少年科技辅导员、科学传播专家团、乡镇科协等四大微信群；申请成立农技协18个，已完成注册登记2个；建设大垭、三义2个市级深度贫困乡共享科技馆；中国科技馆免费援建价值20万元的彭水一中科技馆，助力彭水学生的科技梦。

【科普宣传】 开展全国科技工作者日、全国科普日、科技活动周、“三下乡”等品牌科普活动，集中人力物力进行宣传，全年累计发放科普书籍、期刊和宣传资料10余万册（份）。其中开展2次“三下乡”活动，义务书写科普春联1000余幅，关注《科普中国》送礼品2000余元；在山谷科普画廊主办6期图文并茂的科普知识宣传专栏；在社区科普大学2个教学点开办150余期科普知识讲座；向296个村（社）、100家农技协和科技大户免费赠送《重庆科技报》和《科普惠农》杂志；与14个单位和8家科技企业围绕“科技创新·强国富民”这一活动主题，向广大市民朋友发放宣传资料2000余册（份）；组织40余名科技工作者开展“全国科技工作者日”活动，参观学习大唐彭水电站的企业文化和科技创新机制，考察借鉴太原冷水鱼协会农旅结合助推乡村振兴发展思路；全国科普日活动期间，举办彭水自治县第四届“科普杯”运动会；开展“衣食住行用 生长老病死”主题科普宣传活动，发放科普宣传资料500余份，邀请县中医院5名义诊医生，为老百姓提供检查。

【农技协工作】 全县农村专业技术协会全年申请成立18家，注册登记完成2家，成立农村专业技术协会联合会；组织开展申报“科普惠农兴村计划”项目，紫苏协会和黄家辣椒协会获国家级项目，农村专业技术协会联合会获市级项目；着力申报市级“十强农村专业技术协会”“十佳农村科普示范基地”，太原冷水鱼协会获市级“十强农村专业技术协会”。2018年全国科普日活动期间，表彰县级“十强农村专业技术协会”“十优农村科普示范基地”“十佳农村科普带头人”，组织召开首届渝东南农技协转型升级与乡村振兴研讨会，进一步加强渝东南片区科协在农技协工作方面的沟通交流，各农技协互相学习彼此的成功经验，查找目前存在的问题，研讨农技协转型升级助力乡村振兴的实现路径。

【青少年科技创新】 在创新开展青少年科技工作上，取走出去、引进来的工作思路，集中人力物力狠抓青少年科技创新大赛、科学素养大赛、科技模型大赛等5大赛事组织工作，共获得市级以上表彰69名，其中，一等奖14名，二等奖20名，三等奖45名，市级优秀辅导教师6名，县科协被评为赛事优秀组织奖6次；组织科技辅导教师县级培训200余人次、市级培训100人次，提高科技辅导教师水平；组织三义、大垭两个深度贫困乡镇的6名贫困学生免费参加全市深度贫困乡镇中小学生科技冬令营活动；联合县教委、县环保局，组织400余名学生参加青少年环保科普活动；组织参加重庆市第29届青少年科技模型大赛；组织200余名学生参加市科技馆有奖征文活动；邀请市中科普集团科创教育专家到彭水开展STEAM科创教育专项培训，打造高水平的科技人才队伍；组织参加重庆市第十四届少年儿童“争当小实验家”科学体验活动；在润溪、大垭、走马等边远乡镇学校开展科普大篷车校园行活动；民族中学积极承接中国科协流动科技馆为期一个月的巡展活动，为1万余名师生免费提供前所未有的新奇科学体验；评选产生第十届彭水县青少年科技创新县长奖10名、县长奖提名奖5名、园丁奖5名和培育奖3名；积极探索科技创新与现行高考制度融合发展的新路子，彭水一中邀请全国创新教育首席专家山东章丘四中老师李昌旺到彭水开展专题培训2次后，大力实施自主招生工作，学生的创新成果已有20项获得专利，18名高三学生通过高校自主招生初审。

2018年12月，在彭水中学举行彭水自治县第十届青少年科技创新县长奖颁奖典礼暨2018年下半年青少年科技模型大赛

（县科协　供图）

【科技扶贫】 主动争取县领导对科技助力精准扶贫工作的重视，将县科协纳入“14+2”部门帮扶成员单位；从县产业扶贫资金中划拨30万元用于县科协牵头实施的科技扶贫工程，动员全县37家农技协、1家农业公司参与科技助力精准扶贫工作，及时进村入户与帮扶的村（社）签订帮扶协议，对贫困户承诺保护价收购和产前无偿投入办法，共计帮扶建卡贫困户691户、2800余人；参与帮扶的农技协和农业公司组织近300位土专家利用院坝、田间地头开展技术培训150余场次、3000余人，免费提供产前物资折现20余万元；调度重点农技协实施整村产业发展，产生了县级“十强农村专业技术协会”“十佳农村科普示范基地”和“十优农村科普带头人”，带动贫困户养殖中蜂100群，经济收入21万元。驻村帮扶和东西协作工作有序开展，全体职工联系25户建卡贫困

户，每月深入贫困户进行走访排查，解决个性化问题4件，一对一帮助确立脱贫产业规划，针对性的送药品、生活物资6人次，发展红薯33.33公顷，惠及农户230余户，其中贫困户70余户，解决临时务工200余人，红薯种植成为全村产业扶贫示范点。

【基层组织建设】 根据《彭水县加强基层科协组织建设“3+1”试点工作实施方案》，将大垭、三义两个深度贫困乡镇和其他13个乡镇纳入试点范围，并全面完成15个乡镇科协组织建设“3+1”试点工作，更好地履行“四服务”（为科技工作者服务、为创新驱动发展服务、为提高全民科学素质服务、为党和政府科学决策服务）职能职责。

【企事业科协建设】 2018年，县科协发动有条件的企业成立科协，全年批复企事业科协6家、园区科协1家；科学传播专家团队开展环保日活动、气象开放日活动等活动5次，开展专家座谈2次，收集专家建议、意见20条，形成《科技工作者建议》3期；在彭水自治县后里生物科技有限公司成立“院士专家工作站”。

【承办市上活动】 承办市农技协联合会庆祝改革开放40周年暨科技扶贫座谈会。2018年12月，市科协科普部部长、市农技协联合会相关领导同志，县科协班子成员，县农技协联合会负责人以及全县38家农技协代表在县薯业协会会议室召开市农技协联合会庆祝改革开放40周年暨科技扶贫座谈会。肯定彭水自治县科协农技协工作成绩，鼓舞各成员协会加入科技扶贫战役的士气，探索农技协转型升级新方向。

工商业联合会

【概况】 彭水苗族土家族自治县工商业联合会（总商会）位于彭水自治县两江综合行政大楼三楼。现有303家企业会员，47个团体会员（其中39个乡镇基层商会，5个行业商会，1个青委会，1个异地商会，1个民营经济协会），会员总数3216个。县工商联副主席张幸福2018年获中华工商业联合会、国家林业和草原局、中国光彩事业促进会第七届“光彩事业国土绿化贡献奖”。

【理想信念教育】 以“不忘创业初心，接力改革伟业”为主题，深入开展非公有制经济人士理想信念教育实践活动，县工商联（总商会）执委会审议通过《非公经济人士倡议书》，号召全县非公经济人士在中共十九大精神指导下，勇立潮头、敢为人先、积极进取、扎实创业，为彭水经济发展注入强大动力。

【商会建设】 按照“班子建设好、团结教育好、服务发展好、自律规范好”为主要内容，切实加强各基层商会、行业商会建设，全面发挥职能，认真贯彻全市民营经济发展大会精神，在弘扬企业家精神，促进民营经济发展等方面积极发挥作用，县建材商会被评为重庆市工商联2018年度“四好”商会。

【思想政治建设】 强化政治引领和思想引导。定期召开执常委会，组织非公人士认真学习贯彻中央、市县相关会议文件和习总书记系列重要讲话精神，时刻保持思想与时俱进。通过举办“非公经济大讲堂”和带领50余名民营企业家赴中国海洋大学参加2018年彭水自治县民营企业家培训班等方式强化工商联的桥梁纽带作用。通过“彭水工商联之家”“工商联系统学习交流群”微信群等，实时解析政策趋势、传达中央、市县有关精神，倾听会员心声等，强化工商联与会员之间的直接交流，拉近距离。开展“两学一做”学习教育，坚持正面教育为主，用科学理论武装头脑；坚持学用结合，知行合一；坚持问题导向，注重实效；坚持领导带头，以上率下；坚持从实际出发，分类指导。密切与民营企业和民营企业家之间的关系，为全社会关心支持民营经济发展营造良好氛围。

【光彩公益事业】 引寻郁山晶丝苕粉、西征农牧等农业产业化企业通过“公司+基地+专业合作社+农户”等方式，发展农产品加工业和特色种养殖业，带动贫困户通过利益联结机制实现股本增收；碧水清泉项目利用太原荒废的河滩地开发集休闲、旅游、餐饮为一体的“水上人家”成效显著。通过产业扶贫、捐赠扶贫、就业扶贫等方式积极参与脱贫攻坚和光彩公益事业。据不完全统计调查，2018年参与扶贫企业里，直接捐赠现金5万元。

【服务会员】 大兴调研之风，提高调查研究实效，进一步完善班子成员分片联系基层商会制度，班子成员坚持每月深入基层商会和会员企业调研不少于15天，每月提交民营企业、商会组织反映问题和正当诉求及建议意见书面信息3条以上，每季度提交反映民企发展调研材料1篇，带动常委和执委广泛走访基层商会会员和企业；与县人社局、总工会联合开展企业管理人员业务培训、现场招聘等活动，进一步完善“三方四家机制”建设，开展维权服务，维护企业利益，构架和谐劳动关系。

【脱贫攻坚】 机关脱贫攻坚工作：派出工商联副主席谢应奎担任润溪乡莲花村第一支部书记；深化机关职工加强对联系帮扶户的走访与帮扶措施；印发参与精准扶贫行动的《倡议书》和《关于推进“村企共建”精准扶贫行动的意见》（彭商联〔2018〕9号）文件、《关于推动民营企业参与“村企共建”精准扶贫帮扶方案》。社会扶贫工作：发挥商会协会作用，引导商会组织采取多种形式帮助贫困村、贫困户，结合实际，精准施策，汉葭街道商会、建材商会个体支部、青委会、妇委会、重庆磁场商贸有限公司、重庆纵深农业开发公司对汉葭街道、走马乡32户贫困家庭送去棉被、大米猪肉、服装、鞋总价值2.3万元进行帮扶慰问。县民爆公司对大学生每月定期定额汇款，解决大学期间的部分生活和学习费用。重庆纵深公司向彭水自治县万足镇中心校捐资助学2万元。

2018年，山东聊城工商联到彭水开展扶贫捐赠

（县工商联 供图）

残疾人联合会

【概况】 截至2018年年底，全县持证残疾人14111人。从残疾类别看，视力残疾2337人、听力残疾384人、言语残疾502人、肢体残疾8656人、智力残疾1118人、精神残疾518人、多重残疾596人。从残疾程度看，一、二级重度残疾6728人，三、四级残疾7383人。从年龄分段看0—6岁105人，7—17岁907人，18—60岁8647人，61岁以上4452人。全县共计“一户多残”387户806人，其中一户5残1户，一户4残2户，一户3残25户，一户2残359户。2018年，全县39个乡镇街道都选举成立残联组织，296个村社区都配备开展残疾人工作、为残疾人服务的工作人员，形成完善的组织架构。截至2018年年底，在各乡镇街道、村社区累计建成残疾人康复服务站68个，残疾人体育示范点1个、文化服务

站1个。在建残疾人康复托养中心1个。

【精准康复服务】 完成残疾人无障碍改造240户，完成目标任务的160%；实施0－17岁残疾儿童康复治疗目标61人次，完成76人次，完成目标任务的125%；配发残疾人辅助器具2411余件，安装假肢49例，验配助听器30台，超额完成任务的20%；投入资金30.24万元，实施白内障复明手术432例；投入资金500余万元，实施重度精神病患者住院治疗545人次，服药治疗93人次，实现“发现一例、救治一例”。

【残疾人教育就业】 残疾人教育资助力度不断加大，筹集资金40.8万元，为特殊教育学校残疾儿童提供生活补助和特校校园文化建设。为“一户多残”家庭2名子女联系市盲校就读学习。落实残疾人大学生和残疾人家庭子女大学生一次性资助17人6.3万元。为在校贫困残疾大学生发放生活补贴4人1.4万元，累计比上年同期增长183%；残疾人就业和技能培训成效明显，依托社会服务机构针对有培训需求和就业需求的、以青壮年为主的残疾人免费实施农村实用技能培训310人次、职业技能培训150人次，超额完成任务的24.3%；加大残疾人创业扶持力度，为残疾人王洪、宿祖兵等15户种养殖和加工业创业大户，提供扶持资金23.6万元，累计带动23名残疾人实现就业；贫困残疾人危房改造目标超额完成。投入资金135万元，实施残疾人危房改造90户（目标任务40户），超额完成目标的225%。

【社会保障】 全面落实残疾人普惠保障制度。2018年落实重度残疾人护理补贴5492人，发放补贴资金315.1万元。困难残疾人生活补贴2367人，发放补贴资金128.5万元。实施春节慰问计划，筹措经费10万元，对全县400户贫困残疾人进行节日慰问。开展残疾人居家托养资助，筹措经费26.58万元，为全县443名就业年龄段的重度残疾人进行托养资助。在国际残疾人日开展“关注残疾、冬送温暖”走访慰问活动，筹措经费8万元，对160户贫困残疾人家庭开展走访慰问。

【宣传文化体育】 2018年，县残联推选出残疾人优秀教师余国安先进事迹和残疾人创业先锋宿祖兵、王洪创业精神。选拔1名乒乓球选手参加全国残疾人乒乓球大赛获得第二名，选拔3名运动员参加重庆市残疾人游泳锦标赛，获得1枚银牌、1枚铜牌。组织5名残疾人参加重庆市残疾人职业技能挑战杯，其中一人获得服装裁剪项目第一名。向县、市级媒体报送残疾人及残疾人事业相关信息15条，向市残联报送各类信息简报、新闻稿件50条。组织培训残疾人社会体育指导员25名。

【基层组织建设】 组织乡镇（街道）残联理事长、村（社区）专职委员进行业务工作培训。组织评选2017年残疾人工作优秀集体17个，优秀工作人员19个，进一步激发工作动力，营造真抓实干工作氛围。顺应残疾人事业发展变化，将残疾人专职委员工作补贴由每年800元提高到1200元。

【购买社会服务】 2018年，县残联采取政府购买服务方式，组织社工上门为残疾人理发、代购、维修家电、疏通管道等精准居家服务；组织残疾人开展象棋、读书、茶话会、歌咏会等社区文化助残活动。累计受益残疾人及亲友达2000余人次。

【脱贫攻坚】 截至2018年年底，全县共计3526名残疾人纳入建卡贫困户系统，其中已脱贫2972人，未脱贫543人，已死亡11人。未脱贫的543人中有237人因残、219人因病、57人因学、13人因缺劳动力、6人缺技术、1人因灾、5人缺资金、5人因发展动力不足而未能脱贫。2018年，县残联进一步完善残疾人脱贫攻坚体制机制，根据全县残疾人的基本情况制定出台《关于印发彭水自治县着力解决因残致贫家庭突出困难的实施方案的通知》《关于印发彭水自治县打赢残疾人脱贫攻坚三年行动的实施方案的通知》等指导性文件，明确全县残疾人脱贫攻坚工作开展方向、任务要求、措施办法，为如期高质量打赢全县残疾人脱贫攻坚工作提供制度保障。

2018 年 12 月，市残联党组书记、理事长黎德龙到彭水自治县慰问贫困残疾人

（县残联　供图）

【残疾鉴定】　2018 年，县残联通过与重庆市精神卫生中心联系，筹集资金 10 万元，邀请 3 名精神科专家到彭水自治县康馨精神病医院为在院治疗的 291 名未办证精神病人进行精神残疾等级鉴定，经鉴定，有 271 人符合办理精神残疾等级证的要求，切实解决精神病人“鉴定难”的问题，为精神病人管理治疗以及康复打好了基础。

文学艺术界联合会

【概况】　彭水苗族土家族自治县文学艺术界联合会位于彭水自治县靛水新城党校 423 室，成立于 2007 年 11 月。现内设科室一个（办公室）。黔中文化研究院内设三个科室（《黔中文化》编辑部、黔中文化研究室、蚩尤文化研究室）。县文联现在职人员 4 人；黔中文化研究院在职人员 5 人。在职干部职工中，中共党员 7 人；大专以上文化程度的干部 9 人，占机关总人数的 100%。2018 年，县文联坚持文艺“双百”方针、“二为”方向，坚持“三贴近”（贴近生活、贴近实际、贴近读者）原则，认真履行联络、协调、指导、服务的基本职能，团结和带领广大文艺工作者，紧紧围绕县委、县政府中心工作大局，成效突出。

【阵地建设】　彭水自治县系全国新农村少儿舞蹈美育基地县、中华诗词之乡、中国作家协会《民族文学》创作基地、长江师范学院民间歌舞文化研究创作基地。县文联作为具体牵头实施单位，坚持组织领导到位、坚持规划建设到位、坚持规范管理到位、坚持作用发挥到位，充分利用好、发挥好、打造好四个合作平台，使其成为加强社会主义精神文明，实施文化强县战略的重要举措，培养文学艺术人才的重要平台。6 月 14 日，长江师范学院到彭水自治县，举行民间音乐歌舞文化座谈会，县内民间音乐歌舞文化专家与长江师范学院专家就彭水民间音乐舞蹈艺术进行探讨，并举行交流音乐会，助推民族文化发展，谱写校地合作新篇章。

【助力“文旅融合”】　提炼全县主题文化，着力推进文化兴县、文化兴旅、文旅融合战略。7 月 5

2018 年 7 月，在县委党校举办“第二届中国南方少数民族暨蚩尤文化研讨会”

（县文联　供图）

日—8日，成功策划承办第二届中国南方少数民族暨蚩尤文化研讨会，来自全国各地百余名专家学者汇聚中国特色旅游休闲胜地、世界苗乡彭水，交流学术心得，分享研究成果。此次会议得到全国各地大专院校、研究机构和文化单位的重视和支持，新疆、河北、山东、四川、湖南、贵州、湖北、云南等省区市和周边区县的民间学者积极参与。研讨会筹备组共收到179人次参会申请，提交论文156篇，遴选论文85篇。

【义写春联】 春节前夕义写春联已经成为县文联近年来“深入生活、扎根人民”号召的响亮名片。1月30日，主题为“我的中国梦”—彭水自治县文艺志愿者义写春联活动分别在桑柘镇、联合乡启动，活动将利用5天的时间为县城十字街、火车站和桑柘镇、梅子镇、联合乡社会群众义写春联10000幅。用写春联特殊形式宣传县第十四次党代会、“两会”精神，营造吉祥如意的春节氛围、弘扬向上向善的道德风尚，把社会主义核心价值观传播到送到千家万户。

【影展彭水】 2018年9月至12月，文联联合摄影家协会举办改革开放四十周年图片展，精选100幅摄影作品展示改革开放四十年来的伟大成就，开展乡镇巡展，让群众在改革的成就中激励自身积极改造乡村、振兴乡村，积极参与到乡村文化振兴中去，送文化、送服务、送人才，让文化真正转变为乡村发展的力量，激发困难群众发展生产、脱贫致富的主动性，营造新时代、新气象、新风貌的脱贫攻坚文化精神氛围。在2018年举办两次个人画展，以优秀艺术作品传播民族文化。

2018年12月，改革开放四十周年摄影展

（县文联 供图）

【凝聚文化合力】 2018年，县文联坚持“二为”方向，大胆探索，锐意进取，团结引导广大文艺工作者积极投身创新改革的新时代，不断助推全县经济社会健康发展。邀请中国音协到彭水采风，推介彭水民歌；支持“全域重庆 多情彭水”电视栏目建设；开展义写春联活动，用写春联特殊形式宣传党的方针、路线、政策，把社会主义核心价值观传播到送到千家万户；开展本土文化“五进”活动（机关、企业、社区、学校、军营）。

【对外交流】 加强对外交流，提高工作能力和创作水平。创新文联和文艺工作手段的形式，有力推进文联和文艺工作良好发展。《好看又来连》参加武陵山片区原创音乐展演；郁山镇中心校《山那边的孩子》代表重庆在广州参加中国舞协少儿舞美工程联展；《过山号》在涪陵参加首届重庆山歌会演出。

法　治

政法委及综治

【概况】　中共彭水苗族土家族自治县委政法委员会位于汉葭街道鼓楼社区34号（县委办公楼2楼），县综治办、县委防邪办、县法学会、县国安办设在县委政法委。核定行政编制1名，事业编制3名，在岗职工16人，内设政治处、办公室、综治科、防邪国安科、执法督查科、基层建设指导科。

【维护政治安全】　2018年，全县政法系统切实提高政治站位，忠诚履职尽责，勇于担当作为，强化防邪反邪工作，深入开展打击整治专项行动，保持反恐防暴严打态势，全面开展清网行动切实加强网络意识形态管理等，有力维护了政治安全、社会安定、人民安宁，有力保障了全县经济社会发展，人民群众获得感、幸福感、安全感不断增强。群众安全感指数达到99.4%，同比上升3.59个百分点和30个名次，位居全市第7名，创彭水自治县历史最好成绩。其他各项指标全面向好。

【打击违法犯罪】　坚持严打方针不动摇，紧紧抓住影响人民群众安全感的突出问题，持续保持对违法犯罪分子的高压态势。2018年，全县共立刑事案件1002件，破案733件；发生现行命案发2件、破2件，实现“命案必破”目标；八类主要刑事案件发案36件，同比少发2起，下降5.26%；破八类案件40起，同比上升21.21%；有效防范民转刑案件，八类案件下降明显，有力维护社会治安秩序。受理审查逮捕案件107件、162人，批准和决定逮捕94件、136人；受理移送审查起诉案件258件、426人，起诉228件、362人，无错捕错不捕、判决无罪或撤回起诉案件。审结刑事案件342件，判处罪犯357人，对11名罪犯判处十年以上有期徒刑；其中：审结故意伤害、故意杀人、抢劫、强奸等暴力犯罪案件28件，判处罪犯32人；审结毒品类犯罪案件34件，判处罪犯40人。共接收社区矫正人员250人，成功解除252人，撤缓收监8人，在册人员达310人；衔接刑满释放人员518人，完成社会调查评估86件。

【预防化解社会矛盾】　突出重点问题化解。市上交办的11件信访重点问题和县级排查梳理的9件信访重点问题已经全部化解；1名重点人员已化解完毕。突出干部接访下访。县领导接访下访群众680批次、1737人次，乡镇（街道）和县级部门领导接访下访群众8339批次、10247人次；通过接访下访解决群众实际问题7500余个。突出矛盾纠纷大排查大化解。共排查出重点信访矛盾纠纷57件，已办结54件，办结率为94.7%，同比上升10.7%。突出社会稳定风险评估。实施社会稳定风险分类评估53件，通过评估准予实施49件，暂缓实施3件，不予实施1件。突出人民调解工作。依托基层综治网格化管理平台，进一步完善大调解工作格局，2018年共调处矛盾纠纷7829件，调解成功7820件，成功率达99.89%；其中防止民转刑案件14起38人，防止群体性事件24件505人，防止群体性械斗6件147人。全县来信来访总人次同比下降0.1%、联名信同比下降5.5%、来访人次同比下降15.1%、重复信人次下降3.8%、集体访批次同比下降15.3%、重复访人次下降17.6%、网上重复信访件次同比下降27.4%；网上信访同比上升110.7%、来信同比上升17.6%；实现无进京集访、无到市非正常集访、无恶性事件发生、县内无大规模群体性事件发生的“四个零”工作目标。

【助推经济发展】 大力加强经济新常态下的司法应对，助力防范化解金融风险，审结信贷、证券、保险、信用卡纠纷等案件543件。助力规范引导民间借贷行为，审结民间借贷纠纷案件841件，涉案金额2.13亿元。依法维护建筑市场秩序，审结建设工程施工合同纠纷案件111件，涉案金额1.5亿元。助力法治彭水建设，妥善化解行政争议，积极推进行政机关负责人出庭应诉，受理行政案件169件，审结140件，同比分别上升15.75%和4.48%，行政机关败诉率18.09%，同比下降2.16个百分点。扎实推进“基本解决执行难”工作，共受理执行案件3974件，结案3356件，结案率84.64%，执行兑现金额3.93亿元。审判质效排名位居全市基层法院第4名。大力开展“保护长江母亲河”公益诉讼专项行动和“保障千家万户舌尖上的安全”检察公益诉讼专项监督活动。办理破坏环境资源类案件1件2人。推进全县公共法律服务体系建设，建成39个公共法律服务站，296个公共法律服务工作室，有效提升公共法律服务的能力。办理公证案件1122件、司法鉴定案件353件；全县律师和法律服务工作者担任法律顾问293家，代理各类案件2031件（其中认罪认罚从宽案件225件，涉黑涉恶案件40件）。大力实施法律援助，共受理法律援助案件1025件，结案892件，为群众挽回经济损失725.42万元。

【公共安全监管】 持续深化安全生产大排查大整治大执法，突出重点行业、重点区域、重点环节，排查生产经营单位6944家次，排查一般隐患9290项，整改9192项，整改率98.9%。在道路交通安全方面坚持“一月一主题、一阶段一重点”，严厉打击“三超一疲劳”、面包车非法营运等、货车超限超载等违法行为；在建设施工安全方面，以“两防”和农房建设质量安全监管为重点，着力开展新城基础设施建设和房屋建设专项治理，对黔石高速路彭水段等重点在建工程项目开展集中执法检查；对全县非煤矿山，邀请专家进行拉网式排查，大力开展非煤地下矿山顶板专项治理，切实防范安全事故的发生；开展旅游景区安全大排查大整治，共排查和整改阿依河、摩围山、蚩尤九黎城等景区安全隐患21项。2018年，全县未发生较大及以上事故。县安监局连续14年获全市安全生产工作“先进”等次。

【基层基础建设】 创新开展“三治”建设。研究出台《关于在基层社会治理中加强法治、德治、自治建设工作的实施意见》，以法治为先导、德治为根本、自治为基础，进一步加强系统治理、综合治理、依法治理、源头治理、专项治理，努力在更深层次解决影响社会稳定的源头性、根本性、

2018全国省法治媒体“创新城乡基层社会治理·渝东南行主体宣传采访活动”启动仪式在蚩尤九黎城举行

（县委政法委　供图）

基础性问题。扎实推进“一标三实”清理采集。规范标注街路巷339个，采集标准地址信息277万余条、实有人口信息80万余人、实有房屋信息25万余户、实有单位信息1万余家、从业人员信息2.4万余条。织密单位内部防控网。指导和督促机关、企事业单位严格落实平安建设领导责任制，完善人防物防技防措施，切实开展安全隐患大排查大整治。2018年共检查单位3626家次，发现并整改安全隐患41项。持续推进重点地区整治。1个A类挂牌整治地区和2个B类挂牌整治地区共立刑事案件46件，同比下降60%；自行梳理出36个案件高发区，开展挂牌整治，社会治安警情同比下降35.24%，群众安全感和满意度持续上升。

【扫黑除恶专项斗争】 宣传发动再强化。在党员干部中广泛开展扫黑除恶知识问答；在人员密集场所、交通要道等重点部位张贴通告1.1万余份、海报3000余份，发放宣传单近120万份，悬挂横幅和制作固定标语3000余幅，发送短信101万余条；在220辆公交车、出租车上公布举报方式等内容；在36家网吧2000余台电脑屏幕上统一投放宣传公告；在校园内开展“小手牵大手”主体活动，发放宣传单10万余份；制作宣传片在县电视台、广场LED显示屏等媒体上滚动播放；组织演出队伍到乡镇（街道）、村（社区）开展扫黑除恶文艺巡演；通过强化社会宣传和媒体宣传，形成全社会共同参与的浓厚氛围。打击整治再强化。各乡镇（街道）和县级各部门认真落实属事属地责任，对本辖区和主管（监管）的行业、领域进行全面排查、深入研判。政法各部门切实履行工作职能，统一执法思想，严格依法办案，集中力量攻坚。2018年，全县共受理线索121条，抓获九类涉恶类犯罪嫌疑人108人，判决48人，在侦48人，起诉12人，冻结资金70余万元，扣押车辆4台，打掉恶势力团伙6个（其中1个移送南川区公安局侦办）。深挖彻查再强化。进一步加大监督执纪力度，深入开展问题线索“大起底”工作，组织公安、检察、法院、信访、巡察等部门对近三年来情况进行起底摸排，着力排查公职人员涉黑涉恶腐败问题。纪检监察部门累计核查涉黑涉恶腐败问题线索104件，已办结40件，涉黑涉恶腐败和“保护伞”立案1件，免职处理1人，通报6人。基层组织建设再强化。加强后进基层党组织整顿工作，针对排查出的27个后进基层党支部，实行县领导包点、工作队驻村、一支一策、挂单整改；逐一筛查全县所有村居干部，对排查出有违法犯罪前科的38名人员，结合其现实表现进行分类处理，其中劝退辞职22人，免职3人，继续留用13人。

【司法体制改革】 司法责任制改革落实到位。着力推进县人民法院改革，认真做好内设机构改革工作，完成39法官助理和5名书记员按期晋升工作。严格落实院（庭）长办案规定，1至11月，院庭长审理案件8852件，同比增长10.46%。着力推进检察院改革，不断优化内设机构设置，完成内设机构改革工作，完成16名检察官、9名检察官助理按期晋升等级工作。严格落实入额院领导直接办案要求，入额院领导直接办理案件29件，出庭支持公诉案件3次。公安改革推进有序。深化“放管服”改革。在出入境、户籍、消防、行业场所、车管等业务，确定37类51项行政许可事项目录简政放权，不断简化行政审批公共服务流程、优化群众办事程序，结合《重庆市公安局服务民营经济发展30条》，大幅度缩减内保单位和行业场所审批时限。不断探索建立网上申报、网上受理、网上审批的“互联网+政务服务”的行政审批模式。强化受立案制度改革，成立案件管理中心，依托警务综合信息平台建立完善接报案、受理、立案等功能模块，规范工作流程，实现监督关口前移，把好案件质量第一关。强化执法监督改革，不断加强执法动态日常巡查监管，采用法制部门每月网上巡查和实地检查“双查”工作机制，切实强化对执法源头、执法流程、执法结果等的即时监督。健全执法问题查改机制，围绕执法过程中容易发生问题的关键岗位、关键环节，健全完善常态化执法风险隐患和突出问题排查整治工作机制，及时发现和整改苗头问题，防止发生刑讯逼供、滥用强制措施等情况的发生。刑事诉讼制度改革成效明显。准确把握上级政法部门精神和改革要求，制定完善工作方案，积极推进认罪认罚从宽制度试点和证人出庭制度，切实提高律师辩护率、当庭审判率；2018 年以来，适用认罪认罚从宽制度审结案件 207 件，认罪认罚案件服判息诉率 100%。全力推进“基本解决执行难”工作，采取“1 +2 +1 +1”模式（即 1 名员额法官 +2 名执行员 +1 名书记员 +1 名法警），优化执行资源。建立以法院为主体，公安、工商、国土等部门有机衔接的联动执行网络，强化各乡镇（街道）和县级相关部门协助查扣被执行人财产、加强信息资源共享等工作职责。1 至 11 月，共受理执行案件 3974 件，结案 3356 件，结案率 84. 64%，执行兑现金额 3. 93 亿元，同比增加 2. 06 亿元；将 1763 名“老赖”纳入失信被执行人名单，对 117 名被执行人实施司法拘留，以拒不执行判决、裁定罪对 12 名被执行人追究刑事责任，查封房屋 113 套，扣押车辆 18 台；加大司法救助力度，缓、减、免诉讼费 14. 3 万元，发放救助金 43. 5 万元。

公　安

【概述】　2018 年，彭水自治县公安局不断适应新时代社会主要矛盾新变化新要求，紧紧围绕防范化解重大风险这一主线，“抓重点、补短板、强弱项”，业务工作取得不断提升。2018 年，全县共抓获犯罪嫌疑人 108 人，已判决 48 人，移送起诉 12 人，在侦 48 人。打掉恶势力团伙 5 个，冻结资金 70. 06 万元，扣押车辆 4 辆。全县八类主要刑事案件发案 36 件，同比少发 2 起，下降 5. 26%；破八类案件 40 起，同比上升 21. 21%；现行命案发 2 起破 2 起。全县入室盗窃案件立案 148 件，同比下降 25. 63%。新列管工作对象 3283 人，其中重点人口 1647 人、所外监管人员 514 人、视线对象 905 人、其他 217 人。2018 年，取得区县公安机关绩效评价综合排名第 12 名，县级序列排名第 2 名的成绩，群众安全感、满意度、执法公信力不断提升。

2018 年 7 月，县公安局特警大队队员抗洪抢险救助受灾群众

（县公安局　供图）

【维护政治稳定】　2018 年，县公安局把维护政治稳定作为首要任务，按照国保重点人“分级管控”工作规定，对现有的 1 名国保二级重点人、21 名邪教重点人分别落实管控和教育转化工作措施；对入彭的涉疆人员，严格落实 24 小时“五见”核查工作制度，均无异常；对全县已列管的 34 家重要目标单位开展督检 105 次。2018 年，县公安局预警群体聚集和闹事苗头 16 起；成功稳控治安重点人 194 名，下发维稳工作督办通知书 233 份，行政拘留非法上访人员 9 人次，妥善处置各类突发敏感案（事）件 25 起，实现县、市及全国“两会”、上合组织峰会、中非合作论坛、智博会及重大敏感节点期间重点人员“零非访”。此外，在市公安局国保总队支持下，县公安局侦破“709”专案，抓获全能神人员 7 人，其中治安拘留 5 人、教育训诫 2 人。

【扫黑除恶专项行动】 2018年，县公安局针对扫黑除恶专项斗争出台“1+3+36”工作保障机制（1个领导小组、人财物、法制和民警安全3重保障、36项扫黑除恶工作机制），在全县广辟宣传渠道，发放宣传单近40万份，悬挂横幅2200余幅，发送手机短信100万余条，在全城营运车辆、电脑屏幕上统一投放宣传公告2400余条，启用民生警务流动宣传车接受百姓咨询300余次，发表相关报道15条、动态信息38条；采取“四定一包”责任制（定领导、定人员、定时间、定措施、包倒查），严格落实“五个一”整治机制（一个重点、一个领导、一个班子、一套方案、一抓到底），对全县36个案件高发区自行挂牌整治，社会治安案件同比下降35.24%。全年共受理黑恶线索104条（其中第九督导组转办30条、公安部下发4条、市公安局下发31条、县级摸排39条），完成核查101条，查结率97.12%；经核查，已对其中6条线索立案侦查。

【合成作战】 2018年，县公安局合成办充分应用大数据，侦破案件170起，抓获犯罪嫌疑人95名，挽回经济损失40余万元，抓获网上在逃人员13人。其中，4月19日，县公安局在四川省成都市成功抓获潜逃14年的网上逃犯刘仁义，圆满完成天网行动和“反腐败追逃追赃专项行动”任务，获得渝委追逃办通报表彰。

【禁种铲毒】 2018年，彭水自治县被国家禁毒办列为“天目－18”铲毒行动卫星遥感监测的重点监测区域，各乡镇主动发现非法种植罂粟原植物32起，铲除罂粟原植物2127株，办理治安案件22起，行政拘留7人、罚款15人。6月5日，中科院、市禁毒办以“天目卫星18”为载体，利用警用直升机到彭水实地核查，经检查验收，实现14年毒品原植物“零产量”目标。

【立体化治安防控】 2018年，县公安局围绕“布好网、强基础、起作用”目标，将基层警力主动融入2022个综治网格开展防控工作，共计出动巡逻防控警力17247人次，全县入室盗窃案件立案148件，同比下降25.62%；加强单位内部防控在各重点单位安装视频镜头4000余个，建立视频监控中心4个，覆盖率100%；检查重点单位、寄递物流、加油站等单位3896家次，发现治安隐患41处，督促落实整改41处。

【重点地区整治】 2018年，彭水自治县3个治安乱点地区立刑事案件46件，打击处理6人。其中，A类渔塘社区立刑事案件13件，同比下降76.36%，打击处理2人；B类滨江社区立刑事案件16件，同比下降44.83%，打击处理为2人；B类鹿山社区立刑事案件17件，同比下降54.05%，打击处理2人。

【“一标三实”清理采集】 2018年，县公安局标注街路巷信息339条，采集标准地址信息277万余条，实有人口信息80万余人，实有房屋信息25万余户，实有单位信息10983家。通过“一标三实”，注销死亡应销未销人员户口56707人，获取违法犯罪线索147条，破获刑事案件3起，抓获违法嫌疑人12名，抓获在逃人员6名，救助服务群众1100人次。

【安全生产】 2018年，县公安局坚持以打开路，大力开展“缉枪治爆”专项行动，收缴非法枪支43支、烟花爆竹12524件，办理涉枪刑事案件47起采取刑事强制措施51人，办理行政案件3件处罚3人；办理烟花爆竹刑事案件3件采取刑事强制措施2人，行政案件24件处罚27人。坚持道路隐患动态排查，严防重特大事故，治理道路隐患95处，全年未发生一次性死亡3人以上交通安全事故。联合安监、工商、电力等部门开展消防全面检查，全县连续17年无亡人火灾事故发生。对全县25家物流企业、16家寄递企业和91个寄递物流代办网点全面排查整治，对78名寄递企业安检人员实施教育培训，督促落实企业主体责任，确保“三个100%”落到实处。此外，县公安局完成2589.432吨爆炸物品、160.61万发雷管、36.5万米导火索的安全监管工作。

【宣传工作】 2018年，县公安局成功发布“彭水警方抗洪抢险，转移救助受困群众千余人”“彭水警方成功捣毁一个电信诈骗团伙，抓获涉案嫌疑人75人”“彭水警方捣毁一流窜盗窃电缆线犯罪团伙，为民营企业挽回经济损失7万余元”“剑指治安乱点，彭水县警方开展扫黑除恶大清查行动“等为民服务宣传报道。在中央级媒体上发表14篇报道、市级媒体上发表165篇报道、县级媒体上发表118篇报道、本单位新媒体上发表3036篇报道。2018年2月在重庆市公安局举办的“2017重庆警察故事微博微信作品网络投票大赛”中，彭水自治县公安局推送的《单身狗真的存在！警汪终身不能谈恋爱》《青春最美丽，奋斗永不息》作品分别获重庆警察故事文学美术书法影像大赛微博二等奖和微视频三等奖。

【助力脱贫攻坚】 2018年，按照彭水自治县扶贫开发领导小组办公室统一部署，对县公安局254名民警（含驻村工作队员）对口帮扶的扶贫对象进行动态调整，为对口帮扶乡镇新增派驻工作队员6名，成立走马乡警务室，为走马乡金银村便民服务中心建设提供40万专项扶贫资金，建设完成走马乡村级便民服务中心房屋主体。同时协调重庆市公安局机关党委及重庆市扶贫基金会，为彭水自治县深度贫困乡三义乡、润溪乡分别解决扶贫资金1.2万元。

【深化“放管服”】 2018年，县公安局再次核对公共服务事项19项、行政审批42项、行政许可27项，在市公安局规定审批时限内再缩短48项；推进“互联网+公安政务服务”，制作办事指南及流程图挂网公示执行，开通“e交管平台”“12123平台”、微信公众号等APP和社交工具，实现业务网上预约、办理功能，通过微信公众号预约受理出境入境业务9334起，最大限度为群众办事提供便利。

【服务民营经济】 2018年，县公安局严格落实“三个一”措施（局党委一月一次研究，服务办每月一次培训，督察每月一次通报），召开服务民营经济座谈会148次，走访企业9600余次，上门服务3600余次，清理僵尸空壳企业4541家。组织开展侵害民营企业合法权益专项打击整治2次，整治民营企业周边治安乱点3个，排除消防隐患200余处，破获侵害民营企业刑事案件13件，抓获违法嫌疑人18人，挽回直接损失9.4万元。

【服务学校】 2018年，县公安局向全县校园派驻法制副校长、法制辅导员80名，印制宣传展板300余张；召开警校座谈会131次，收集采纳落实反馈意见建议139条；在上放学时段启动护学岗，对校园周边24小时巡逻；主动协调市政、路政、安监等部门开展学校周边整治行动，消除不安全因素。

2018年10月，县禁毒办在彭水自治县第一中学开展毒品预防教育培训会

（县公安局 供图）

【党风廉政建设】 2018年，县公安局以“扫黑除恶”斗争专项督察以及服务民营经济30条、服务学校29条专项督察为重点，发布督察通报15期，开展现场督察382次，网上督察6545次，发现问题132个、督促整改问题132个。按照党风廉政建设党委主体责任的要求，及时调查处理群众投诉。截至2018年年底，共收到来信来访投诉67件，查证属实5件，部分属实5件，警示约谈1个班子，约谈民警6人；通过市公安局民意监测应用平台成功发送短信25571条，群众回复4782条，满意率95.40%。

消防工作

【概况】 彭水苗族土家族自治县消防大队位于靛水街道靛水社区，主要承担全县的火灾预防和灭火救援等工作。其中，大队部主要任务以防火为主，主要负责建筑工程的消防审核和验收、公众聚集场所开业前检查、火灾隐患排查整治、消防监督检查、日常消防宣传、火灾事故及应急救援调度指挥。下属沙沱消防中队，位于汉葭街道沙沱街，配备水罐消防车3台，泡沫消防车1台，抢险救援消防车2台，32米登高平台消防车1台，消防多功能无人机1架、消防坦克1台，各类应急救援装备2398件（套），主要负责火灾扑救、抢险救援、社会救助等工作任务。

彭水自治县消防救援大队授衔和换装仪式
（县消防救援大队 供图）

2018年，消防大队紧紧围绕《2018年消防工作和部队建设要点》和《2018年重点目标责任状》，完善城乡火灾防控体系，提升队伍战斗力，全面完成从现役部队到国家综合性消防救援队伍的转变，确保火灾形势和部队管理“双稳定”。2018年，全县共发生火灾23起，直接财产损失126.67万元，无人员伤亡，维系了连续18年生产经营场所、单位无亡人及较大以上火灾事故的良好局面。大队被市消防总队评为2018年度“先进大队”“勤政廉政先进单位”“安全工作先进单位”，下属沙沱中队被评为“先进中队”。

【政治教育】 大队严格按照上级统一部署，深入开展改革教育、集中整训教育等系列活动，原原本本地学习总书记授旗训词要求、消防员誓词和各级首长重要讲话精神，积极邀请中国工程院院士范维澄、全国人大代表李绍玉、革命老兵等专家领导到队传达学习习近平总书记重要讲话和“两会”精神、传承红色基因；组织举办“消防夜校”，深入开展“感党恩、报党恩”主题讨论、手抄（背诵）训词誓词等活动，制作《苗乡钢铁卫士》专题画报、拍摄《红门荣耀》等微电影、微视频，创作苗绣手工艺精品等。在改革转制教育整训专项工作中，大队作为重庆地区四个单位之一、唯一的县级大队，获应急管理部消防救援局先进表彰。大队“牢记总书记训词·建设过硬队伍”专题板报被总队政工微信号推送，1名同志获总队“牢记总书记训词·建设过硬队伍”主题演讲比赛优秀奖。

【执勤训练】 大队严格按照夏训、冬训工作要求，科学组训、严密施训，全力提升队伍实战攻坚能力。积极邀请外部专家教练指导体能训练，坚持从严从实开展技战术训练，每月定期组织无预案临机处置演练和辖区情况熟悉调研。每月针对辖区高层建筑、人员密集场所、易燃易爆等高风险对象，开展“全要素、全过程”拉动演练，提升全体指战员实战操作能力和临机处置能力。在总队夏训技能训练考核中，大队取得大队组第一名；在总队执勤中队干部业务培训暨指挥能力考评中，大队取得全市第四名。

【火灾预防】 积极发挥政府主导作用，召开全县消防工作会，落实消防安全委员会联席会议、报告备案、工作督察制度。大队深刻吸取四川达州“好一新”商贸城、哈尔滨市“8·25”温泉酒店重大亡人火灾事故教训，全力推动火灾隐患大排查大整治，持续开展春夏火灾防控、电动自行车、大型综合体、公共娱乐场所、群租房、“守护生命通道”等专项行动，共检查单位场所4763家，发现火灾隐患7513处，整改火灾隐患7486处，下发责令改正通知书2035份，下发行政处罚决定书45份，下发临时查封决定书29份，责令“三停”26家，罚款44.85万元，拘留4人，保持消防监督执法的高压态势。

【服务经济】 大队对照“放管服”有关工作要求，依托综合窗口，明确消防审批程序和清单，进一步加强对民营企业的指导和技术服务，从服务理念、审批制度、审批流程等方面进行全方位深层次变革，以工程建设项目审批制度改革为抓手，努力实现在最近的地方服务群众、用最快的效能服务企业，让社会单位“少跑路”或“最多跑一次”，营造和谐稳定、公开透明的营商环境。

检　察

【概况】 彭水苗族土家族自治县人民检察院位于绍庆街道滨江社区38号，占地面积2500平方米，建筑面积5256平方米。院内设办公室、政治部、检察一部、检察二部、检察三部、检察四部、检察五部、检察六部等8个部室，下设郁山检察室、龙射检察室2个派出机构。共有政法编制58个，工勤编制1个，实有政法干警56人，工勤人员1人。

2018年6月，县人民检察院到太原镇开展“‘莎姐’大普法送法进乡村活动”，检察长陈天文（中）向群众讲授法治知识

（县人民检察院　供图）

【刑事检察】 2018年，县人民检察院共受理审查逮捕案件99件133人，批准和决定逮捕100件153人；受理审查起诉案件265件448人，起诉248件417人。无错捕错不捕、判决无罪或撤回起诉案件。批捕涉恶犯罪案件2件10人，起诉4件27人，起诉非法制造、买卖、运输、持有枪支弹药爆炸物等危害公共安全犯罪75件88人。批捕故意杀人、抢劫、强奸等严重暴力犯罪13件13人，起诉14件14人。批捕诈骗、盗窃、抢夺等多发性侵财犯罪38件62人，起诉65件153人。坚决打击“黄赌毒”等常发性犯罪，批捕16件22人，起诉45件55人。严惩侵害未成年人权利犯罪，批捕8件11人，起诉14件30人。受理职务犯罪案件8件8人，起诉5件5人，法院均作出有罪判决。

【诉讼活动监督】 全年监督立案5件，监督撤案1件；依法纠正漏诉13人。依法不批准逮捕12人、不提起公诉8人。依法排除非法证据2件，对侦查活动、审判活动中的违法情形提出纠正意见30件次。监督行政执法机关向公安机关移送涉嫌刑事犯罪案件3件3人。纠正看守所监管活动中的违法情形35件次。办理在押人员控告申诉22件22人。对不需要继续羁押的4人，及时建议办案机关变更强制措施。办理监外执行违法监督案件9件15人，脱管23年的无期徒刑罪犯廖某某被收监执行刑罚，该案被评为全市十大精品案件。办理刑事申诉案件3件。对认为确有错误的民事生效判决，提请抗诉2件，法院裁定发回重审1件。

【公益诉讼】　全年公益诉讼立案56件，发出诉前检察建议55件，整改回复54件，移送集中管辖地提起刑事附带民事公益诉讼1件。开展好“保护长江母亲河”公益诉讼专项行动，以加强生态环境保护为重点，发出公益诉讼诉前检察建议20件，督促有关行政机关整治大气污染企业19家，整治违法排污企业1家，清除违法堆放固体废物1000余吨。开展“保障千家万户舌尖上的安全”公益诉讼专项监督活动，发出诉前检察建议21件，督促有关行政机关处罚无食品经营许可证商家2家，规范学校周边食品摊点20家，整顿网络餐饮20家。

【司法体制改革】　县人民检察院强化检察官履职监督，建立完善《检察官办案权限备案审查办法》《案件流程监控工作办法》。制定检察官、检察辅助人员业绩考评实施细则，形成凭德才、看实绩选人用人导向。落实领导干部办案要求，入额院领导带头办理案件38件。落实检察长列席人民法院审判委员会制度。完成11名检察官、14名检察官助理等级晋升工作。

【检务公开】　2018年，县人民检察院自觉接受县人大及其常委会的监督以及政协民主监督，主动向人大及其常委会报告工作3次。邀请人大代表、政协委员、人民监督员视察调研6次，开展检察开放日活动4次。大力推进检务公开，依法公开案件程序性信息422条，终结性法律文书246份，做到应当公开的全部公开。开通12309检察服务中心。充分运用微信、微博、新闻客户端等新媒体公开检察工作，“两微一端”阅读量累计560万余人次。“彭水检察”官方微博常年排列在全国政务微博检察榜前20位。

【检察业务培训】　全年组织干警参加培训80余人次，邀请专家学者到院授课2次，组织干警赴中山大学脱产培训2期。制定《岗位练兵计划》，开展示范庭、观摩庭等练兵活动10次。

法　院

【概况】　2018年，县人民法院坚持以习近平新时代中国特色社会主义思想为指导，紧紧围绕习近平总书记对重庆提出的“两点”定位、“两地”“两高”目标和营造良好政治生态、做到“四个扎实”的重要指示要求，忠实履行新时代司法职责使命，各项工作取得新进展。全年受理案件10773件，审执结9934件，同比分别增长12.14%、11.89%，结案率92.21%，结案标的额19.22亿元，审判质效排名位居全市基层法院第3名。2名干警获市级以上表彰，2名干警立三等功，涌现出“重庆市巾帼建功标兵”何小敏等先进典型，行政庭被市四中法院记集体三等功，立案庭被最高人民法院评为“全国法院家事审判工作先进集体”，司法宣传工作连续4年被最高人民法院通报表彰。

【刑事审判】　2018年，县人民法院审结一审刑事案件271件，判处罪犯428人。开展扫黑除恶专项斗争工作，与县公安局、县人民检察院建立协作机制。深入推进以审判为中心的刑事诉讼制度改革，组织召开庭前会议3次，当庭裁判率90.53%，非认罪认罚普通程序案件证人出庭率68.97%、辩护率97.70%。继续推进认罪认罚从宽制度试点工作，审结认罪认罚案件233件，认罪认罚适用率 88.26%，服判息诉率 98.28%。注重诉讼权利保障，为 55 名被告人指定辩护律师。

【民事审判】 2018 年，全院审结一审民事案件 3821 件。完善多元化纠纷解决机制，组建 5 个速裁办案团队，速裁团队累计收案 2818 件，结案 2691 件。开通“易诉”“易解”平台，“易诉”平台立案 424 件，电子送达文书 470 份；在“易解”平台录入调解组织 6 个，录入调解员 66 名，依托该平台成功调解案件 41 件。助力乡村振兴战略实施，出台《彭水法院关于实施乡村振兴战略司法服务实施意见》。为推动全域旅游产业发展，在蚩尤九黎城挂牌成立彭水苗族土家族自治县人民法院旅游巡回法庭。

2018 年 8 月，彭水苗族土家族自治县人民法院旅游巡回法庭挂牌成立

（县人民法院　供图）

【商事审判】 2018 年，县人民法院审结一审商事案件 1963 件。服务供给侧结构性改革，依法受理破产申请和强制清算案件 6 件，依法引导企业有序退出市场。防范化解金融风险，审结信贷、证券、保险、信用卡纠纷等案件 581 件。规范引导民间借贷行为，审结民间借贷纠纷案件 973 件，涉案金额 3.18 亿元。依法维护建筑市场秩序，审结建设工程施工合同纠纷案件 119 件，涉案金额 1.72 亿元。

【行政审判】 2018 年，全院受理一审行政案件 170 件，审结 162 件。依法开展行政和解，行政机关作出撤销行政行为案件 9 件，当事人主动撤回起诉案件 38 件，服判息诉率 86.51%。促进行政机关负责人出庭应诉，出庭应诉率 68.19%，同比上升 5.68 个百分点。促进司法与行政互动，向行政机关发出司法建议 12 份，建议采纳回复率 100%。1 篇行政判决书被最高人民法院评选为裁判文书类调研成果二等奖。

【执行工作】 2018 年，县委、县政府出台《关于进一步加强人民法院执行工作的实施意见》，县政府将执行工作纳入“十三五”规划，县委政法委将协助配合执行工作纳入综治考核。按照基本解决执行难第三方评估指标要求，终结本次执行程序案件合格率 95.74%、执行案件信访办结率 100%、有财产可供执行案件法定期限内结案率 99.64%，三年来首执案件结案率 94.02%。强化执行威慑，查封房屋 113 套，扣押车辆 18 台，对 124 名被执行人实施司法拘留，对 2 名被执行人以“拒不执行生效判决、裁定罪”追究刑事责任，发布失信被执行人名单 1814 人。

【司法改革】 推进内设机构改革，出台《彭水法院关于内设机构改革的实施方案》。严格落实院（庭）长办案规定，全年院（庭）长办理案件 6531 件。弱化审判委员会讨论个案职能，审委会研究案件 27 件。深入推进家事审判改革，择优选聘 61 名家事调查员、63 名家事调解员。6 篇家事审判案例入选《重庆市婚姻家庭典型案例评析》。《半月谈》《人民法院报》对彭水法院家事审判改革工作进行宣传报道。开通“彭水县法院”微信公众号，为传播法院信息增添新渠道。

【脱贫攻坚】 坚决打好脱贫攻坚战，持续开展捐资助学活动，坚持每年为 10 名善感乡新考取的贫困大学生每人提供 4000 元助学金，主动联系市公路局调研善感乡公路建设情况，为乡村公路建设争取资金支持。积极开展司法救助，缓、减、免诉讼费14.5万元，申请执行救助金138.3万元。建立涉贫案件依法快速办理机制，加大涉贫案件执行力度。对重点扶贫项目，提出有效司法建议，把关重大合同签订和履行，预防脱贫发展中的涉诉风险。

2018年5月，县人民法院干警下乡走访慰问贫困户

（县人民法院　供图）

司法行政

【概况】　彭水苗族土家族自治县司法局现位于彭水自治县靛水新城公安大楼3号楼。主要有人民调解、法治宣传、社区矫正、安置帮教、法律援助、律师管理、公证管理、司法鉴定管理、基层法律服务管理等职能职责。县司法局有内设机构7个，派出机构39个（乡镇、街道司法所），下属事业单位3个（参公、事业一类、自收自支各1个），管辖律师事务所5个、基层法律服务所7个、司法鉴定所1个。局机关有职工23人（政法专编22人、工勤1人，其中驻村7人），司法所有正式在编人员31人。

【人民调解】　2018年，县司法局坚持学习和推行"枫桥经验"，切实履行指导管理人民调解工作职能，深入开展矛盾纠纷排查化解，实现矛盾不上交。人民调解工作"四防"成效明显，其中防止民转刑案件14起38人，防止群体性事件24件505人，防止群体性械斗6件147人。全县355个调委会共调处矛盾纠纷8559件，调解成功8550件，调解成功率99.9%。成功打造县医调委为金牌调委会，充分发挥其在全县重大矛盾纠纷调处、医患关系的化解、维护社会稳定方面的积极作用，医调委共计受理各类纠纷34件（其中涉及死亡案件25件），全部予以妥善调解处置。市委政法委工作简报2018年27期专题报道推广彭水医调委运行机制、特色亮点及成功经验，8月26日重庆电视台科教频道《平安进行时》对医调委作专题报道。

2018年6月，县医调委医患纠纷调解现场

（县司法局　供图）

【普法依法治理】　2018年，县司法局以"法律六进"为抓手，开展法治宣传教育，开展各类法治宣传活动2275场次，上各类法治课507场次，发放宣传资料6万余份。制作《宪法是什么》《宪法就在你我身边》微视频公益广告，开展第一届宪法宣传开放日活动，组织市民参与千万市民学宪法知识竞赛累计超过4.8万人，大力营造尊崇宪法、学习宪法、遵守宪法、维护宪法的浓厚氛围。坚持系统内普法和社会普法并重，"谁执法谁

普法”责任制进一步完善，出台具体实施方案，努力形成各部门分工负责、各司其职、齐抓共管的普法依法治理工作新格局。以抓好“关键少数”为重点，推动领导干部学法用法。组织307名领导干部参加法治理论知识考试，组织155名领导干部参加法庭旁听，正职参加率达30%，副职达20%；组织10812名国家工作人员进行年度法治理论知识考试，合格率100%。加强法治文化建设。建成高谷镇、长生镇法治文化广场，规划筹备县青少年法治教育基地的建设。

2018年12月，县司法局在县城十字街开展宪法宣传活动

（县司法局　供图）

【社区矫正和安置帮教】　加强日常监管，提高矫正质量。综合运用远程督察系统、GPS定位系统、电子考勤等科技手段，不断完善社矫正管理模式，“量身定制”矫正方案，严格管理在矫对象，强化矫正对象日记载、周报告，无脱管、漏管现象发生，对个别严管对象特别实施个案矫正和心理辅导，提高教育矫正效果。全年共计接收社区矫正人员277人，成功解除261人，开展刑事案件审前社会调查评估96件。加大执法力度，规范矫正秩序。建立完善全员化、全流程、全方位覆盖的管理体系，加强与县人民法院、县人民检察院和公安机关的协调联动和执法力度。对80名违反管理规定的社区矫正人员进行警告，对8名严重违反管理规定的社区矫正人员提请裁定撤缓收监，坚决遏制影响社会稳定的恶性事件的发生。切实加强刑满释放人员安置帮教。对551名刑满释放人员落实相应的安置帮扶措施，加大与企业、学校协调力度，切实解决“三无”人员难题。落实临时救助14人，推荐就业7人，落实医疗救助1人，落实最低生活保障待遇2人。

【公共法律服务】　2018年，彭水自治县全面完成39个乡镇（街道）公共法律服务工作站、296个村（社区）公共法律服务工作室的建设任务。形成以县公共法律服务中心为龙头，乡镇（街道）工作站为支撑，村（社区）工作室为基础的公共法律服务网络体系。2018年11月，县司法局公共法律服务建设工作在全市司法所、公共法律服务和司法行政信息化工作会上作经验交流发言。公共法律服务平台建成后，共解答法律咨询1416人次，引导进入公证、鉴定、人民调解等各类人群780余人次，12348法律服务热线坐席平台接听全国各地涉及婚姻家庭、劳动争议、合同纠纷、债权债务等来电咨询，总计通话时长27962秒。受理各类法律援助案件997件，结案817件，为受援人挽回各类经济损失687万元。律师公证及司法鉴定工作稳步推进。按时保质完成对律师公证行业的监督、管理、考核等工作；积极推进深化律师制度改革，充分发挥其在服务民营经济和乡村振兴等方面的积极作用；进一步规范律师行业党支部党建工作，强化对律师党员的规范管理；切实加强对律师、公证及司法鉴定工作业务的指导力度。2018年，律师和法律服务工作者共担任法律顾问287家，代理各类案件2291件（其中认罪认罚从宽案件225件，涉黑涉恶案件41件），县公证处办理公证案件1249件，办理司法鉴定案件394件。

【脱贫攻坚】　2018年，县司法局紧紧围绕全县脱贫攻坚工作大局，充分发挥司法局的职能优势，创新机制实施精准扶贫。强化司法系统的宣传优势，利用标语、专栏、电子显示屏、微信公众号、微博客户端、印制脱贫攻坚等工作手册等方式多渠道、多形式宣传各项精准扶贫政策，确保党中央的脱贫攻坚重大决策部署落到实处；开展结对帮扶活动。组织机关全体干部职工深入基层走访慰问贫困户，全面摸清贫困户在义务教育、基本医疗、住房安全、饮水安全等方面实际情况，研究解决“两不愁三保障”突出问题，多次与交委、长生镇、三合社区沟通协调，促成长生镇三合村的村级断头公路复建开工；从单位工作经费中拨出7万余元整治修复长生镇三合社区的水池水管及配套设施，惠及群众1800余人，在春节前夕解决几个组长期饮水难问题；选派8名基层工作经验丰富、思想素质较好的同志进入驻村工作队，专职开展驻村扶贫工作，为每位驻村工作队下拨1万元的专款保障驻村工作队顺利开展工作。

【扫黑除恶专项斗争】　县司法局利用法治宣传职能紧紧围绕扫黑除恶专项斗争开展多种扎实有效的宣传活动，使扫黑除恶专项斗争的法制氛围日益浓厚，不断提高人民群众对扫黑除恶专项斗争的思想认识，切实提高群众对扫黑除恶专项斗争的知晓率和参与率，进一步推进专项斗争向纵深发展。加强监管和指导律师参与涉黑涉恶案件辩护代理工作，指导监督律师依法开展涉黑涉恶案件辩护代理，真正把每一起案件都办成铁案和精品。在矛盾纠纷化解和法律服务、社区矫正工作中及时摸排涉黑涉恶线索，在社区服刑人员和戒毒人员中开展深挖排查涉黑涉恶人员，全方位开展扫黑除恶专项斗争工作。

军　事

人武工作

【概况】 2018 年，人武部紧紧围绕“忠诚干净担当、突出维护核心、肃清流毒积弊、团结奋进自律”这个主旨，提升站位、坚守战位，拥护军改、革弊鼎新，主业主抓、勇于创新，安心尽责、积极作为，身居边远不懈怠，敢闯敢干拥抱新时代，全面建设保持积极向上、稳中向好的发展势头。

【思想政治建设】 围绕树立“四个意识”，坚定“四个自信”“两个维护”深化思想教育，广泛深入学校、企业、镇街、村社宣讲中共十九大精神。持续抓实主题教育、专题教育整顿、法纪警示和安全保密教育等经常性思想教育，重大时节组织主题党日纪念活动，部领导 8 次专题上党课。聚力深入纠治和平积弊，抓好军委主席负责制专项巡视反馈问题整改。强化政治能力建设，以房张案件为反面教材认真清理流毒积弊、“四风”和“微腐败”等问题隐患。集聚党史、档案专家高标准建设融合民族特色和强军文化的部荣誉室和军营文化走廊。2018 年在战区级以上媒体上稿 9 篇，市级媒体上稿 12 篇，重庆卫视网媒上稿 23 篇，较好地发挥了新闻工作的宣传辐射作用。

【军事斗争准备】 严格落实战备制度，结合形势任务及时修订完善应急预案，开展针对性应急演练。全年组织 8 期应急、专业和特殊民兵分队进行常态化练兵备勤，组织专武干部开展靶向问题对标研讨式集训，建立“县－乡－村－组”四级民兵情报信息网。以筹备参加市联考联评为契机，做好应急物资器材储备和应战针对性训练，以参战的状态做好备战的准备。组织县国动委人民防空、信息防护、交通运输等 14 支专业队伍开展“摩围金盾－2018”军地联合防空袭综合演练，县民兵应急力量圆满完成彭水“7·6”大暴雨抢险救援行动，这 2 次行动均被中国民兵和西部战区 2 家官方网媒专刊报道。

彭水自治县 2018 年军地联合防汛抗旱应急抢险演练

（县人武部　供图）

【动员融合】 2018 年，部党委第一书记和县国动委主任率部门主要领导专题研究年度党管武装和国防动员重要工作，召开县委常委会议军会解决驻彭部队现实问题。按照“十三五”时期民兵调整改革要求高标准完成民兵组织调整、体检政考、预建党组织等各项工作。做好征兵精准动员，部领导 4 次为干部群众上国防教育课，约 2000 名学生和干部受教，并以点带面辐射受众面达上万人次，2018 年 4 月，全县率先达到兵役登记率

100%。依法廉洁征兵，完成市征办下达的征兵任务，大学生入伍比例再次突破60%，全程公平公开公正，未接到一起廉洁征兵方面的问题线索。开展县国防动员潜力调查，修订完善县国防动员方案计划。会同县发改委5次专题研讨并出台《彭水县军民融合发展战略行动计划》，协调县政法系统建立健全军地情报协作交流机制。

【安全管理】 2018年，县人武部开展“学条令、知行止、严规矩”活动，扎实抓安全、强基础、保稳定。对标对表安全管理10个方面51项主要内容开展过细排查和隐患整改，彻纠26个具体问题，按要求开展“百日安全活动”。坚持大项活动必有安全风险评估和一名主官现场督导，全程监察。3次组织专人对现役和民兵装备清理核查，逐枪逐弹核对数质量，确保账物相符，周密组织7200余发报废弹药安全调运交接。联合县公安局开展枪爆违法犯罪整治行动，组织全县人武系统干部开展安全骨干培训，确保安全弦常紧绷，安全阀拧牢实。

【脱贫攻坚】 定期组织干部职工下乡驻村，入户走访深察民情，联合驻村工作队帮助结对的17户贫困户解决若干实际问题。会同南岸、大足人武部在经济扶持和协助务工等方面帮扶9户涉军贫困户。采取进村入寨赠书、院坝座谈交流、军地支部结对共学互促等方式开展“志智双扶”系列活动，组织2次“关爱百姓”入村义诊扶贫。协调县交委优先安排650万元启动石盘乡香树村五个组通畅路工程。

民用防空

【民防运转】 2018年，彭水自治县着力推进“一网四系统”建设，将两个社区疏散基地纳入防空袭预案中。新增靛水街道、黄家镇、桑柘镇防空警报各1台。马峰疏散基地扩建项目进行完善验收，户户按照手册要求完善资料。10月12日至16日在全县组织开展“摩围金盾2018”人防专业实兵综合演练，涉及水、电、气、通信、消防、工程、医疗等共计14支专业队参加演练“6·5”防空试鸣日正常鸣放，鸣响率达100%。

2018年10月，在两江广场开展“摩围金盾2018”人防专业实兵综合演练

（县城乡建委　供图）

【应急保障】 县民防办在多地建立疏散基地，组建工程抢险专业队伍、防化防疫专业队伍、通信专业队伍、医疗救护专业队伍、救援专业队伍，以应对突发状况。

经济

农业

综述

【概述】　彭水苗族土家族自治县农业委员会位于彭水自治县绍庆街道阿依路99号，经2001年、2007年、2009年、2015年4次政府机构改革，整合原农办、农业局、农机局、农综办、乡镇企业局、种子公司等单位职责组建。现内设7个行政科室、4个直属事业单位（其中正科级事业单位1个，副科级事业单位3个），现有职工105人。

【种植业】　2018年，全县粮食作物播面8.4万公顷，产量32.5万吨。种植蔬菜1.2万公顷，年产量35万吨，年产值达5.2亿元。栽培食用菌2500万袋，产值2.5亿元。种植红薯2万公顷，实现红薯产量45万吨（26家生产主体加工鲜薯15.8万吨，生产淀粉1.1万吨，方便粉丝1.2万件），全产业链产值达6亿元。油料作物播种面积1.47万公顷，产量2.3万吨。种植烤烟5220公顷，收购烤烟8850吨，实现烟叶税5110万元。

【农业机械化】　全县农业机械总动力达到40.1127万千瓦。全年机耕面积8万公顷，机耕率达71.51%；机收面积1460公顷，机收率1.9%。农机综合水平29.35%，比上年提高0.85%。全县推广补贴农机具数量703台，受益户数687户，总补贴68.86万元。

【农村能源建设】　2018年，在善感乡农纲村2组建设农村能源综合示范项目一个。安装6米20瓦太阳能路灯25盏、安装省柴节煤炉10台。

【农业综合开发】　2018年，县农综办推进农业综合开发助推精准扶贫工作，实现争取上级农业综合开发财政专项资金3192万元。在农村基础设施建设方面，动工建设三义乡农业综合开发田园综合体项目、鞍子镇罗家坨村和善感乡周家寨村脱贫攻坚农旅融合项目、郁山镇白池村文昌片区红薯产业基地建设项目，完成高谷镇大青片区生态综合治理项目工程；在农业产业发展方面，投入财政专项资金支持2500吨红薯粉丝加工改扩建项目、150吨红薯淀粉加工新建项目和800头生态猪养殖扩建项目等农业产业发展项目建设。

【农产品质量安全检测】　2018年，组织39个乡镇农业服务中心工作人员进行检测培训，培训70余人次，全县开展农产品例行检测600个样品，同时全面完成市上下达的例行检测指标120个。

畜牧业

【概况】　2018年，彭水自治县全年出栏生猪

2018 年 8 月，新田镇马峰村现场抽样
（县农业农村委 供图）

50.2 万头，同比增长－11.1%；出栏肉牛 6.2 万头，同比增长－4.6%；出栏羊 8.1 万只，同比增长－8.9%；出栏家禽 230 万羽，同比增长－8.0%；中华蜜蜂保有量 10.8 万群，同比增长 24.1%。畜产品总产量达 53438 吨，蜂蜜总产量 800 吨，畜牧业产值达 15.8 亿元，同比增长 3.16%。

【项目提速】 2018 年，县畜牧发展中心组织实施涉及 179 个养殖户（场），涵盖健康养殖、生猪调出大县奖励资金、生猪良繁，中蜂、肉牛、山羊及特色养殖等产业项目；完成今年重点项目投资 750 万元；争取资金 904 万元，完成争资任务的 118.02%，保障产业发展；不断探索、总结项目实施经验，积极申报彭水中蜂蜜地标，最大限度发挥财政资金作用，助推产业发展和脱贫攻坚。

【监管提升】 2018 年，县畜牧发展中心做好生猪生产检测。完善黄家等 10 个监测村，20 个监测户的畜禽生产和市场供应动态监测及分析预警体系；确定靛水街道等 8 个乡镇（街道），10 个生猪规模场监测点，以及汉葭街道、绍庆街道两个大型农贸市场。及时、准确把握生产、市场的变化形势，促进生产的稳定性。做好动物防疫监管。落实兽医工作“三项制度”，开展全年春、秋动物免疫工作，共计免疫生猪 344720 头、牛 64396 头、山羊 62684 只、禽 1546668 羽，免疫密度达 100%。开展人畜共患病（H7N9、山羊布病）的专项防控和净化工作，监测 H7N9 血清学 3420 份、山羊布病 16270 份。强化重大动物疫病监测，开展 46174 份布病等重大动物疫病血清学检测、2830 份口蹄疫等重大动物疫病病原学监测。做好畜产品安全监管。规范开展检疫监督工作，截至 11 月底，共开展产地检疫生猪 20 余万头，屠宰检疫生猪 16.6 万头。开展畜产品质量安全监管工作，狠抓养殖场户（企业）监管和瘦肉精检测工作。加强流通、存储等环节的检疫监管执法工作，全年共立档 5 起、立案 11 起，结案 11 起（包括 1 起移交案件）。实施兽药二维码追溯体系建设，开展兽药减量化行动。做好非洲猪瘟防控。编制全县《非洲猪瘟疫情应急处置工作方案》，形成联防联控的工作局面。及时设立大垭等 16 个临时检查站严防外疫传入。参与排查，走访养殖场、户 112 家。开展生猪车辆备案工作，共备案车辆 125 个。加大非洲猪瘟期间执法力度，期间，共立档 5 起，立案 10 起，结案 10 起，处罚 2.4 万余元，无害化处理生猪 82 头。持续加强宣传力度，保持工作不松紧不懈怠，确保全县清洁无疫。

【生态提优】 全年完成 1.1 万头生猪当量污染防治工作。推进全县禁养区养殖场户关闭工作，制定《2018 年禁养区畜禽养殖场及专业户关闭实施方案》，报审涉及饮水源保护地、人口集中区、自然保护区核心区和缓冲区的 39 家畜禽养殖场（户）名单。持续推进全国第二次污染源普查工作。启动畜禽养殖废弃物资源化利用工作，对全县畜禽养殖场（户）（共 1450 户）清查并建档，编制《彭水自治县畜禽养殖废弃物资源化利用工作方案》《彭水自治县畜禽养殖废弃物资源化利用工作考核办法》，多方面争取资金推进项目。开展市环境保护集中督察反馈意见问题整改，其中问题突出的青龙堡养殖有限公司、荣翼生猪养殖场等畜禽养殖场整改完毕，苦中乐养殖场、军文养殖场正在按相关法律法规整改当中。

【脱贫攻坚】 2018年，中心深入开展深度贫困乡三义、大垭的畜牧产业扶贫工作。积极开展对口帮扶乡的扶贫帮扶任务，中心共安排35名职工作为帮扶责任人，每人对应联系3—5户，共计帮扶116户贫困户，其中安排6位同志分别到诸佛复兴村、清河村任驻村工作队人员。在产业项目制定上，有针对性的制定项目优先实施条件，本着“自愿发展，先建后补”的原则，规划落实中蜂、特色养殖等项目统筹资金271万元，不断促进助农增收。开展扶贫技术培训35场，培训人数1277人，完成任量的106.%。将所有贫困户饲养的生猪、山羊均纳入畜禽保险范畴、减轻贫困户的养殖风险。

林　业

【概况】 2018年，全县共完成各类营造林2.45万公顷，其中退耕还林0.67万公顷、疏林地及未成林地培育2666.67公顷、宜林荒山及无立木林地造林0.3万公顷、农村“四旁”植树133.33公顷、农田林网和特色经济林改造0.62万公顷、森林抚育1333.33公顷，圆满完成市对县考核任务。完成退耕还林欠账0.55万公顷，油茶整改0.33万公顷。森林覆盖率达57%。争取到上级财政资金28842万元。林业产值达32亿元。

【国土绿化提升】 2018年，彭水自治县加快推进退耕还林工程建设。坚持退耕还林工程与脱贫攻坚、乡村振兴战略相结合，创新发展思路，完善工作机制，务实推进退耕还林工作。共完成新一轮退耕还林0.67万公顷，全县累计完成2万公顷。大力实施荒山造林、封山育林等造林绿化工程。共完成疏林地及未成林地培育2666.67公顷、宜林地及无立木林地培育3000公顷、农村“四旁”植树133.33公顷、特色经济林改造6200公顷、森林抚育1333.33公顷。开展义务植树活动。2月22日，全县在市委、市政府的统一部署下启动春季义务植树活动。其中共有4500人在县级植树点栽植香樟、红枫、清脆李、碧根果等30万株，面积200公顷。分38个乡镇（街道）同步开展义务植树200万株。

【森林资源保护】 2018年，县林业局加强资源保护目标管理，层层签订森林资源保护目标管理责任书，确保各项工作落到实处。继续在林业重点乡镇和重点林区实行“中心护林员”管护模式，结合脱贫攻坚工作选用2411名生态护林员，健全管护网格。加强林地管理，以国家森林资源管理情况检查反馈问题整改工作为导向，大力开展“绿盾2018”和自然保护地大检查大整治行动，全面清理和查处非法占用林地的违法犯罪行为，进一步规范林地占用程序，禁止擅自破坏林地或改变林地用途的行为，守住林地“红线”。积极作为，主动服务全县经济社会发展格局。2018年，全县林地审批量占全市林地审批定额的10%。通过开展各种专项行动，全面加强森林资源管理，严厉打击违法占用林地、乱砍滥伐、严控乱采野生植物及乱杀滥捕野生动物等破坏森林资源的违法犯罪行为，维护林政秩序，确保森林资源安全。共查处林政案件215件，罚款341.5121万元，其中行政案件187件、刑事案件10件、信访案件18件，林政案件侦破查处率达100%。加强森林防火工作，全面排查整改火灾隐患，提升应急处置能力，实现森林火灾事故零目标。严防森林病虫害，全县林业有害生物成灾率始终控制在3‰以下，切实加强松材线虫病防控及防治工作。

【林业特色产业】 依托新一轮退耕还林，新营造核桃、青脆李、梨子、桃子等经果林0.52万公顷，打造66.67公顷以上经果林产业示范基地10

个，全县经果林面积累计达到1.37万公顷，经果林产业示范基地达到49个，全部投产后可实现年产值10.25亿元。发展油茶产业。2018年完成油茶产业基地建设0.17万公顷，累计建成油茶产业基地1万公顷，丰产、试产0.27万公顷。完成0.17万公顷善感乡油茶基地建设，建成全市油茶产业基地第一大乡，成为全市新发展油茶产业业主的“种植技术培训基地”，该乡的石盆村实现油茶产业户均增收4800元。发展森林旅游产业。2018年建成3个乡村旅游示范点及采摘体验园，发展8个“森林人家”，全县乡村旅游示范点及采摘体验园累计达到12个，“森林人家”发展47家，全年营业收入564万元。参与协办“大型系列主题公益活动绿色中国行—世界苗乡·美丽彭水”，加大彭水生态旅游宣传力度。

【生态扶贫】 2018年，县林业局与县扶贫办联合印发《彭水自治县林业生态扶贫专项工作方案的通知》（彭水林发〔2018〕24号）文件，明确全县林业生态扶贫政策。按照县委、县政府安排，林业局委派13名职工，分别派驻到5个乡镇7个村组参与脱贫攻坚工作。抓好联合乡产业扶贫工作。利用退耕还林在同连村打造生态林红豆杉基地200公顷，在河东村打造翠冠梨等经济林基地33.33公顷，在蔡家坝打造笋竹基地20公顷，在龙池村打造木本油料林基地等133.33公顷，项目总投资580.5万元。加快推进深度贫困乡三义、大垭的帮扶工作。在充分调研的基础上，根据三义、大垭的经济社会发展现状和农民脱贫需求，积极衔接市林业局争取林业产业项目，两个乡的林业生态扶贫项目投资共1496.864万元，其中三义乡983.91万元、大垭乡512.954万元。结合退耕还林工程，在三义、大垭建设100公顷经果林，在三义乡建设油茶基地66.67公顷；结合石漠化治理，在三义乡建设木本中药材基地266.67公顷。

【深化改革】 2018年，全县认真贯彻落实《中共中央、国务院关于印发〈国有林场改革方案〉和〈国有林区改革指导意见〉的通知》（中发〔2015〕6号）、《中共重庆市委、重庆市人民政府关于印发〈国有林场改革实施方案〉的通知》（渝委发〔2016〕15号）及全市国有林场改革会议精神，切实加强组织领导，创新工作思路，狠抓工作落实，有序推进国有林场改革工作。按照全市统一安排部署，彭水自治县严格按照《国有林场改革实施方案》要求开展国有林场改革工作，重点从落实改革主体责任、理顺运行机制、强化森林资源保护管理、完善保障体系建设、健全管理制度、加快产业发展等方面全面发力、多点突破、纵深推进。通过改革，国有林场在理顺体制、保障经费、改善民生、创新发展等方面取得新突破，为国有林场长远发展奠定良好的基础。2018年9月，彭水自治县国有林场改革顺利通过市级验收，验收成绩位居全市前列。

水　　利

【概况】 彭水苗族土家族自治县水务局为县政府工作部门，主要负责履行全县水利规划、建设和管理，水资源的合理开发利用和保护，防汛抗旱，水土保持，农村中小水电建设管理，大中型水库移民后期扶持等职能。全局共有编制142名，实有在编工作人员117名。机关内设办公室（县防汛抗旱指挥部办公室）、规划财务科、水务基建科（安全科）、水利科（河道科）、水资源水保科等5个职能科室；下设县水务工程管理中心1个正科级财政全额拨款事业单位，县防汛抗旱指挥中心、县水务综合执法大队、县大中型水库移民后期扶持办公室3个副科级财政全额拨款事业单位，保家水务站等15个正股级财政全额拨款乡镇基层水利服务站；其中，县防汛抗旱指挥中心、县水务综合执法大队2个事业单位纳入参照公务员法管理。

【重点工程建设】 2018年，风升水库工程大坝主体基本完工、调水工程完工、溢洪道完成90%、庙坝渠系完工；龙虎水库工程坝枢工程完工，启动工程施工，渠系工程隧洞累计开挖12.8千米（其中全长2054米的大堡隧洞已顺利贯通）；三江口水库完成大坝安全鉴定，力争完成蓄水验收；摩围山水库工程大坝、溢洪道、取水塔及附属设施完工；茨竹湾水库工程完成溢洪道开挖，库区土石方开挖52万立方米，迷水岩隧洞开挖至300米，取水洞开挖至650米，管道安装650米，弃渣场M7.5浆砌块石挡墙720立方米；吴家湾水库工程完工；雷公水库工程主体工程基本完工；靛水防洪排涝工程隧洞全线贯通；鞍子镇防洪排涝工程基本完工；彭水自治县保家特色工业园区堤防工程完成右岸上游段河堤挡墙砼浇筑，完成右岸下游段河堤堤身回填及砼浇筑；靛水新城乌江滨江段防洪护岸综合治理工程完成施工场地清表，场内施工道路2千米，征地拆迁工作基本完成；诸佛江鞍子何家坝至善感段（何家坝段）综合整治工程、后灶河重点河段综合整治工程、普子河清水河段综合整治工程、棣棠河棣棠太原段综合整治工程均完工；普子河支流白溪河保家镇河段综合治理工程启动施工招标工作；启动实施美丽家园项目、综合整治项目、道路交通项目、风貌改造项目、移民劳动技能培训项目等9个移民后扶项目；旗帜、薛家沟、牧羊寨3座小型病险水库除险加固主体完工；完成31座农村水电站生态问题整改，完成诸佛寺电站验收。完成2017年大垭坡耕地水土流失综合治理工程建设任务，完成2018年善感坡耕地水土流失综合治理工程建设任务，完成2018年乔梓乡水土保持重点工程招投标工作并开工建设，完成黄金堡煤矿渣场治理工程验收工作。

【防汛抗旱】 严格落实防汛抗旱行政首长责任制，建立县—乡—村三级防汛抗旱责任体系，汛前修订完善各类应急预案，组织开展应急队伍培训，强化隐患排查整改，建立隐患排查整改常态化机制，汛期认真落实24小时值班制度，及时会商预警，科学分析研判防汛形势和天气趋势，研究部署强降雨防御工作，提出有针对性的具体措施，2018年未发生人员伤亡事故。

【“河长制”工作】 2018年，全县完成乌江、郁江、新田河、普子河、诸佛江等河流划界1435千米；编制完成35条县级河流、25座水库、33条乡镇级河流、106条村级河流“一河（库）一策”实施方案；与武隆区、黔江区、酉阳自治县、丰都县签订跨界河流联防联控合作协议；组织开展河道采砂联合执法专项行动3次，依法关闭河道范围内非法采砂场4家。多次开展针对非法捕捞的专项行动，依法查处非法捕捞水产品行为10起22人。完善乡镇垃圾转运、处理设施，添置垃圾箱230个、手推车269辆、垃圾桶6029个。开展“清河一号”行动，出动船只517艘次，清漂人员1347人次，打捞水域漂浮垃圾和清理岸边垃圾6158吨；全面完成乌江万足弃渣场和芙蓉江网箱鱼等2件市级交办任务的整改；每月定期监测36条县级河流，67个跨乡镇断面水质，全部达到Ⅲ类以上水质，其中郁江、长溪河部分月份达到Ⅰ类水质。

2018年3月，彭水自治县县长石强（前排右一）巡河检查

（县水务局 供图）

【脱贫攻坚】 2018年，县水务局按照分片包干责任的原则，集中精力推动农村饮水巩固提升全覆盖工程建设。深度贫困乡大垭乡、三义乡饮水工程开工99处，完工84处，开工产业水源工程34处，完工28处。完成农村饮水全覆盖工程。计划实施饮水工程111个村1240处全面完工，安装引供水管道1100千米，巩固提升11.56万人饮水问题。

扶贫开发

【概况】 彭水苗族土家族自治县扶贫开发办公室位于彭水自治县汉葭街道高家台居委43号，成立于1990年。内设综合科、项目科、社会扶贫科和资金监督科等行政科室，下设有直属事业单位彭水自治县信息化扶贫服务中心1个。单位行政编制8人、工勤编制1人、事业编制13人，现有行政在岗人员10人、行政工勤在岗人员1人、事业在岗人员13人、抽调人员19人、临聘人员5人，公益性岗位5人。2018年，县扶贫办争取到位财政扶贫资金22005万元。

【政策机制】 强化政策措施。出台《彭水自治县关于精准扶贫精准脱贫实施意见》《彭水自治县"十三五"脱贫攻坚规划》《彭水自治县关于打赢打好脱贫攻坚战三年行动的实施方案》，制定《彭水自治县精准脱贫攻坚战实施方案》和产业、教育、医疗、基础设施、农村环境整治、生态环保等"1+23"工作方案，建立责任、政策、组织领导等8大体系，完善《脱贫攻坚领导小组议事制度》《统筹整合财政扶贫资金管理办法》《扶贫项目实施管理办法》《在脱贫攻坚一线培养锻炼干部办法（试行）》等35项制度机制，为推进脱贫攻坚工作提供坚实支撑。强化氛围营造。进一步统一思想认识。召开县委常委会18次、县政府常务会14次、县扶贫开发领导小组专题（扩大）会议14次和全县脱贫攻坚大会7次，将全县干部职工的思想行动统一到中央和市委脱贫攻坚决策部署上来。扎实开展"大学习、大宣传、大落实、大调研"和"大排查"活动，举办县级扶贫干部培训班9期，深入宣传学习习近平总书记扶贫重要论述和中共十九大精神，全面提升各级干部脱贫攻坚工作能力。

【产业带动】 2018年，县扶贫办探索推广股份合作、订单发展、联合经营等利益联结机制，在红薯、中药材等产业发展中全面推行订单生产、合同收购利益联结模式，推进财政扶贫资金股权化改革试点，促进各类经营主体和广大农户及贫困户联动发展，实现风险共担、利益共享。大力发展红薯、烤烟、畜禽养殖等现代特色效益农业，实现每个贫困村均有1—2个稳定增收特色产业，贫困户有1个以上的主要增收产业项目。全县烤烟种植面积0.52万公顷，签订红薯种植订单0.37万公顷，建成绿色高质红薯基地16个、食用菌基地6个，发展经果林0.25万公顷，种植中药材0.21万公顷，实现农业增加值157427万元。出栏生猪37.8万头、牛4.6万头、羊6.09万只，中华蜜蜂保有量10.8万群，建成20余个产业融合示范点。累计建成乡镇村电商服务站点324个，基本实现农村电商服务站点全覆盖，网络交易额达16亿元，带动10000余户贫困户增收。为10532户贫

龙射镇沿河村玉米丰收

（县扶贫办　供图）

困户发放扶贫小额贷款4.66亿元，有效助推贫困户产业发展。继续推进股权化改革，将财政投入农业产业项目资金部分量化到农村集体经济组织及成员。继续指导115个贫困村用好30万元的村集体经济发展资金，壮大村集体经济。

【人居环境】 2018年，全县大力实施交通、水利、人居环境整治等项目，切实解决群众出行难、饮水安全无保障等突出问题，贫困群众生产生活条件得到有效改善。实施农村饮水全覆盖工程1240处，完工997处；提高农村电气化水平，贫困村全部通动力电；完成“农村四好公路”建设项目117个，建成通畅公路294.8千米、通达公路145.6千米；完成入户人行便道建设510千米、农户院坝硬化102万平方米；实施C、D级危房改造313户，整治农村不安全住房1.63万户，完成改厨8300户、改厕10466户；基本实现乡镇及撤并场镇污水处理、农村生活垃圾治理全覆盖，全县行政村通畅率、自然村通达率、光纤覆盖率、电子政务覆盖率、4G网络覆盖率、村级便民服务中心规范化率均达100%。

【教育扶贫】 全年落实项目专项资金2.85亿元，改善薄弱学校项目69个，新建及改造面积12.6万

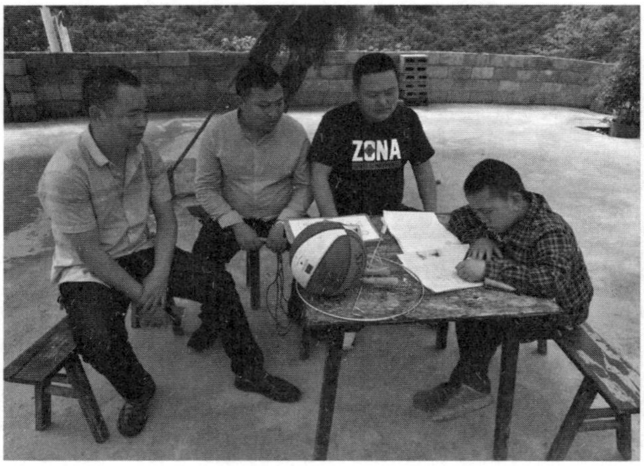

诸佛小学送教到家

（县扶贫办　供图）

平方米；充实教师队伍，新招录教师260名，特岗教师44名。健全完善贫困学生资助体系，做到学前教育到高等教育学段资助“全覆盖”，共计资助贫困学生24693人，资助金额1860.29万元，发放助学贷款7223人，贷款总额达5507万元。建立县级、乡镇（街道）、村组及学校“四位一体”的控辍保学机制，以“送教上门”为辅助措施，扎实开展辍学学生劝返复学工作，针对生活不能自理的残疾学生送教上门40人次。

【健康扶贫】 全年共投入6000万元用于基础设施建设、设备购置，进一步增强基层医疗卫生机构医疗卫生服务能力。依托重庆市三甲教学医院实现医学影像远程诊断，群众只承担一级医疗机构费用且足不出乡镇就能享受到三甲医院诊疗服务。精准服务对象分类管理，全面实现“三个一批”目标，核实核准因病致贫因病返贫11499人，核准率100%；185名大病患者得到集中救治；3663名建档立卡贫困特慢病患者实现签约服务管理，签约率达100%；19596名重病及其他疾病实现100%的兜底保障。发放医疗卫生扶贫补助2957.6万元，惠及贫困患者67427人次，建档立卡贫困患者住院自付比例为7.12%。继续发挥健康扶贫流动医院优势，进村入户上门开展送医送药服务，打通偏远农村群众看病就医“最后一千米”，健康扶贫救护车下乡3433次，开展诊疗14664人次，送药品金额达30644元，开展公共卫生服务57113人次，接受健康宣传72551人次，开展急救655人次，不断增强群众看病就医的获得感、幸福感。2018年彭水自治县健康扶贫工作获得全国医疗扶贫工作先进县表彰。

【就业创业】 2018年，县扶贫办积极搭建就业平台，以“春风行动”“就业援助月”“百企进村送万岗”为载体，在乡镇举办贫困人员专场招聘会9场，开展“送岗位、送政策、送服务”活动10次，帮扶引导1043名贫困劳动力就业。为贫困

人员发放创业担保贷款566万元，帮助61名贫困人员成功创业。积极落实“三支一扶”、求职创业补贴等就业优惠政策，确保在年底实现当年离校未就业贫困高校毕业生全部就业。强化扶贫技能培训，组织1488名贫困人员开展特色工种、岗位适应性等各类培训。

【东西扶贫协作和对口帮扶】 扎实开展东西扶贫协作和对口帮扶，加强与中央外办、民盟中央、市发改委帮扶集团、市城乡建委帮扶集团、市国资委帮扶集团、两江新区、山东聊城等沟通衔接，引导在彭企业、爱心人士参与扶贫，进一步形成政府、市场、社会协同推进的大扶贫格局。中共中央政治局委员、中央外事办主任杨洁篪亲自率队调研指导脱贫攻坚工作，协调资金5219万元用于全县农旅融合综合开发项目建设，实施完成鞍子镇罗家坨村和善感乡周家寨村农业基础设施提升项目一期工程。在民盟中央的大力支持下，凤升水库、龙虎水库临设及附属工程已全部完成投用。市发改委帮扶集团、市城乡建委帮扶集团用心用情、精准对口帮扶三义乡、大垭乡，协调到位市级以上各类资金约4.5亿元，指导规划、推动实施水利、交通、产业、教育、医疗等353个扶贫项目，2个深度贫困乡可持续发展的基础进一步夯实。市国资委、两江新区分别对口帮扶8750万元、5487万元，支持全县脱贫攻坚工作。开展东西部扶贫协作，全年双方对接交流6次，其中县委、县政府主要领导带队到聊城开展交流对接2次；签订《聊城市—彭水东西扶贫协作框架协议书》，编制完成《聊城市—彭水县扶贫协作“十三五”规划》，支持帮扶资金3175万元；互派优秀干部助推脱贫攻坚，党政干部挂职交流3人，专业人才技术交流37人。

【社会保障】 推进农村低保制度与扶贫开发政策有效衔接，按规定将13643名贫困人口纳入低保兜底。推行贫困重度残疾人护理补贴、重度残疾失能留守老人营养补贴和80岁以上高龄津贴，率先开展智力重度残疾人员集中托养。设立留守妇女互助基金300万元，组建2037个互助组、296个“妇女之家”，有效解决留守妇女安全保障问题。设立296个村（社区）“留守儿童之家”，筹资11万元建立外出农民工亲子交流基地，着力解决留守儿童健康成长问题。建立干部结对帮扶、定期走访、邻里守望等制度，着力解决留守老人孤独寂寞问题。

【廉政建设】 2018年，县扶贫办把作风建设贯穿脱贫攻坚全过程，扎实开展兴调研转作风促落实行动，深入推进扶贫领域腐败和作风问题、“不作为、慢作为”问题、大操大办婚丧喜庆事宜和借机敛财不正之风、公职人员违规参与工程项目建设突出问题、社会经济组织骗取扶贫财政补贴问题和C、D级危房改造专项清理整治工作，扎实开展“以案说纪、以案说法、以案说德、以案说责”警示教育，强化督查巡察和监督执纪问责，确保脱贫工作务实、脱贫过程扎实、脱贫结果真实。

工　业

综　述

【概况】　2018年，县经济信息委以习近平新时代中国特色社会主义思想为指导，坚持稳中求进工作总基调，全面贯彻新发展理念，按照高质量发展要求，积极应对产业结构调整和经济下行压力，着力稳增长、调结构、促改革、降成本，全县工业经济和信息化总体平稳、稳中有进、稳中向好。全年实现工业总产值55.34亿元，同比增长16.2%；实现全口径工业增加值35.56亿元，同比增长4.9%。

【工业经济】　2018年，全县实现规模工业总产值50.3亿元、同比增长15.9%；其中：能源工业21.91亿元、同比增长2.79%，建材工业6.98亿元、同比增长58.84%，健康食品加工业5.12亿元、同比增长30.41%，矿产品加工业5.31亿元、同比增长96.60%，轻工制鞋5.84亿元、同比下降18.88%，其他企业4.16亿元、同比增长33.46%。规模工业增加值21.64亿元，增加值增速4.2%，列考核组17个区县第9位，渝东南片区第3位。实现规模以上工业税收2.24亿元。

【工业投资】　2018年，全县完成工业投资13.7亿元，投资增速27.4%，增速列渝东南第1位、全市第5位；工业企业技改投资比重提高到30%，增速列渝东南前列。

【建材工业】　全县建材工业主要是以茂田能源开发有限公司为主的水泥生产企业，拥有新型干法水泥生产线2条，设计年产能200万吨，以宝霸石材、奥克混凝土为主的商品混泥土生产企业，设计年产能100万立方米。2018年实现规模以上工业产值7亿元，占全县规模以上工业的13.9%。

【矿产业】　主要是以欧尔矿业、渝东矿业、山润矿业等为主的萤石、重晶石生产加工企业，设计年生产能力达100万吨。2018年实现规模以上工业产值5.3亿元，占全县规模以上工业的10.5%。

【企业管理】　加强企业管理人才培训引领，促进企业管理人才能力提升。先后组团参加浙江大学的学习培训班，邀请市中小企业服务中心开展县内重点企业“上云”“上平台”和企业商业价值信用贷款融资等一系列培训，切实帮助企业解决融资难问题。利用全县工业和信息化大会，季度经济形势分析会等形式，邀请就业、社保、税务等部门对市政府“涉企减负30条”和涉企减负36条”等进行培训，共为企业获取市工业和信息化专项资金137万元，获取中小企业发展专项资金217万元，促进国家和市委、市政府一系列惠企政策落地生效。强化企地矛盾纠纷协调，全年共解决企业反馈问题17件，企业满意度达95%以上。

【信息发展】　2018年，县政府制定印发全县公共区域免费WiFi建设方案，预计2019年年底全县公共区域将实现免费WiFi全覆盖；全县新建基站320个，农村光纤入户普及率已达60%；建成移动“互联网村”4个（大垭3个、三义1个），申报大垭和三义2个“互联网小镇”；“提速降费”惠民政策有效落实，手机国内长途和漫游费全面取消。

【绿色经济】 2018年，规模以上工业健康食品、清洁能源两大产业实现产值28亿元，占规模以上工业总产值55.7%，规模以上非能源工业总产值增长28.5%，规模工业万元耗值能耗下降13.6个百分点，生态工业、绿色发展趋势明显增强。

电力工业

【概况】 国网重庆彭水供电公司于2003年成立，供区面积3903平方千米，范围涵盖39个乡镇、街道。有深度贫困乡2个（三义乡、大垭乡），公司全口径用工565人（全民员工323人、其他用工形式242人）。2018年全员劳动生产率28.57万元/人。人才当量密度1.12。高技能人才比例88.83%。公司设有9个部室、3个业务实施机构、代管2家集体企业（分别是重庆市中安电力开发有限责任公司、重庆润德供电服务有限公司彭水分公司）。公司供电客户21.9万户，占全县的100%，服务大客户1150户。供区内没有与公司有竞争关系的地方电力公司和售电公司。供区内并网的自备电厂1座（彭水县茂田能源开发有限公司自备电厂），容量0.9万千瓦，2018年发电量5457.91万千瓦时。并网小水电33座，容量6.36万千瓦。

【公司业绩】 2018年，面对复杂的经济形势、繁重的改革发展任务，公司上下深入贯彻习近平新时代中国特色社会主义思想和中共十九大精神，坚决贯彻国网公司和市公司决策部署，全面落实四届一次职代会暨2018年工作会议精神，各项工作取得新成绩。完成固定资产投资1.01亿元。完成售电量7.23亿千瓦时。综合线损率9.27%。营业收入3.82亿元，同比增长12.04%，资产总额7.89亿元。

【电网情况】 彭水境内有±800千伏线路2条，即将建设2条，500千伏变电站1座，220千伏变电站1座。彭水电网以220千伏彭水站为中心，110千伏变电站6座（含2座牵引站），线路15条/304千米，35千伏变电站10座，线路24条/381千米，经110千伏水湖线与石柱电网联网。所有变电站均实现双回路供电。10千伏线路76条（3414千米），公用配变3368台（51.65万千伏安），户均容量2.36千伏安。辖区内有小水电33座，装机6.36万千瓦，自备电厂1座，容量0.9万千瓦。2018年最大负荷16.25万千瓦，同比增长4.16%。2018年度夏期间最大负荷14.7万千瓦，呈现冬季负荷大于夏季负荷的特点。

彭水自治县110千伏新田变电站

（王玲川 摄）

【网络建设】 制定彭水电网建设三年提升计划，修编2018年配网规划和电网诊断报告。加快重点输电通道建设，完成四川白鹤滩—江苏±800千伏直流线路工程可研前期协议签订工作。加强政企联动，顺利解决张家坝－武隆220千伏线路工程施工受阻问题。靛水110千伏输变电工程、高谷、郁山110千伏牵引站等属地化项目协调推进，路溪滩电站35千伏送出工程开工建设，鞍子35千伏输变电工程完成形象进度30%。33项生产工程竣工投运，郁山、新田、关口等片区配电网结构进一步优化。治理90个“低电压”台区，改善5400

户居民用电质量。

烟草工业

【概况】 彭水自治县烟草专卖局（分公司）成立于1983年，设有14个科（室），6个烟叶工作站，有在岗职工407人。2018年共实现主营业务收入7.71亿元，实现税利1.83亿元。

【烟叶生产】 2018年，全县烟叶生产继续秉持“以满足工业需求为使命，与品规无缝对接”的理念，深入推进供给侧改革，持续抓好“机械化、特色烟、合作社”三大难点以及“壮苗优足、营养平衡、成熟采收、科学烘烤、专业分级、生态环保”六项重点工作。全年收购烟叶884.5万千克，实现烟农收入2.32亿元，烟叶税5110.6万元，同比增长5.81%；实现上中等烟比例100%，千克均价26.28元，同比增长21.6%，烟农户均收入10.5万元，同比增长43.58%。各项经济指标较2017年均有大幅提升，烟农满意度创近年新高。从工业企业反馈情况来看，2018年烟叶整体内在质量相比往年有明显提升，与工业需求契合度较高。

【专卖管理】 2018年共计查获89起案件，其中寄递渠道假烟49起，未在当地企业批发进货5起，无证运输9起，无烟草专卖零售许可证23起，销售假冒伪劣卷烟3起。共查获卷烟4421.1条，烟叶13425.36公斤，案值121.12万元。破获4起网络案，分别是市二级销售假烟网络案“3·15”，案值15万余元，判刑2人；市二级销售假烟网络案“12·28”，案值35万余元，判刑1人；市二级非法经营烟叶网络案“10·23”，案值22万余元，判刑1人；部级督办非法经营烟叶网络案“10·22”，案值370万余元，移送起诉15人。尚有2起网络案正在侦办之中。

【卷烟营销】 全年累计销售卷烟13641.5箱，实现销售收入43210万元，单箱结构3.2万元，同比增加0.16万元，增长5.3%。地产烟累计销售8777.7箱，实现销售金额18619.2万元；销售结构2.12万元，同比增长0.03万元，增幅1.7%；销售数量占份额64.3%，销售金额份额占份额43.1%。

【脱贫攻坚】 2018年，县烟草专卖局配合市委三义驻乡工作队和县委、政府推进三义乡的脱贫攻坚工作，拟在三义新建一个标准化烟叶收购点，占地0.35公顷，计划投入资金1000万元，旨在解决烟叶收购、仓储难题；捐赠三义烟草收购点给三义乡中心校用于扩建，以支持地方教育事业。定点帮扶万足镇廖家村，入村开展“一对一”扶贫，帮助该村建立村级卫生室解决看病难问题。其中一个贫困户通过种植烤烟，已于2018年成功脱贫。全年投入党建帮扶资金5.9万元，捐罗春梅教育基金2万元，用于帮助受灾烟农、困难两烟客户。

工业园区建设

【概况】 彭水工业园区于2006年1月经重庆市人民政府批准成立，位于彭水自治县保家镇鹿山居委1组，规划总面积7.6平方千米，首期启动实施4.3平方千米。现重点发展健康食品、特色轻工等生态产业以及战略性新兴产业。自2009年以来，已竣工建成铁路连接道大桥、郁江1号大桥；建成房屋17万平方米，其中标准厂房10万平方米、廉租房4万平方米、科技孵化楼3万平方米；建成道路8.9千米；建成市政管网21千米；建成自来水厂（日供水0.6万吨）、污水处理厂（日处理0.3万吨）；建成南岸桂园路居民安置点及郁江南岸防洪堤。建成区达1.6平方千米。2015年9月，按照彭水自治县委、县政府工作要求，工业园区实行“公司化运作”的工作机制，撤销管委会下属事业单位，将管委会部分职能职责交予园区实业公司履行。现园区管委会核定行政编制2名，负责园区重大事项的决策、重点工作的研究部署、园区发展方向的把握，与园区实业公司实行“一套班子、两块牌子”的运作模式。园区管委会设主任1名（县领导兼任），副主任4名（兼职常务副主任1名、兼职副主任3名）。园区建设实业公司配备董事长兼总经理1名，副总经理3名，总工程师1名，内设综合部、党群服务中心、财务部、招商部、内审部、土地管理部、工程建设部、物业管理部、安全环保部共9个部室以及彭水自治县泰安实业有限责任公司、彭水洁安物业管理有限公司2个子公司，负责园区建设经营管理。园区建设实业公司现有干部职工82名，其中，领导班子5名，县国资局委派人员25名，县财政局借调人员1名，招聘人员41名，劳务派遣人员10名。

【招商引资】 县工业园区实现招引落地实体企业10家（重庆展宏贵金属有限公司、重庆市铬帅服饰企业贸易有限公司、重庆启航箱包有限公司、重庆恒升服饰制造有限公司、重庆火吉健康产业有限公司、重庆市椒贵生物科技有限公司、际华三五三九制鞋有限公司、重庆摩西机器人有限公司、杭州盘盘乐塑料制品有限公司、重庆保地钢结构制作安装有限公司）。招引总部经济企业580家。

【产业发展】 截至2018年12月底，共有入园实体企业38家，正常生产企业13家，季节性生产企业5家（正常生产3家，停产2家），处于半停产企业2家，常年停产企业5家，筹备、建设中企业13家。纳入园区统计企业45家，全年完成工业总产值284206.63万元，同比增长38.37%；工业增加值85261.99万元，同比增长38.37%；规模以上工业产值243936.86万元，同比增长31.52%；规模以下工业产值40269.77万元，同比增长102.07%。固定资产投资完成53531万元，其中基础设施建设项目5947万元，工业产业化项目47584万元。培育规模以上企业2家（凯蒂斯实业公司、宏绿食品公司）。

【基础建设】 全年新建、续建项目共计3个，完成投资11420万元，其中，北岸堤防工程二标段（右堤K0+000~K1+287.3）完成投资约5379万元、北岸堤防工程一标段（右堤K1+287.3~K3+560）完成投资约5661万元、园区北岸污水管网及提升泵项目完成投资约380万元；出让土地1.33公顷，完成北岸大河坝村2组36户、9799.82平方米的房屋拆迁，兑付补偿费用1805万元。

2018年建设竣工的北岸河堤

（县工业园区　供图）

【资产运营】 2018年，公司资产总额21136.8万元；所有者权益71388万元；实现收入12581万元，其中成本费用支出9707万元，净利润2874万元；完成税收入库2.1亿元，其中总部经济税收入库1.6亿元；国有资产保值增值率达104.98%；资产负债率65.84%；完成国有资本经营预算收益16483951元。完成融资7.65亿元（重庆银行贷款1100万元、民泰村镇银行贷款400万元、农发行贷款7.5亿元），其中：银行到期还本付息率达100%。

【债务化解】 与重庆兴农融资担保公司就三恒生物公司借款担保合同纠纷执行案签订《执行和解协议》，市高级人民法院解除对园区公司采取的限高令、查封土地厂房、冻结公司银行账户等系列措施；与重庆城建集团就民间借贷纠纷执行案签订《和解协议》，重庆第五中级人民法院解除对园区管委会及负责人的所有强制措施并撤出失信被执行人黑名单；与重庆能投集团就分期偿还出口基地建设项目贷款本息垫付款事宜协商，并签订《还款协议》；与彭水自治县凯迪绿色能源开发有限公司就生物质电厂项目土地预付款退还事宜协商，并签订《退款协议》；与重庆兴农融资担保公司就家和琴森木业公司借款担保合同纠纷案，达成和解意向。

【安全环保】 2018年，县工业园区落实责任，健全安全环保工作机制；每月召开企业安全环保工作例会；开展安全环保隐患排查125次，整改率达95%；限时完成中央、市环保督查反馈问题的整改。办结群众来信来访12件，办结率100%。

【企业服务】 全年实行“一对一”服务机制；主动帮助协调企业享受优惠扶持政策；帮助企业以商招商，寻找合作商机，盘活停产企业；协调解决企业生产经营过程中遇到的困难和问题；加大对企业的管理（腾笼换鸟2家，正在依法申请强制撤退2家）。

【精准扶贫】 县工业园区选派61名干部职工深入保家镇龙河村、大堂村“一对一”帮扶贫困户；投入资金45万元支持帮助龙河村、大堂村便民服务中心完善设施建设；为贫困户捐赠保暖服装366件；引导入园企业为贫困户提供就业岗位520个。

商贸旅游业

综　述

【概况】　2018年，彭水自治县商务工作在县委、县政府的领导下，在市商务委的指导下，坚持以习近平新时代中国特色社会主义思想为指导，全面落实中共十九大精神，紧紧围绕“两点”“两地”定位，坚持稳中求进工作总基调，全面贯彻新发展理念，促进商务工作发展质量变革、效率变革、动力变革，推动商务经济高质量发展，实现年初既定目标任务。全年实现社会消费品零售总额65.8亿元，同比增长13.3%，增速列渝东南第1位，渝东南渝东北17考核区县第6位；批发零售业商品销售总额154.6亿元，同比增长16.6%，增速渝东南第1位，渝东南渝东北17考核区县第3位；住宿餐饮业营业额19.6亿元，同比增长14.6%，增速列渝东南第1位，渝东南渝东北17考核区县第3位。

2018彭水秋季大型汽车博览会

（县商务委　供图）

【工业品商业】　全县发展商业网点20067个，解决就业人口16.05万余人，其中批发零售网点16540个，餐饮住宿网点3527个。在家用电器、建材、汽车、住房、旅游等消费热点的带动下，消费市场保持良好的运行态势，实现社会消费品零售总额65.8亿元。

【副食品商业】　招引湖南佳惠和国农优鲜2家大型商超入驻彭水；努力打造“龙须晶丝苕粉”“紫苏油”等农产品区域公共品牌；升级改造城区菜市场2个，规范乡镇农贸市场和城区菜市场管理，新建冷链物流农产品集配中心4座。全面完成“全国第二批电子商务进农村综合示范县”项目建设，出台并深入推进落实《彭水自治县深化实施电子商务扶贫行动方案》，完成电商体系建设。全县累计建成乡镇村电商服务站点324个，建成贫困村电商服务站点70个，基本实现农村电商服务站点全覆盖。建成1个电子商务服务中心，建立“彭水赶场”微信公众号，完善“彭水赶场”网货

正在营运的电子商务网货加工中心

（县商务委　供图）

中心功能，加快网货基地建设，加强质量检测，助推产业发展。“彭水赶场”采取“电商+基地+农户”的发展模式，支持帮助贫困户发展生态种养、电商销售，增强贫困户内生发展动力，突出“电商扶贫在行动，百店上行助脱贫”主题。全年全县实现电子商务交易额25亿元，其中农产品网络上行销售3.3亿元，带动8000余户贫困户实现增收。

【饮食服务业】 2018年，县商务委依托旅游资源，大力实施商旅联动。提档升级2条美食街；举办2018·第三届渝东南生态民族旅游文化节暨九黎城美食节、第八届乌江流域特色农产品暨美食展等美食展会活动，评选“苗乡最佳特色美食”和“苗乡最佳特色小吃”，进一步修订完善《苗乡特色菜谱》；积极培育农家乐，评定星级农家乐10家，全县星级农家乐达150余家。

【粮油商业】 2018年，全县完成43个粮食应急网点建设；完成5220吨市级储备粮、6500吨县级储备粮、200吨应急大米的储备。认真做好全县粮食安全行政首长责任制考核工作，每月开展市级、县级储备粮及市级应急大米粮情检查工作，密切关注各级储备粮的粮情情况，排除各种储粮安全隐患，做到“粮安、库安、人安”。强力推进加油站、点建设，加大对成品油、液化石油气的储存力度和对市场的监测力度，全县累计建设加油站、点36个，石油液化气经营点46个，成品油储备能力达到3500吨，液化石油气储备达到120吨，应急物资储备达到20种，增强了保供服务能力。

【对外贸易】 积极发展开放型经济，打造外贸出口“三合一”示范区建设，打造出口红薯及其制品质量安全示范区。新培育外贸企业3家，全年实现外贸进出口额905万元，超额完成市对县考核目标任务（500万元）。其中跨境电商交易150万美元；外派劳务输出56人。

供销商业

【概况】 彭水苗族土家族自治县供销合作社联合社位于汉葭街道石嘴街120号（县供销大厦3楼）。核定事业编制14名（参照公务员法管理）；领导职数设主任1名，副主任3名；内设机构领导职数设办公室主任1名，科长3名；县社机关实有工作人员21人，其中：参公9人、机关工勤1人、事业人员5人、总公司聘请人员6人；内设办公室、资产财会科、经济发展与信息科、合作指导科。社属企业有县供销社总公司、祥宏烟花爆竹公司、彭峰农资公司、桐君阁大药房彭水中心店、富鼎金属回收公司。2018年，县供销社以脱贫攻坚为统领，坚持稳中求进工作总基调，坚持新发展理念，坚持为农服务宗旨，充分发挥供销合作社独特优势，围绕全县脱贫攻坚大局，落实乡村振兴战略行动计划，全面深化供销合作社综合改革，在推进供销合作基层体系建设、增强基层社服务能力、提高为农服务成效、社有企业改革发展等方面取得了新成绩，供销工作全市考核首次进入全市前十名，名列全市第九。

【供销综合改革】 2018年，系统实现销售总额17.9亿元，完成目标任务的100.67%，同比增长20.8%；农产品经营额2.6亿元，完成目标任务的116.6%，同比增长45.73%；“强化基层社合作经济组织属性”专项试点工作推进有力有序，组织各乡（镇）街道开展专题培训41场次，培训乡（镇）街、村干部1091人，核查各类合作经济组织1341家，登记常住农户120312户、“入社入会”93946户，“入社入会”率达78.08%。

【基层组织体系】 2018年，围绕全县农业产业发展布局和农业市场发展需要，县供销社培育农业产业发展市场经营主体，引领发展农民专业合作社72个，其中股份合作社7个，培育14个县级示范合作社；按“政府主导、供销主办、股份制形式、市场化方式”原则，恢复重建连湖镇、鹿鸣乡、走马乡等11个乡镇基层供销社，累计达到30个，以基层社为依托新建村级综合服务社49个，全县累计达107个，将村级综合服务社建成基层社的直营店、加盟商，与基层社形成配送关系，全面开展为农经营服务，在渝东南率先实现乡镇供销为农服务全覆盖。

【服务水平】 2018年，县供销社指导县农民合作社服务中心签约服务199家农村合作经济组织，为其提供财务代办、报税、工商年检等服务，开展政策、技术等咨询1100人次；举办合作经济组织负责人培训班培训70人次，提升其经营管理能力；创新开展农村合作金融服务，搭建农村合作金融平台，配合市农信公司对19个专业合作社进行资信考察，为13个农民合作社提供融资贷款525万元，有效缓解合作经济组织融资难题；以基层社为依托，组建黄家供销合作社农业社会化服务队、大同镇林祥机耕队、梅子垭供销合作社农业社会化服队等6个农业社会化服务组织，开展农作物机耕机收服务535.47公顷、统防统治（无人机植保飞防服务）360公顷、收购各类农产品2.3万吨，配送各类农资到村社近2万吨。

【污染防治】 完善再生资源回收乡、村两级网络，新建再生资源回收站（点）12个，网络覆盖面达到30%以上，回收废旧农膜10.2吨，发挥供销社在参与乡村振兴助力美丽乡村建设中的独特作用。

【脱贫攻坚】 2018年，县供销社结对帮扶三义乡农合村28户建卡贫因户，选派干部担任三义乡小坝村驻村工作队长和汉葭街道双坪村驻村工作队员，为小坝村和双坪村资助工作经费6万元。积极参与深度贫困乡脱贫攻坚，完成三义乡、大垭乡基层社恢复重建，开展为农服务经营活动，指导基层社和合作社以参股、领办等方式发展农民合作社29个（三义乡19个、大垭乡10个），实现行政村全覆盖，支持三义乡、大垭乡产业发展资金80万元发展农业产业。

石　油

【概况】 中国石油天然气股份有限公司重庆销售分公司黔江彭水经营部（简称中国石油重庆销售彭水经营部）前身为重庆石油集团彭水自治县石油公司，2002年3月，企业经营体制实行改革，正式更名为中国石油天然气股份有限公司重庆销售分公司黔江彭水经营部。经营部机关办公地点位于彭水自治县汉葭街道黔中大道8号。机关下设机构1科1室，即营销管理科，综合办公室。下辖外河坝等12座运营加油站，截至2018年12月在册职工107人，主要经营汽油、柴油、润滑油和非油。

【经营业绩】 2018年，实现销售总量55850吨，完成预算进度99.2%，欠计划450吨。同比56069吨，减少219吨，减幅0.39%，其中：机加完成49821吨，完成预算50500吨进度的98.65%，同比50334吨，减少513吨，减幅1.02%；直销完成6029吨，完成预算5800吨进度的103.94%，同比5735吨，增加294吨，增幅5.12%；发卡3421张，完成计划进度的54.95%，欠4079张。共计储值9157.58万元，完成计划进度的67.87%，差8832.42万元。卡销比34.5%，卡折扣190.12万元，使用率76.05%；实考核利润完成1102万元。

【安全工作】 全年落实“一岗双责”制度，强化责任落实，层层签订安全环保责任书，严格监督，严肃考核；落实日周月巡检制度，严格执行散装汽油“三实”管理制度，取缔夜间汽油自助加油模式，杜绝直接用加油卡灌装散装汽油的情况发生，确保安全；开展各项安全活动（大排查、大整治、高温汛期、安全生产月、反“三违”“3·15”等活动），增强安全意识；加强设施设备的维护保养与检测，定期开展“三防”检测、加油机检定、油气回收设备检测；加强隐患排查与治理，以量化考核为抓手，实行双闭环管理。全年组织安全大检查23次，查出隐患53起，整改率100%。

【营销策略】 2018年，经营部将油卡非润一体化营销作为基础，提前着手抓好全年任务预算工作，将业绩指标层层分解下达各加油站。强化经营指标日监测、周分析、月总结，加大竞争激烈区域关注力度，做好销量上升下降原因分析，积极对症施策，从严从细从实做到位，促进扩销上量增效益。突出零售创效这个核心，提前部署启动了“聚力大干90天，确保首季开门红”活动，抓住春节务工返乡、节日旅游过境车辆增多的有利时机，深化旺季促销奖励工作，随着私家车迅速增长，汽油销售同比增幅明显；特别是节假日销售更加突出（国庆期间销售汽油619吨，同期475吨，同比增加144吨，增幅30.32%）。优化完善《直销业务绩效考核方案》，及时利用油价上行有利契机，直销业务不仅实现旺季旺销，同时刷新历史最好纪录。优化完善机关非油促销办法，开展四季主题促销、“十惠”等促销活动，加大开店力度，积极探索非油销售新模式，将线上线下、油卡非润深度融合。强化卡营销工作，积极采取措施，灵活折扣率，锁定大客户，持续提升卡销量和卡销比。

【网络建设】 2018年，经营部完成下塘不动产权证办理，强化合规经营；完成关口加油站现场接油沟、消防设施等项目的整改，保家加油站防渗管沟、管线及卫生间项目的整改；完成下街住宿楼三供一业改造工作。

【规范管理】 以纯枪为中心，围绕“打造强大现场，服务创造价值”，狠抓现场服务，践行开口营销，提升常态化水平，提高大站销量，优化小站运行，推进精细化营销和差异化服务，创新开展油卡非润一体化促销，以品牌、形象、管理、服务抢夺客户、抢占市场，最大限度提高零售市场份额，提升加油站创效能力。全面参与重庆、黔江公司开展的各项非油促销活动，不断提升店销质量，为任务完成打下了坚实的基础。组织开展拉网式检查，完善基础台账，堵塞管理漏洞，狠抓整改落实，提升加油站基础管理水平。加强加油站稽查力度，落实班前会，引导员工学习销售技巧，熟练运用开口营销，全面推广微笑服务，依靠优质服务提升销量和品牌形象。重视神秘顾客访问，强化客户投诉管理，添措施，补短板，切实解决低、老、坏等“老大难”问题。全面推广“6S+服务”管理，落实加油站“十二字方针”，开展站级文化打造，将重点放在经营部主城站点以及机关，打造整洁有序的工作环境，营造便捷热情的卖场氛围，塑造安全规范的作业现场，不断提升“中国石油”软实力。开展资产清查盘点、资金安全自查、发票管理和卡业务专项治理，建立台账，规范流程，合规运行，不留死角，不断盘活存量和低效资产，使资金管理安全受控。加强财务工作指导，开展好培训、督导与检查，提升财务基础管理水平。加强成本费用控制，强化预算执行情况监督，对各项关键费用进行重点监控，加强各加油站指导，分轻重缓急合理安排，提前计划，月结月清，确保全年指标均衡支出。

经济合作

【概况】 彭水苗族土家族自治县投资促进服务中心为县发改委举办的正科级公益一类事业单位，主要负责统筹、指导、协调全县招商投资促进工作，负责协调落实招商投资各项优惠政策，负责落实签约项目的跟踪服务，协调相关部门为外来投资者提供优质、规范、高效、便捷的服务。

【经济合作】 2018年，通过积极“走出去 引进来”，中心共策划包装重点招商项目180余个，招商落地在建项目34个、计划投资80.3亿元；实际利用内资12亿元、同比增长19.8%，列渝东南片区第一位；招商引资落户企业贡献税收2.1亿元。

西洽会彭水展厅现场
（县投资促进服务中心 供图）

【重点工作】 2018年，彭水自治县成立了以县长为组长、各分管副县长为副组长的招商引资工作领导小组。各责任部门主要负责人亲自抓，明确分管领导和业务人员具体干，个个招商、人人服务的工作氛围进一步浓厚。确立了、每月25日定期召开招商工作例会的协调工作机制。组建招商集团。结合县域经济特点和产业特色，组建了特色农业、生态工业、战略性新兴产业、商贸流通、旅游文化、新城开发及基础设施6个产业招商集团，由县政府分管领导分别挂帅抓招商。按照产业分类，把外出考察和接待客商、在谈招商项目、签约项目、新开工项目等，分解到责任部门，落实给责任人员，每月（10日、25日）分别报送各项目跟踪服务推进情况。招大引强，瞄准世界500强及中国500强、知名央企、实力民企以及行业领军企业，跟踪投资动向，组织小分队精准招商，引进世茂集团、颐高集团、太平洋建设集团、上海红星美凯龙等等知名企业到彭水投资考察并达成项目合作。

旅　游

【概况】 2018年，全县旅游系统聚焦全市“山水之城·美丽之地”目标定位和“行千里·致广大”价值定位，坚持把旅游业作为全县生态经济发展的第一支柱产业，围绕建设全国知名民族生态旅游目的地目标，立足“品牌引领、活动助推、全域建设、特色发展”，按照全市、全县旅游发展大会以及年初全县旅游工作调研座谈会部署，加大景区开发，紧盯品牌创建，完善产业要素，强化宣传促销，提升服务质量，全年接待游客2500万人次，实现旅游综合收入110亿元，旅游经济持续保持良好发展势头。

【旅游产品】 彭水旅游资源丰富，种类繁多，个性鲜明，涵盖8大主类、23个亚类、48个基本类别、793个单体，主要表现为：浓郁的苗乡风情，有以苗族先祖蚩尤部落文化为载体的蚩尤九黎城和苗族《娇阿依》为代表的原生态民族歌舞；优美的自然山水，是重庆市“水利能源基地县”和“森林资源大县”，最具代表的有阿依河、乌江画廊、摩围山等生态旅游产品；悠久的历史文化，郁山古镇是盐丹文化的诞生地和黔中文化的发源地，此外，还有独特的羁縻文化、神秘的宗教文化、惊心的流放文化。

阿依河：原名长溪河，因国家级非物质文化遗产《娇阿依》而得名，是重庆著名“爱情治愈圣地”“清凉胜地”，国家级AAAA景区，有“巴渝新十二景”“全国民族文化旅游新兴十大品牌”“游客最喜爱的旅游景区”“全国最佳自驾游线路”之称。景区分为3个观光游览区（峡谷观光区、步游观光区、竹筏观光区）、2个休闲度假区（接待中心民族风情休闲度假区、牛角寨民族风情休闲度假区）、2个体验区（漂流体验区、户外体验区)、1个激情漂流区、1个特色商品服务区。对外开放的游览项目有8大项目：峡谷听音、竹筏放歌、碧潭戏水和浪遏飞舟、情定苗寨、天梯、青龙洞和青龙谷等。尽显千年不变的美丽，堪称重庆一绝。

阿依河竹筏放歌

（县文化旅游委　供图）

蚩尤九黎城：蚩尤九黎城位于彭水自治县亭子坝，东经摩围山隧道与彭水老城区相连，南接彭水新城，北至乌江并与湘渝高速下线互通，是国家AAAA级旅游景区，是重庆市首个以苗文化为主的旅游景区，由40余处单体景观建筑构成，是集历史、文化与休闲为一体的核心景区，是渝东南地区旅游廊道上的一颗璀璨的明珠，世界最大苗城之一。主要景观有九道门、九黎宫、蚩尤大殿、盘瓠大殿、蚩尤神府、百戏楼、妈妈阁、百苗长廊、演武场、七十二行街、九黎神柱、蚩尤循道、辛女洞，还有沿着山脊展布的北斗七星亭、接龙桥、接缘桥等，再现九黎部落、蚩尤王城的繁华胜景。其中九道门、九黎宫、九黎神柱创造了3项世界基尼斯纪录。

摩围山：摩围山位于彭水南部，地处茂云山国家森林公园核心区，是国家AAAA级景区，森林覆盖率91%，平均海拔为1400米，年平均气温14.9度，已开发飞云口、情人谷、双林景观、豹头崖、云顶寺、少数民族传统体育训练中心等产品，获“中国森林氧吧”“全国十佳文化生态景区”“全国生态文明景区”“环渝地区最受网友欢迎自驾游目的地”称号。春天山花绽放，香气四溢；盛夏阳光和煦，碧空如洗；深秋薄雾浓云，变幻莫测；隆冬玉树银花，流光溢彩。这里轮番上演金银花海、林涛送爽、彩林果香、茫茫雪原，是夏季避暑、冬季赏雪的好去处，有“休闲度假圣地”之称。

摩围山林海

（简文相　摄）

乌江画廊：乌江源于贵州，全长1050千米，在涪陵区汇入长江。乌江画廊，高峡平湖，奇雄险秀，是诗画长廊、历史长卷、风情走廊，随船而行，一步一景，美不胜收。彭水境内流长64千米，集长江“瞿塘之雄、巫峡之秀、西陵之险”于一体，犀牛、马峰、庞公3峡雄奇峻美，万足、鹿角柔美妩媚，有“平湖奇观、天下一钓”之誉，为观光体验、休闲度假之胜地，清代诗人翁若梅曾叹：“蜀中山水奇，应推此第一！”

【旅游景区建设和管理】　推进全域旅游体制改革，初步形成“1+3”旅游管理格局。乌江画廊成功创建国家AAAA级景区；有序推进兴隆苗寨、太原碧水清泉冷水鱼基地、鞍子苗寨等国家AAA级景区创建工作；蚩尤九黎城被国务院台湾事务办设立为海峡两岸交流基地，并获“首批国民休闲旅游胜地·民族（民俗）特色胜地”称号；被命名为“第四批市级干部教育培训现场教学基地”；摩围山景区被评为“2018 重庆十大康养圣地”。

【旅游市场开发】 2018 年，彭水自治县旅游系统统筹整合政企平台，借力官方媒体资源，借势节赛、招商等各项活动影响，充分利用电视媒体、网络媒体、新媒体等全媒体平台，精准实施“一次刷脸，终身免费”旅游促销活动，不断提升彭水旅游形象。在国家级、市级以上主流媒体刊播稿件 126 篇次，市级以上网络媒体刊发稿件超过 620 篇次，县内媒体组织刊发稿件 830 余件，进一步提升了“世界苗乡·养心彭水”“中国爱情治愈圣地”品牌的知名度、美誉度和影响力。加强与境内外旅行社合作，制定节假日优惠政策，推出生态游、探险游、研学游等精美旅游线路，全年组织参加市内外旅游推介会 60 余次，开展大型集中踩线采风活动 20 余次，与 30 家旅行社签订合作协议，接待一次性超 300 人大团 512 个。

重点企业

福冠公司

【概况】 重庆福冠投资有限公司（以下简称福冠公司）是县属国有企业。自 2014 年 10 月成立以来，公司秉承“管理增效益、质量求生存”发展理念，严控建设成本，严守廉洁纪律，树立良好民生企业形象。2018 年，公司有员工 260 人，内设职能部门 17 个：综合部、党群政工部、财务融资部、内审部、计划经营投资部、总工办、征地拆迁部、教育工程管理部、交通工程管理部、水利工程管理部、质量安全部、园林绿化部、施工经营部、工程质量检测部、农林产业经营部、材料管理部、资产（机电）管理部，参股重庆市彭水自治县龙凤水资源开发有限责任公司。

【公司业绩】 公司秉承“服务社会民生、造福子孙后代”的核心价值观，突出保稳定、保质量、保安全工作思路，用勇于担当的国企责任，建造节约、高效、优质民生工程，连续 4 年实现公益类项目投资 5.5 亿元以上，2018 年度县级安全生产工作目标考核名列企业组第 1 名。

【国企改革】 截至 2018 年，第二轮县属国有企业改革涉及福冠公司任务基本完成。福冠实业、自来水、三江口、乡镇供水公司顺利移交县城投公司；禹黔水务公司整体划转县水务局；完成智彭阳乐公司退股、吴凤公司注销；将原福冠集团公司、康发公司、春森公司进行“三合一”整合重组，人员分流安排到位，内设部门及职能设置完成，宏禹水务公司、牧业公司注销，龙凤公司转股、康发检测公司出资人变更完成。通过第二轮县属国企改革重组，福冠公司定位为全县唯一的政府公益类项目投资公司，职能职责为：承担县政府公益类项目投融资职能，同时从事建筑施工、园林绿化、公路工程质量检测、农林牧产业化经营等业务。

【经济运行】 截至 2018 年 12 月底，公司资产总额实现 111.45 亿元，同比增长 2.46%；负债总额 68.12 亿元，所有者权益 43.33 亿元，资产负债率 61.12%；完成营业总收入 3.37 亿元，实现利润 4616 万元，国有资本收益完成 1006.96 万元，上缴税金 3472 万元。

【项目建设】 2018 年，福冠公司新建、续建公益类项目 81 个，累计完成投资 5.55 亿元，其中教育项目完成投资 0.88 亿元，水利项目完成投资 2.73 亿元，交通项目完成投资 1.94 亿元。新城示范幼儿园工程全面完工并交付使用，思源实验学校迁建工程中学部、小学部交付使用，普子幼儿园全面完工；水泥厂至九黎城区段滨江路工程主体工程全面完工，保家镇至乔梓乡改扩建工程基本完工，G211 鼓楼至酉阳界路面改造工程（一期）实现交工验收；吴家湾水库、雷公水库、棣棠河棣棠太原段综合治理工程全面完工，龍水防洪排涝工程隧洞全面贯通，2017 年坡耕地水土流失综合治理工程大垭项目区坡改梯成型。

新城示范幼儿园

（福冠公司　供图）

【脱贫攻坚】　2018 年 10 月—12 月，按照县上工作安排，福冠公司陆续接管大垭、三义深度贫困乡建设项目 46 个，主要涉及人居环境改造、通畅公路、安置点、便民服务中心、卫生院、幼儿园等项目建设。为推进项目建设进度，助力早日实现脱贫摘帽目标，公司制订《三义和大垭深度贫困乡脱贫攻坚项目实施方案》，成立以公司董事长徐中伟同志为组长的专班工作组，下设三义乡项目工作小组和大垭乡项目工作小组，工作小组成员轮班驻扎两个乡镇。专班工作组齐心协力，多次深入乡镇对接协调、调查研究，多次召集中介单位、施工单位安排部署，落实任务及时间节点，彻底改变接管前管理混乱、没有审批、没有合同、设计盲目、协调脱节、建设滞后的局面。

九黎集团

【概况】　重庆九黎旅游控股集团有限公司原名彭水自治县江汇国有资产经营有限责任公司，是彭水自治县政府批准成立的国有控股企业。公司成立于 2006 年 4 月，注册资金 9 亿元，总资产 84 亿元，主要承担彭水旅游、文化产业投资融资、建设营运，旅游度假区开发等职责。公司现有职工 2000 余人，内设综合部、政工部、财务部、投资部、资产部、工程部、安监部、内审部、文创部、营销中心 10 个部门，下设重庆中业投资集团、彭水九黎文化旅游投资、彭水摩围山旅游开发、彭水盐丹旅游文化开发、彭水九黎旅游运输、重庆娇阿依民族艺术团、重庆江汇建设工程、彭水同创保安 8 个全资子公司，控股重庆九黎旅游股份、彭水兴农担保 2 个公司，参股重庆彭水民泰村镇银行。

【公司业绩】　公司秉承“责任、智慧、发展、健康”企业精神，以实现社会效益与经济效益最大化为目标。2018 年实现资产总额 100 亿元，接待游客 150 万人次，旅游收入 6 亿元；预计 2022 年实现资产总额 200 亿元，接待游客 300 万人次，旅游收入 15 亿元，基本实现公司组织集团化、形式资本化、运行市场化、管理智慧化的现代大型旅游投资集团发展目标。为彭水实施“大旅游、大品牌、大市场、大发展”战略，加快旅游精品建设，创建旅游知名品牌，努力建成中国知名的民俗文化生态旅游目的地作出积极贡献。

【项目建设】　截至 2018 年 12 月，公司工程建设项目 19 个，其中在建项目 10 个（已完工项目 5 个），正在进行前期手续办理和征地拆迁项目 9 个。累计完成投资 222211 万元，本年完成投资 87050 万元，其中建设投资 10780 万元。

蚩尤九黎城项目。蚩尤九黎城项目一期主体工程全面结束，正在进行装修扫尾工程施工；九黎酒店装修工程完成。二期工程征地拆迁工作全面展开，完成部分土地征收和房屋拆迁，九黎文化区 A 区主体结构已完成，正在进行内外装饰工程施工；九黎城道路围栏工程完成；九黎旅游指挥调度中心装饰工程完成；九黎集团旅游服务中心装饰工程已完成。三期工程正在进行区域总体规划和征地拆迁前期工作。

摩围山项目。彭水自治县云顶寺复建工程项目：游客服务中心、食堂、管理用房、卫生间已完成台明石及梯步石铺装90%；殿外地面石材铺贴完成约85%；给排水管网、强弱电管网、消防管网工程完成约60%；禅修院、管理用房及食堂的室内装修已完成80%；连廊木结构及屋面已完成95%，连廊梯步石及砌体已完成30%；星级厕所已完成二层框架施工，屋面木结构施工已完成50%。已完成产值约2270万元。文化艺术中心：地勘钻探已完成70%，完成产值约20万元。摩围山康养基地一期：土地征收工作启动，农户的土地面积已丈量完毕。

郁山古镇开发项目。盐浴中心：6月5日，郁山镇政府牵头拆除接待中心车库（即盐浴中心主入口）区域张世群、胡蝶2家的房屋，6月27日正式恢复施工。已完成车库场平土石方开挖、基坑开挖、部分挡土墙砌筑、设备房基础土石方开挖、车库基础、车库首层施工。郁山管网改造工程：完成太平桥、新车站两处污水提升泵的定制、安装，完成太平桥污水管道过桥安装及新车站处余下250米污水管道的安装，完成污水提升泵的电力安装及运行调试，实现郁山污水主管网的顺利贯通，完成郁山街道天然气管道的移交工作。

【脱贫攻坚】 2018年，集团按照扶贫工作办公环境相关标准，为火石社区添置会议室、办公室窗帘及电风扇一批，添置铁皮文件柜4个，工作人员餐桌1张，添置液化气灶、罐和部分必要炊具，添置挂墙式电视机一台，累计约24000元，改善火石社区办公条件，提高扶贫工作效率。出资帮扶火石社区公益项目，九黎集团出资约50万元修建饮水池板盖及公路硬化，改善社区人居环境。增加脱贫攻坚帮扶力量，派出中业集团总经理廖寿华任火石社区第一书记，代奎、何璇为驻村工作队员脱产驻村开展脱贫攻坚工作，全体党员及中层干部为帮扶责任人每月大进村入户走访帮扶，深入了解每一位贫困户情况，做到因户施策，精准扶贫。

【特色活动】 承办2月16日蚩尤九黎城狗年迎春活动、“蚩尤九黎城、摩围山春季自驾民乐节活动”、母亲节“母爱如山　情系九黎”系列感恩教育主题活动、2018首届“养心彭水·九黎旅游”苗族集体婚礼及民歌会活动、5月22日戊戌年民间蚩尤祭祀大典及第七届中国乌江苗族踩花山节、“蚩尤九黎城·感恩父亲节”活动、6月16日苗家人过端午活动、第三届渝东南生态民族旅游文化节新闻发布会及2018年海峡两岸暨港澳地区户外挑战赛暨“蚩尤九黎城杯”重庆·彭水户外挑战赛事工作、2018中国苗族文化国际旅游节暨第四届蚩尤九黎城庙会、2018重庆·彭水森林自行车赛；成功举行电影《寻找女神@娇阿依》北京发布会；“侠客闯江湖论剑摩围山”露营节、“乐享清凉趣味跑”露营节、2018年摩围山亲子趣味跑、“男神陪我过七夕，蚩尤九黎撒狗粮”为主题的七夕节活动、重庆首届大学生旅游文化艺术节启动仪式、“苹果树森林闯关”摩围山亲子活动等顺利举行。

2018年海峡两岸暨港澳地区户外挑战赛暨“蚩尤九黎城杯”重庆·彭水户外挑战赛

（九黎集团　供图）

城乡建设

城乡规划

【概况】 2018年，县规划局紧紧围绕习总书记视察重庆提出的“两点”定位，“两地、两高”目标和“四个扎实”要求，高起点、高标准实施城乡规划编制，高质量、高要求做好建设项目规划管理和测绘等服务工作。《彭水新城五湖休闲运动公园景观规划设计》获2018年度重庆市区县公共设施规划设计类三等奖，《彭水自治县示范幼儿园》项目获2018年度重庆市区县城公共设施规划实施类二等奖，《彭水自治县新城建工·新嶺域住宅小区一期》项目获2018年度重庆市区县城住宅小区规划实施类三等奖，《彭水自治县郁山镇幼儿园》项目获2018年度重庆市镇乡规划实施类三等奖，《彭水自治县润溪乡樱桃村黄地峡民俗村》项目获2018年度重庆市村规划实施类三等奖。

【城乡规划编制】 2018年，县规划局依托2017年城乡规划编制及建筑设计单位资源库，围绕市对县和县级目标考核，积极开展规划编制工作，启动《彭水自治县2035规划大纲》编制，大纲对原城乡总体规划开展实施评估，详细研究分析全县自然生态和人文本底，科学确定全县的城市发展定位和面向2035、展望2050发展愿景、城市用地结构与功能布局等，系统谋划全县的发展蓝图。完成《蚩尤九黎城滨江展示区专项城市设计》《大垭乡规划修编》《三义乡规划修编》等34项规划编制、地形图测绘、地质灾害评估等相关工作，不断深化“多规合一”成果，实现全县域城乡规划编制全覆盖。

【城乡规划管理】 全局始终坚持重大规划事项行政评审、专家评审、规委会审议、政府审批各项决策规程和规划公示、群众参与、征求意见等法定程序，筹办县规委会4次，审议并通过《飞洋华府项目规划建筑设计方案》《彭水新城五湖休闲运动公园景观规划设计》等25个重大规划事项，其中新城建设项目11个。深入推进规划管理领域“放管服”改革，完成重庆市网审平台和规划云平台“二网合一”维护和规划云平台延伸至全县39个镇乡、街道并组织开展云平台运用培训，全面实施全县域规划管理行政许可标准化建设，依法依规办理《建设项目选址意见书》43件用地面积159.86万平方米、建设用地规划许可证33件用地面积137.72万平方米、建设工程规划许可证29件建筑面积74.19万平方米、《建设工程竣工规划核实确认书》29件建筑面积88.12万平方米。明确39个镇乡、街规划管理年度目标责任，组织39个镇乡、街规划管理分管领导在黔江和彭水开展规划管理法律法规和业务培训1次，组织1名乡镇规划管理干部到西南大学参加重庆市规划管理专题培训班学习1次。

【测绘管理】 2018年，县规划局强化基础测绘，为城乡规划编制提供数据支撑。完成桑柘镇、三义乡等13个镇乡1:500地形图修正测绘；启动县城中心城区、三义乡、大垭乡1:2000数字正摄影图和地形图测绘的前期工作。开展基础数据更新，服务城乡规划建设，为政府宏观决策提供数据支持。完成2018年度彭水自治县地理国情数据动态更新；完成2018年度彭水自治县工业园区、旧城片区共计45千米地下管线数据动态更新；完成彭水自治县综合数据库动态更新，建成“城乡规划一张图”，并开发彭水自治县综合数据库手机APP移动查询系统；完成2018年度彭水自治县中心城区建筑物信息更新；完成2018年度彭水自治县中心城区遥感解译现势图制作。加强测绘行业监管，稳定测绘市场，服务地方经济建设。开展“双随机，一公开”2次，依法查处违法测绘案件1件；开展测绘成果质量、安全保密巡查2次。成功举办“8·29”全国测绘法宣传活动，开展以“强化国家版图意识，共同守护美丽中国”主题的宣传活动；联合南方测绘公司在彭水下街商贸园成功举办“测绘仪器装备会展”，普及新时代测绘地理信息知识。

【传统建筑保护】 2018年，成功申报《黄家镇黄学珍三合院》《太原镇斑竹园新房子冉家院落》为重庆市第二批优秀历史建筑。编制完成《罗家坨历史文化名村保护规划》《黔彭军民厅保护修缮方案》保护方案。

【服务新城】 2018年，县规划局紧紧围绕新城“四城”定位，积极推进新城高质量发展、高水平建设，全年共办理新城4个地块《建设用地规划条件函》，拟出让建设用地243479平方米用于土地招拍挂工作。完成《彭水新城控制性详细规划修改》方案，丰富和优化新城道路交通体系及功能布局，参与完成渝湘高铁彭水段线路走向及站场选址，完成渝湘高速扩能彭水段线路走向选线。建立“企业+联系人”工作机制，对新城建设项目实行“一对一”跟踪服务，适时深入建设项目现场和企业开展规划指导和规划管理服务工作，全年单位职工走访服务新城企业15余次。

城市管理

【概况】 2018年，彭水自治县城市管理局紧紧围绕建设“世界苗乡·养心彭水”城市定位，以统筹城乡发展、改善城乡环境为出发点，大力开展农村生活垃圾治理工作，不断改善城乡人居环境，有力提升城市品质。2018年10月，彭水自治县建成投运生活垃圾填埋场渗滤液处理厂，同年11月彭水自治县农村生活垃圾治理工作顺利通过国家验收，征收城镇生活垃圾处置费271万元、污水处理费401万元；依法收取临时停车费38.08万元，完成固定资产投资2.13亿元，积极向上争资1515万元；积极主动洽谈中建地下空间有限公司、北京金鼎安泰科技有限公司、重庆环保投资有限公司、永辉超市股份有限公司4家公司到彭水发展，落地资金2800万元，城市管理整体经济发展态势良好。

【环卫保洁】 实施城市综合管理“五长制”，推行环卫保洁和水域清漂市场化作业，网格化管理240万平方米环卫保洁面积，实行环卫绩效考核，改革环卫作业方式，不断更新环卫设施设备，累计安装垃圾分类套筒110个，更换刷新垃圾箱体，美化环卫车辆4台，清除牛皮癣约2.2万处、清理乌郁两江水域及次级河流漂浮垃圾1925吨，处理生活垃圾7.3万吨、收运餐厨垃圾1456吨，城市生活垃圾无害化处理率达100%，城区干净度大幅提升。

【园林景观】 按照“城在山中、水在城中、人在景中”的城市管理理念，绿化美化城市环境，精心管护城区20万平方米公共绿地，实施城区增绿工程、景观升级和重要节日节点绿化改造，摆放鲜花13.5万盆，新改建绿地8万平方米，持续巩固国家园林县城创建成果。

【灯饰亮化】 以“世界苗乡·养心彭水”的旅游城市发展理念，打造现代与传统相结合极具苗乡特色的夜景灯饰景观工程，新建新城楼宇灯饰48栋，提档升级旧城楼宇灯饰20栋、桥梁灯饰3

座，新建路灯554盏，维修路灯1480盏，刷新电杆、路灯杆及各类标志标牌杆1889根，城市照明灯饰保有量达12224盏。做靓2018年迎春灯饰，消灭背街小巷无灯区，功能照明设施完好率和亮灯率均达98%以上、景观照明设施完好率达96%以上。

2018年彭水夜景灯饰全貌

（县城市管理局　供图）

【基础设施】　全面排查城区桥梁、隧道等市政结构设施，开展5座城市桥梁安全检测评估，启动两江大桥加固改造工程，拆除重建郁江大桥保障年底通车，改造民族风情街和沙沱公路小区等城市道路节点，大力实施城区道路及附属设施、标线标牌、护栏维修刷新等提升项目，整治城市内涝点4处，修复城市道路7833平方米、雨污管网3600米，清掏水篦子5870个，设置城区道路标线16475.5平方米，实现重大安全事故“零目标”。

【市容秩序】　纵深推进城市管理执法体制改革，建立部门联动执法机制，整合城管、公安、工商、环保、商务、交通等力量，深入推行“721”工作法，有效运行数字化管理平台，实行执法绩效考核，开展市容秩序综合治理和执法亮点月评比工作，依法取缔露天烧烤39家，拆除违规广告和标语横幅500幅、违规搭建160处，巩固扬尘控制示范道路10条，打造经营性占道规范管理示范摊区3个，有效规范城区市容秩序。

【智慧城管】　强化数字信息服务能力，合理划分城区为6个片区，定期开展巡查，保障第一时间发现、处理问题，全年数字城管系统共受理案件4200余件，其中城管监督员反馈3977件，立案率、结案率均达99%以上；公众投诉（“12319”服务热线、网络舆情监控、114阳光政务、微信公众号）226件，立案率、结案率均达100%，通过加强数字信息平台数据运用，有效提升城市运行服务能力，进一步增强市民对城市管理工作的理解与支持。

【城乡环境】　2018年，城乡生活污水处理实现全覆盖。聚焦中央环保督察，不断优化城镇污水处理厂及配套管网建设运行和管理，建成投运12个乡镇污水处理设施并配套管网，通水运行二期污水处理厂并投运县城生活垃圾填埋场渗滤液处理厂，销号整改汉关路饮用水源保护设施，完成县城污泥处理厂主体工程，累计处理城市生活污水450万吨，县城污水集中处理率达95%，乡镇污水集中处理率达80%。城市生活垃圾分类效果良好。积极牵头抓好城区机关单位生活垃圾分类指导和考核，配齐城区垃圾分类设施，严格分类

2018年彭水自治县农村生活垃圾治理顺利通过国家验收（图为大垭乡示范点）

（县城市管理局　供图）

处理可回收、不可回收及餐厨垃圾；以城乡环境卫生提升行动为契机，开展城市生活垃圾“三进”（进学校、进社区、进小区）行动，开设垃圾分类知识宣传专栏，引导居民自觉将生活垃圾分类投放，营造垃圾分类人人有责良好氛围。

【脱贫攻坚】 2018年，按照美丽乡村战略结合三年人居环境改造目标、聚焦脱贫攻坚工作，整合市级和县级配套资金2500万元，深入开展农村生活垃圾治理工作，联合39个乡镇（街道）和20个县级牵头部门开展存量治理、暴露垃圾、田间地头堆放垃圾清理等环境卫生集中治理行动，基本配齐农村生活垃圾治理设施设备，规范运行32座乡镇垃圾中转站，采取“户集、村收、乡镇转运、县处理”模式，将垃圾运至县城生活垃圾填埋场进行无害化处理，由县委、县政府牵头，并联合6个县级单位对乡镇、街道进行量化考核，按季度兑现运行经费，农村生活垃圾有效治理的行政村比例达100%，实现农村生活垃圾治理全覆盖。派出6名工作人员，2名任第一书记，深入开展扶贫工作，对标对表帮扶贫困户，力争诸佛乡红岩洞村2019年整村脱贫，助推全县脱贫攻坚。

【信访安全】 加大安全检查力度，按规定对桥梁和隧道进行检测和整改，强化桥梁、隧道、市政道路和管网的日常安全巡查巡检工作，及时维修市政设施，城市管理行业安全生产形势稳定，均达到控制指标之内。做好新时期信访稳定工作，共整治行业安全隐患80余处，化解信访投诉20件，实现城市管理行业重大安全生产事故和越级上访事件“零发生”。

建 筑 业

【项目建设】 2018年，彭水自治县扎实推进重点项目建设，新开工商品房55万平方米，竣工商品房面积50.5万平方米；重点项目9个，其中新建项目3个，续建项目6个，计划总投资15.08亿元，累计完成投资6.74亿元。新城38号路完成综合管廊建设约2.5千米；棚户区改造完成451户，完成目标任务450户的100.2%；完成规费收取6024.71万元。

【村镇建设】 2018年，农村D级危房改造任务255户、C级改造58户，启动了313户，完工267户。不安全住房整治类启动18294户，完工16041户；重建类启动1267户，完工975户；改厨启动12971户，完工10067户；改厕启动16102户，完工12967户。6个市级美丽宜居村庄打捆纳入3个大美乡村示范片（朱子溪大美乡村市级示范片、美丽苗家大美乡村市级示范片、阿依大美乡村市级示范片）建设，开工1024户，完工760户。

【建筑管理】 全年强化建筑市场管理。办理施工许可40个，建筑面积830633.33平方米，合同造价832993.47万元；对全县的建筑业资质进行审批监督。全县总包建筑施工企业97家；审核上报建造师1031余人次。

【质安监管】 2018年，全县开展质量安全生产大检查、建筑施工安全检查等专项检查达500余次。采取“日督查、周排查、月抽查”的工作方法，针对检查中存在的安全隐患及时发出《建设工程安全隐患限期整改通知书》50余份、《建设工程安全隐患停工整改通知书》3份，并督促施工单位整改到位，有效制止和消除工程安全隐患，实现建筑生产安全事故“零”目标。创建“扬尘示范工地”5家，巩固5家；工程质量监督可控，参建各方质量行为和实体质量，除了节点报验监管以外，加强双随机检查，倒逼企业落实主体责任，实施行政处罚共计30余万元，完成29个项目的竣工备案，工程竣工验收备案率达100%。

【违建整治】 2018年，彭水自治县新增违法建筑得到全面遏制，新增违法建筑实现“零增长”目标。查处新增违法案件共149件，发出《责令停止违法行为通知书》122份、《限期拆除违法建筑决定书》5份、《关于确定违法建筑当事人的公告》22份，集中组织拆除违法建筑40余次，拆除面积约1739平方米；加大建设项目执法力度，全年共立案45件，行政处罚26例，结案26例，罚款金额182.3万元；加大工程项目规划执法力度，立案6件，结案3例，罚款金额共计55.6万元；牵头开展存量违法建筑整治工作，2018年度全县整治存量违法建筑131件，立案116件，整治107件（其中：规划核实50件、没收实物1件、拆除1件、彩钢棚整治55）件，整治总面积55224.29平方米。

国土资源和房屋管理

【概况】 彭水苗族土家族自治县国土资源和房屋管理局（以下简称彭水自治县国土房管局）系县人民政府工作部门，内设4科1室，下辖1个正科级公益一类事业单位，5个副科级直属公益一类事业单位，1个副局级参公单位，1个股级公益性二类自收自支事业单位和1个正股级公益一类自收自支事业单位，10个片区国土房管所；2018年年末，有职工189人（在编156，借用7人，劳务26人）；设局机关党委1个，下设基层党支部委员会6个，共产党员101名（其中预备党员1名），设局机关纪委1个。2018年，县国土房管局全面按照“抓重点、防风险、补短板、强弱项”工作思路，以推动乡村振兴、提升城市品质为着力点，精准对接“三大攻坚战”“八项行动计划”，认真履行“保发展、保资源、保生态、保民生”职能，主动作为、勇于担当、克难攻坚，为助推彭水经济转型发展提供资源、资金保障。全年完成三义、大垭等30个村级土地利用规划编制。向上争取地灾治理、土地整治等专项资金1.68亿元，完成招商引资项目3个。

【耕地保护】 2018年，县国土房管局以贯彻落实《中共中央、国务院关于加强耕地保护和改进占补平衡的意见》（中发〔2017〕4号）和《中共重庆市委、市人民政府关于印发重庆市加强耕地保护和改进占补平衡实施方案的通知》文件精神为契机，制定出台《彭水自治县加强耕地保护和改进占补平衡实施方案》（彭水委发〔2018〕11号）、《关于进一步加强土地管理的通知》（彭水府办发〔2018〕41号）、《关于全面实行永久基本农田特殊保护的通知》（彭水府办发〔2018〕35号），对全县耕地资源和永久基本农田实施特殊保护，土地管理秩序正在逐步规范，“三位一体”的耕地保护格局已基本形成，耕地保护目标考核继续保持全市前列。

【土地开发整理】 2018年，全县持续深化耕地“数量、质量、生态”三位一体保护，投资专项资金1亿元，实现补充耕地102.6公顷，建成高标准农田2233.33公顷，项目管理严格按相关规定执行到位。通过持续开展土地整理，改善农业种植条件，增加有效耕地面积，促进农业增效、农民增收，为助推乡村振兴战略注入生机和活力。

【建设用地复垦】 2018年，彭水自治县深入贯彻《重庆市地票管理办法》，严格执行农村建设用地复垦“四优先”原则，重点围绕建卡贫困户、易地扶贫扶贫搬迁户实施农村建设用地复垦。2018年实施农村建设用地复垦262.27公顷，覆盖建卡贫困户4101户；完成竣工验收201.8公顷，实现地票交易144.07公顷，获得地票收益4.02亿元。

【用地保障】 2018年，县国土房管局采取“主动服务、上门服务、跟踪服务、点对点服务”的办法，积极指导各用地单位合理选址、及时完善用地手续，全年取得新增建设用地计划228公顷，取得市人民政府农用地转建设用地批复174公顷，为助推彭水经济转型发展提供坚实的用地保障。

【巴渝民宿示范】 2018年，全县打造高标准、高品质且富有生态内涵、民宿特色的体验式平台，带动建卡贫困农户脱贫致富。积极争取重庆巴渝民宿公司支持，在万足镇、润溪乡、靛水街道开展巴渝民宿示范建设。万足镇丹阳寨、润溪乡黄帝均已投入运营，累计接待游客7000余人，营业收入50余万元；靛水街道花丘堡项目全面完工，2019年可全面投入运营。“巴渝民宿”模式为参建农户带来实际经济效益的同时，其助推脱贫攻坚和乡村振兴的积极效应初步凸显。

润溪乡黄帝峡巴渝民宿

（县国土房管局　供图）

【土地供应】 2018年，全县坚持净地、熟地出让原则，全年供应土地385.4公顷（其中出让100.2公顷，划拨285.2公顷），实现土地收入147748万元（其中出让收入87869万元，划拨收入59879万元）。

【国有土地房屋上征收】 2018年，完成九黎城二期、城镇D级危房、节点改造等项目国有土地上房屋征收（收购）2.27万平米，货币化安置率达100%。收购城镇D级危房12户1085平方米，兑现收购资金739.43万元。

【住房保障和物业管理】 2018年，彭水自治县率先在全市完成央企职工住房物业移交，为246户住房困难家庭提供保障性住房，累计分配2756套，任务完成率居全市远郊区县第二位，发放租赁补贴83万元。备案物业67.53万平方米，缴存物业大修基金1832万元。

【征地拆迁】 全年征收靛水新城、黔石高速、摩围山康养基地、蚩尤九黎城等项目集体土地207.53公顷，征收房屋453户148281平米，坟墓275座，安置参保1878人，兑付征地补偿安置资金18579万元。

【矿产资源】 2018年，县国土房管局编制落实《彭水自治县第三轮矿产资源总体规划》《彭水自治县绿色矿山发展建设规划》《矿产资源规划环境影响评价报告》《彭水自治县矿业权设置区划》等规划。新挂牌出让探采矿权6宗，颁发采矿许可证的4宗，延续申请登记12宗、变更申请登记5宗、注销申请登记8宗，征收采矿权价款849万元。全面完成自然保护区内32宗矿业权退出工作，兑付采矿权补偿资金及矿权价款2399万元。建立矿山地质环境治理恢复基金，矿山企业缴存基金221.51万元；复垦历史遗留及关闭矿山8.25公顷。

【绿色矿山建设】 2018年，出台《彭水自治县绿色矿山建设工作方案》，建立彭水自治县绿色矿山联席会制度，全面启动彭水自治县保家镇东流方解石矿绿色矿山建设。

【地灾防治】 2018年，全县严格落实地灾防治主体责任，持续提升科技防灾减灾救灾能力，最大限度保护人民群众生命财产安全。落实“四重”网格人员805人，全方位、全覆盖监测地灾隐患点530处；累计培训群测群防员34场次1050余人，开展地灾简易应急演练500余次。投入地灾专项资金5000万元，实施县城、重点集镇地灾治理项目14个，有效保护7000余群众的生命财产安全；成功处置地质灾害灾险情118起，紧急撤离群众872人，实施“金土工程”搬迁避让受威胁群众113人；地灾应急指挥平台实现上线运行。

县城绍庆片区地质灾害综合治理项目现场

（县国土房管局　供图）

【房地产开发】　全年供应房地产开发用地51.28公顷，新增商品房预售10.05万平方米。成功举办第十届房地产展示交易会，全年实现商品房销售3554万平方米，网签备案30.66万平方米；兑现第二批、第三批商品住房购房奖励补贴2541万元。成功化解凯邦两江城、金山佳园、琳海花园、天子御花园、江南新城等房地产开发项目矛盾纠纷，全县房地产市场整体健康平稳。

【不动产登记】　全年完成国有土地上不动产登记10316件，其中首次登记233件，转移登记3288件，变更登记250件，抵押登记3589件，预告登记2405件，注销登记11件，查封登记490件，其他登记50件；发放不动产产权证书3801本，登记证明4574份。启动林权登记发证，共发放林权产权证书87本。完成存量农村土地流转交易鉴证2笔共96.32公顷。着力化解城镇房屋办证历史遗留问题，有效解决银盘电站高谷安置点办证（68户）、临江居委安置点办证（47户）和中小学产权过户（63宗）等历史遗留问题。

【住房公积金】　2018年年末，全县共有427家单位19804名职工缴存住房公积金，累计归集住房公积金182548万元，归集余额82909万元；累计发放住房贷款3983笔共108383万元，个贷余额79402万元；累计提取33703笔95884万元。其中2018年：新增缴存1374人，归集住房公积金31670万元，制度覆盖率为81%；发放住房贷款536笔18480万元，提取6783笔24707万元，全年实现增值收益约1000万元，切实发挥住房公积金政策性金融和资金撬动作用。

【国土资源执法监察】　2018年，县国土房管局健全完善“源头控、动态查、群众报、快速处、重典治、共同管”综合防控机制，强化动态巡查和违法用地查处。土地矿产卫片图斑152个，合法性判定后违法图斑29个，其中立案查处10个，非立案查处19个。通过整改查处，违法案件立案查处率为100%，违法案件结案率为88.2%，整改率为88%，违法占用耕地面积3.75公顷，违法占用耕地比例为11.54%。消除违法用地后，违法占用耕地比例为10.43%，顺利通过市级检查，卫片执法检查连续7年实现实现“零约谈、零问责”目标。

【信访稳控】　2018年，县国土房管局健全完善信访排查机制和工作流程图，通过领导包案、排查例会、集体会商等形式，有效应对金山佳园房屋销售、澳华广场安置房、天子九龙御花园项目、黔龙阳光延期交房、两江片区安置房超期过渡、江城名都房地产开发债权房地产开发矛盾纠纷以及靛水新城、郁山古镇等一系列因不规范征地带来的稳定风险，为县委、县政府排忧解难。全年处理各类信访案件369件，实现无越级上访现象发生。

【安全生产】　2018年，全局健全完善“党政同责、一岗双责”“谁主管、谁负责，谁分管、谁负责”和“管生产必须管安全、管行业必须管安全、管业务必须管安全”责任体系，扎实开展矿产资源勘查开采监管执法及打非治违专项行动，实现安全事故“零”目标；全年查处矿产资源违法案件15件，收缴罚没款30万元，矿产资源开发秩序良好。

【问题整改】 2018年，县国土房管局针对国务院安全生产督查、国家环保督查、市委和市政府防汛防地灾专项督查、2017年度卫片执法查处、县主要领导离任经济责任审计、市国土房管局党组巡查、扶贫资金专项审计等存在问题反馈意见，坚持问题导向，按照边查边改与集中整改相结合、全面整治与上下联动相结合、思想教育和制度建设相结合的原则，逐一制定整改方案、整改措施和整改时限，问题整改面达100%。

【脱贫攻坚】 2018年，县国土房管局聚焦深度贫困地区，围绕“人、地、钱”三个关键要素，强化政策、项目、资金倾斜力度。落地专项扶贫用地计划40公顷，备案设施农用地22宗。实施农村建设用地复垦262.27公顷，覆盖建卡贫困户4101户，完成竣工验收201.8公顷；实现地票交易144.07公顷，获得地票收益4.02亿元；收储易地扶贫搬迁农房120户，兑现收储资金540.87万元；完成48.33公顷城乡建设用地增减挂钩节余指标跨省调剂，获得国家专项补助资金21750万元。彭水自治县国土房管局66名干部职工结对帮扶龙射镇71户贫困户，派出12名干部组成5个驻村工作队，深入龙射镇沿河村、大地村、银木村、白果村、凉风村开展驻村帮扶工作，其中4人担任驻村第一书记。

环境保护

【概况】 2018年，县生态环境局以迎接全市环保集中督察为契机，深入开展环境保护专项行动，深学笃用习近平生态文明思想，紧扣习近平总书记对重庆提出的“两点”定位、“两地”“两高”目标和“四个扎实”要求，认真贯彻落实市县生态环境保护大会精神，紧紧围绕生态环境质量改善核心，创新举措，真抓实干，有力推进各项工作任务完成，取得了阶段性的成绩。

【县域环境改善】 拟定全县污染防治三年攻坚实施方案，打响全县污染防治攻坚战。深化大气污染治理，严控燃煤及工业废气、餐饮油烟及挥发性有机物等大气污染。全年，县城空气质量优良天数349天（其中，优239天、良110天），优良率95.62%、较上年提高1.9个百分点，PM10年均浓度38微克/立方米、较上年下降7.3个百分点，PM2.5年均浓度27微克/立方米、较上年下降12.9个百分点，空气质量排名全市第6。强化水污染防治，加强城乡饮用水源地、次级河流及湖库等水污染治理，国控考核的乌江锣鹰断面水质稳定达Ⅲ类，郁江桥断面水质稳定达Ⅰ类（考核要求Ⅱ类，全市42个考核断面只有郁江全年均达Ⅰ类），长溪河等市级非考核断面水质综合达Ⅱ类（考核要求Ⅲ类），县城饮用水水源地达标率100%，乡镇48个集中式饮用水水源地水质达标率95.8%，地表水水质位居全市第一。加大噪声污染整治，开展多部门联合执法，严格夜间施工审批，巩固安静小区创建成果，县城交通干线、功能区以及区域环境噪声年平均值均在国家考核限值范围内，全年噪声类信访投诉24件，投诉量较上年下降38.1%。土壤、辐射环境相对保持稳定。

【生态文明建设】 制定《实施生态优先绿色发展行动计划（2018—2020年）》，拟定重点工程任务24类97项，全力推动生态文明建设。严格产业环境准入，全年无新增严重过剩项目和“两高一资”新增产能项目，无工业园区和工业集聚区外实施单纯增加产能的技改（扩建）项目。辖区生态系统得到有效保护，绿色发展水平显著提升，多方联动格局基本形成，生态文明体系已见雏形。

【环境监督管理】 2018年，全局压紧压实环境安全工作全过程管理，切实提高环境监管执法效能。扎实开展第二次污染源普查，选聘普查指导员21名、普查员243名，实地排查工业企业共504家、集中式污染治理实施52套、生活源锅炉1台、规模化畜禽养殖场79家、市政入河排污口77个，全面摸清辖区污染源分布状况。严格工业企业日常监管，严格执行“双随机一公开”制度，累计出动执法人员1200余人次，检查企业600余家次，排查整改环境安全隐患5处，国控重点污染源自动监测管理到位。严厉查处环境违法行为，立案查处41件（其中，移送拘留2件2人，查封扣押6件，约谈企业6家），共处罚金91万元，始终保持对环境违法行为的高压态势。切实加大环保信访调处，全年429件环保投诉，做到件件有回复，事事有结果，查处率和回复率均达100%，回访满意度91.3%，有效保障群众环境权益。强化环境安全应急管理，完成俊成化工公司风险评估和突发环境事件应急预案修订备案，指导45家企业开展风险评估和应急预案编制（修订），督促指导9家加油站开展风险评估信息登记、应急卡片制作，开展县级突发环境事件应急演练，妥善处置阿依河社区5组溶洞水疑受污染事故和“8·17”渝湘高速危化品运输车自燃事故。全年辖区未发生较大及以上突发环境事件。

【问题整改】 全年共接受中央和全市各类环保专项督察11次，通过各级各部门的共同努力，一批突出环境问题得到有效解决。中央环保督察整改取得阶段性成效，央督反馈的31个具体问题、24项整改措施已全部完成市级整改销号，整改档案收集工作在全市整改工作会上作经验交流发言。全市环保集中督察效果良好，督察期间，146件交办案件均在7月底前办结，督察组认为彭水自治县即知即改、立行立改、全面整改，39个督察反馈问题为同批次第二少。深入开展固体废物大排查行动，共计自查整改沿河固体废物存量点10个、督察组反馈问题4个，均在生态环境部督察组离彭前整改到位。全面完成县城集中式饮用水源地环境整治，以全国集中式饮用水水源地环境保护专项行动为契机，清理整治县城关口饮用水水源地环境问题5个，顺利通过国家督察组验收。污染源普查工作得到督察组高度肯定，国家督察组认为全县在人员、资金、物资、设备等方面落实到位，入户调查开展迅速、数据录入及时准确、普查工作仔细全面。开展自然保护地问题自查自纠，有序推进“绿盾2017”问题整改，深入开展绿盾2018专项行动。

【宣传教育】 2018年，全局科学引导社会情绪和公众有序参与，引导公众以实际行动共同参与生态环境保护。持续开展生态环保“十进”宣传，“十进”领域每个单位都有2个以上固定宣传形式，社区、学校和企业固定有环保宣传栏。圆满举办“环保公众开放周”活动，组织人大代表、政协委员、社区干部参观县城污水处理厂等环保设施。定期开展环保志愿活动，组建基层通讯员队伍和生态环境保护志愿服务队，深入梅子垭镇合力村等地宣讲，累计完成志愿服务时长120余小时。积极开展绿色示范创建，开展市级绿色学校、绿色园丁、绿色使者申报工作活动，完成鹿角中学市级绿色学校创建。开展“一图一故事—环保人在行动”活动，深入挖掘宣传生态环境系统干部职工爱岗敬业、开拓进取的先进典型和感人故事，多次被市生态环境局、国家生态环境部采用。全年，共计开展“六五”等重大节日社会宣传6次、党校宣讲4次、科普报告2次，举办企业培训1次、业务培训3次，召开新闻发布会1次，发布新浪微博3600余条，微信公众号推送信息300余条，有效保障了公众环境知情权、参与权和监督权。

移民安置

【概况】 彭水苗族土家族自治县移民服务中心位于绍庆街道滨江社区两江桥行政办公楼（325）。核定行政事业编制9名，在岗职工13人（其中正式职工9人，借用1人，临聘3人），离退休2人，内设办公室、计划财务科、安置迁建科和政策法规科。2018年，中心完成移民就业技能培训102人，完成大垭乡、三义乡贫困村民就业技能培训211人。引导移民通过法律渠道解决诉求5件，确保库（坝）区社区稳定。

【移民工作】 乌江银盘水电站移民安置规划修编资金15609.29万元已全部下达投资计划，县城防护工程1—4标段应由市移民局和县政府共同承担的建设资金5861.22万元已全部争取落实。截至2018年12月31日，共到位移民资金20200万元。召开修编调整资金兑现工作动员会，下发实施意见，及时启动修编资金兑现工作。由中心牵头兑现的移民专业项目调整资金兑现工作已基本完成。启动乌江银盘水电站移民单项工程项目财务决算审核工作，已完成6个项目的审核报告和财务决算报告。持续做好浩口水电站移民安置扫尾工作。

彭水自治县移民服务中心投资1307万元为彭水库区鹿角镇修建沿乌江右岸健身休闲步道2.4千米，现已竣工投入使用

（冯高福　摄）

【重点项目】 2018年，鹿角移民休闲步道项目主体工程已基本完成，年底前启动竣工验收。善感乡周家寨美丽乡村配套设施建设项目已经顺利开工。善感乡周家寨移民安置区公路建设项目已完成初设审查。新田内涝二标段安全隐患整治项目已完成整治。

【脱贫攻坚】 2018年，中心8名职工帮扶联系河门村10户贫困户，坚持每月1次联系沟通制度，加强正面引导，激发贫困户的内生动力，增强脱贫致富信心。选派2名职工进驻新田镇河门村、诸佛乡红岩洞村开展扶贫工作。帮助解决新田镇河门村扶贫工作热点、难点问题，支持扶贫资金20万元。争取市水利局批准彭水水电站移民结存资金3077万元，专项用于三义乡、大垭乡扶贫通畅公路建设。协调县商务局支持河门村开展电子商务扶贫工作，培训2名致富带头人，现电商平台已进入试运行阶段。以改善村民生活环境为重点，着力抓好亮化工程建设，协助河门村在村民居住相对集中的院落安装路灯50盏。积极开展送温暖活动，中心采购47件冬衣赠送给河门村24户贫困户。

【问题整改】 通过法律程序，依法收回琳海花园锦江阁负二、三楼移民资产的使用权，一审已经判决，等待生效执行。中业集团应归还移民建设资金1000万元的问题，经请示县政府，安排县财政局协调，中业集团已划回1000万元移民资金。至此，审计、巡察反馈的问题已全部完成整改。完成县纪委交办的信访件涉及资料收集送审工作。同时，移民档案、移民资金管理等工作取得新进展。

靛水新城建设

【概况】 2018年，新城党工委、管委会主动适应新常态，努力应对新挑战，始终坚持“现代之城、未来之城、品质之城、魅力之城”定位，紧扣“三个一”的年度目标任务，坚定“项目推进、片区开发、盘活市场”的思路，在艰难困苦中寻求突破、奋力作为，不断取得新成效，扎实有效地推进各项工作。

【招商引资】 全年按照“项目推进，片区开发，盘活市场”的总体思路，始终坚持“现代之城、未来之城、品质之城、魅力之城”的发展方向，锁定“三个一””的年度目标。提升新城的品质，加大与规划等职能部门协调力度，按照高起点、高质量、高标准的要求，加快完善新城各项规划，并严格督促执行。按照高质量和高品质发展要求，及时调整思路，将“招商引资”转变为“招商选资”，不断增强招商引资的质量，着力品质提升。新城共签约企业13家，其中：国有企业5家，民营企业8家；签约出让土地238.47公顷。招商引资已接地企业8家126.6公顷。2018年，新城接待企业考察41批次。签约企业3家，签约出让土地34.8公顷。办理土地出让70.2公顷，成交土地额11.6亿元，入库6.6亿元，缴纳配套费0.4亿元。

【公建项目】 2018年，新建续建项目18个，完成投资6亿元。其中：市政道路已开工12条；已启动前期工作6条；第一幼儿园已投入使用，思源实验学校二期、规划展览馆、人民法院、人民检察院、社会福利中心儿童收养部、残疾人托养康复中心、车管所、中医院门诊楼等项目已主体完工，正在完善相关配套设施，即将交付使用；花阶广场、全民健身中心、法检两院景观工程等项目正在加速推进；五湖公园、凤鸣湖公园、市民服务中心、行政服务中心、人武部小区等项目正在加紧推进前期工作。全年新城提交规委会审议项目通过11个，启动建设6个，正推进前期工作5个；完成控规维护、灯饰专项等规划，启动新城拓展空间规划研究。同时与县委督查室、县政府督查室联动，探索新城项目推进的督查方式，将督查督办调整为督查协办，全年开展督查工作6次，协办工作86次，有力有效地促进项目建设。

【地产开发】 2018年，启动地产开发项目5个，启动地产开发面积72万平方米，开工面积47万平方米，完成投资20亿元。正推进前期工作的项目2个。鼓励支持新城地产项目创建申报市级优质项目的评比，鑫沃·世纪城项目成功申报“重庆市绿色生态建筑”，结束了全县无绿色生态建筑的历史。新城房地产开发不断从品质楼盘向品质社区转变，建成商品房1410套24.5万平方米，综合去化率约98%，交付使用率约93%。新城地产开盘预售企业3家，开盘销售房源870套9.9万平方米，已销售房源659套7.5万平方米。新城房价高层均价达4700元/平方米、花园洋房均价达6000元/平方米。同时，与气象局协调落实新城专块气象预报，组织各企业开展新城营销活动60余次，进一步加大对新城的宣传力度，不断扩大新城的影响力，吸引新入住人口达8300人。

【扫黑除恶】 2018年，县新城管委会组织建立扫黑除恶工作长效运行机制。强化宣传引领，制作扫黑除恶大型宣传栏9幅，张贴宣传标语60幅，到各施工现场组织扫黑除恶宣传活动35次，印发相关宣传手册3000余份，落实扫黑除恶信息员5人，开展线索摸排走访300余次，移交线索清单3件。

【社会稳定】 2018年，在新城开发建设中，县新城管委会始终坚持维护稳定与加快推进相结合，形成“面上可控、点上加快”的工作思路。加强各部门的统筹协作，提高化解矛盾纠纷的保障，建立新城矛盾纠纷群众信息员机制，加大问题化解力度，及时掌控和排除矛盾纠纷。全年协调处理各种遗留问题和矛盾纠纷116件，现场处置83件，接待群众来访咨询368人次，约谈12人，行政拘留3人，矛盾纠纷化解率达到100%，实现了无一项目因阻工而停工，无一人进县、到市、上京非访和质量安全事故“零”目标。

【脱贫攻坚】 2018年，在市、县检查督查中，帮扶村的贫困户对帮扶工作满意度为100%。县新城管委会从仅有的4个科室当中抽出3名负责人作为帮扶村驻村工作队队员，其中一名任第一书记，脱产开展贫困村帮扶工作。坚持以脱贫攻坚为统揽，强化责任担当，创新开展“五个一”帮扶活动（拉一次家常、讲一堂政策、做一回卫生、办一件实事、谋一条出路），为脱贫攻坚提供强有力的组织保证。强化调查研究。立足脱贫攻坚帮扶实际，为促使帮扶工作落地见效，加强月遍访工作，实现全村328户、1297人遍访全覆盖。为重点帮扶的50户贫困户、199人找准“穷根”、谋划出路。解决突出问题。以改善贫困村阵地建设为抓手，解决办公条件较差的问题。从管委会的经费中挤出资金，为贫困村配置电脑、办公桌、沙发、会议桌、档案柜、宣传展板等设施设备，同时，为驻村工作队配备餐桌椅、消毒柜等生活用品，折合资金约6万元。以抓实贫困村产业扶贫为方向，解决产业发展不足问题。引进川渝商会成立合作社，发展脱贫产业洋姜20公顷，帮助就近群众务工增收6万余元。协调村集体资金入股合作社发展扶贫产业并签订《入股协议》，协调县农委与合作社签订《投资框架协议》。发展楠竹57.33公顷。以帮助贫困村建设水池为基础，解决饮用水难题。出资2万余元购买建设材料和供水管道，村民投劳，建成50立方米饮用水池1口并已投用，1组（上长沟）6户、29人的饮用水得到保障。以促进贫困户就近就业为出路，帮助多元化增收。组织新城地产开发商实地考察并支持本土相关企业在工业园区投产，与园区企业签订协议，优先录用贫困村务工人员且享受工资保底待遇，组织贫困村村组干部和村民代表到县工业园区实地参观，推荐8名村民到园区务工，有效解决贫困村剩余劳动力就近就业难题。

交　通

综　述

【概况】 截至2018年年底，全县公路里程7640.11千米。按行政等级分：高速路65千米，国道184.06千米，省道484.03千米，县道225.30千米，乡道381.48千米，村道6300.24千米；按技术等级分：一级路65千米，二级路241.95千米，三级路113.28千米，四级路5961.71千米，等外级公路1258.17千米。乡镇通畅率100%，行政村通畅率100%，撤并村通达率100%，小组通达率100%（2017个），小组通畅率86.60%（1746个）。公路路网密度以国土面积计算为195.75千米/百平方千米，以人口数量计算为109.14千米/万人。有铁路里程68千米，水路通航总里程320.7千米，港口（码头）数量2个，营运客船9（艘）512（座）。

【争资工作】 2018年，县交委项目申报力度加大，全年完成争资约7.92亿元，是全年争资任务的229.85%，同比增长112.10%。

重点项目建设

【概况】 2018年，彭水自治县完成交通重点项目投资约11.95亿元。水泥厂至九黎城滨江路、朱家嘴大桥、摩围山云顶寺环线通畅公路、大坑坪至摩围山接待中心公路等项目已基本完工。保家至乔梓公路、乌江四桥复线桥、彭丰二级公路葡萄至沿河段、新城37#外环连接道、G211县城至酉阳界段路面改造、S518路面改造、S204路面改造、S422曾家坪至小龙桥段升级改造等项目正在有序推进。郁山至走马、郁山至芦塘两条干线公路已顺利开工。

【公路建设】 黔石高速公路（彭水段）项目完成投资5.32亿元，累计完成投资12.6亿元，占计划量的80%，共征收永久性用地67.77公顷，临时用地勘界面积47.93公顷，共搬迁坟墓304座，征收房屋面积34487.42平方米，兑现青苗补偿费和土地补偿费共计962.07万元、房屋补偿款5337.5万元、安置补偿款12.36万元，完成安置316人，落实被征地居民养老保险306人，缴纳养老保险金923.08万元，杆线搬迁工程全面搬迁验收完工。开挖隧道18199.5米，衬砌18000米，三义隧道、黑溪沟隧道和喇叭口隧道全面贯通，石梯子隧道左洞贯通；路基工程已完成挖方233.7万立方米、填方99.90万立方米；桥梁已完成桩基开挖9209延米、建成柱墩210根；涵洞工程完成10

2018年11月，石黔高速公路控制性工程——郁江河特大桥首个主墩安全封顶

（县交通局　供图）

座，完成砼工程量40.66万立方米。

【铁路建设】 渝湘高速铁路项目已于2018年11月22日开工建设，彭水段即将进行实质性开工建设，于2018年12月成立渝湘高速铁路（彭水段）建设指挥部，已配合市上完成该项目预可研、可研、地质勘察、环评等工作。渝怀铁路二线（彭水段）完成投资5.2亿元，征地拆迁投资2.3亿元，累计完成建设投资16.57亿元，占计划量的82%。累计完成永久性征地41.12公顷，完成计划的101%；征用临时用地58.84公顷，完成计划的95%；征收房屋427户114014平方米，拆除房屋427户，已申报养老保险231户；路基已完成84万立方米、隧道（正洞、斜井）已完成44800成洞米、桥梁已完成6300成桥米；完成火车站用地征收和房屋拆迁，地方配套工程县政府已交由福冠集团实施。全面开展“三损”清理还建工作，调解各种纠纷113件，工程建设顺利推进。

【项目储备】 截至2018年年底，彭西高速公路可研编制和社会稳定风险评估、用地预审、环评、水保、初步设计等相关工作已完成，进入招商阶段；彭务高速已纳入市上规划，开展可研编制工作；G65渝湘高速扩能、黔石万高铁、广忠黔铁路等项目前期工作积极推进。完成G65包茂高速渝湘段彭水清平互通立交工程、郁江大桥经火车站至保家工业园区公路、S209线（现S203线）大垭口至贵州界段升级改造项目、黔石高速连湖互通至郁山公路、九黎城至徐家坝段滨江路、S423三义至石柱界段升级改造、S304桑拓至大同（黔江界）以及S422桑拓至梅子垭段升级改造项目前期工作；开展长滩火车站换边配套、S422长坪至三义至湖北利川界段升级改造等项目前期工作；小庆子至善感公路已完成立项、施工图设计，进入招标阶段。

【交通扶贫】 全年争取市上下达“四好农村路”计划248个项目1204千米，完工里程640千米，565千米正在有序推进；启动通畅率低于75%的27个村所在村民小组的农村公路建设；联合财政局、扶贫办下达农村公路建设计划89个项目360千米；下达波形护栏建设计划150千米；坚持把深度贫困地区作为脱贫攻坚的重中之重，在交通建设领域落实“三个新增”政策倾斜，集中优势兵力攻坚中之坚、克难中之难，三义和大垭两个深度贫困乡规划重点干线项目5个70.12千米、投入资金约2.63亿元，农村公路项目83个256.44千米、投入资金约1.8亿元。共筹集到位资金约4.89亿元，启动重点干线项目4个，83个农村公路项目已完工16个、在建65个、2个正在开展前期工作。两个深度贫困乡的安防工程、招呼站、客运站建设正在有序推进。罗岩两个隧道照明已完成，S518绿化带建设和唐家坝公路拓宽基本完成。贫困村运力投放实现全覆盖，提供940余个公路养护公益岗位，助推贫困群众增收。加大交通扶贫宣传力度，联合重庆电视台开展交通扶贫专题宣传，营造农村公路建设良好氛围。派遣驻村工作队员29名，人数在县级部门最多，全部脱产驻村，挤出办公经费，为驻村工作队购置电脑、防水服等办公和生活用品，以及抢险救灾物资。落实帮扶责任人96名，与477个贫困户建立帮扶责任，下达普子镇农村公路建设计划16千米，投

大垭乡大垭村1组通畅公路

（曾　熙　摄）

入资金800万元，筹集资金15万元帮助凤山村、大龙桥村维修整治公路。

运输管理

【交通运输】　全年完成客运量945万人次、客运周转量46442万人千米、货运量302万吨、货运周转量32383万吨/千米，分别同比增长4.30%、-7.30%、14.00%、8.80%。完成水路客运量22.47人次、客运周转量921.5万人/千米、港口货物吞吐量66889吨、货物周转量180.6万吨/千米，同比分别增加8.86%、8.86%、78.63%、78.63%。公交车月客运流量稳定在129万人以上。125条客运班线、23条公交线路有序运营，出租车行业和网约车行业稳定发展。汽车修理、汽车驾驶培训等企业规范管理，培训合格道路运输从业资格人员609人。公交车首末站建设地块基本落实，公交车运营环境更加规范。完成成品油财政补贴资金预算618万元，完成农村客运营运补贴约43.43万元，完成农村客运承运人责任险、交强险、第三责任险补贴约113.77万元，落实公交营运补贴700万元，全面落实公交惠民政策，为65周岁以上老年人办理免费乘车公交卡3445张，兑现优惠补贴400余万元。加强运力调度，保障重点企业物资和旅客运输，圆满完成春运、国庆、“一节一赛”等节假日和重大活动期间的交通运输组织任务。规范进行汽车、船舶污染物回收处置，船舶垃圾集中上岸处理，强化港口、码头、交通工程污染防治监管力度，推行公交绿色出行，积极打造“美丽公路”。

【法治交通】　全年组织法制培训7次，94名交通行政执法人员取得执法证件。制定《农村公路建设管理办法（试行）》以及“四好农村路”《验收指南》《巡（检）查制度》《养护管理办法》《运营管理办法》。高度重视“扫黑除恶”专项斗争工作，结合交通实际情况明确10个重点排查整治内容，深入“扫黑除恶”，查扣无证经营“黑车”8辆，有效维护全县交通行业稳定。完成“双随机、一公开”监管信息系统，清理行政许可事项共165项，在网审平台办理行政许可545件，积极推进信用体系建设，政务服务和营商环境不断优化。检查车辆18169辆次，查处违法违章案件563件次，处理非法营运车辆42辆次，办理县烟花爆竹打非办移交案件8件。加强超限车辆治理，联合治超检测货运车59439辆，查处超限车812辆，超限率稳定控制在3%以内，流动超限超载检查货运车辆440辆，查处超限车8辆。实行超限超载车辆信息抄告制度，查处17台违法超限运输车辆。清理、统计自用船舶752艘。

【安全工作】　全年扎实落实“大排查大整治大执法”“百日行动”等计划，全面加强水上交通、道路运输、公路畅通、公路交通工程建设等重点领域的安全生产工作，共排查安全隐患1223起，全部整改。强制拆除非法竹筏4艘，强制拆解“水上乐园趸”。加强交通工程建设质量和安全监督，发出通知57份。发放安全宣传单55000余份、宣传扇、宣传袋10000余套，悬挂安全标语83幅，营造了良好的交通安全生产法治环境。积极推进水上、公路两个应急基地建设，全面加强应急队伍建设，修订应急预案，开展应急演练6次，万足救援基地承办“巴渝工匠杯”重庆市第七届青年职业技能大赛活动，彭水获得三金两银、团队第一名。参加全市跨区域抗洪抢险工作，得到上级领导和兄弟区县的高度评价。成功处置G319线共和滑坡阻断交通等各类险情68次，累计出动抢险人员726人次、机械设备382台次，清除各类坍方61325立方米，排除高边坡悬石5200余立方米，成功救起乌、郁江落水人员11人。

公路养护管理

【公路管养】　全年落实大中修资金4252万元，

完成G319线路面中修工程、S313线预防性养护工程、整治危桥9座、危隧4座，开展养护巡查里程3万余千米，修补路面坑槽9700平方米，加铺路面14320平方米，整治路基沉陷2424平方米，巡查桥梁1452座次、隧道564座次。开展乡镇养护技术指导152次，农村公路安全通行率达100%。发挥《农村公路综合保险》防治减灾作用，全年理赔500.21万元，完成251处农村公路因灾受损修复工作。清除农村公路水毁坍方16514.25立方米，修复挡墙6552.89立方米。查处路政案件134件，清除公路乱堆乱占3198.5立方米，恢复公路防护栏4272米。

信息业

邮　　政

【概况】　中国邮政集团公司重庆市彭水自治县分公司位于汉葭街道绸缎街35号，现有从业人员185人，内设机构为4个部室：综合办、市场部、渠道运营部、金融部；经营范围、函件、集邮、包裹、报刊及各类邮政代理业务。下设营业网点24个，乡镇邮政代办所21个。

【经济效益】　2018年，完成邮政业务收入6948.79万元，规模排名全市第35位，较上年无变化。完成市分公司跨越目标（6919万元）100.43%，超全市平均预算进度（96.79）3.64个百分点，进度排名全市第5位，片区排名第3位。

【安全生产】　防范化解重大风险方面：县分公司多次研究部署，坚持“安全第一、预防为主”的方针，与各网点签订“安全生产目标责任书”“防火安全责任书”和“综合治理责任书”，严格执行“一岗双责”安全生产目标责任制，建立“横向到边，纵向到底”的安全压力传导机制；持续开展“乱象整治”“治乱打非”“排雷行动”“安全生产月”“一区双录”“风险案件排查”等系列活动。实现全年无重大责任事故和风险案件发生。

【通信能力建设】　2018年，分公司牢记邮政初心使命，扎实开展邮政普遍服务和特殊服务，认真落实《提升普遍服务特殊服务水平，拓展便民公益服务三年行动方案（2018－2020）》。持续推动邮政普遍服务建制村通邮达标工作，全县行政村通邮率达100%，为2019年建制村通邮全面达标打下良好基础。制定新的委代办相关措施，进一步稳步提升委代办人员队伍的综合能力。机要文件失密丢损率为零，分公司邮政机要通信工作实现35年质量全红。确保邮政服务申诉处理满意率继续保持100%；确保平信丢损率低于1‰，细化普遍服务达标举措，加快实施“三个一策”（一局一策、一乡一策、一村一策）工程，重点解决乡到村的网路覆盖和村的邮件接转功能，持续固化普服达标效果。提升普服高质量客户体验，探索普服工作创新履职路径。加强推进融合协同，将建制村直接通邮与村邮站、农村电商、服务“三农”、精准扶贫等工作有效结合，稳步推进、降低普服成本，激活农村市场，满足客户需求。推动落实空白乡镇网点远程监控联网工作，加强培训，提升普服人员队伍整体服务意识和业务水平。

【和谐企业建设】　2018年，所有乡镇网点全部实现业务库集中监控和异地值守，将网点员工从传统的夜间现场值守中解放出来。积极参与集团公司云创平台“金点子”推选工作，县分公司2个金点子获奖项。加强民主管理，开展对县分公司领导班子成员的民主评议工作，职工代表民主管理和监督权利得到有效行使。开展“双关心”工作，收集职工关心的热点难点问题，维护职工的合法利益，调动职工的干事创业积极性；通过开展“妇女节”、职工钓鱼比赛、员工大讲堂等一系列文体活动为载体，凝聚发展正能量，有效促进经营发展；扎实开展两节送温暖、“职工小家”建设、职工小家补贴、“战高温、送清凉”“暖冬计划”“职工住院补充医疗保险”“职工体检”等为员工办理好事实事项目，以员工为本，筑牢暖心工程，逐步提高员工幸福指数。

电　信

【概况】　中国电信股份有限公司彭水分公司（以下简称中国电信彭水分公司）隶属于中国电信股份有限公司重庆分公司。中国电信彭水分公司以前台服务为标志，后台服务为支撑，网络服务为基础，构建前后端协调联动机制，以高效率的服务满足客户需求。2018 年，公司有员工 130 人，平均年龄 43 岁，专科以上占比 82%，内设职能部门 5 个：综合管理部、销售服务部、网络部、政企客户部、综合服务支撑中心；下设班组 9 个，14 个支局，门店 103 家。

【公司经营】　2018 年，分公司以“用户至上、用心服务”贯穿于为客户提供综合信息服务的全过程，狠抓服务工作，改善用户感知。加强政企支撑，利用政府、公安、金融等客户巡检契机，政企网络支撑完善的客户维护资料，提升维护效率。加强维护人员的 ICT 支撑能力，全程跟踪。提升装维服务，通过装维改革，提出“当日装、当日修、慢必赔”承诺，宽带受理“零拒绝”，组建管理队伍，提升装维服务能力。竭尽全力做好地方及党政军通信支撑服务工作。全力保障中共十九大、两会、一节一赛等重要通信。主动履行社会责任，更好的服务彭水各乡镇。开展支局划小承包，根据支局规模以及地域便利性，在每个乡镇安排电信的服务人员与便民的网点，更加地便利彭水县域内的网络服务；接应市委、市政府深度扶贫工作，对三义、大垭贫困乡积极开展信息化扶贫。提速降费，节约社会成本。彭水分公司积极响应县委、县政府“加快高速宽带网络建设，推进网络提速降费”号召，百兆普及，千兆领跑，不断迭代优化产品品质，降低产品资费。带宽单价下降 85%，流量费用同比下降 50%；开展中小型企业“提速惠企”活动，针对中小型企业客户进行第二轮商务宽带提速，进一步降低企业宽带产品单价，做好地方通信发展支撑服务工作。

【基站建设】　2018 年，共计提供 FTTH 端口 15000 线；全年累计新建杆路 150 杆程千米、布放光缆 1600 皮长千米。新建基站 39 个，室内分布基站 42 个，扩容 43 个基站。

【网络建设】　全年完成投资 1321 万元（未含市管基站投资、大楼基础设施投资、本地传输网波分投资，城域网汇聚层以上投资）。其中在大垭、三义深度贫困乡镇精准扶贫投入 332 万元。完成春节、植树节、摩托艇赛事重要抢修保障任务，使网络规模、信息化程度和客户感知迅速提升。

移　动

【概况】　中国移动通信集团重庆有限公司彭水分公司（以下简称彭水移动）隶属于中国移动通信集团重庆有限公司。自 1999 年 9 月成立以来，以客户为根，服务为本，建设以销售、服务、协调为中心的渠道平台，促进整体市场健康发展。2018 年，公司有员工 108 人，平均年龄 33 岁，大学本科占比 55%，内设职能部门 4 个（综合/党群纪检部、销售部、集团客户部、建设维护部）、业务支撑中心 1 个、农村分局 6 个、自营厅 1 个、社会渠道营业厅 110 个、村级服务站 183 个。

【公司业绩】　2018 年，公司秉承“正德厚生，臻于至善”的核心价值观，坚持打造良好而巩固的客情关系，持续关注客户利益，建设以“客户认同”为目标的经营服务体系，深挖客户价值，在内部开展围绕生产一线的各种劳动竞赛，调动员工积极性，企业连续 7 年实现年度业绩考核优良。

【基站建设】 截至2018年，彭水移动基站总数量1974个，其中2G基站482个（其中城区120个、农村441个），4G基站1492个（其中城区405个、农村1087个）。2018年累计完成基站建设190个，全面提升网络质量，为客户通话质量、流量使用等提供保障。

【网络建设】 全年完成驻地网建设60000户，政企一网通建设10000户，完成零星专线建设350条，固话50门，其中重点项目完成药业集团，开通专线50条。

联　　通

【概况】 2018年，彭水联通以集团公司“深入实施聚焦创新合作战略，推动建设‘五新’联通”总体要求为指导，积极践行“诚信、友善、团结、奉献”的企业核心价值观，聚焦增长，提升效率，持续创新体制，大力强化作风建设，加快规模效益发展步伐，各项工作取得了新进展。

【公司业绩】 2018年，彭水分公司累计收入完成率全市排名第11名；收入同比增长全市排名第7名。新增用户同比增长21.5%。

【网络建设】 2018年，光纤建设投资预算190.21万元，比上年增加177.62%；新建小区已交付楼盘覆盖率达100%；城区覆盖率约94%；36个乡镇，已覆盖15个乡镇。专线建设投资20.88万元，开通24个集团单位客户；随3个集团单位办公地址的搬迁，配合搬迁3条专线。城区光改基本完成，余下十字街新世纪大厦、烟草大厦、香江豪园部分楼栋因物业协调问题在持续办理中。乡镇光改引进民资完成10个乡镇的投资约130万元。建设投资461.52万元，比2017年增加22.68%；截至2018年11月30日，共计941个基站（逻辑站），城区覆盖率约为98%，乡镇覆盖率约为97%，道路覆盖率约为88%，行政村覆盖率约为74%。开展扶贫网络建设专项工作，计划完成贫困村新建站点4个，已完成3个基站的开通：三义乡共2个站已全部完成开通；大垭乡共2个已开通1个，余下彭水大垭枫香坪正在施工建设中。

财　　税

财　　政

【概况】　彭水苗族土家族自治县财政局位于汉葭街道鼓楼社区绸缎街新世纪4楼，内设办公室、预算科（加挂彭水自治县政府债务管理办公室牌子）、国库科、行财科、经建科、农业科、社保科、监督检查科、综合科、采购科（加挂行政事业单位国有资产管理科牌子）10个科室，下设国库支付中心、财政投资评审中心、金融发展中心3个局属事业单位。核定行政编制24名、事业编制71名（其中参照公务员管理53名）、工勤编制2名，在岗职工88名。

【预算执行】　2018年，全年实现地方财政收入29.2亿元，增长0.7%。一般公共预算收入13.3亿元，同口径下降0.5%。其中：税收收入8.5亿元，同比增长1.3%；非税收入4.7亿元，同口径下降3.7%；政府性基金预算收入15.1亿元，同口径增长0.2%；国有资本经营预算收入0.9亿元，同比增长32.9%。全县财政支出完成79.1亿元，同比增长12.2%。其中：一般公共预算支出62.2亿元，同比增长13%；基金预算支出16.6亿元，同比增长11.4%；国有资本经营预算支出完成0.3亿元，同口径下降51.6%。

【助力经济】　2018年，县财政局利用财政杠杆效应，加快推进重点项目建设，

着力为实体经济注入新动能。加快推进重点项目前期工作，确保项目尽快落地实施，充分发挥重点项目的支撑作用，提高资金使用效益。安排交通建设资会85146万元，市政基础设施建设、农村环境整治及生活过圾收集等资金19415万元。加大生态旅游、小微企业等扶持力度，落实资金3600万元支持旅游发展、宣传与推介，拨付资金684万元支持民营经济发展。安排奖补资金680万元支持煤炭行业化解过剩产能，安排种子基金、R&D资金2060万元用于科普、信息、产业科技推广等方面的扶持。

【保障民生】　2018年，县财政局充分发挥公共财政保障职能，调整优化支出结构，严控“三公经费”等一般性支出，确保财力向社会民生、重点建设等领域倾斜。坚持教育优先发展，落实资金6114万元启动实施学前教育营养改善计划及农村中小学生营养改善计划和运行经费，安排“全面改薄”资金6601万元、校舍维修资金2243万元，筹措资金7864万元资助家庭因难学生完成学业。夯实农业发展投入，安持资金141865万元支持发展主导产业、特色效益农业、天然林保护、石漠化综合治理、植树造林等；完善农业竞争性领城贴息担保、创投基金等支持方式，逐步减少农业企业的直接补助。完善社会保障体系，安排资金19689万元全面落实城乡低保、优抚、农村五保、孤幼儿等政策，强化医疗保障、救助、补助等投入，支持创业就业；落实资金7520万元推进公立医院改革，提高基层医疗卫生服务机构的服务能力和基本公共卫生服务均等化。加大文化投入力度，筹集资金3655万元推进基层文化、体育基础设施建设，大力支持“一节一赛”活动等。

【脱贫攻坚】　2018年，县财政局强化涉农资金

统筹整合，促进脱贫攻坚、农业生产、农村基础设施建设和农村环境整治等涉农项目顺利实施。强化资金统筹整合。根据企县精准扶贫项目计划和统筹资金规模，统筹整合资金 99019 万元，统筹用于产业发展、农业综合开发、农村交通建设、农村饮水、人居环境等 21 个大项，累计调度扶贫资金 97839 万元。按照精准施策、统筹兼顾、滚动持续、防范风险的原则，加大乡村振兴投入力度，安排资金 1345 万元扶助村级集体经济发展，筹措资金 6000 万元建立产业发展风险基金，投入资金 500 万元对生猪、山羊、肉牛、林业等进行保险补助，落实资金 13000 万元专项用于深度贫困乡交通、水利、人居环境、乡村旅游等基础设施建设。扶贫小额信贷持续推进。向 522 户建卡贫困户发放扶贫小额贷款 2408.3 万元，累计贷款余额 4.67 亿元，惠及 10566 户贫困户。建立扶贫小额信贷风险分担机制，设立扶贫小额信贷风险补偿金 6000 万元，着力防范化解扶贫小额信贷损失风险。

【金融风险防范】 2018 年，全局充分发挥财政对金融风险和经济风险等风险的调节作用，着力防范化解财政金融风险。规范项目投资管理。严格执行落实政府投资项目审批制度，规范项目建设决策程序，着力解决未批先建、超概（预）算或超中标价增大投资负债、违规调整变更项目、项目实施进度慢等问题。加强政府债务管理，强化债务限额管理和预算管理，2018 年全县政府债务余额 45.1 亿元，属绿色可控范围。完善政府债务管理制度，出台《彭水县政府性债务风险应急处置预案》《彭水自治县防范化解政府性债务重大风险工作实施方案》等系列文件，全面加强政府性债务管控，对企业经营性债务进行全面监控，规范政府举债融资机制和政府性债务风险防控机制，制定隐性债务化解方案，防范化解政府债务风险。强化非法集资监管，通过召开非法集资风险分析研判会、防范非法集资工作纳入综治网格化管理、开展涉嫌非法集资风险专项排查和强化宣传教育引导等，守住不发生系统性金融风险底线。

税　收

【机构改革】 2018 年 7 月 5 日，彭水自治县新税务机构正式挂牌，实现办公室、纳税服务、征管、人事、党建 5 个综合部门集中办公。9 月 12 日，县委正式批复同意新税务机构联合党委改设为党委。8 月 30 日，重庆市税务局正式批复彭水自治县税务局“三定”暂行规定，9 月 21 日，彭水自治县税务局“三定”暂行规定会议召开，各内设机构、派出机构、事业单位负责人和一般人员安排到位，原彭水自治县国家税务局、彭水自治县地方税务局经历了 24 年的分设后重新融合为一体，掀开彭水税务的新篇章。

机构改革后，县税务局共设 13 个内设机构、1 个事业单位、9 个派出机构，负责辖区增值税、消费税、车辆购置税、企业所得税、个人所得税、土地增值税、城市维护建设税、耕地占用税、契税、城镇土地使用税、房产税、车船税、资源税、环境保护税等 15 个税种及社会保险费和有关非税收入的征收服务管理，另外代征残疾人保障金和工会经费。

彭水自治县税务局挂牌仪式

（县税务局　供图）

【税收收入】 2018年，县税务局全年共组织入库各项收入246380万元，同比增长5.05%。其中税收收入148177万元，同比增长3.58%；非税收入6374万元，同比增长14.96%；社保收入91829万元，同比增长6.86%。

【税收政策】 2018年，全局强化税收优惠政策宣传，落实税收优惠政策，确保纳税人应享尽享。2018年，共减免城镇土地使用税418.14万元、房产税14.72万元、环境保护税18.68万元、资源税103.52万元、土地增值税534.15万元、契税1592.41万元、印花税92.65万元，实现增值税征前减免7586万元、企业所得税减免8850.3万元（其中西部开发减免6744.79万元，小微企业减免240.35万元，受惠面达100%）、个人所得税减免251万元、车辆购置税减免140万元，对促进地方经济发展发挥了积极作用。

【税制改革】 全面贯彻落实税费制度改革各项任务，积极推动各项政策落实、落准、落细。平稳推进环保税的施行，强化调研和实地走访企业，定期与环境部门开展涉税信息的比对核实，为环保税顺利实施打下坚实基础。2018年，全县共有环保税纳税人101户，入库环保税款115.79万元。落实烟叶税立法，深入基层烟农、企业调研和纳税辅导，开展烟叶税政策效应分析，确保烟叶税法平稳落地，全年烟叶税入库税款5092.61万元。稳步实施增值税税率调整，及时开展政策宣传，主动上门服务，帮助企业正确解读最新优惠政策，确保企业能及时享受税收优惠政策红利，辖区企业负担不断减轻、发展活力不断增强；推动个人所得税改革，对照个税改革推进实施方案及任务清单，列出路线图和时间表，实行挂图作战、动态管理、对账销号，组建师资团队，持续开展“上门服务”，围绕个人所得税新政、专项附加扣除政策、专项附加扣除信息采集、最新个人所得税的计算、扣缴申报流程、纳税申报操作等，对辖区内党政机关、行政事业单位及重点纳税人进行培训讲解、现场答疑和操作演示，让改革成果惠及更多人。统筹部署社保费和非税收入职责划转工作，主动对接地方政府及相关部门，做好职责划转前期准备工作。

【纳税服务】 2018年，县税务局持续优化税收营商环境、深化“放管服”改革、提升纳税服务质效。持续深化纳税服务举措，按照“机构改革，服务先行”要求，进一步整合办税资源、规范办税流程、压缩办税时间，积极实施“一窗通办”“一网通办”“套餐办理”“最多跑一次清单”等服务措施，优化清税注销流程，全面推进新办企业纳税人首次申领发票当日办结，大力推广电子税务局，充分发挥1+1>2的改革效应。多元化开展税法宣传，通过组织纳税人座谈会、实地走访企业、举办纳税人学堂等开展“面对面”宣传，协同县妇联走进县保家工业园区，为创业女企业家送税法；分别走进县局扶贫联系村小学和县职业教育中心，开展税务沙龙活动，普及税法知识。服务民营经济发展，建立优惠政策“送上门”，咨询辅导“一对一”，涉税诉求“随时听”，疑难问题“快响应”的服务模式，确保民营企业应享尽享改革红利。对73户民营企业基础信息开展全面清理与维护，进一步提高民营经济数据核算质量，全年全县民营经济税收实现21398万元，同比增收5909万元，增长38.15%，占总收入的14.44%，较上年同期提高3.61个百分点。

【税收征管】 全年夯实基础征管，“三定”落实后，按照属地管理原则，对近40000户纳税人进行管户分配，确保实现同一纳税人在双系统中由同一管理员管理。及时拟定征管业务前后台业务划分清单及税收业务操作指引，促进征管业务统一。组织金税三期双边库管户清理，为并库工作做好准备。采取多种手段加大欠税追缴力度，全年共抵欠1976万元，追缴新欠7564万元，清缴陈欠932万元。扎实开展风险评估，全年共查补入库税款5814.51万元，调增应纳税所得额2082万元。

【税务稽查】 2018年，县税务局持续推进依法治税，建立和完善干部学法机制，提升干部依法行政水平，认真开展税收规范性文件清理，不断规范税收执法行为。重拳打击涉税违法行为，2018年，共立案检查17件，结案16件，查补税款及滞纳金、罚款2123.7万元。

金　　融

银　行

银行监管

【银行业运行】　2018 年，县域银行业运行稳健，存贷规模稳步增长。截至 2018 年年末，县域银行业各项存款余额 189.53 亿元，较年初增加 3.34 亿元，增幅 1.79%。其中储蓄存款余额 153.26 亿元，较年初增加 18.37 亿元；对公存款余额 35.72 亿元，较年初减少 15.11 亿元。县域银行业各项贷款余额 188.62 亿元，较年初增加 9.05 亿元，增幅 5.04%；存贷比为 99.52%，较年初上升 3.07 个百分点。不良贷款持续下降，辖区银行业各项不良贷款余额 29045 万元，较年初减少 4596 万元；不良贷款占比 1.54%，较年初下降 0.33 个百分点，不良贷款余额与占比“双降”。盈利水平稳中有升，实现利润 19019 万元，较上年增加 4581 万元。

【银行体系建设】　2018 年，彭水银监办狠抓银行体系建设，积极推进普惠金融服务。辖区共有银行网点 85 个，其中乡镇 55 个，共有自助机具 209 台，助农取款便民服务点 314 个，辖内银行从业人员 828 人，便民服务机具已布设 266 个行政村，覆盖率达 89.86%，全县 39 个乡镇（街道）296 个行政村（社区）金融服务全覆盖。县域银行业金融机构数量与类型不断丰富完善，银行网点布局日趋合理，服务体系日趋完善，服务便利度得到进一步提升。

【服务实体经济】　2018 年，县域银行业围绕全县重要领域、重点项目、重大工程加大信贷投放力度，切实服务实体经济，支持县域扶贫攻坚和乡村振兴战略。2018 年年末，辖区涉农贷款余额 153.72 亿元，占各项贷款余额 81.5%，较年初增幅 2.36%。其中农行扶贫小额贷款发放 10438 户，金额 45902 万元。积极引导并督促银行机构创新业务品种，支持小微、民营企业。以深化“放管服”改革、迎接国务院大督查为契机，把无还本续贷、尽职免责、不良容忍度等信贷监管政策落到实处，确保小微企业“两增”目标、贷款利率达标。2018 年年末，县域银行机构小微企业贷款余额 86.34 亿元，占各项贷款余额的 45.77%，较上年同期增长 7.68%。

彭水银监办陪同黔江分局领导走访民营企业

（彭水银监办　供图）

【风险防控】　2018 年，彭水银监办大力治乱象，先后召开 2 次专题会议，督导银行机构对照银监会 4 号文和重庆银监局、分局相关要求，建立专门领导小组、制定细化自查评估方案，全面开展自查评估整改工作，落实“自查－整改－评估－整改”的工作机制。上、下半年，配合分局对各银行整治市场乱象工作开展现场督查。强力控不良，督导银行机构做实信贷资产质量，采取诉讼清收、重组转让、核销处置等多种手段，压降存量不良。强化制度执行和落实，将严格问责和尽职免责有机结合，把贷款“三查”制度真正落到实处，严控新增不良。全力防风险，新组建债委会5家，高度关注政府融资平台、房地产领域、扶贫小额信贷、信用卡等重点行业、领域的风险防控，保证平台贷款不出现不良和本息逾期情况。合力抓案防，与公安、消防等部门联合开展银行网点第五轮安全设施评估。配合分局对2家国有大型银行开展专项安全检查、对各银行开展年末案防安保巡查督导，对农商行、邮储银行部分乡镇网点安防设施建设情况进行现场查验。全辖银行机构未发生案件和重大安全事故，实现“零案件”目标。

【金融宣传】 全年组织辖内银行机构开展“扶贫小额信贷政策宣讲”“3·15金融消费者权益保护宣传”“金融知识进万家”和“打击非法集资和防止金融诈骗宣传”等街头集中宣传，积极督导银行机构持续开展送金融知识进学校、进社区、进农村，公众对金融产品和服务以及相关金融知识的认识水平得到提高。与相关部门密切配合，加大非法集资、P2P网贷、校园贷治理，严厉打击非法金融活动，进一步加强交叉金融风险防范工作。

【监管督导】 督促辖区银行机构认真搞好各项非现场监管数据和资料的报送工作，督导机构及时、完整和准确上报各项数据，及时进行行政许可报备，定期采取现场走访、监管会谈及约谈方式，对县域各银行机构开展上门巡查和督导，了解其经营状况，及时给予风险提示和预警，保障银行机构稳健运行。进一步强化重大事项报告和外出报备、会议请假制度。共编发《彭水银行业动态》10期，刊发动态信息40多篇（条），被县政府刊物采用8篇（条）。

人民银行

【概况】 2018年，人行彭水自治县支行紧紧围绕上级行工作要求和支行年初制订的工作目标，落实重庆营业管理部“责任深化年”以及黔江中心支行高质量推进县支行建设工作要求，按照“一个目标二个抓手三步走”（即以创建优秀县支行为目标，以文明单位创建、党建引领业务发展为抓手，自2018—2020年用三年时间实现跨越式发展）的工作方案组织实施，努力维护辖区金融稳定，助力县域经济金融持续协调发展，着力打造优秀县支行并取得较大成效。

【脱贫攻坚】 2018年以来，人行彭水自治县支行多次召开工作推进会安排部署金融扶贫工作，分解下达目标任务，督导金融机构将金融精准扶贫工作逐一落到实处，勇啃脱贫攻坚硬骨头，努力探索民族金融与民族经济互融共进实践。

支行把确保“三高于”目标（高于本行在当地各项贷款平均增速，高于彭水自治县扶贫贷款平均增速，高于彭水自治县其他金融机构各项贷款平均增速）落地，推进深度贫困乡镇乡村振兴战略纳入支行2018年创新工作项目来抓，支行领导多次率相关职能部门人员汇同金融机构，深入市级深度贫困乡镇大垭乡、三义乡调研指导金融扶贫工作，先后走访全县16个深度贫困村的5个村，按照“有人、有地、有工作、有台账、有牌匾、有成效”的“六有”要求，掌握了解农村便民服务网点运行、银行信贷投放支持、扶贫保险覆盖、金融扶贫服务站点建设等情况，严格督导金融扶贫工作的抓实抓细，确保“一保障两增长三高于五覆盖”工作目标的全面落地，助推深度贫困乡镇贫困户尽早脱贫增收。推动农商行彭水支行联系大垭乡、邮政储蓄银行彭水支行联系三义乡，负责建设“贫困村金融扶贫服务站”。强化现场督导与走访，按季督促责任银行落实任务，认真做好“三高于、五覆盖”目标落实趋势的监测和引导，争取工作主动权。相关银行机构严格按计划和进度推进工作目标的完成，2018 年 3 季度末，邮政储蓄银行彭水支行和农商行彭水支行分别在三义乡、大垭乡全面实现了三个高于的目标。

督导金融扶贫主办行积极探索精准扶贫贷、风险补偿基金和“四融”平台精准扶贫新模式。截至 2018 年 12 月末，农行彭水支行已发放金穗惠农精准扶贫贷款 16424 笔，累计投放贷款 8.23 亿元，贷款余额 4.56 亿元，贷款已覆盖全县 39 个乡镇，惠及贫困家庭 16424 户。建成并运行“四融”平台 266 个，覆盖全县 39 村（社区），覆盖率 100%。

助推重庆银行与县人民政府于 2018 年 6 月 6 日在彭水自治县深度贫困乡镇大垭乡达成战略合作协议，在符合监管要求且风险可控的前提下，向彭水自治县提供融资额度不低于 20 亿元，投向金融扶贫与乡村振兴战略的各类基础设施建设和相关产业扶持工作。截至 2018 年年底，该行已完成对彭水自治县农村土地整治、农村交通公路建设等 6 大领域共 13 亿元的融资支持。

督促农商行彭水支行落实金融扶贫社会责任，积极向其总行申请，于 5 月在全市深度贫困乡大垭乡投放移动金融服务车（全市仅有 3 台），是农商行在渝东南唯一布放移动金融服务车的区县。目前该行“移动金融服务车”定点定时服务无金融网点的大垭乡、善感、桐楼等乡镇。

加强贫困村金融扶贫服务站和金融扶贫示范点建设工作。在彭水自治县 16 个未脱贫的贫困村建设金融扶贫服务站。对 11 个市级金融扶贫示范点开展“回头看”核查活动，按照“见贷款、见名单、见增收”的“三见”原则进行分类核查。

搭建绿色通道，向重庆彭水民泰村镇银行快速发放扶贫再贷款 3000 万元，用于优先支持建档立卡贫困人口贷款，截至 2018 年 12 月末，重庆彭水民泰村镇银行运用扶贫再贷款资金发放贫困乡镇贷款共 220 笔，金额 7737.41 万元。

【货币信贷】 2018 年，人行彭水支行及时准确传导上级行货币政策，促进地方经济持续健康发展。推动农村“三权”抵押贷款、小额担保贷款和微型企业贷款等民生信贷政策落地。截至 12 月末，共发放“三权”抵押贷款 3400 笔，金额 15372 万元，余额 65339.13 万元。按月按季监测农发行彭水支行 PSL 运用情况，根据营管部统一安排开展现场核查工作，督促 PSL 借款人规范、高效运用人民银行抵押补充贷款资金发放特定领域贷款。组织辖内银行机构创建金融服务实体经济高质量发展示范典型 3 个，按照营管部下发的验收标准验收合格。截至 2018 年 12 月末，辖内 8 家银行机构各项存款余额 190.8 亿元，比年初增加 4.2 亿元，上升 2.25%；各项贷款余额 188.62 亿元，比年初增加 9.05 亿元，上升 5.04%。15 家保险机构保费收入 5.69 亿元，较同期增加 0.38 亿元，同比增长 7.13%；保险赔付支出 1.55 亿元，较同期增加 0.25 亿元，同比增长 18.99%。西南证券公司彭水营业部 2018 年 1—12 月交易总额 7.85 亿元，资金客户 1338 户。兴农担保公司在保责任余额 2.85 亿元，在保责任客户 104 户。

【现金服务】 全年落实发行库全面风险管理年活动要求，组织开展发行基金倒库清点及发行库全面检查的自查工作，针对发生的案例通报，开展警示教育，有效防范案件发生。开展小面额人民币“神秘人”暗防工作，加大残损人民币回收力度，满足人民群众不断增长的现金服务需要。做好第四套人民币部分停止流通券别兑换工作和第五套人民币 1999 年版部分券别只收不付工作。对 4 家银行 10 个网点开展人民币收付暨反假货币业务专项检查。准确把握现金运行规律和态势，以需定调、以需定投，为辖区现金正常供应提供有力的保障。截至12月，共计调拨发行基金10次，其中：调出金额9.4亿元，调入金额8.12亿元。累计办理出入库金额35.98亿元（出库金额17.22亿元，入库金额18.76亿元），净回笼1.54亿元。

【国库经理】 2018年，全县金融系统深入推进国债下乡，服务乡村振兴，为贫困山区群众畅通国债投资渠道。2018年，组织国债销售5050.78万元，其中乡镇销售1782.71万元，居一区三县之首，实现网点销售全覆盖、全突破。全面实现国库集中支付电子化。在2017年上线运行基础上，2018年7月，辖内所有预算单位、所有业务运行全部实现国库集中支付电子化。强监管，控风险，夯实国库基础工作，严格执行国库内控管理制度，落实国库工作四级目标管理责任制，及时准确办理国库会计核算业务，保证国库资金安全高效运行。截至2018年12月31日，办理预算收入43.76亿元，预算支出90.36亿元，计付国库存款利息88.97万元。国库监督发现并纠正不合规业务6笔，金额71.04万元。办理预算收入35.93亿元，预算支出73.83亿元，计付国库存款利息88.97万元。国库监督发现并纠正不合规业务6笔，金额71.04万元。

【服务民生】 2018年，人行彭水支行落实“放管服”工作要求，开展无证经营支付业务整治，优化企业开户服务，上线运行企业开户进度查询系统，作出4天办结承诺。截至12月受理的1752例账户行政许可均得到及时有效办理。开展移动支付便民示范工程建设，建设完成1个公交、3个菜市场、2个商圈街区、1个园区企业等7个移动支付示范场景，系渝东南首次将“云闪付”支付应用在公交系统。移动支付业务覆盖县辖全部行政村。大力推广“农村电商+银行卡助农取款服务”融合发展模式。着力推广“电票”工作，确定重庆银行彭水支行为电子商业汇票集中签发示范点，有效助推中小微企业签发使用电票，支持实体经济发展。

【反洗钱工作】 2018年，人行彭水支行与县纪委监察委、县人民法院、县人民检察院、公安局、税务局等9家单位签署《反洗钱、反恐怖融资、反逃税合作备忘录》，建立倒查机制，形成反洗钱齐抓共管合力。运用多种监管方式，督促义务机构履行反洗钱工作职责。对3家金融机构开展反洗钱分类评级，2家金融机构开展反洗钱现场检查，5家金融机构实施反洗钱走访工作。为确保“3号令”落实，组织对义务机构进行培训，多次到车站、码头、场镇、社区开展金融知识宣传活动，有效提升社会公众反洗钱及金融安全防范意识。

【消费者权益保护】 2018年，彭水自治县将建立金融消费者权益保护工作非现场监管机制纳入2018年创新工作项目来抓，截至2018年9月，支行通过建立金融消费者权益保护资料报送制度、调查走访制度、分析评价制度以及非现场监管与现场监管相结合的管理制度，扎实开展金融消费者权益保护非现场监管工作。在重庆营业管理部辖内率先填补金融消费者权益保护非现场监管空白，有力提升金融消费者权益保护监管工作的实效性。该项工作被中心支行在年度考核中给以加分奖励。组织银行机构在深度贫困乡镇和县城繁华路段开展常态化与集中宣传相结合的普惠金融知识宣传，普及深度贫困乡镇低净值人群和贫困群众金融知识。督导农商行彭水支行和邮政储蓄银行彭水支行分别在大垭乡、三义乡创建金融消费者权益保护基础服务示范典型并验收合格。

【征信管理】 2018年，支行组织银行机构开展“珍爱信用，享受幸福”为主题的“6·14信用记录关爱日”大型集中宣传活动，普及征信及普惠金融知识。对2家银行机构开展征信执法检查，对5家银行机构开展开展征信巡查与统计核查。认真开展应收账款服务平台推广工作，2018年新增融资额1.5亿元。完成14个信用村的创建，支撑农村信用体系的建设工作稳步推进。积极推动完善县域公职人员信用环境，建议县政府责成相关单位按照法律规定对行政事业单位和公职人员涉诉贷款予以清收，将公职人员个人信用纳入干部提拔考察内容。努力加强社会信用体系建设，促成县政府委托第三方机构华龙网建设彭水社会信用体系建设平台，依托重庆电子政务平台，全县30余家成员单位实时进行数据报送。

【统计工作】 2018年，人行彭水支行按时、保质完成各项统计报表的收集、汇总、上报工作。做好民间融资、保险、证券业、社会融资规模统计等相关工作。做好黔江金融学会彭水通讯站的各项工作，组织辖内会员单位参加金融学会课题申报，按时完成10篇课题。大力开展“金惠工程”相关活动，组织志愿者下乡开展金融知识宣传8次。接受中国金融教育发展基金会对彭水自治县“金惠工程”项目实施情况开展的现场评估核查工作并获得好评。组织银行机构参加中心支行组织统计知识决赛，2家银行分别获得一、三等奖。加强外汇政策的传导，引导各涉汇行提高外汇管理理念，服务实体经济，促进辖区涉外经济健康快速发展。

【内部管理】 2018年，人行彭水支行严格执行财经管理制度，财务经费使用管理严格控制在财务指标范围内且合规使用。认真做好工作人员、要害人员、库管员的日常考核工作和新进行员人事劳资工作，及时反馈上报职工工资信息统计；开展新进员工管理服务工作，促使其尽早融入支行工作氛围；严格按规定程序做好行员钟磊辞职相关工作。及时、准确处理财务报账及报审工作，确保支行工作正常运转。进一步加大退休老干部管理及服务工作，开展春节、重阳节慰问活动，组织退休老干部积极参加各类活动。加强发文审核管理，严格把关，努力提高公文质量和办文效率。加强计算机网络安全管理，做好计算机安全教育、保密知识教育和检查工作，发现问题、隐患及时整改，确保支行各项工作安全高效运转。

【安全保卫】 全面落实枪支弹药安全管理责任制，严格枪弹检查制度。把防盗、防抢劫作为工作重点，坚持双人24小时武装守库和出入库登记制度，经重庆营业管理部批准，支行于8月7日18时开始执行非武装守卫值班制度，并于11月28日组织全体守卫人员开展了一次守卫值班突发事件应急演练，着重演练单人非武装守卫期间，发现监控设施不能正常运行时的处置流程和方法。强化二道门管理，加强保卫部门与货币金银部门的协作配合，切实杜绝守卫工作中的违章违纪，确保发行库安全。

工商银行

【概况】 中国工商银行股份有限公司重庆彭水支行隶属于中国工商银行重庆黔江分行。2018年年末，支行有员工38人；内设职能部门2个（综合办公室、业务发展部），对外营业机构2个（支行营业室、十字街支行）；自助银行4个。

【经营业绩】 截至2018年年末，全行各项存款余额118309万元，较年初增加9273万元。其中：储蓄存款余额75695万元，比年初增加12583万元；公司存款余额14831万元；机构存款余额27414万元；各项贷款余额247382万元。其中，公司贷款余额193398万元，个人53983万元。拨备前利润实现5438万元。新增储蓄存款实现四行新增总额、网均、人均均为同业第一。信用卡贷款余额11341万元，较年初增长3164万元，分期付款余额5075万元，较年初净增额3481万元，分期付款投放额6433万元，工行系统全市行排位第一。2018年，彭水自治县老城棚户区改造工程（一期）及配套基础设施建设项目贷款24亿元通过审批。支行消防安全工作成为彭水自治县域唯一一家得到重庆市消防安全委员会评选的2018年度消防工作成绩突出单位。

【社会责任】 开展扶贫。捐赠财物合计金额超过50余万元，其中：向三义乡扶贫攻坚捐款30万元、向靛水乡天井村路灯改造均可4万元、向三义中心小学捐图书等文化用品一批。开展普惠金融，支持民营企业。针对民营及小微企业融资“短、小、频、急”的特点，彭水支行从市场、产品、期限、业务需求等入手加强产品创新以及创新产品落地。基于大数据和企业生产经营场景的特征，研究开发“经营快贷”产品，低门槛、纯信用、全线上产品，主动授信，客户无需提供任何资料，手机银行或网上银行提款，秒到账，随借随还，2018年主动为存量客户授信3142万元。基于企业纳税数据开发“税E贷”“发票贷”产品，在企业授权前提下实现税务信息与银行共享，具有纯信用、一次授权，主动授信，资料简单，线上提款，瞬间到账的特点。2018年以来先后为企业授信1940万元。基于医保结算大数据，研究开发“医保刷卡通”产品，纯信用，贷款金额大、手续简单、融资成本低。2018年以来先后为企业授信1250万元。推出依托农业担保公司的“农担贷”，向彭水自治县深度贫困村发放“农户贷”，满足该村种养殖大户经营过程的融资需求，2018年以来累计发放贷款600万元。降低民营及小微企业融资成本。对申请办理的小微企业贷款一律执行总行优惠利率，贷款利率处于同业较低水平，对符合条件客户贷款利率基本执行4.35%/年的基准利率，2018年以来新发放贷款平均利率不超过4.5%/年；为减轻小微企业负担，支行严格按照相关要求承担贷款抵押登记费、评估费、公证费等，以实际行动为企业减负。支持老百姓安居工程建设，审批棚户区改造贷款24亿元，总投资31亿元。有力支持了城市环境改造以及老板姓居住环境。服务地方经济社会发展，2019年8月重庆分行行长刘亚干一行拜访彭水自治县党政主要领导，并就支持地方重点产业达成合作意向，将就彭水自治县旅游产业、水利能源、轻工产业、健康食品产业提供重点信贷支持。

2018年8月，工商银行重庆分行行长刘亚干到彭水三义乡调研

（工行重庆彭水支行 供图）

农业银行

【概况】 2018年，彭水支行内设部室5个、辖营业机构5个，在职员工127人。以总行治行兴行“六维方略”为引领，坚持“稳中求进”的工作基调，奋发实干谋发展、齐心协力促转型、攻坚克难控风险，综合绩效考核在“三农行”排第十七位，较去年提升三个位次。

【业务指标】 实现拨前利润10402万元，实现拨后利润11005万元，实现经济增加值4891万元。各项存款余额247593万元，比年初增加1587万元，各项存款余额份额在“四行一社”占比21.1%，排位第二，各项存款增量份额在“四行一社”占比15.9%，位居第二。各项日均存款余额249481万元，比年初下降4519万元。各项贷款余额551093万元，比年初下降12653万元。我行各项贷款余额份额在“四行一社”占比53.9%，位居第一。

【负债业务】 2018年，彭水支行突出重点产品，充分利用银利多、活利丰、大额存单等重点产品，着力做好客户的“保、抢、挖”工作。突出重点客户。抓法人客户，致力于客户走访与维护工作，全方面覆盖机构类存款客户、贷款类客户、小微企业客户和其他纯存款客户，全年共计走访和维护客户100余次，特别是对县移民局、县国土局、县交易中心、县土地整治中心等重点客户的回访和维护，全年共计组织资金3亿元左右；以开立村级账户为契机，全年新开立村级账户53户。突出重点时段。年初和年中分别制定了《彭水支行2018年“春天行动”综合营销方案》和《彭水支行2018年“赢在金秋 精彩生活”零售业务综合营销活动方案》，明确任务指标。并分解落实到各营业机构。做到任务早明确、措施早制定、工作早落实。

2018年5月，彭水自治县投资促进服务中心与彭水支行签订战略合作协议

（农行彭水支行 供图）

【资产业务】 围绕彭水自治县基础设施建设和旅游业提档升级项目，全年为彭水自治县城投公司发放贷款8050万元；围绕彭水自治县小微企业和民营企业发展，全年为其累计发放贷款3亿元。以个人资产业务为突破口，加大信贷资产有效投放，全年累计发放各类贷款845笔，金额18513.1万元，其中：住房按揭贷款497笔，金额16725万元，个人商用房贷款2笔，金额110万元；个人消费贷款326笔，金额1485.76万元；其他贷款（含军人公积贷款）11笔，金额346.57万元；农村生产经营贷款9笔，金额165.6万元。汽车分期业务实现零突破，投放分期业务3笔，金额28.7万元。

【中间业务】 抓贷款带动中收。全年实现资产带动类对公中收886万元（含分行下划中收）。抓零售产品带动中收。围绕信用卡分期，基金、贵金属、代理保险政策激励，补足营销短板，夯实个金中收基础。以缴费中心、农银e管家核心商户为重点，大力拓展掌上银行、金穗e融通等线上产品，推动网络金融业务增收。全年零售板块中收实现1085万元。

【“三农”业务】 2018年，农行彭水支行扶贫小额贷款发放全市第一。截至12月末，支行通过扶贫小额贷款支持建档立卡贫困户11163户、5.5亿元。现有贷款余额4.55亿元，贷款已发放至全县39个乡镇，贫困户覆盖率达40%。普惠金融渠道建设全县第一。截至12月末，支行完成惠农服务点建设266个，实现了全县行政村的全覆盖，该平台累计为群众办理金融性结算交易业务151084笔、金额10949万元。互联网贷款产品创新全县第一。自2016年12月16日“烟叶快农贷”在彭水支行试点上线以来，已累计发放贷款643笔、2278万元，有力支持了全县烤烟产业的发展。十大扶贫模式全县首创。做强旅游扶贫，以支持重庆乌江画廊、九黎旅游为重点，累计发放旅游类贷款8.42亿元，现有余额7.63亿元，投放量居全县第二；龙头企业带贫，支持项目扶贫，以地票质押的方式对城投公司发放2.6亿元，并做好资金兑付工作，助力解决深度贫困乡（村）发展的

"卡脖子"问题，带动了1754人脱贫。定点帮扶工作走在全县前列。建立领导班子与贫困乡镇的联系制度。明确支行领导联系深度贫困乡镇名单，由党委书记、行长对口帮扶辖内2个深度贫困乡，其他班子成员每人对口帮扶辖内1—2个贫困村，共确定帮扶贫困户21户；派驻4名政治站位高、综合能力强、思想作风好的干部，到两个深度贫困乡开展定点扶贫工作。

【风险防控】 狠抓不良贷款管理。2018年年末，支行不良贷款余额12718万元，较年初下降7964万元，不良贷款占比2.31%，较年初下降1.36个百分点，降幅38.51%，不良贷款余额和占比较年初实现双下降。2018年，支行处置清收不良贷款9004万元，其中现金清收3942万元，占清收处置额的43.79%，呆账核销3898万元，占清收处置额的43.29%，不良资产证券化1164万元，占清收处置额的12.92%。2018年，支行累计对信用卡不良45户、涉及贷款45笔、金额706.64万元，个人贷款不良64户、涉及贷款64笔、金额705.12万元，法人贷款不良4户、涉及贷款5笔、金额3066.82万元进行了相关责任人的认定和处理，累计经济处理83人次，累计处罚金额1.88万元，行政警告1人。狠抓案件防控。以员工行为排查为重点，采取主动报告、内部谈话、问卷调查、异常数据核查、现场检查、走访座谈、内外部举报、员工自查、员工互查、网上排查和通过"三线一网格"系统等方式，排查重要岗位人员轮岗、强制性休假、亲属回避、员工行为异常、基层负责人及员工违法违规对外担保、私售"飞单"、非法集资等情况，进行"八小时内外"行为排查。排查自查人数为126人，互查、外部走访和组织排查人数126人次，参与率达到100%。加强对已诉案件和被诉案件的管理，对诉讼案件进行了部分补录；起诉案件80件，全部胜诉；通过诉讼催收收回贷款3533万元。

【内部管理】 抓好财务预测分析。按季编制经营计划，按月抓好财务预测监测，按季拟写财务、业务经营及资金运营、管理会计分析。抓好运营管理及相关工作。做好反洗钱制度建立、信息补录、持续识别和可疑交易信息审查；做好押品接收、退出和管理；做好重空凭证的管理与配送；做好预警信息核销与处理工作，为杜绝案件和各项经济责任事故起到了有效的监控作用；做好日常影像信息扫描工作。抓好综合绩效考核工作。以考核为导向，及时制定支行综合绩效考核、营业网点综合绩效考核、运营主管考核、大堂经理、柜面经理等考核方案，并结合重点工作按季调整，并按要求做好考核汇总审核提交等工作。2018年，支行安全生产正常运营，银监及公安安全大检查顺利过关，全年无安全事故发生。

农业发展银行

【概况】 中国农业发展银行彭水苗族土家族自治县支行位于绍庆街道河堡1号，内设机构为办公室、信贷业务部、会计结算部两部一室。截至2018年年底，全行共有在职职工24人，退休职工6人；在职党员7人，退休党员5人。

【业务发展】 2018年，全年累计投放各类贷款71985万元，各项贷款余额370420万元（含彭水自治县三义、大垭脱贫攻坚提升工程扶贫统贷过桥贷款26000万元），重点支持棚户区改造、易地扶贫搬迁、农村路网、人居环境改造、水利设施等农村基础设施建设项目。

【脱贫攻坚】 2018年，支行以脱贫攻坚工作为己任，助推精准扶贫。重点支持县域基础设施建设。为有效服务地方经济发展，支行主动融入农发行重庆市分行战略规划，提升站位，服务"三农"。2018年分别向彭水自治县九黎城片区棚户区改造项目投放贷款4600万元、向摩围山及郁山镇农村人居环境建设工程项目投放5900万元、向龙射片区农村路网建设项目投放贷款34000万元、投放农村流通体系建设贷款16485万元。路网项目贷款的大量投放，极大地缓解了项目资金紧缺压力，不仅得到地方政府的肯定，同时在新华社(中国金融信息网)、《每周金融》《彭水日报》上也作了报道。支持深度贫困乡镇建设。2017年12月至2018年，支行支持深度贫困乡镇脱贫攻坚项目3个，分别为三义乡脱贫攻坚提升工程项目、大垭乡脱贫攻坚提升工程项目、深度贫困乡（三义乡）脱贫攻坚交通项目。2018年向贫困乡（三义乡）交通建设项目信贷资金1.1亿元，主要用于三义乡新建和改建农村公路136千米、新建客车站1个、新建招呼站18个和配套完善标志、标线、道路绿化等工程。积极储备和培育新项目。2018年8月30日，常务副县长主持召开服务乡村振兴战略项目融资推介会，财政局、国资局、发改委等24家县级部门和4家国企参会。会上，详细宣传介绍了农发行服务乡村振兴对接贷款项目范围及融资要求。活动期间支行领导带队走访发改委、农委等13个相关部门，了解彭水自治县粮油市场发展情况、长江经济带发展资金需求和彭水自治县建设美丽宜居乡村目标任务等情况。2018年支行累计上报项目6个，金额20.5亿元，其中：新项目5个，转型项目1个。新项目获批2个，分别为农村公路扶贫过桥贷款项目，金额1.1亿元（已全额投放）；彭水自治县工业园区农产品仓储物流基地建设项目，金额7.5亿元（已投放16485万元）。转型项目获批1个，系农村路网项目，金额3.4亿元（已全额投放）。打造扶贫特色党支部。响应当地政府号召，着力开展对口帮扶，支行党支部书记带领驻村工作人员20余次深入政府指定对口帮扶村—彭水自治县普子镇凤山村开展帮扶活动。2018年向凤山村公益捐赠资金1.5万元。

【案件防控】 支行高度重视案防和安全保卫工作。认真贯彻“两个责任”“两个从严”要求，严格落实党支部主体责任和领导责任，发挥纪检监察职能。开展廉洁从业合规履职谈话，组织全行员工接受廉政文化教育，让员工真正知底线、明戒律。加强信息科技风险管理，包括合规风险、战略风险、投资风险、能力风险、项目风险、合同风险、外包风险、信息安全风险、灾害风险诸方面，抓好问题整改、确保系统安全营运。开展案件风险排查、内部控制评价，稳步推进廉政风险防控，坚持开展“四无”创建活动，开展重点领域违规违纪问题专项排查，全面清理公款购买白酒和公务用车情况，开展重庆银行业扫黑除恶专项斗争排查活动和安全生产大检查，确保2018年无重大安全责任事故、经济刑事案件等发生。

农村商业银行

【概况】 2018年，重庆农村商业银行彭水支行(以下简称农商行彭水支行）始终秉承“根植地方、服务大众”的金融服务理念，坚持支农支小、服务“三农”的市场定位，以“强管理、控风险、抓发展、带队伍”为工作思路，认真落实县委、县政府各项工作部署，努力提升支行工作质效和内控管理水平，主动应对复杂多变的形势与挑战，积极支持县域经济发展。农商行彭水支行内设9个机关职能部门，1个作业中心，47个营业网点，布放了23台便民终端、91台ATM机和146台POS机，在岗员工332人，是县域营业网点最多、从业人员最多、金融机具投放最多、覆盖范围最广的金融机构。

【公司业绩】 2018年，农商行彭水支行各项存款余额达87.8亿元，比年初净增8.7亿元。存量市场份额46.33%，比年初提升3.86个百分点，增量市场份额达261%，存量、增量市场份额均居全县同业第一。贷款业务稳步增长。支行各项贷款余额24.8亿元，较年初净增4.5亿元，增量市场份额达49.98%。效益指标首破亿元大关。实现经济增加值1.3亿元，FTP净利润1.45亿元。为地方创税3415万元，较去年呈上升趋势。

【信贷服务】 2018年，农商行彭水支行持续加大信贷投放力度。发挥支农主力军作用，全年累放各类贷款18.5亿元，其中涉农贷款14亿元，涉农贷款余额23.78亿元，占全部贷款余额的96%。将支持小微企业和民营企业发展作为工作重点，全年发放普惠型小微企业贷款5.18亿元。

【普惠金融】 2018年，继续加大移动金融营销力度，有效客户净增2.94万户，移动金融客户数达19.22万户。同时，不断创新金融服务方式，投放县域首台流动银行服务车，深入包括深度贫困乡大垭乡在内的偏远乡村开展流动金融服务。不断延伸“村村通”基础金融服务范围，使村民足不出村就能享受便捷的金融服务。持续开展“五走进”“金融知识进万家活动”等各类外拓宣传活动200余场，受众人数超过2万人，将金融知识送到广大群众身边，切实提高风险防范能力。

流动服务车送金融服务到乡村

（重庆农村商业银行彭水支行　供图）

【脱贫攻坚】 持续开展金融精准扶贫。建设黄家镇白沙河村、普子镇石坝子村、龙溪镇漆树村、润溪乡麻池村、大垭乡龙龟村、大垭乡木蜡村等7个金融扶贫服务站，挂牌公示接受监督，继续落实专人驻村扶贫，积极与贫困村两委干部、“第一书记”、驻村工作队成员建立联系，认真做好贫困户金融服务需求调查、贷款管理、金融服务宣传等工作。成功与县扶贫办、县财政局签订金融扶贫小额信贷合作协议，推进扶贫小额信贷的投放，执行人行基准利率。全年对建档贫困户发放贷款414笔、1949万元；对参与烟叶种植的158户建卡贫困户全部进行了贷款支持，贷款金额545万元，帮助贷款户户均增收超过5万余元。持续开展慰问活动，在鹿角镇周家村委开展“六一”贫困家庭儿童关爱活动，向他们赠送书包、文具等学习用品；关心慰问受灾贫困户，积极捐款，帮助贫困户重新修建被泥石流冲毁的厨房，恢复正常生产生活；捐资帮助鹿角镇周家村修建便民公路，为村民办实事，切实解决实际困难。

【精细管理】 农商行彭水支行在积极支持地方经济发展、尽最大努力履行好社会责任的同时，不断完善风险控制措施，强化内控管理，有效防范金融风险，全年未发生安全事故和风险事件。支行在2018年度获总行安全保卫工作先进单位称号，在接受黔江银保监分局案件防控和安全工作检查中得分在彭水银行业居第一位，在人行年度综合考评、人民币结算账户和反洗钱工作方面，均获得辖区银行业第一名，守住风险底线。

邮储银行

【概况】 中国邮政储蓄银行彭水自治县支行位于汉葭街道绸缎街3号。该支行于2008年1月9日正式挂牌成立，由综合管理部、综合业务部、三农营业部三个部门组成。下辖营业部和绸缎街支行、车站支行两个二级支行。全行员工57人。支行开办公司存贷款、供应链金融、现金管理、票据；个人零售类贷款、消费类贷款、小企业贷款；

个人储蓄存款、中间业务等银行业务。2018 年，支行坚持“以市场为导向、以客户为中心”经营理念，努力提高服务水平和效率。加强营销工作，成立营销小组，加强理财、国债、基金、保险、信用卡、代收付等业务营销工作。

【业务发展】 2018 年，完成收入 4799.02 万元，完成年预算进度的 90.36%，欠预算进度绝对值 511.98 万元。个人业务完成收入 1586.02 万元；信贷业务完成收入 2045.59 万元；公司业务完成收入 1161.04 万元。

【支农工作】 根据县域经济实际情况，以支农为重点，充分利用邮政网络点多面广优势，广泛开展营销宣传，大力发展乡镇小额贷款；加强政府沟通合作，做好再就业贷款营销及发放工作；根据实际情况，适时调整信贷结构，重点向“两小”业务倾斜，促进信贷业务效益的稳步增长。

【内部管理】 2018 年，支行加大安保投入，强化安全基础设施建设；加强信息化建设，建立健全安防监测、防控体系；强化预案演练，提升员工应急处理能力。全年共组织各类防抢、消防安全演练 3 次。审计方面，广泛开展业务自查、审计检查、风险排查等活动，掌握潜在风险，适时加强控制；安保方面，定期开展安全保卫工作检查，对存在问题的网点、部门限期整改并上报整改情况。业务方面，不定期抽查前台人员业务操作，及时纠正不当操作和错误操作。截至 2018 年年底，全辖无资金案件和重大资金安全事件发生。

重庆银行

【概况】 重庆银行股份有限公司彭水支行成立于 2011 年 10 月，辖营业网点 1 个，自助银行 3 个。现组织架构设置为“一班七部”，即一个行领导班子和综合部、营业部、零售部、小微部、公司部、风险部和保卫部五个部门，在职员工 29 人。

【业务发展】 截至 2018 年年末，支行总存款时点余额 98700 万元；各项贷款时点余额 279296 万元，其中支困贷完成 142 户、余额 700 万元。陆续支持彭水自治县五湖片区改造、工业园区整治、张家坝棚户区改造、彭丰路彭水段建设、九黎城、摩围山等县域重点项目建设，先后推动彭水自治县长滩小学校、彭水自治县第二中学、彭水自治县思源实验学校三个项目，项目施工建设阶段累计带动近 800 名贫困人口就业，目前三所学校共带来就业岗位近 100 个，三个项目均顺利通过人行重庆营管部及市扶贫办验收，成为市级金融扶贫示范项目。

【内部管理】 坚持问题导向，强化制度建设。支行根据总行及监管要求，全面细致开展自查工作，完善出台管理文件。全面实行流程管控，全面梳理授信审查、放款管理、安保执行、征信管理、不良清收等操作流程，明确流程责任、严格流程时限、规范流程标准，针对性的制定完善相应实施细则。强化员工行为管理，支行定期开展员工行为排查及不定期专项排查，建立制度及负向考核机制，加强员工行为管理。强化学习培训，严控操作风险、建立每周例会制度，各条线轮流举行学习交流与培训，提升员工专业技能及综合素养，严控操作风险。

【脱贫攻坚】 “三卡一品”工程社会反应好。全年发放就医卡 5868 张、金额 117.36 万元，就学卡发放 245 人、金额 30 万元，解决部分贫困户就医困难和家庭困难学生生活补贴。驻村帮扶有成效。对双龙乡小坪村“黑木耳”项目予以支持 23.4 万元，将带动 127 户建档贫困户稳定脱贫。教育扶贫达目标。分别向三义中心校和大垭中心校捐赠 34 万元和 47 万元，用于建立远程互动同步课堂系统及其他教育相关设施项目，让山区学生享受优质教育资源。开展产业扶贫。加大对彭水自治县贫困地区特色效益农业和绿色生态项目信贷支持，形成减困脱贫的可持续性，突出“精准扶贫、精准脱贫”工作要求，推广“专业合作社＋贫困户＋重庆银行”，“龙头企业＋贫困户＋重庆银行”等造血金融扶贫模式，实现贫困户可持续稳定脱贫。普及金融知识，提升居民素质。支行多次到三义乡、大垭乡开展以征信、支付结算、小微企业服务、消费者保障服务、反假币、校园贷及非法集资等金融知识宣传，通过宣讲活动提升建档立卡贫困户金融知识知晓度。

民泰村镇银行

【概况】 重庆彭水民泰村镇银行由浙江民泰商业银行和重庆中业投资集团有限公司出资成立，于2012年9月开业。现注册资本金3450万元，其中浙江民泰商业银行占比90%（法人股）、重庆中业投资集团有限公司占比10%（国有股）。现全行三会一层组织架构健全，设股东会、监事会、董事会，董事会下设行长室、战略、薪酬委员会、消费者权益保护管理委员会、“三农”与小微企业金融服务委员会、风险、关联交易管理委员会，内设5个职能部门，下设5个营业网点，全行员工94人，其中柜面人员26人，客户经理33人。

【业务发展】 截至2018年12月末，全行各项存款日均6.39亿元，各项存款余额6.43亿元，其中储蓄存款余额4.77亿元，占比74.29%，储蓄存款日均4.59亿元，占比71.83%；各项贷款日均4.56亿元，较年初增长14.86%，贷款余额4.62亿元，较年初增长14.05%，其中，小微贷款余额4.2亿元，占比91.02%，三农贷款余额4.25亿元，占比91.92%；贷款客户数为1705户，同比增长13.59%，较年初净增长204户，户均贷款27.09万元；实现净利润769.43万元。

【脱贫攻坚】 2018年，全行对口帮扶连湖镇多家村户及郁山镇坪阳村20户贫困户。深入走访贫困农户开展“精准扶贫”工作，采用望、闻、问的方式了解贫困户目前的真正困难和真实需求；积极寻找金融支持切入点，策划贫困村、组、户庭院发展规划；对接特色产业融资服务需求，致力于带动贫困人口脱贫致富；找准重点项目融资需求，夯实贫困乡村经济发展基础；梳理群众需求，对接扶贫政策，落实“一户一策”脱贫方案。2018年，全行共计走访贫困户30余次，全年共计发放“精准扶贫贷”1896万元，户数52户。

【支农支小】 下调利率，切实解决融资贵问题。2018年，全行多次进行利率调整，落实降低小微企业融资成本要求，相比开业之初利率水平下降3.5个百分点。强化信息渠道建设，加大信贷投放。加大政银、银商合作。2018年10月，与中小企业服务中心对接，当月全行放贷18笔，金额260万元，产业涉及中药种植、茶叶种植、特色养殖（如：孔雀、石蛙、刺猬等）、清脆李种植、生猪养殖等；建立小微企业典型，带动贫困人口就业。2018年，全行建立金融扶贫示范企业有彭水自治县喜润烤烟种植股份合作社等三家示范企业

2018年7月，银行领导考察重庆市铭帅服饰商贸有限公司

（彭水民泰村镇银行　供图）

均已通过人民银行的验收，其中前两家被评为重庆市市级金融扶贫示范企业。优化服务，提升效率。创新融资担保方式，不单一依赖抵押担保。全行保证类担保占比56.69%。2018年，全行在保家工业园区支持4家小微企业，投放贷款670万元，均以保证方式放贷。压缩办贷时长，提升办贷效率。全行基本实现保证类贷款发放不超过3个工作日，抵押类贷款发放不超过5个工作日的工作要求。根据市场需求推广相匹配产品。根据市场热衷程度，开发一次授信，随借随还，循环使用，成本低的“随贷通”产品。针对经营正常的企业，推广中长期产品“续贷易”，降低企业贷款周转成本，减少不必要的过桥环节。

【金融宣传】 2018年，全行将金融宣传放在重要位置，以承担送金融知识下乡为己任。全年全行将金融宣传主要分为反假货币、网络安全、普及金融标准、提升服务质量、“金融知识普及月金融知识进万家暨提升金融素养争做金融好网民”、打击电信网络新型违法犯罪、防范打击非法集资、扫黑除恶等几方面。根据专题宣传活动类别全行分别制定宣传计划。不定期进村入居开展常态化金融知识普及宣传。2018年，全行开展宣传活动40余次，发放宣传资料4万余份。

三峡银行

【概况】 重庆三峡银行彭水支行成立于2014年11月16日，现有1个营业网点，1个在行式自助银行。在职员工17人，内设综合部（保卫部）、业务部、营业部3个部门。

【业务发展】 截至2018年年末，时点存款余额84160万元，比上年增加12629万元；各项贷款余额104284万元，比上年增加22803万元。不良贷款余额125万元，不良占比0.1%。实现考核利润2736万元。个人客户、有效电子渠道客户、优质个人客户、三峡付个人和商户拓展等净增数均超额完成总行下达年度计划，且居于全行前列。全行依托“财富存”影响力，实现稳存增存态势良好。依托重点项目推进，积极提供信贷支持。持续跟进县上重点项目建设，向重庆九黎旅游控股集团有限公司发放30000万元支持彭水自治县郁山古镇项目建设，推动县上旅游业发展。同时，营销储备一批优质房企项目，适时提供信贷支持。依托“税e贷”“小额抵押贷”线上线下互补优势，推动零售资产业务较快发展。根据“税e贷”特点，结合客户需求，落实专人上门为客户提供开卡、激活、授信、用信等一揽子服务，惠工卡批量开卡和一系列增值服务获得开卡单位好评，增强客户体验感，满足以教师、医生、公务员、白领为主体的客户差异化、多元化需求。

【内控管理】 2018年，支行内控评价一级B档，等级行考核二级BB行，保持全年零案件，无重大风险事件发生，实现安全运营。推进“操作风险管理年”活动，围绕银监、总行要求，制定活动方案，对标对表执行。梳理内控与案防制度30余个，及时完善修订规章制度15个。强化员工异常行为排查。组织60人次家访，举办2批次员工集体生日活动、15人次员工交心谈心活动，2名员工家庭矛盾得到及时化解，对员工8小时内外情况更加了解。抓好案防台账管理。以基层网点主要负责人案防日常基础工作台账为主线，扎实开展案防教育、案防演练、安全检查。共开展安全教育20期，召开案防分析例会12次，组织专题培训12期，以会代训5期，开设大讲堂2期，开展消防培训1期、重庆“五进”安全知识宣讲1期，组织全员安全案防知识考试。抓好市场乱象整治工作。根据监管部门及总行要求，对照2018年整治银行业市场乱象工作要点（8大类、22个小类、117个要点），认真排查本行存在的突出问题和风险隐患。共发现问题9个，7人次受到违规积分、罚款、通报、集中约谈等处罚，处罚金额2900

元，所有问题已全部完成整改。

【脱贫攻坚】 2018年，支行成立以行长任组长，行长助理任副组长，各部门负责人为成员的领导小组，统筹安排农村金融服务及金融扶贫工作方案制定、过程跟踪及总结汇报，落实产业扶贫信贷调查与贷款投放。通过多次深入走马乡实地调查，与乡政府座谈，向该乡捐款5万元，支持其危房修缮和产业发展。聚焦深度贫困，推进金融进村扶贫。按照“六有”（有人、有地、有工作、有台账、有匾牌、有成效）总体要求，建成彭水自治县龙射镇沿河村金融扶贫服务站。支持金融扶贫示范点建设，带动贫困户致富增收。向重庆崛鸿旅游开发有限公司发放贷款500万元，支持金融扶贫示范点建设，直接带动贫困户4户脱贫，人均增收3500元，为彭水扶贫攻坚工作提供强力支持。

保　险

中国人民财产保险

【概况】 中国人民财产保险股份有限公司彭水支公司（以下简称人保财险彭水支公司）是中国人民财产保险股份有限公司重庆市分公司下辖县支公司，彭水自治县绍庆街道插旗街453号附3号，成立于1986年。公司拥有独立办公楼，办公设备齐全，拥有查勘车辆7台。自1985年恢复经营保险业务以来，经过几次机构调整，成为一家经营业绩优异的县级支公司。在全市范围内率先开办外出务工意外伤害保险、自然灾害公众责任保险、农村公路财产综合保险。公司2013—2015年连续3年被县人民政府评为“金融工作先进集体”单位（2016年起县人民政府不再选评），2012—2017年连续6年在纳税信用等级评定中被评为A级纳税企业，2015年被重庆市老年事业发展基金会评为敬老爱心企业。

【经营范围】 公司经营机动车辆保险、企事业单位财产保险、建筑和安装工程保险、船舶保险、货物运输保险、农业保险、责任保险、人身意外伤害保险、短期健康保险、家庭财产保险、信用保证保险等险种。

【理赔数据】 2018年，实际赔款7264.23万元，同比增加1928.62万元，增幅36.15%。其中车险实际赔款2089.03万元，同比增加403.98万元，增幅23.97%；商业非车险实际赔款1503.11万元，同比增加448.64万元，增幅42.55%；农险实际赔款736.83万元，同比增加505.16万元，增幅218.05%；社保实际赔款2935.26万元，同比增加570.84万元，增幅24.14%。

【警保联动】 2018年4月，人保财险重庆市分公司与重庆市公安局交巡警总队共同推出警保联动快处快赔新模式。人保财险彭水支公司以警保联动为平台，充分发挥保险业在交通事故快速处理、提升道路通行效率等方面的作用。人保财险彭水支公司已建成警保联动车驾管社会服务站，由人保财险彭水支公司安排专人负责对交警相关系统进行操作，广大车主不需要到车管所、交警队，在人保财险彭水支公司就可以进行核发免检机动车检验合格标志、打印机动车临时牌照等操作。已在保家乔梓路口、三江口、郁山朱砂和新田建成4个警保联动劝导站，对出行过往车辆进行安全检查，劝阻交通违法行为，教育和纠正不良交通习惯，有效加强农村道路交通安全源头管理，对协助维护农村道路交通秩序，及时化解各类农村交通事故纠纷，保障农村道路交通安全畅通、文明、和谐有序，起到了有力的助推作用。

【脱贫攻坚】 人保财险彭水支公司对口帮扶乔梓乡长寿村，严格按照县委、县政府和上级分公司要求开展驻村帮扶工作，对照督查考核办法，逐条逐项落实，帮扶人员13人，驻村干部1人。人保财险彭水支公司承保全县20个乡镇建卡贫困户共计52322人的精准脱贫保，为建卡贫困户提供小额意外保险、大病补充医疗保险、疾病生故保险、贫困学习重大疾病保险和农房保险的全方面保障，助推彭水自治县精准脱贫。

中华联合财产保险

【概况】 中华联合财产保险股份有限公司重庆分公司彭水支公司成立于2007年9月，位于彭水自治县滨江社区滨江新城C区16号楼（滨江社区居委会旁）。公司设有经理室、综合部、业务部、理赔部等，在职职工8人。主要经营保险产品有财产损失保险、责任保险、法定责任保险、信用保险和保证保险、农业保险、其他财产保险业务、短期保险和意外伤害保险、上诉保险业务的再保险业务等。公司以“稳健创新、持续高效”为经营理念，秉持“客户至上、用心服务”的服务理念，提高依法合规意识，坚持依法合规经营，致力于为社会和广大人民群众提供优质的保险产品和服务。

【经营业绩】 2018年，完成保费收入1649万元，其中车险保费收入1321.99万元，非车险保费收入327.01万元；累计缴纳税金68.6万余元。全年累计赔款1091.77万余元。

中国太平洋财产保险

【概况】 中国太平洋财产保险彭水支公司（以下简称太保产险）隶属于中国太平洋财产保险重庆分公司。自2016年2月成立以来，以客户需求为导向，强化创新驱动和差异化发展，着力提升综合竞争力，推动和实现可持续的价值增长，向“在你身边的一流保险金融服务集团”的目标迈进。公司主要经营范围包括财产损失、责任保险、法定责任保险、信用保险和保证保险、农业保险、其他财产保险业务、短期健康保险和意外伤害保险、上述保险业务的再保险业务。

【公司业绩】 支公司秉承“诚信天下、稳健一生、追求卓越”的核心价值观，实施以客户需求为导向的战略转型，坚持推动和实现可持续的价值增长，积极为客户提供风险保障服务。截至2018年年末，公司有员工12人，设有经理室、综合管理科、业务科和理赔科。2018年，支公司完成年保费收入3358.1万元，赔款支出1612.3万元，当地缴纳税金125.23万元。发生赔付案件2766件，结案率高达96%。

【经营管理】 公司坚持“以效益为中心，以市场为导向、以客户为基础”的经营指导思想，努力进取，勇于开拓，积极稳妥地处理好各方面关系。在用人用工制度方面，进一步深化改革，加大人才队伍建设力度，为发展注入新的活力。在风险防范方面，认真抓好基础管理建设，使经营效益稳步提高，杜绝重大经营风险的发生。在业务发展方面，抓住加快发展的有利时期，采取各种有效措施，推动各项业务发展。大力推进产险个人营销方式，积极推动中介业务与电子商务不断发展，从车险服务入手，有效探索公司品牌建设的新路子。

中国平安财产保险

【概况】 中国平安财产保险股份有限公司彭水支公司（以下简称平安产险彭水支公司）隶属于中国平安财产保险股份有限公司重庆分公司，成立于2006年9月。2018年，公司有员工18人，平均年龄33岁，大学本科占比44.4%，内设职能部门8个（综合管理部、市场岗、客户服务部、车商业务部、直通业务部、代理业务部、团体业务部、综拓业务部），营业网点1个。

【公司业绩】 2018年平安产险彭水支公司全年保费收入3308万元，其中车险保费2889万元，财产险保费99万元，意健险保费320万元，整体保费同比增长2.3%，市场占比约为21.4%，直接和间接为全县创税收137万元。主要承保辖内大型企业业务：如渝运集团，十五分公司等大型保险项目；积极参与推动公众责任险、火灾责任险，建工团意险及巨灾险等。

【服务地方】 支公司在发展的同时也不忘回馈社会，以支持地方经济建设为中心，充分发挥经济推动器和稳定器的作用。主动参与社会服务以农村义务教育质量提升支持工程为重点，支公司根据集团“县中心小学－乡镇中心小学－村小”分级联动教学辐射圈的指导思想，结合重庆市深度贫困乡镇和重庆市第三期农村中小学领雁工程名单，经市教委、公司集团村教扶贫办及地区扶贫办审批通过，确定彭水自治县森林希望小学校、大娅中心校、三义中心校作为2018年第一批“平安智慧小学”。引进宋庆龄基金会爱心书库项目：为彭水自治县森林希望小学捐赠“宋庆龄爱心书库”1个（包括书架、图书），图书1400余册，价值2万余元。引进平安国际融资租赁有限公司为彭水九黎文化旅游投资有限公司成功融资1.4亿元，2018年4月已放款1亿元。

中国人寿财产保险

【概况】 中国人寿财产保险股份有限公司彭水支公司是中国人寿保险集团旗下的分支机构（中央企业），位于县城以北中心地段人和春天小区B幢2楼，租房面积340平方米。于2016年4月批准筹建，2016年11月经保监局审批，12月20日公司正式营业。现有在册员工11人，代理人60人，代理网点85个。内设一室八部（即：总经理室、综合管理部、客户服务部、理理部、农险业务部、车行业务部、银保业务部、个代业务部及寿代产互动业务部）。与工行、农行、邮政储蓄银行、邮政公司等渠道建立了广泛的代理合作关系。公司主要经营财产损失保险（飞机、船舶、汽车、房屋等）、责任保险、信用保险和保证保险、短期健康保险和意外伤害保险、上述业务的再保险业务、经中国银保监会批准的其他业务。

【公司业绩】 2018年，全年累计实现保费收入432万元，其中：车险业务收入356.28万元，非车险业务收入75.72万元。综合已决赔付金额189万元，赔付率43.75%。

【脱贫攻坚】 2018年，在县委、县政府的大力支下，公司切实发挥行业优势、彰显责任担当，把脱贫攻坚与业务发展深度融合。全年共承保精准扶贫农房险15728户52427人。在理赔工作方面，有24小时全国理赔报案服务专线“95519”，全年共赔付59户266395元，为全县受灾贫困户及时开展家居自救提供资金支持。

中国人寿保险

【概况】 中国人寿保险股份有限公司彭水支公司（简称：县人寿保险公司），下设综合管理部、个险销售部、团体业务部、银行保险部、客户服务中心、教育培训部6个管理部门。公司在全县各乡镇（街道）设有营销服务网点5个（郁山、保家、高谷、靛水、鹿角）。有劳动合同制员工25人、派遣员工2人、代理人330人，与工行、农行、农商行、邮政储蓄银行、邮政等渠道建立广泛的代理合作关系，合作网点28个。公司优化业务结构，创新科技国寿，严格风险管控，积极发挥推出适合彭水市场的国寿农村小额保险、扶贫保险、重大疾病保险、防癌保险、分红保险、法人保险等系列保险产品。

【保险业务】 支公司开办人寿保险、健康保险、意外伤害保险等各类人身保险业务；人身保险的再保险业务；各类人身保险服务、咨询和代理业务；国家保险监督管理部门批准的其他业务。代理中国人寿财产保险有限公司重庆市分公司的保险险种。为全县团体、个人提供保险新产品 100 余种，全年实现总保费收入 9007.78 万元，其中新单保费 3419.89 万元，续期保费 5587.89 万元；新单保费中期交保费 754 万元，短期险保费 1412.53 万元。

【品牌服务】 2018 年，公司创新科技国寿，持续推广微回执微回访微理赔、e 宝账、智能理赔等项目。积极助力脱贫攻坚，发挥保险扶贫独特优势，为彭水自治县大垭乡及鞍子镇定点帮扶贫困户捐赠保险，总保险金额 12757.8 万元。发挥保险贷款融资优势，为资金缺乏的客户提供保单质押贷款。积极开展防范化解重大风险攻坚战、治乱打非等风险排查和整改工作，有效防控各类经营风险，继续举办服务质量社会监督员座谈会，定期开展总经理接待日活动。

2018 年 4 月，公司向彭水自治县大娅乡全体居民捐赠保险

（县人寿保险公司　供图）

【理赔】 全年累计给付金额 4219.5 万元，其中长险死亡伤残给付 281.74 万元，年金给付 400.18 万元，医疗险给付 144.74 万元，满期给付 2788.92 万元，短期险赔款 603.92 万元。

中国人民人寿保险

【概况】 中国人民人寿保险股份有限公司重庆彭水支公司（简称：人保寿险彭水县支公司），2012 年 10 月经中国保监会重庆保监局批准筹备，于 2013 年 1 月经重庆保监局批准开业。主要业务渠道有银行保险代理渠道、个险渠道、团体渠道、续期收展渠道、互动渠道，主要针对彭水地区个人客户及团体客户。

【经营业绩】 2018 年，公司完成保费收入 5558.52 万元，理赔给付 421.64 万元，及时解决客户急难。保费质量以及支公司经营利益水平较上年所有提升。2018 年，公司为彭水提供就业岗位 300 余个，交纳各项税金共计约 12.31 万元。

【公司建设】 2018 年，在全面贯彻落实集团公司“转方式、优结构、换动能”和总公司“稳增长、重价值、强基础”指导方针下，确保公司稳定增长，防止过山车式的大起大落，加强公司内部风险管控，做好销售误导防范、开展非法集资风险排查、反洗钱各项工作的有序开展及执行。逐步推进公司向标准化经营发展，维护好公司品牌形象，社会上建立良好的信誉度，更好地为群众百姓提供更优质、更便捷、更贴心的保险服务。

中国平安人寿保险

【概况】 中国平安人寿保险股份有限公司重庆市彭水支公司于 2015 年 12 月 8 日成立，为中国平安人寿保险股份有限公司下设四级机构，上级机构为中国平安人寿保险股份有限公司重庆市黔江支公司，公司地址位于重庆市彭水自治县绍庆街道滨江路 178 号双薪时代中心。截至 2018 年年底，支公司有内勤员工为3人，外勤人力192人。

【经营情况】 2018年，平安人寿彭水支公司期末有效契约总量达3609件，总保费收入1853.08万元，同比增长23.41%，其中新单保费777.37万元，占总保费41.95%；续期保费1075.71万元，占总保费58.05%；理赔及给付金额268.54万元，同比增长119.82%。

【风险防控】 平安人寿彭水支公司不断强化合规管理，组织开展线下面授培训、线上知鸟APP学习及考试加强对内外勤的合规教育；严格按照监管及上级公司要求，定期组织开展违规经营、防非等排查活动，针对发现的的风险苗头事件妥善进行处置，杜绝发生系统性风险；完善风险监测及长效管控机制，切实承担起风险防控的主体责任，推动业务稳定健康发展。

【智能核保】 为打造客户极致体验，平安人寿推出市场领先的服务举措—智能核保，包括智能互动、在线核保和空中契调，利用问卷判断、视频交流等新核保手段，有效解决函件多次下发、业务员往返的服务痛点。通过智能核保项目推动，2018年提升自核通过率至89%，件均承保时效缩短至0.5天。智能互动是通过对客户信息递进式询问，实现系统自动出具核保结论，在投保前端实时承保。空中契调、在线核保，是向客户推送网络链接，客户通过网络链接自动转到金管家界面，点击接收视频回访，完成客户信息的收集与核实，简化流程、提升时效，10分钟就能做出核保决定；电子函件实现新契约函件、回执电子化，投保默认发送电子保单，加速保单送达时效，提升客户投保体验，开启线上投保全流程无纸化时代；回执签收引入电子签名技术，在指尖上完成投保全流程，电子签名技术在掌上保应用成功，为业务队伍带来了极大便利，投保时效大幅提升，实现真正的线上投保全流程无纸化。智能核保还具备既往有病史客户投保知识一键查询、投保规则及产品信息一键查询、客户风险保额查询功能、实时投保/理赔进度查询等功能，是24小时都陪在你身边的核保专家。

【产品创新】 2018年，公司积极响应监管号召，回归保险本源，深入践行“保险姓保”理念，大力推动业务转型，努力提升对人民群众的服务和保障水平，业务结构逐步向保障型产品转变，保险产品的内涵价值不断提高。2018年支公司销售的主要产品及特点如下：福满分，产品特点为专注重疾保障，助力品质养老；爱满分，产品特点为病种超百种，满期高给付，给孩子满分的爱；平安福少儿版，产品特点为多次赔付保障金，父母陪护有补偿；平安福成人版，产品特点为轻症重疾保障全，多次赔付更安心。

中国太平洋人寿保险

【概况】 中国太平洋人寿保险彭水支公司隶属于中国太平洋人寿保险重庆分公司。主要经营范围包括人寿保险、健康保险、意外伤害保险等人身保险业务；经中国保险监督管理委员会批准的其他人身保险业务。截至2018年年末，公司有内勤员工11人，在职寿险营销员343名，

【公司业绩】 截至2018年12月底，公司实现标准规模保费7879万元，全年保费收入9146.77万元，其中新单业务收入2054.53万元，在彭水市场份额占比为42%。赔款（给付）累计1158.85万元，其中满期给付578.68万元。

【经营管理】 2018年，公司有效贯彻落实监管机关关于保险业关于加强风险防控的各项工作部署，从“两两回头看”到“深化保险业市场乱象整治”等风险排查和专项整治，从“治乱打非”到“重点防范和打击非法集资”等专项行动，不

断提升风险防范意识，强化员工主体责任，认真落实各项工作检查及排查。公司以外勤营销业务部为单位，多次开展保险三进入工作，以小型院坝会、客户服务节等形式，向老百姓宣传保险及金融知识，立足彭水市场，稳健发展，公司市场份额、品牌及服务口碑等稳步提升。针对彭水外出务工人员较多的实情，为部分老百姓免费提供短期意外出行平安保障。

泰康人寿保险

【概况】 泰康人寿保险有限责任公司重庆彭水支公司成立于2010年1月，设有机构负责人、综合内勤、组训等岗位。截至2018年年底，公司共有内勤及代理人406人。

【经营情况】 2018年，支公司呈现出较好发展势头，业务空间不断扩展。截至2018年12月31日，彭水期末有效保单9208件，实现累计总保费收入4671万元。2018年新增承保267人次。

【服务创新】 对保险业而言，理赔速度、售后服务是客户获得感、满意度的根本。支公司着力提供精准高效的理赔服务，以此为基，理赔举措不断推陈出新：为使理赔服务更快、更准、更便捷，泰康人寿率先推出健保通直付式理赔服务，与医院IT系统直联对接，实现客户出院一站式结算。从细微和局部到颠覆流程模式的转变，客户可以随时随地在家中或户外通过手机微信在线申请理赔，拍照上传理赔申请资料。当客户经二级以上医院初次诊断患有本服务约定的120种重大疾病及60种轻症时，如需专家诊疗，可申请公司的绿通服务，协调安排覆盖全国31个省市的526家国内知名三甲医院的专家为客户提供贯穿诊前、诊中、诊后全医疗流程的深度服务，同时提供交通住宿费用补贴。从2003年的3G理赔到2007年的“标准案件，资料齐全，两天赔付”承诺；2012年的“特案预赔、重疾先赔”到目前的健保通出院就理赔；2018年支公司累计赔付金额119.15万元，赔付案件63件。

经济管理

综　述

【固定资产投资】 2018年，全县固定资产投资878132万元，同比增长10.5%。

按构成分，建筑安装工程投资756736万元，同比增长13%，设备工器具购置投资32763万元，同比增长−25.8%，其他费用投资85275万元，同比增长9.6%。

按三次产业分，第一产业投资32906万元，同比增长−42.2%，第二产业投资137429万元，同比增长34.4%，第三产业投资707797万元，同比增长11.9%，其中，房地产开发投资155902万元，同比增长−24.1%。

【重点项目建设】 2018年，县级重点项目共110个，实际开复工93个，开复工率为84%。各领域重点项目均有较大进展：实施城市提升行动计划方面，新城38号道路、新城外环连接道、乌江四桥复线桥、郁江大桥拆除重建等项目投资完成量均过半，水泥厂至九黎城滨江路、县城垃圾渗滤液处理设施、徐家坝污水处理厂等项目基本完工，新开工的新城乌江滨江段防洪护岸综合治理工程、县城污泥处理厂等项目推进顺利；实施乡村振兴战略方面，农村四好路工程相继开工，红薯、食用菌、木本油料、生态渔业、中药材等产业链项目有序推进，摩围山、新田、岩东三个市级现代农业示范园区基本建成；实施以需求为导向的保障和改善民生行动计划方面，中医院新城迁建工程继续加快推进，妇幼保健院改扩建、彭水第一小学、平安中心校、三义中心校扩建等项目先后开工且推进较好；促进区域协调发展发面，新嶺域地产开发、鑫沃地产开发项目推进顺利，新开工飞洋地产开发、元亨地产开发项目，工业园区堤防工程也完成了较大投资量。

2018年，共有13个项目纳入市级重点项目管理。2个重点前期准备项目中，渝湘高铁已取得可研批复，彭水至酉阳高速公路完成初步设计、正在开展招商工作；11个在建项目中，渝怀铁路二线、梁平至黔江高速公路、新城38号道路、新城地下综合管廊、中医院新城迁建、龙虎水库、凤升水库、2018年四好农村路、蚩尤九黎城二期、摩围山旅游项目推进较为顺利。

安全生产监督管理

【概况】 2018年，全县安全生产工作坚持以人民为中心的发展思想，以推进安全生产领域改革为动力，以大排查大整治大执法为主线，以企业安全生产主体责任提升年为抓手，以监管执法强化年为载体，本质基础进一步夯实，监管能力进一步提升。连续14年获全市安全生产工作先进称号，位列第二考核组第3名，渝东南片区第1名。原彭水苗族土家族自治县安全生产监督管理局位于彭水新城公安大楼三号楼3、4楼，办公用房使用面积1005平方米，建筑面积约1271平方米；两江行政办公大楼4楼设置高危行业监测监控平台138平方米。内设5个行政科室，下属3个全额拨款公益一类事业单位。局机关原有正式在岗干部职工43人，其中行政编制9人，机关工勤1人，事业编制33人（含参公22人、工勤6人）；其中新调入1人，公开招录1人，调出1人。国家注册安全工程师1人，重庆市注册助理安全工程师18人。主管危险化学品从业单位35家，其中生产企业1家、储存经营企业34家（其中加油站30家、氧气乙炔4家）。烟花爆竹批发企业2家、零售网点367家。非煤矿山55家，其中生产建设企业22家（地下矿山9家），停产停建33家（地下矿山16家）。

【企业主体】 实施企业安全生产主体责任提升年，落实全员安全生产责任制，做到“五个到位”，强化教育培训，“三项岗位”人员培训1057人次，企业从业人员“三级培训”3000人次。提升治理能力。推行风险分级管控和隐患排查治理双重预防机制，严格执行日周月隐患排查制度，闭环管理，识别登记一般风险376条，其中较大风险3条、重大风险1条。提升本质水平。实施标准化评审与安全监管执法一体化，推动企业安全生产标准化创建和达标升级。完成19家复工复产非煤矿山企业、9家工贸企业、5个加油站安全生产标准化建设。

【政府监管】 2018年，全局强化领导严促。县委县政府高度重视安全生产工作，县委常委会、县政府常务会坚持每季度定期听取、专题研究安全生产工作，主要领导、分管联系领导和其他分管领导常态一线督导、带头示范、传导压力、督促落地。强化执法严管。深化安全生产监管执法强化年，严格执行落实年度监督检查计划和三部曲要求，推行安全监管技术服务支撑，开展行政执法清零。全年办结安全生产行政执法案件21件，事前预防性行政处罚125.9万元；12个行业领域实现每月清零率100%。强化督导以逼。坚持每月风险研判，季度督查考核，年度综合考评，严格警示约谈、通报曝光、跟踪督办、现场解剖、一票否决，通报表彰单位38个次，印发《督办通知》5期、《安全警示》3期，制作曝光专题片3期，警示约谈单位10个。

【社会共治】 严格企业诚信管理。完善企业安全生产不良记录黑名单制度，对6家企业实施联合惩戒予以公开曝光，分别录入公共信息系统和信用信息系统。推行安全责任保险。全面实施高危行业安全生产责任保险，发挥事前预防和事后保障作用，提高风险防控能力。22家非煤矿山投保保金292854元，2家烟花爆竹批发企业投保保金9600元，12个加油站投保保金2.4万元，2家危险化学品企业投保保金1.4万元。加强安全宣传教育。紧扣“生命至上、安全发展”主题，精心策划并组织实施安全生产月“十个主题活动”，深入开展安全生产宣传教育“七进”活动，不断提升全民安全意识。组织参与全国应急和安全生产知识竞赛活动，有效成绩居全市第一位。

【专项整治】 2018年，县安监局统筹重点领域。组织开展3个行业专项整治、3个行业集中治理和3个领域重点防范，深化安全生产大排查大整治大执法，统筹推进“1+8”专项整治。共排查生产经营单位6944家次，排查一般隐患9290项，整改9192项，整改率98.9%，挂牌整治重大隐患3条，责令停产停业24家次，关闭取缔31家，行政拘留6人，暂扣（吊销）证照3个，警告48人次。严

2018年11月，在同人公司靛水石灰石矿山集中销毁非法烟花爆竹产品

（县安监局　供图）

厉打非治违。执行落实“五个机制”，严厉打击非法违法生产经营建设行为。查处非法储存柴油6吨，打击非法储存、运输、经营烟花爆竹146起，没收各类成品烟花爆竹18221件，治安拘留35人，兑现举报奖励5.8万元。守牢专管行业。组织开展以露天矿山高陡边坡、附属设施和地下矿山顶板、通风专项整治为重点的非煤矿山专项治理，以易燃易爆、生产经营、涉油专项整治为重点的烟爆危化专项治理，以有限空间作业、粉尘防爆、燃爆专项整治为重点的工贸行业专项治理，达到预期效果。

【保障基础】 2018年，全县改善安全基础条件。坚持源头治理、动态管理、应急处置相结合，坚决打好防范化解重大风险攻坚战，分析研判重大安全生产风险9项、已整改完成5项，关闭非煤矿山6个。提升应急救援能力。完善各级各类应急救援预案，加强应急救援物资储备，强化“三支队伍”建设，组织开展应急演练5场次。强化监管能力建设。按照“五有”标准，完成16个乡镇（街道）安监办监管能力规范化建设，配备价值93万元的各类办公设备、防护装备、监察取证设备。

【生产安全事故】 2018年，全县共发生生产安全事故10起、死亡13人，同比增加事故2起、增加死亡3人，分别上升25%、30%，占市政府下达控制指标（15人）的86.7%。未发生较大及以上安全事故，八个行业领域实现“零死亡”，连续15年杜绝重特大安全事故。

食品药品监督管理

【概况】 重庆市食品药品监督管理局彭水自治县分局位于绍庆街道滨江社区滨江路C6栋，加挂彭水苗族土家族自治县食品药品安全委员会办公室牌子，对全县生产、销售、餐饮环节的食品安全和药品、医疗器械、化妆品、保健食品的安全性、有效性实施统一监督管理。分局机关内设办公室、综合科、法制监督科、行政审批科、食品监管一科、食品监管二科和药品监管一科、药品监管二科共8个科室；下设汉葭、绍庆、靛水3个街道直属所及36个乡镇食药监所。2018年，全县深化“放管服”改革，整体缩短审批办理时间三分之一，新发展食品药品企业1320家。强化“两小”规范整治，划定食品摊贩集中经营区域，指导彭水特色食品米粉、豆腐、魔芋制定生产标准，全县“两小”生产经营提档升级，4家小作坊升级为食品生产企业。

【示范创建】 以创建国家食品安全示范城市为目标，深入开展“千百个”示范工程、放心肉菜示范超市、农贸市场规范化建设等创建活动。创建示范农贸市场2个、示范商圈1个、示范超市1个、食品安全示范单位234家、示范乡镇（街道）7个、示范村（社）27个，基本建成示范农产品基地1个，食品抽样4份/千人全面完成（共抽食品样品2820份）。彭水自治县农贸市场创建成效得到市局高度肯定，在市场监管局首个业务工作会上作经验交流发言。在全市示范创建中期评估评价中，彭水自治县示范创建知晓率达76.67%，满意度达93.33%，满意度排名全市第1名，整体创建工作名列全市第9位。

【防范化解风险】 全年开展食品国家、市监督抽检2140批次，完成比例100%；食品快检3006批次，完成比例100%；药械监督抽检117批次，完成比例101%，抽样合格率保持在97%以上。上报药械不良反应监测报告537例，完成比例152%；化妆品不良反应监测报告62例，完成比例124%。扎实开展“四大行动”，发出督办通知书29份，约谈企业负责人109人次，责令企业停产停业1家，整改隐患452条。聚焦突出问题，开展10余个专项整治。深化行政处罚案件“清零”行动，健全行刑衔接机制，查处违法案件251件（同比增长25%），向公安机关移送涉嫌犯罪案件2起，线索2起。与公安联合侦办一起涉及10余个省市、市内10多个区县的假药案件，现已刑拘犯罪嫌疑人4人，查明货值金额5000余万元。

【提升监管效能】 2018年，分局推动出台党政同责实施意见，健全“五个一”督查考核机制，加强科所联动，监管责任实现具体化。39个乡镇、街道食药监所配备了移动执法终端，通过手机APP或移动执法终端开展现场执法，监管执法实现数字化。实施餐饮业质量安全提升工程，完成267家社会餐饮单位、199家学校食堂“明厨亮灶”建设，食品加工过程实现透明化。发挥微信、微博和政务网站等新媒体作用，引导社会力量参与，社会治理实现多元化。

【宣传培训】 全年深入开展“五进”“五有”宣传活动，大力开展“食品安全宣传周”“安全用药月”“5·25护肤日”“食品安全你点我检”等集中宣传活动，发放宣传资料15万余份，利用出租车顶LED广告、电视电梯音视频广告宣传示范创建，在城区主干道灯杆安装800余幅宣传标语，在城区河堤建立1000平方米的发光拉网字幕，在高速路口、城区中心等区域设置大型宣传展板2块，开展示范创建网络知识竞赛，吸引近10万人参与答题。培训执法人员500余人次，培训从业人员3000余人次。受理办结投诉举报72起，积极办理人大代表建议、政协委员提案8件，努力加快形成共治共享的社会格局。

物价管理

【概况】 2018年，县发改委充分发挥价格监督检查职能，不断加强市场监管，维护市场价格稳定。及时有效地处理各类价格矛盾，全年共接到价格举报、投诉、咨询等41件，其中投诉24件、举报15件、咨询2件，主要集中在交通运输、停车收费、医药、旅游、电价等项目，均已办结。

【市场价格监管】 密切关注元旦、春节、清明、“五一”、端午节等重大节假日市场价格秩序，加强对生活必需品、商贸、旅游、交通运输等领域价格监管，防范价格异常波动。组织价格执法人员，向县内各商场、超市、车站、景区等单位发放提醒函，提醒各单位保持节日期间市场价格稳定。

【专项检查】 按照市物价局统一部署，先后完成涉企收费专项检查、药品价格专项检查、涉农价格与收费检查、商品房销售明码标价专项检查。通过检查，对发现的问题及时提出整改要求，有力规范了价格秩序。

【价格法规宣传】 紧抓明码标价规范工作，深入开展价格政策宣讲活动。“3·15”国际消费者权益日会同县工商局、食药监局、烟草专卖局等单位开展价格法律法规宣传，发放《中华人民共和国价格法》《价格违法行为行政处罚规定》《关于商品和服务实行明码标价的规定》等价格法律法规宣传资料400余份，结合价格法律法规为现场群众解疑答惑。

工商行政管理

【概况】 彭水自治县工商行政管理局下设办公室、组织人事科（监察室）、法规科、财务装备科、微型企业发展监督管理科、企业注册登记科、企业和个体私营经济监督管理科、市场监督和消费者权益保护科、商标和广告监督管理科、企业信用体系建设管理科10个内设机构、1个直属机构经济检查执法大队、1个事业单位消费者权益保护委员会，下辖江北、江南、保家、万足4个工商所。全系统共有正式干部职工64人，其中公务员55人，事业人员2人，工勤人员7人。2018年，局党组被市局评为好等次领导班子，被县政府表彰为综治、信访、食品先进集体，工商驻村扶贫工作队被乡镇推荐为先进驻村工作队。

【市场主体】 2018年，新发展市场主体3318户。其中，内资1081户、个体2112户、农专125户，总量累计达35407户。持续推进“多证合一”改革，实现“三十一证合一”，新办“多证合一”营业执照3318户，换发671户。推进注册登记全程电子化，发放电子营业执照83户。优化注册登记业务流程，实施容缺受理事项清单，提高审批效率，降低创业成本。落实“四办”服务机制，加强政银合作，分别在县农行、邮储行共28个营业厅设置营业执照委托办理柜台，为群众提供“办照+结算+金融”一体化服务。提高招商引资服务水平，为重点招商引资企业、重点扶持企业、重点扶持行业等开辟绿色通道，实行专人对接和一站式、保姆式注册登记服务。

【微型企业】 以提质为核心，突出抓好成长型微企和孵化平台运营绩效奖励工作，全县共149户微企通过审核进入“重庆市成长型微型企业培育库”，其中，8户入选全市首批微企成长奖励企业名单，每户获奖5万元；阿依河社区乡村旅游微企特色村上榜仅10个名额的全市微型企业“梦乡村”运营绩效奖励名单，获奖50万元。组织推荐3家微企参加重庆市第三届微型企业创业大赛，彭水自治县瑞盈生态农业发展有限公司成功摘走“创新之星”一等奖，重庆市荣玉苗家刺绣工艺品开发有限公司、彭水自治县帅帅服务纺织加工厂均获“创业之星”三等奖，实现微企发展工作由重“量”向提“质”的根本性蜕变。

【商标战略】 加强宣传指导，助推品牌建设，2018年新增注册商标1032件，增量居渝东南第一。落实奖励政策，兑现2017年商标奖励资金366500元。参与奖励评审，向市局申报地理标志商标奖励2件。加大商标专用权保护力度，启动“六个核桃”仿冒商品专项整治，持续开展打击侵犯知识产权和制售假冒伪劣商品专项行动，查处商标侵权案12件。截至2018年，全县注册商标总量达3493件，其中，农产品商标680件，马德理商标国际注册2件，地理标志23件居全市第一位。

【执法办案】 2018年，县工商局依托网络监管平台和大数据分析，整合执法力量，加强部门合作，历时近1年时间，查办一起涉及重庆、新疆、四川等23个省（市、自治区），参与人数达4万余人，涉案金额5820余万元的“鑫鸿海”负离子能量眼镜网络传销案。此案是在日趋复杂的网络环境下，工商部门运用高科技手段，通过金融部门直接查询银行账户以及向法院申请司法冻结等方式独立查办的首例传销大案，被国家总局点名征集纳入《中国竞争环境执法年度报告》，成为近年来全市打击传销经典案例，巩固彭水自治县无传销县创建成果，为全域旅游和脱贫攻坚等重点工作扎实推进营造良好社会氛围。

【市场监管】 深入实施“双随机一公开”监管，上半年，与商务部门一道，按30%的比例抽取10户成品油加油站进行跨部门抽查，并完成国家总局下达的1户教育托管机构的抽查任务；下半年，根据年报信息公示情况，按5%比例对1648户市场主体进行综合检查，发现未按规定公示信息81户、失联555户，责令改正118户。开展二手车经纪市场专项清理、校园周边安全综合整治以及信用卡中介市场专项整治。针对性开展教育及艺体培训咨询专项检查。持续开展无照经营、房地产销售及房屋中介、寄递行业等14项常规监管执法。分工定责，积极开展“扫黑除恶”专项斗争，全面摸排涉黑涉恶线索。以成品油、建材、灯具、皮鞋、纺织品、电子产品等群众使用频率高、问题反映突出的商品为重点，切实强化流通领域商品质量监管。2018年，共抽检商品112组，不合格32组，涉及16个当事人，移交案源线索16条。其中，抽检成品油37组，实现全县成品油质量监管全覆盖。加强虚假宣传、内容低俗、政治导向错误等违法广告查处力度，开展互联网广告专项整治，全年监测互联网广告461条次，开展行政指导30余次，约谈经营主体6人，检查LED显示大屏21处，查处违法广告案1件，及时处置涉敏感内容广告1起。开展流量不限量专项整治，约谈电信、移动、联通三大通讯运营商负责人。排查清理涉嫌非法集资广告资讯信息，排查投融资中介机构12家。实地检查26户汽车维修经营户，收集格式合同3份，对其中不平等条款进行点评，并责令当事人限期改正。开展电力和自来水用水合同监管指导，督促县自来水公司使用全市统一制定的用水示范文本合同。

【消费维权】 积极向重庆电视台举办的“3·15”晚会提供案源线索，“鑫鸿海”负离子能量眼镜传销案线索被顺利采用。充分发挥“12315”平台效用和消委会职能作用，全年接收各类申投诉举报337件，处置率达100%，为消费者挽回经济损失121.56万元。加大消费维权基础设施建设，在贫困乡镇新建维权服务站3个，创建放心消费示范单位8家。开展会议营销专项整治，以县政府名义下发实施方案，排查会议营销经营户17户、场所14处，叫停违法会议营销4起，行政指导5次，责令整改1次，群众涉会议营销举报投诉大幅降低。

【脱贫攻坚】 2018年，县工商局动员鼓励成长壮大型微企向贫困户提供产业帮扶，彭水自治县华敏山禽养殖场负责人晏洲主动向40余农户无偿提供山禽种苗，入选重庆市乡村振兴事迹报告团成员。组织部分微企实地走访调研深度贫困乡镇，与当地农户结成帮扶对子28个，“手牵手”带动贫困乡镇特色产业发展。开展流通领域农资商品质量抽检，共抽检8组，货值金额143692元，其中，不合格4组，不合格产品货值金额49460元，罚没金额22620元。引导发展特色生态农业产业，推广使用林地经营权、土地经营权流转合同示范文本。积极配合县农委发展订单农业，2018年指导签订农业订单300余份，合同金额达9000万元，有效促进农民增产增收。加大农村经纪人培育力度，发挥对乡村产业发展的辅助效用，全年新备案农村经纪人237人，总量达1733人，其中，内资企业经纪人1504人、个体经纪人229人；新培训农村经纪人80人。实地走访调研彭水晶丝苕粉、彭水猕猴桃等地理标志所有者，指导地标管理运用，发挥地标对产业脱贫的带动作用。截至2018年，地标所涉各类农产品种植面积1666.67公顷、年产量5611吨，累计创收7034万元，解决农村劳动力2455人。加强与商务部门合作，发挥农村淘宝等网络销售平台作用，为乡镇农产品流通开辟渠道。开展走进电子商务主体活动，实地走访调研电商主体62户次，引导其积极投身脱贫攻坚，带动乡镇特色产业发展。

技术监督

【概况】 彭水自治县质量技术监督局位于绍庆街道阿依路7号，占地面积约500平方米，建筑面积2238平方米。现有在职职工17人。下设四科一室一队。即质量科、特种设备科、计量科、标准化（认证认可）科、办公室、执法大队。主要负责《中华人民共和国产品质量法》《中华人民共和国标准化法》《中华人民共和国计量法》《特种设备安全监察条例》等法律法规在全县的组织实施，全面履行质量技术监督综合管理和行政执法两大职能。

【质量监管】 2018年，制定全县《开展质量提升行动加快建设质量强县的实施意见》，对产品质量、工程质量、服务质量、环境质量提出工作任务和工作措施，为全县的高质量发展提供遵循。开展质量提升专项行动，依据本地主导产业，按照“一地一品”开展以涂料、定配眼镜、水泥等产品为重点特色产品质量提升专项行动，组织涂料行业质量专家深入企业帮助企业会诊，促进企业产品质量提升。强化产品质量监督，组织开展市县联动抽查、双随机抽查，2018 年全县工业产品质量抽查 60 批次，合格 58 批次，合格率 96.6%。加强彭水品牌建设，组织 2 家企业开展 QC 小组活动，提交 QC 小组活动成果 2 份。组织 1 家企业申报重庆名牌产品。兑现“重庆名牌农产品”奖 4 个。

【特种设备监管】 2018 年，县质监局以“打非治违”为抓手，确保特种设备安全运行。落实安全生产工作“党政同责、一岗双责”责任制，监督企业落实主体责任，开展特种设备安全大排查大整治大执法，加强特种设备信息化建设，突出特种设备风险管理和防控，全面落实监管领域安全隐患排查治理。全年共开展特种设备安全检查 561 家次，出动检查人员 1435 人次，发现安全隐患 518 个，整改安全隐患 518 个，下达监察指令书 61 份，行政执法处罚企业 16 家。全年未发生一起特种设备安全责任事故，为全县平安建设奠定基础。

【计量监管】 2018 年，县质监局深化“诚信计量集贸市场”创建，开展诚信计量集贸市场创建“回头看”，检查诚信计量集贸市场 2 家，诚信计量集贸超市 2 家，持续巩固创建成果。维护阳光计量环境，检查出租车计价器 223 台，15 个加油站加油枪 232 支，受检率均达 100%。检查商场、超市、餐饮、快递行业等强检计量器具 14 家次 192 台件。强化计量安全监管，开展煤矿企业强检计量器具监督巡查 2 次，煤矿企业在用计量器具受检率 100%；开展机动车安检机构在用计量器具检查 2 次，在用强检计量器具受检率为 100%。开展道路超限检查点汽车衡计量专项检查 1 次，在用强检计量器具受检率为 100%。提升社会计量意识。利用“5·20”世界计量日和“质量月”宣传咨询服务活动，组织开展服务计量进社区活动，为市民提供计量咨询服务和计量知识、法律法规的宣传，发放宣传资料 2000 余份。

【标准化监管】 全面推行标准自我申明公开，对公开的企业产品标准开展监督抽查，公开企业产品标准抽查率 100%。指导企业开展对标达标行动，指导渝烟有机肥有限责任公司与重庆市质量和标准化研究院达成企业标准比对协议。团体标准取得突破，新增团体标准 1 个，彭水自治县红薯种植协会制定的团体标准《红薯种植技术规程》已在国家标准委团体标准平台完成注册。推进标准化示范试点项目建设，培育指导市级农业标准化示范区彭水苏麻种植项目中期建设，带动项目辐射区域内的土地增产、农民增收，推动全县脱贫攻坚。

【认证认可监管】 2018 年，县人民政府出台《关于加强质量认证体系建设促进全面质量管理的实施意见》，提出推动旅游服务标准认证体系建设等十五项重点工作任务，促进推动质量提升行动加快建设质量强县。整治认证检测乱象，对辖区内 8 家资质认定实验室巡查检查实现全覆盖。累计抽查报告 120 份，累计发现问题 6 个。对 2 家强制性产品获证企业巡查检查实现全覆盖，对 24 家获证企业采取重点单位全覆盖，一般单位双随机的方式开展检查。开展认证现场专项检查，上报认证活动 40 次，现场检查 23 次，认证活动现场检查率 60%，涉及认证机构数 9 家，被检查的认证机构数 7 家，认证机构检查率 80%。全方位开展认证服务。对 1 家有机农产品认证企业开展帮扶，确保 2 张有机农产品认证证书顺利通过复审。深入开展“认证服务园区”活动，与工业园区管委会对园区内认证获证组织开展服务活动2次，监管活动5次。建立检验检测认证质量提升的孵化培养基地1个。新增企业运用《企业能耗成本控制作业指导书》1家，新增质量认证证书2张。

【执法打假】 以“执法打假”为己任，维护产品质量安全。全面落实执法打假责任制，以质量安全排查为重点，全面推进执法打假工作，结合网格化监管和日常监管巡查、产品质量监督抽查，开展以日用消费品、食品相关产品、生产许可证和强制性认证产品生产企业以及机动车安检机构为重点的质量安全隐患排查整治行动。根据市局下达的专项任务，抽样22批次，合格19批次。全年依法立案查处行政处罚案件30件，无行政复议和行政诉讼案件。处理“12365”等投诉举报28起，办结率、满意率均为100%。全县未发生系统性、区域性、行业性质量安全事故。

审 计

【概况】 2018年，彭水自治县审计局依法全面履行审计监督职责，为维护地方经济社会持续健康发展贡献了审计力量。全年实施审计项目54个，占年初计划的117.39%。审计查出主要问题金额2620032万元；审计查出损益（收支）不实金额782123万元；审计期间督促整改金额384828万元；审计处理处罚金额45428万元；审计移送问题线索13件，其中：纪检监察机关7件，有关部门6件，移送问题涉嫌人员22人；审计督促整改有关资金139832万元；审减工程价款34073万元。提出审计建议296条，被采纳296条；呈报审计报告、审计专报、审计要情、审计信息190篇，被批示、采用87篇。2018年度，彭水自治县审计局获得重庆市审计局综合目标考核二等奖，彭水自治县2017年保障性安居工程跟踪审计优秀表彰。

【政策落实跟踪审计】 2018年，县审计局持续开展重大政策跟踪审计。涉及2个乡镇、16个部门、5个企业，涉及资金586902.79万元，及时揭露政策落实、资金使用、项目推进、涉企减负等突出问题，促进各项政策措施落地见效。

【财政审计】 2018年，县审计局实现财政预决算审计全覆盖。运用大数据审计方法，对全县265个单位开展财政预决算审计，实现财政预决算审计全覆盖，查出问题金额122.17亿元。在市局统一组织下派出审计组对武隆区进行2017年度财政预算执行和税收征管情况的审计。

【经济责任审计】 领导干部经济责任审计与自然资源资产审计同步开展，聚焦打赢“三大攻坚战”战略部署贯彻落实情况，完成经济责任审计10个，涉及党政领导干部和国有企业领导人员14人。查出问题金额26.25亿元，提交审计报告10篇，提出审计建议56条。

【固定资产投资审计】 2018年，县审计局贯彻落实319号令等规定，以全县基础设施建设提升行动计划项目为重点，使用中介机构严格执行管用分离制度，坚持“三不丢”和“五审并举”原则，推动投资审计实现减量提质为目标，完成审投审计项目26个，送审投资额28.56亿元，核减工程价款3.41亿元，审减率达11.93%。

【企业审计】 2018年，全县实现企业审计全覆盖。由局领导任主审，外聘社会审计、内部审计参与，实现县属国有企业审计全覆盖。查出问题金额139.49亿元，撰写审计报告、审计专报、审计要情6期，被领导批示6期，促进被审计单位及时整改。

【专项资金审计】 按照市局的统一安排和部署，扎实开展专项审计工作，组织精干力量，充分运用大数据审计优势，按时完成2017年保障性安居工程跟踪审计、残疾人事业发展情况专项审计、扶贫资金管理使用情况审计，并移送一批问题线索。首次独立开展县林业局、县环保局领导干部自然资源资产离任（任中）审计和2017年度“河长制”执行情况审计。实现资源环境审计真正意义上的零突破，查出各类问题38个，揭示资源环境保护工作方面存在的突出问题。

【内部审计】 2018年，县审计局扎实做好对内部审计的指导和监督，通过统筹内审计划、开展业务培训、经验交流等措施，加大对内部审计工作的业务指导，扎实推进审计监督体系建设。指导35个内部审计单位制定并报送88个内部审计项目计划。组织开展全县内部审计工作培训会，对全县内审人员进行培训达136人次。对内部审计制度建设、项目计划制定等进行督查指导，并及时转发审计署11号令等。开展内审核查工作，实地核查6个单位的内审工作开展情况，并针对问题进行业务指导。

2018年3月，县审计局在新城党校大报告厅举办内部审计工作培训会

（县审计局 供图）

【信息化建设】 2018年，县审计局持续推进信息化建设。全方位采集基础数据653G，不断更新充实审计信息数据库，严格执行制度，采取有效措施，加强数据安全管理。积极推进大数据审计应用，在财政预决算审计等多个项目中广泛运用大数据手段，筛出疑点数据1万余条，帮助核实问题线索20余项，涉及问题金额70.85亿元。

统 计

【概况】 彭水苗族土家族自治县统计局位于绍庆街道两江桥行政综合楼三楼办公。县统计局下属县社会经济调查队和县统计执法大队，县统计局核定行政编制9名，实有人员10名，下设办公室、综合核算科、工业投资科和商贸服务科四个职能科室；县社会经济调查队为县统计局下属副局级全额拔款事业单位，核定参公事业编制12名，实有人员9名；县统计执法大队为县统计局下属正股级事业单位，核定参公事业编制5名，实有人员3名，该局共有办公室9间，档案室1间，办公使用面积约300平方米。

【经济运行态势预测】 2018年，县统计局全力做好全县宏观经济运行态势的监测、预警和研判工作，狠抓月度、季度数据的调度、分析工作，主动与县经济主管部门沟通、协调，全面真实反映全县经济社会发展实绩。2018年全县实现地区生产总值（GDP）170.11亿元，同比增长7.5%，排考核组第十位；实现社会消费品零售总额65.82亿元，同比增长13.3%，排考核组第六位；实现批发零售业商品销售总额154.56亿元，同比增长16.6%，排考核组第三位；实现住宿餐饮业营业收入19.59亿元，同比增长14.6%，排考核组第五位；完成固定资产投资87.48亿元，增长10.5%，排考核组第九位；实现一般公共预算支出62.21亿元，同比增长13%，排考核组第五位；实现常住居民人均可支配收入17493元、同比增长10.8%、排考核组第三位，其中城镇常住居民人均可支配收入29124元、同比增长8.6%、排考核组第六位，农村常住居民人均可支配收入11144

元、同比增长9.3%、排考核组第九位。

【统计管理体制改革】 2018年，县统计局起草了《关于深化统计管理体制改革提高统计数据真实性的实施意见（代拟稿）》已经县政府常务会议、县委常委会议审定，该文件以县委办、县政府办行文下发各乡镇（街道）及县级各部门，各单位认真履职，狠抓统计基础工作，稳步推进统计管理体制改革。局党组多次召开专题会议，研究统计体制改革相关事宜，制定贯彻落实县委文件精神实施方案，细化工作措施，改革任务责任到人，任务到人。制定了《彭水自治县统计局2018年统计教育培训工作计划》，按照年初工作计划，各项工作有序开展。加大统计业务培训力度，提升专业人员业务水平。安排5名专业人员分别参加第77期、第80期和第86期全国统计系统专业知识基础培训班脱产学习；安排专业人员按时参加市局组织的专业知识培训，还安排2名业务骨干，参加全县中青年干部培训班和依法行政培训班。举办统计专业知识培训班，全面提升统计人员业务水平。统计局牵头，县委组织部配合，举办2018年统计专业知识培训班，组织县经济主管部门、重点乡镇（街道）和部分“四上”企业统计人员赴北京大学参加为期一周的专业知识培训，全面提升统计干部的综合素质和业务水平。狠抓统计执法队伍建设，充实统计执法力量。县统计执法大队公招1名工作人员8月初已到岗；组织6名业务骨干参加2018年全国统计执法考试，4名考试合格，正办理统计执法证，为全县开展统计执法工作提供人才保障。组织专业人员参加2018年统计专业技术职称考试。班子成员带头参加，带动全局14名专业人员报名参加2018年统计专业技术职称考试。

【普查工作】 完成全县第三次全国农业普查数据核定和修订工作，起草《彭水自治县第三次全国农业普查主要数据公报》4期，农业普查资料开发和应用工作正扎实有序推进。编制《彭水自治县第四次全国经济普查分年度经费预算方案》，为全县经济普查顺利开展提供经费保障。制定《彭水自治县第四次全国经济普查实施方案》，组建彭水自治县人民政府第四次全国经济普查领导小组办公室，内设办公室、综合组、业务组、数据处理组和执法检查组等7个工作组。完成经济普查市级综合试点工作任务。制定《彭水自治县第四次全国经济普查综合试点方案》，完成市级综合试点各项工作任务。完成“两员”选聘工作，按照“两员”选聘条件，全县选聘“两员”453名。单位清查工作圆满完成，按照全市经济普查工作的统一要求，县经普办组织各乡镇（街道）普查指导员和普查员对全县法人单位和个体工商户进行全面清查，单位清查工作已基本结束，清查汇总资料显示，清查登记单位（法人单位和产业活动单位）9747个，个体户49471户。

【常规统计报表】 县统计局完成2017年统计年报和2018年各类定期报表数据的收集、审核、汇总和上报工作，实现定报与年报、行业数据与核算数据的有效衔接。

【行业统计“一套表”】 2018年，县统计局加强对全县“四上”企业统计人员的业务指导和培训，提高基层统计人员业务水平。全县249家“四上”企业联网直报率达100%。及时完善更新基本单位名录库数据资料，按时完成基本单位名录库年报和季度工作，确保全县基本单位名录库信息的准确、完整。狠抓“四上”企业入库工作，全年新入库工业6家、建筑业企业5家、批发7家、零售22家、住宿4家、餐饮1家、房地产2家、服务业2家。

【统计服务】 2018年，县统计局及时发布《2017年国民经济和社会发展统计公报》，编印《彭水自治县国民经济主要统计指标》月刊9期，完成《彭水领导干部手册》和《2018 年彭水统计年鉴》等统计资料的编印工作。认真抓好统计分析资料、统计信息撰写工作。认真抓好统计分析资料、统计信息撰写工作。全年撰写经济运行分析资料和信息 103 篇，被市统计局、国家统计局重庆调查总队转发 66 期。完成全县城乡居民收支调查、农产量抽样调查、畜禽监测、贫困监测和 2018 年人口变动专项调查工作任务。

【统计工作考核】 2018 年，市局领导多次到彭水检查、指导统计工作。2018 年，市统计局和国家统计局主要领导、分管领导带领核心处室到彭水检查、指导统计工作达 40 余人次。彭水自治县代表重庆市接受国家统计局住户办对全县城乡居民收支调查基础工作检查，检查组对全县城乡居民收支调查星级评定和电子记账工作给予充分肯定。狠抓基础工作，市局工作考核获新突破。局党组将专业工作纳入全局重点工作，全力做好数据采集处理、上报和数据质量控制、统计分析、调查研究，有效开展方法制度改革和统计工作创新等工作，并获市局充分肯定。建设领域统计获考核组 17 个区县一等奖；人口和就业统计、统计监测评价、统计执法检查、统计宣传、信息化建设和管理 5 个专业获考核组二等奖；综合考核、工业统计、能源统计、国民经济核算、综合统计、统计设计管理、贸易外经统计、社会科技和文化产业统计、统计教育培训 9 个专业获考核组三等奖。

国有资产管理

【企业运行】 预计 2018 年 12 月底纳入监管的 5 家县属国有企业资产总额达到 335.19 亿元，所有者权益达到 136 亿元，资产负责率为 64%；县属国有企业实现营业收入 15 亿元，实现利润 2.5 亿元，实现税金 2.7 亿元，上缴国有资本及资产处置收益9200 余万元，完成投资25 亿元。劳动生产总值 37611 万元，职工人均劳动生产总值 46.1 万元/人，经营活动产生的现金流量净额 672 万元。

【国企改革】 2018 年，县国资局按《彭水自治县融资平台公司整合实施方案》要求，推进县城投公司、福冠集团改革重组，原福冠集团所属子公司福冠实业公司、自来水公司、三江口公司、乡镇供水总站的行政管理职能顺利移交至县城投公司；禹黔水务监测公司人员和水质水文监测职能整体划转县水务局，吴凤公司完成注销；智彭阳乐公司已实现退股；福冠公司、康发公司、春森公司“三合一”管理层级整合基本完成，人员分流安排已到位，公司已实现更名；县城投公司完成吸收整合福冠集团剥离子企业的工作；县自来水公司的公司制改革完成。改革措施全面落实。按科学配置、精简高效的原则，推动县属国有企业内设机构改革，着力提高企业的运行效率，县属国有企业人员编制、机构设置、干部配置等事项的调整全面完成。完成市政府交办彭水自治县剥离市属国有企业、中央企业办社会职能和解决历史遗留问题工作，协助完成县域内污水处理厂资产移交重庆市环保集团等相关工作。特殊事项扎实推进，坚持把改制上市作为发展混合所有制经济的重要路径，确定九黎集团作为培育上市对象，积极推进上市相关工作，上市主体—九黎股份公司已完成组建。

【国资监管】 按县属国有企业分类，完成县属国有企业 2018 年经营业绩目标制定和 2017 年绩效考核工作，对县属国有企业实行分类考核监管。理清监管权责边界。制定《彭水自治县县属国有独资公司章程指引》，进一步明确出资人、企业的权责边界，切实维护出资人的利益和公司章程的法定定位，进一步规范县属国有企业的管理，全面提高国资监管的针对性和有效性。规范产权管理，进一步加强企业国有产权的管理，全面完成产权登记系统性数据更新，开展产权管理业务培训，产权登记基础性功能作用得到有效发挥。加强资产管理，规范企业国有交易行为，对企业资产处置、购买、出租均实行公开招投标交易程序，严防国有资产流失。

【债务风险防控】 2018年，县国资局对县属国有企业负债情况进行全面摸底调研，准确掌握企业的负债情况，县属国有企业有息负债为110.97亿元。增强风险防范预见性，督促企业制定《2018—2021年财务规划》和《2018年11月—2019年2月资金平衡计划》，梳理企业融资推进情况，加强资金调度，加大重点支出保障力度，全力防范债务风险。积极争取融资支持，加强与金融机构沟通，积极争取信贷支持，全年累计新增融资29.98亿元，有效缓解企业资金压力，保障全县重大基础设施项目的实施。助推困难企业脱困，面对县兴农担保公司面临停摆的困境，组建工作组，加强对县兴农担保公司改革脱困工作的组织领导，有序推进风险排查、清收代偿、拓展业务、恢复银企合作等工作。通过县兴农担保公司风险防范专项工作组努力，全面完成P2P风险专项整治整改工作，完成县兴农担保公司增资方案，协助完成相关部门完善法人治理结构，依法追回代偿资金530余万元，积极化解担保债务违约，推进县兴农担保公司经营状况明显好转。

【安全生产】 2018年，县国资局全面落实安全责任。认真贯彻落实全市、全县安全工作会议精神，与县属国有企业签订安全生产目标责任书，并将安全稳定工作内容纳入县属国企业经营业绩考核，实现安全稳定工作与企业负责人薪酬挂钩，全面落实安全稳定责任。认真排查化解隐患。每月开展重点领域、重点项目专项检查和隐患排查，开展国有企业安全检查共计105次，查出问题共计250余项，并督促企业100%完成整改。扎实做好维稳工作。扎实开展矛盾纠纷排查化解、领导干部接访下访等活动，及时解决各类突出问题，进一步畅通信访渠道，规范信访秩序，不断创新信访工作机制，建立畅通、有序、务实、高效的信访工作新秩序。县国资系统全年没有发生一起较大以上安全事故和赴市进京上访事件。全面落实扫黑除恶要求。深入贯彻落实全县扫黑除恶专项斗争会议精神，加强组织领导、强化工作措施，督促县属各国有企业要对扫黑除恶专项斗争进行多层次、全方位的宣传，在县国资系统营造了良好舆论氛围，提高广大干部职工参与扫黑除恶专项斗争的意识。将扫黑除恶专项斗争与党风廉政建设工作相结合，对县属国有企业进行认真清理，确保国资系统全体干部职工不涉黑涉恶，严防黑恶势力参与建设县属国有企业投资实施的工程项目。

【社会责任】 2018年，县属国有企业在面临当前宏观复杂形势下，坚持履行政治责任、经济责任、社会责任，积极推动全县经济社会高质量发展。县城投公司完成基础设施项目建设投资16.5亿元，开工建设全民建设中心、新城38号道路、花阶广场、法检两院、郁江大桥等项目24个，新征土地37.48公顷，拆除房屋174栋；新城获批土地421.2公顷，完成出让土地143.27公顷；全年生产自来水990万吨，发电上网电量6500万千瓦，保障全县百姓的生活需要。九黎集团持续完善蚩尤九黎城、摩围山等景区的建设，目前完成投资约11亿元，助推彭水旅游提档升级；两大景区全年举办活动17场次，蚩尤九黎城景区成功创建“国家海峡两岸交流地”“首批国民休闲旅游胜地·民族（民俗）特色胜地”，有效提升了彭水旅游知名度。全年，蚩尤九黎城、摩围山景区实现接待游客130万人次，编排的《苗祖·蚩尤》演出得到广大游客的一致好评。福冠集团实施项目建设79个，累计投资4.01亿元；完成永久性征地4.25公顷、房屋拆迁40户、坟墓搬迁16座、管线搬迁122根，拨付各类补偿费4562.75万元。园区实业公司持续完善基础设施建设，积极构建优良的营商环境，完成保家楼水文站的恢复重建，持续推进园区北岸道路、河堤工程、污水处理厂及管网等基础设施的建设；招商引资工作取得新飞跃，完成项目落地9个，引进总部经济496家，入园企业实现投资5.2亿元，实现入库税收1.55亿元。

【脱贫攻坚】 2018年，县国资系统共选派约300名干部，深入贫困村开展帮扶工作；5户县属国有企业筹集资金约100万元，支持保家镇、龙射镇、高谷镇、岩东乡、靛水街道5个乡镇扶贫开发。县国资局对帮扶的连湖镇回龙村贫困户的情况进行实地走访50余次，并制定《连湖镇回龙村2018—2020年脱贫规划》，积极推动回龙村路灯工程、村级文化广场等惠民工程的建设。回龙村209户建卡贫困户中已有150余户实现脱贫致富。

【创新驱动】 认真贯彻落实创新驱动发展战略，积极引导县属国企实施经营管理创新。2018年，县属国有企业在智能化、移动互联网等技术运用上均有突破。九黎集团以满足当前多样化增长的大众旅游消费需求，按照旅游市场发展趋势和国家AAAA级旅游景区标准，完善景区信息基础设施建设，实现景区电脑自动打印门票、指纹识别、人脸识别、年卡检验门票等功能；建设智能化安全监管系统，实现景区人员集中区域、重要景点的实时监控；推进景区网络售票系统建设，实现在线支付－网上订票－自动取票的功能，有效提升景区形象；建设智慧旅游大数据平台，实现大数据统计分析、旅游监管。县城投公司创新服务方式，积极与网络科技接轨，相继开通企业微信公众号和微信城市服务生活缴费平台，实现城区居民网上查询、网上缴费功能，有效节省运营成本、提高服务水平。

社会事业

科学技术

【概况】 2018年，县科委按照县委、县政府的工作部署，深入实施创新驱动发展战略，不断推进大众创业、万众创新和科技精准扶贫，各项工作实现平稳有序推进。全年积极申报落实市级“三区人才”和“科技特派员”等专项项目，向上争取资金348万元，同比增长231.4%。

【科技体制改革】 2018年，县科委出台《企业科技创新激励办法（试行）》《彭水自治县创业种子投资基金管理办法（试行）》，牵头拟定《彭水自治县以大数据智能化为引领的创新驱动发展战略行动计划（2018—2020年）》。

【创新发展】 2018年，县科委积极跟进市科委创新发展政策，发展企业技术研发中心2个，指导申报高新技术企业1家，培植成功国家级星创天地1个，培育入库科技型企业70家，同比增长223%。

【知识产权】 全年开展创新发明专利服务，全县发明专利申请60件，同比增144.29%，其中有效发明专利突破30件。

【技术服务】 2018年，县科委深化科技特派员巡讲制度和基层五种科技服务模式，选派100名科技扶贫特派员开展基层技术服务巡讲120余场次。

【科技精准扶贫】 对接争取市级帮扶政策，选派44名市级科技特派员和“三区”人才对接帮扶全县26个贫困村、服务企业20家，实现山东聊城市科技局与县科委达成东西协助科技帮扶协议事项。

气象事业

【概况】 2018年，彭水自治县气象工作紧紧围绕县委、县政府各项决策部署，努力做好全县“三大攻坚战”“八项行动计划”的气象服务保障，各项工作取得新进展。公众气象服务满意度89.2分，在全市34个区县中排名11位，在2018年全市气象部门综合考核中，被评为优秀单位，位列17个考核单位第7位。有4人次受到市气象局和县委、县政府表彰。

【天气预报预警】 做好重大灾害性天气预报预警。2018年，彭水气候较为异常，表现为5~6月降雨多、暴雨过程多，从7月10日开始又迅速由涝转旱。县气象局严格执行24小时领导带班制度，业务人员24小时值守班制度，加强灾害性天气过程的实时监测和滚动预报预警服务，较准确地预报了6次区域性暴雨天气过程和7月10日开始的持续晴热高温天气，在监测到局地灾害性天气时，及时采取电话叫应的方式告知乡镇。

【气象服务】 2018年，县气象局牵头完成2018年自然灾害趋势分析会商，提交分析报告；县政府办公室印发《自然灾害县、乡镇街道联合会商制度（试行）》《彭水自治县气象防灾减灾救灾行动方案（2018—2020年）》，组织或参加临灾天气会商3次，防汛抗旱会商2次，做好6次区域暴雨气象保障服务，启动3次暴雨应急响应。制定《彭水自治县气象局2018年决策气象服务周年方案》，灾害性天气过程、“一节一赛”系列重大活动预报服务主动及时有效，及时制作发布《重要天气气候服务快报》《专题气象信息》等服务材料374期，为县委、县政府及有关部门指挥防灾减灾工作提供决策参考。在5月22日第七届中国乌江苗族踩花山节开幕式举办前后，提前发布天气预测预报信息，提供开幕式期间强降雨天气预报和应对措施建议，并现场提供服务。做好公共气象服务，及时发布月（季）气候影响评价产品、月（季）气候趋势预测、延伸期预报等服务产品，针对春运、清明节、“五一”节、中高考等开展专题气象服务；利用“3·23”世界气象日、防灾减灾宣传周等活动，加强防灾减灾科普宣传。

【服务地方】 气象服务助力脱贫攻坚和乡村振兴。开展规范化的气象为农服务保障。围绕全县烤烟、红薯、紫苏等产业发展，多次组织全县气象为农服务专家团成员开展调查研讨，为有关技术人员、专业合作社和种植大户开展直通式气象服务。制作烤烟、紫苏种植等各类农业气象保障服务产品241期，发布专家服务产品25份，为200余个农业企业、专业合作社和种植大户服务。加强特色农产品气候品质评价指标体系和服务标准规范建设，牵头申报的重庆市地方标准《优质紫苏生态气候评价技术规范》制定项目被市质监局批准，并会同有关企业开展了研究工作。制定《深化脱贫攻坚气象保障服务方案》，加强与中国天气网、市气象科学研究所联系，中国天气网上线三义乡、大垭乡2个美丽乡镇宣传专页，开展三义乡、大垭乡气候资源分析，针对三义乡、大垭乡的产业发展，为驻村工作队、乡镇提供气象服务，发布脱贫攻坚气象服务专题14期，争取市上支持，完成大义、大垭乡7个村级视讯系统采购。选派1名中层干部入驻联系乡镇驻村（梅子垭镇）开展脱贫攻坚工作，落实驻村工作人员规定待遇，认真落实包干联系工作，筹集资金2万余元资助梅子垭镇2018年新入学的18名贫困家庭学生。组织推进开展标准化气象灾害防御乡镇建设，实现39个乡镇、街道全覆盖。开展创建工作的培训和指导，各创建乡镇围绕防灾减灾责任体系、预警信息发送传播体系、群测群防体系、灾害风险管控机制等“三体系一机制”开展建设工作，均通过县级初评考核和达到市级验收标准，棣棠乡被推荐创建国家级标准化气象灾害防御乡镇。做好人工影响天气组织管理。开展全县人影作业人员培训、装备维护和安全管理，加强作业条件监测、指挥和人影作业实施，结合防灾减灾和农业生产需要，在风雹多发期、晴热高温时段和自然降水量少的时段，抓住有利时间，开展人工增雨消雹作业，实现作业安全高效。共开展作业134站次，发射人雨弹1714发，火箭弹12枚。

服务保障防范化解重大风险攻坚战。做好预警信息发布管理，开展38个乡镇预警信息发布工作站人员培训及突发事件预警信息发布平台问题排查整改，将应急办、农业、国土、林业、消防、民防办等部门和单位接入平台，全县525名河长纳入预警平台发布信息，上线“彭水县预警发布”微信公众号，通过突发事件预警平台发布预警信息482条，受众达265万余人次，预警信号81条。加强全县防雷安全监督管理。制定年度监督检查计划，联合县安委会办公室印发《关于开展2018年防雷装置安全检查的通知》，加强对重点监管单位的防雷安全检查督查，共检查全县防雷安全重点单位60家，下发整改通知书5份，行政处罚企业1家，罚款0.05万元。组织做好全县中小学93栋校舍、县级重点办公场所建筑物等公益性行业的防雷技术服务。全年安全生产形势保持稳定，无安全事故发生。

服务保障生态文明建设。协调重庆市气候中心启动全县生态旅游气候资源分析评估工作。争取中国天气网、重庆市气象服务中心等单位的支持，中国天气网上线了摩围山旅游度假区、蚩尤九黎城等旅游景区的天气预报专页，中国天气网、重庆卫视天气预报栏目同步开展蚩尤九黎城、阿依河、乌江画廊等景区的生态旅游资源宣传推介。派出学习调研小组赴广东惠州市考察学习生态文明建设气象保障服务等方面的先进经验，会同九黎集团开展摩围山申报“中国天然氧吧”工作的方案论证。成功推动靛水（摩围山）、桑柘、大同、汉葭、石盘、龙塘6个乡镇入选重庆市百名清凉乡镇，积极推进参加全市乡村振兴生态气候资源和特色产业推介会的筹划阶段工作，利用预警信息发布平台，发布全县生态环境质量报告。初步制定全县生态气象观测站建设规划。

红十字会

【概况】 彭水自治县红十字会是中国红十字会的县级分会，是从事人道主义的社会救助团体，是公益一类正科级事业单位。2018年3月，经市委组织部、市公务员局批准，正式列为参照公务员法管理单位。核定人员编制5名，设常务副会长1名，秘书长1名，内设办公室、赈济救护部2个业务科室，现有在职职工4人。2018年，彭水自治县红十字会圆满完成年初各项目标任务，并获得全市红十字系统“五进”应急救护培训一等奖。

【扶贫助困】 元旦期间，按照市红会相关工作要求，县红十字会到麻风病医院慰问身患麻风病的6位老人，向患病老人发放温暖包；春节期间，到鹿鸣乡、保家镇、汉葭街道等地慰问困难群众，及时向困难群众发放过冬棉衣等物资。圆满完成“红十字博爱送万家”活动，全年共计发放温暖包200箱，过冬棉衣16箱。

【遗体和人体器官捐献】 2018年，彭水自治县遗体和人体器官捐献工作取得较大进展，3月17日，因肝癌去世的龙射镇居民徐有明向重庆医科大学无偿捐献遗体，这是彭水自治县首例遗体捐献。5月4日，平安镇居民石晓琴因患尿毒症不幸去世，无偿捐献眼角膜。2018年，全县另有4名群众在红十字会进行遗体（器官）无偿捐献登记备案。

【博爱助学】 根据市红十字会《关于开展2018年度博爱助学活动的通知》（渝红会〔2018〕40号）的文件要求，联系爱心人士，多方筹措资金，先后向大垭乡中心校、万足镇中心校、三义乡中心校等3所学校40名贫困家庭的小学生发放助学金20000元（500元/人）；根据市红十字会《关于做好贫困大学生资助的通知》的文件要求，与县教委积极涵接，向2018年考上大学的5名贫困家庭大学生发放助学金25000元（5000元/人）。

【博爱家园】 2018年7月，县红十字会相继与市红十字会、汉葭街道签订博爱家园项目协议书，争取到市红十字会项目资金40.8万元，用于援建博爱家园项目，为全县脱贫攻坚助力。

【应急救护培训】 县红十字会于3月、8月、12分三批选派12名志愿者及工作人员参加市红十字会应急救护师资培训班（提高班），全部取得救护师资证书，充实全县应急救护培训师资队伍。11月，对全县取得红十字应急救护师资证书的12名授课教师进行登记注册，建立师资库，对救护师资进行定期考核，实施系统化的管理。根据市红十字会《关于深入开展红十字应急救护培训“五进”工作的通知》（渝红会〔2017〕40号）相关工作要求，9—11月，县红十字会在县教委、县群团活动中心、县委党校等部门的大力支持与配合下，选派优秀救护师资，先后在彭水中学、彭水一中、彭水县民族中学、县委党校、县城市管理局、保家镇政府、摩围山、九黎城、乌江画廊旅游公司、石嘴社区、桑柘镇政府等地开展十余场应急救护培训活动，现场教授心肺复苏术、气道异物梗阻清除术两项急救技术，为全县人民群众普及应急救护知识，增强广大群众防灾避险意识，提高应对突发事件的自救互救能力，培训5659名群众，发放《应急知识手册》1500余本。

彭水一中救护培训

（县红十字会　供图）

【儿童大病救助】　依照市红十字会关于儿童大病救助相关政策要求，县红十字会积极推动符合儿童大病救助政策的患儿进行救助申报，完成对7名患病儿童进行大病救助资料的审核、申报，其中2名患儿家庭得到市红十字基金会专项救助基金5万元。

【无偿献血】　2018年，彭水自治县全年无偿献血44956个单位。7月31日，建军节前夕，县红十字会积极配合黔江中心血站到县武警中队开展官兵无偿献血活动，全体官兵积极参与，献血39.5个单位；彭水中学、彭水一中、彭水自治县民族中学、县职教中心4所学校522人，共献血841.5个单位；与黔江中心血站积极衔接，商定每个月六天在彭水自治县开展定点采血活动，组织志愿者配合中心血站职工开展无偿献血咨询宣传活动，推动彭水无偿献血工作的开展。

【防灾减灾】　2018年5月12日，县红十字会协同县卫计委在十字街广场开展防灾减灾宣传活动，向人民群众宣传红十字精神，讲解防灾减灾知识，共发放宣传资料3000余份。在救护培训当中，也向受训群众多次发放防灾减灾宣传资料。

卫　　生

【概况】　2018年，彭水自治县卫生计生工作按照“保基本、强基层、建机制”要求，以深化医药卫生体制改革为主线，以全方位、全周期维护人民健康为核心，以建立基本医疗卫生制度为目标，创新管理服务体制机制，持续改善医疗卫生服务水平，推动卫生计生事业持续健康发展。

【全民健康宣传】　2018年，彭水自治县通过县电视台、彭水日报社开设专栏，县电视台综合频道和文化、旅游频道播出《远离肺结核》《科学健身》公益短片2部，同时利用各乡镇卫生院（社区卫生服务中心）电视、LED屏每天滚动播放各类健康促进视频。开展公众咨询活动100余场次、健康科普知识讲座500余场，印制各类健康科普资料66000余张（本），不断增强人民群众健康意识，促进全民健康生活方式养成，居民健康素养达13.6%，较2017年提高8.8个百分点。持续推进农村厕所革命，完成改厕8813户，超额完成乡村振兴战略年度目标任务。支持社会办医健康服务业发展，完成医疗机构执业登记注册16家，较2017年上升166%。开展健康服务环境提升行动，建立每周大扫除制度和医院环境卫生定期考核制度，逐步形成健康服务设施完善、环境优美、服务优质、便民高效、群众满意的新局面。

【公共卫生服务】　2018年，全县适龄儿童免疫规划疫苗接种率95%以上，全年无重特大公共卫生应急事件发生。高血压、糖尿病及严重精神障碍患者规范管理率分别超市考核指标15.39%、16.83%、6.28%。65岁以上老年人免费健康体检4.7万余人次，新增免费胸部数字化X线等检查项目，惠及金额800余万元。加强疫苗监管，规范预防接种门诊，平稳处置不合格疫苗事件，完成各级各类医疗卫生保障任务、年度公众卫生应急技能提升、渝东南片区卫生应急联合演练，超额完成免费孕前优生健康检查、妇女“两癌”检查和母婴设施配置任务。实施母婴安全和健康儿童计划，开展危急重症救治等行动，实施先天性结构畸形救助项目。

【公立医院改革】 2018年，将彭水自治县人民医院、县中医院和县德济医院（民营）纳入章程试点并完成章程制定。县人民医院、县中医院纳入薪酬制度改革试点，建立公益导向的绩效考核评价机制。将县级医疗机构纳入医药联合体统一管理，推进县级医疗机构和基层医疗机构基本药物目录的衔接并加强督导监管。推进总额预算管理下以总额控制和按病种付费为主的多元复合式医保支付方式。加大重点学科、特色专科建设，县人民医院儿科、妇产科被纳入市级重点专科建设，泌尿外科、肿瘤科市级特色专科持续推进，县中医院市级特色专科针灸科、中医临床重点专科骨伤科专科优势持续提升。建立医改便民长效机制，县人民医院26台、县中医院4台自助服务设备（挂号、缴费、结果查询等）上线运行。规范设置便民门诊、加强就医引导，县人民医院作为重庆市首批检验结果互认的医院与市内同级医院检查检验结果互认，全县各级医疗机构对上级及同级医疗机构、独立实验室的检查结果予以互认。出台《彭水自治县现代医院管理制度实施方案》，县级公立医院各项改革指标均在重庆市控制范围内。

【基层医疗改革】 2018年，全县全面深化基层医疗卫生机构集团化管理改革，2018年投资7000余万元，配齐配优基层医疗设备，新增西门子16排CT6台，西门子最高端彩超10台，中高端23台，实现基层医疗机构全自动生化分析仪、彩超、西门子DR（柯达CR）、数字化影像系统全覆盖。基层医疗卫生机构出院均次费用较重庆市平均水平低20%，县域内出院均次费用较渝东南平均水平低21%。分级诊疗基层首诊率保持在72%以上，县域内就诊率由2017年的84.7%提高到87%。改革工作被市委纳入重庆市20项重大攻坚项目之一，是重庆市唯一民生领域区县独立完成的项目，在重庆市委宣传部和市委改革办组织的“重庆市我最喜欢的10项改革”评选中获第五名，改革微视频被国家卫生健康委体改司评为全国10个优秀案例之一。

2018年11月，副市长屈谦到彭水专题调研基层医疗机构集团化管理改革工作

（县卫计委　供图）

【人才队伍建设】 全年评选出第四届基层医疗卫生单位有突出贡献特殊人才51名。完成全科医生转岗和规范化培训73人，实有注册在岗全科医生61人，仍在参加全科医生培训47人。招聘150名卫生专业技术人员，新增卫生人员分别较年度目标任务和2017年增加50%、36.36%。完成基层医疗卫生机构临床医生和村卫生室人员共计224

人的能力提升轮训工作。选派基层医疗卫生机构医务人员外出进修134人（不含全科医生培训人员），其中在重庆市三甲医院进修44人。培养县级学科带头人3人、“三峡之光”访问学者4人，县级医院新进医疗岗位本科及以上学历临床医师住培送培率达100%。全县卫生计生系统编制内执业（助理）医师、注册护士分别较2017年增加12.48%、6.61%；正高级职称、副高级职称分别较2017年增长42.86%、31.25%；专科以上学历占编制内总人数84.89%。认真开展继续医学教育、医学学术讲座等工作，培训各级各类医务人员8000余人次，选派县级医院医务人员参加市级培训、学术交流等300余人次，各级医疗机构服务能力不断增强。

【综合监管】　全年查处聘用非卫生技术人员、未在指定场所执业、超限使用抗菌药物25件次，对17家医疗机构不良执业行为予以计分处理。开展为期4个月的过度诊疗专项整治工作，彭水自治县二级医疗机构大型设备门急诊、住院检查率及均次检查费用整体有所下降。对9家民营医院开展医疗安全与风险防范专项监督检查。积极开展“平安医院”创建工作，县人民医院、县中医院与辖区公安机关建立警医联动机制，会同县委政法委、县公安局、县司法局联合制定印发平安医院建设实施方案，全年受理医疗相关投诉30余件次，参与医疗纠纷调处28件次，均妥善处置。对全县94家医疗卫生单位产生的医疗废物实行集中收运处置，实现除村卫生室外医疗废物集中收运处置全覆盖。“双随机”监督检查完成率100%，查处案件103件，共处罚金14.96万元，对检查检测结果以及行政处罚信息及时在网上进行公开。深入推进“互联网+政务服务”工作，严格执行行政审批一次性告知制度，实现网上办、一次办，对护士执业审批实现马上办，网上行政审批单轨运行率100%，全年办理行政审批1798件，实现零超时100%，服务质量满意度100%。同时，对79项卫生计生公共服务事项及实施清单全部配置到政务服务平台。

【健康扶贫】　加大对贫困患者医疗补助，实施“先诊疗后付费”一站式结算，扩大贫困人口大病救治病种，提高保障范围和水平，持续发挥健康扶贫流动医院进村入户优势，开展上门送医送药服务，对在家有意愿签约的贫困人口实现家庭医生签约服务全覆盖。通过大病集中救治一批，慢病签约服务管理一批，重病兜底保障一批，实现精准到户、精准到人，精准到病“靶心”救治管理，核实核准因病致贫因病返贫7993人，核准率100%；325名大病患者得到集中救治，进度达100%；在家有意愿签约的4406名建档立卡贫困特慢病患者实现签约服务管理，签约率达100%；27037名重病及其他疾病实现100%的兜底保障。2015年至2018年12月31日，共发放医疗补助资金6753.91万元，惠及贫困患者145580人次。2018年，全县建档立卡贫困患者住院自付比例为7.58%，重特大、慢病门诊费用自付比例为2.2%。聚焦深度贫困乡镇健康扶贫工作，持续做好设施设备配置、卫生人才队伍建设、派驻县级技术骨干对口支医。2018年，彭水自治县健康扶贫工作获国家卫生健康委、国务院扶贫办通报表扬。

【计划生育】　2018年，畅通避孕药具免费发放渠道，全县符合政策生育率94.72%，免费计划生育术后随访率达90%以上。无孕产妇死亡，婴儿死亡率6.1‰，较2017年下降1.09‰。严格兑现落实奖励扶助政策，实行计生特殊家庭联系人制度、就医绿色通道、家庭医生签约服务100%。加大计划生育手术后遗症人员的政策解释和心理疏导，组织实施并发症鉴定工作，本年度共有85人参加鉴定，其中1人符合计划生育手术并发症标准。公共场所母婴设施配置率达83%。深入推进“互联网+政务服务”工作，将74项卫生计生行政审批事项全部配置到市网审平台，网上行政审批单轨运行率100%。统筹提高卫生计生治理能力，与各乡镇人民政府（街道办事处）签订《行政执法委托协议书》，聘任82名卫生计生监督协管员。

民政工作

【概况】 彭水苗族土家族自治县民政局位于汉葭街道石嘴街60号。内设办公室、救灾救助科、优抚安置科、基层政权建设和社区建设科、社会福利和社会事务科5个科室，核定领导班子职数4人，实有4人。局机关核定行政编制12名，工勤编制1名，实有工作人员11人，局属事业单位有老龄办公室、殡葬事务管理中心、低保中心、医疗救助管理中心（挂在低保中心）、婚姻登记处、救助管理站、军队离退休干部管理中心（挂在老龄办公室），核定事业编制37名，实有工作人员31名。

【城乡低保】 2018年，彭水自治县农村低保标准从360元/月提高到410元/月，城镇低保标准从500元/月提高到546元/月。制定下发《彭水自治县农村低保工作中腐败和作风问题专项治理工作方案》，与扶贫、信访、纪检、财政等部门建立工作协调机制，精准认定农村低保对象。全年累计清退不符合低保条件对象2651户6716人，新纳人符合条件874户2651人。全县共有城乡低保对象12404户28304人，占全县总人口的4%左右，其中城镇低保3393户6235人，农村低保9011户22069人；全年累计支出低保金14581.5万元，其中城镇低保累计支出3846.8万元，农村低保累计支出10634.7万元。

【临时救助】 2018年，彭水自治县出台《关于进一步完善临时救助工作的通知》（彭水府办发〔2018〕98号），将临时救助的最高标准由5000元提高到50000元，2000元以下的救助由乡镇（街道）直接审批，全年累计救助2445人次，累计支出1043万元。严格落实医疗救助制度，及时将医疗救助重点救助对象、其他救助对象住院救助比例分别上调至不低于80%与70%，累计医疗救助15.65万人，2980.4万元。

【流浪救助】 针对困难群众开展“夏季送清凉”和“冬季送温暖”集中救助专项行动。全年共计救助流浪乞讨人员1000余人，救治三无精神病人22人，救助流浪未成年人100余人次。

【特困供养】 全面使用特困供养人员管理系统。联合卫生、医保部门研究制定《关于进一步完善特困供养人员医疗保障工作的通知》，保障特困群体的医疗条件和基本生活。全县有特困供养对象3547人，调标并兑现特困供养人员基本生活费和护理补贴3117.59万元。

【留守儿童工作】 2018年，县民政局制定完善《彭水自治县农村留守儿童关爱保护工作实施方案》，完成对全县7445名留守儿童建档立卡工作，落实“点对点”的救助措施。在万足镇中心校举行“关爱、帮扶留守儿童健康成长资助仪式”，对生活面临困难的300名农村留守儿童资助价值17万余元的生活和学习用品。在靛水、润溪、大垭、三义4个乡镇（街道），依托中心学校建立留守儿童之家，让边远地区留守儿童得到亲情关爱。

【福利养老】 2018年，新建新田镇马峰社区、润溪乡干溪社区、双龙乡马岭社区养老服务站，社会福利中心和儿童收养部主体修建完成并新增床位360张，高谷镇准福利院改造竣工并通过验收，完成24个乡镇敬老院和全县特困供养机构消防喷淋系统安装。全年发放重度残疾人护理补贴2069人次、10.3万元；残疾人两项补贴发放68813人次、361.3万元。及时兑现经济困难老人高龄失能补贴10259人次、205.2万余元；保障发放孤儿基本生活费74722人次、402.4万余元。

【区划地名】 2018年，完成新城市政道路和乡镇政府驻地道路命名工作，设置新城市政道路地名标志牌50块。根据全县行政区划调整变化和经济社会发展状况，适时监制更新《彭水自治县行政区划图》。按时完成《地名志》编纂工作，第二次全国地名普查成果已通过国家验收，正有序开展地名普查成果转化工作。完成彭水自治县与湖北省利川市行政区域界线联合检查工作，按照规定标准完成彭水自治县管理的4个县级界桩的更换工作。

【基层治理】 2018年，彭水自治县制定出台《彭水自治县乡镇政府服务能力建设实施意见》，进一步理顺乡镇（街道）工作职能。建立健全城乡社区治理机制。探索“三事分流”工作机制，科学处理大事、小事、私事。对涉及城乡社区重大事项、重大决策以及涉及群众切身利益的事项，严格按照程序进行决策。对全县296个城乡社区《村规民约》《居民公约》进行修订完善，提升城乡社区民主监督水平。严格落实社区工作事项准入制度，凡未纳入准入清单的事项，拒绝办理。确需社区协助办理的严格按照“权随责走、费随事转”的原则，签订服务协议，收取服务费用。完成新田镇马峰社区、万足镇小河社区、梅子垭镇盖坪村、石柳乡石柳村4个城乡社区便民服务中心市级补助项目建设工作。

【社会组织】 全年新登记注册社会组织11家，培育发展彭水自治县同欣社会工作服务中心和彭水自治县明月社会工作服务中心2家本土社工机构，启动实施社工助力脱贫项目2个，项目资金达110万元。依托重庆市仁爱社会工作服务中心项目实施培育本土专业社会工作人才5名。出台《彭水自治县社会工作者参加职业资格认证考试奖励办法》，对符合条件参加考试的人员免费提供教材、培训，对考试通过人员进行现金奖励。2018年，全县共有26人参加社会工作资格职业水平考试，通过考试6人，通过率达23%。

【婚姻收养】 开展婚姻登记标准化建设，完成新婚姻登记大厅的装修搬迁工作。全年共办理婚姻登记8113对，其中结婚登记4773对、离婚1214对，补领婚姻登记2126对；为符合条件的儿童办理国内收养登记4名。开展婚姻登记网上预约，婚姻登记合格率和在线登记率均达100%。婚姻登记处获得县级巾帼文明岗称号。与市婚姻收养登记管理中心顺利签约落地2019年“家和计划”社工项目。

【殡葬管理】 2018年，持续加强县城文明治丧区的丧事活动管理，使文明治丧成新常态。全年规范治丧丧家226家，比上年同期增长10%，入馆率达100%，联合县国土局、经信委、安监局、公安局、林业局等有关部门开展殡葬执法，清理排查不规范墓碑厂13家。严格审查82名党政机关干部的殡葬活动。规范落实殡葬惠民政策，为8家困难群众解决丧葬补助经费11519元。

【双拥优抚】 2018年，新增、调整重点优抚对象135名，根据实际文件精神调整规范重点优抚对象抚恤补助标准，对重点优抚对象发放元旦、春节、五一、端午慰问金约120万元，筹集资金90万元对驻彭部队和重点优抚对象进行节日走访慰问，兑现2017年度军人在部队立功奖励资金140400元，发放门诊、住院医疗补助420余万元，发放危房补助7.5万元。组织机关干部、公安武警、社区群众代表3000余人开展清明祭扫活动。耐心接待涉军群体信访诉求80余次。

【退役军人】 2018年，接收2017年秋冬季退役军人，制定2018年度退伍军人安置方案，妥善安置符合政府安置条件的退役士兵6人；组织退役士兵110余人参加职业技能培训，兑现2017年退役士兵职业技能培训补助费103万元。对照市县要求，联合县公安局、人社局，组成工作专班，全面开展退役军人信息采集工作，共采集军人信息万余人。组织军休干部参加市军休中心门球比赛6人次，市军休中心演讲比赛2人次。

【防灾救灾】 在全县设置保家、桑柘、普子、鹿角4个培训点，对全县39个乡镇（街道）、村（社区）灾害信息员680余人开展集中培训，组织开展集中宣传教育和应急演练活动3次，发放宣传资料5000余份，参与和咨询人数多达3万余人。向市民政局争取冬春生活救助资金568万元并及时下拨。成功应对“5·19”“5·23”“7·6”暴雨洪涝灾害，累计下拨救灾资金120万元，发放救灾棉被300余床，救助受灾群众22万余人。

【脱贫攻坚】 2018年，县民政局出台《彭水自治县兜底脱贫保障工作方案》，组成6个督查组按季度开展脱贫攻坚工作专项督查。派驻石柳乡荞竹村、正洞坪村两个贫困村驻村第一书记和工作人员5人，每位职工平均对口帮扶5户建卡贫困户，全局共进村入户2400余人次，政策解答200余例，帮助解决实际困难80件。全县共兜底保障1.3万余人。

人民生活

【城镇常住居民】 2018年，城镇常住居民人均可支配收入29124元，比2017年增长8.6%。其中工资性收入13973元，同比增长8.5%；经营净收入6028元，同比增长9.3%；财产净收入4109元，同比增长8.7%；转移净收入5014元，同比增长8.1%。

【农村常住居民】 2018年，农村常住居民人均可支配收入11144元，比2017年增长9.3%。其中工资性收入4895元，同比增长10.0%；经营净收入4110元，同比增长8.4%；财产净收入245元，同比增长8.6%；转移净收入1894元，同比增长9.5%。

教育　文化

教　育

【概述】　2018年，全县共有各级各类学校204所，其中公办学校153所（完全中学3所、职业教育学校1所、特殊教育学校1所、幼儿园6所、初级中学15所、小学127所，其中包括县城小学7所、乡镇中心校及完小64所、村小教学点56所）；民办学校51所（初中1所、小学1所、幼儿园49所）。在校学生111256人，其中普高学生14889人、职高学生4748人、初中学生25597人、小学生47801人、幼儿园学生18090人。教职工7260人，其中专任教师6632人。

【学前教育】　2018年，县教委制定了《彭水自治县第三期学前教育行动计划实施方案》，坚持公益普惠原则，不断提升学前教育保育教育质量，确保幼有所育。学前教育普及普惠水平进一步提高，全县学前三年入园率达到80.24%，比2017年提高5.09个百分点，普惠率达到97.1%，比2017年提高3.6个百分点，公办幼儿人数占比51.4%，办园条件持续改善，管理渐趋规范。

【基础教育】　2018年，积极推动城乡义务教育一体化发展，全县义务教育阶段大班额比例为15%，较2017年下降4.6个百分点；超大班额比例为12.5%，比2017年下降3.6个百分点。坚持重点中学高中指标到校计划不低于50%、不高于70%的比例分配到辖区内初中学校，保证农村学校的学生有更多机会享受优质教育资源，实现优质教育资源全覆盖。强化学校管理，引导全县各级各类学校进一步端正办学思想，规范办学行为，实施精细化管理，制定并下发了《加强中小学管理规范办学行为实施方案》和《彭水自治县义务教育学校教学质量底线管理考核办法（试行）》，坚持以入口定出口的原则，实施教学质量发展性评价，极大地促进了学校规范管理和教育质量的提高。小学巩固率达到100%，初中巩固率达道99.6%，三残儿童入学率达到87%，高中阶段毛入学率达到90.1%。立足基本均衡，兼顾优质均衡，按照校校有变化、校校得实惠的原则，有序推进义务教育均衡县创建工作，促进教育教学质量全面提升。2018年中考上市联招线2862人，比上年净增286人。普通高考重本上线810人，比上年净增95人，本科合计上线2416人，职教本科上线126人，在渝东南处于领先水平。

【职业教育】　县职教中心成功创建市级特色发展示范校。实施中等职业教育产教融合工程，建立校企协同育人机制。与重庆长安、上汽通用五菱、宗申动力，重庆洲际酒店、融汇丽笙、中国青年旅行社等20余家企业在专业建设、师资建设、实习教学、招生就业、学生管理等方面加强合作，努力实现校企合作办学、合作育人、合作就业、合作发展的目标。共建共享校内外实训基地30余个，与安吉红岩等企业开展校企共培、双元主体合作培养，与彭水宏源汽车开展工学交替培养。打造民族民间文化与专业融合的特色文化品牌，与娇阿依艺术团等3家公司开展订单合作培养，与他蓝图时尚教育、湘西古歌开展原创展销融合培养，实现优势互补、合作创新，增添共同发展新动力。

【成人教育】　全年电大招生500人，其中开放教育417人，奥鹏网络教育83人，圆满完成招生任务。积极开展社会技能培训。围绕服务地方经济发展及助力脱贫攻坚，积极整合资源，开展新型职业农民、失业领金人员培训、巴渝民宿SYB创业、非煤矿山和危化品安全员等相关培训，年培训1万人次，建立安全特种行业实训基地，不断提升培训能力。

【特殊教育】　全年特殊教育学校招生29人，毕业11人，在校学生131人。有序开展送教上门活动，对不能随班就读和不能进入特殊教育学校就读的儿童少年，落实人员实施“一人一案”提供送教上门服务，并纳入学籍管理，确保残疾适龄儿童少年享有接受义务教育的权利。

文　化

【概述】　2018年，全县文化系统不断增强文化自觉和文化自信，始终坚持以人民为中心的创作导向，大力改革创新，锐意进取，不断建立健全文化发展政策和体制机制，不断优化文化发展环境，深入推进文化体制改革，文化事业、文化产业蓬勃发展。县乡村三级公共文化服务设施进一步完善，文化馆、图书馆年度考核均为二等馆，39所文化文图馆全面建成运行；全年开展送文化下乡、流动文化服务进村4300余场次；文化消费引导扎实有力，全年文化产业增加值4.1亿元左右；文化遗产保护成效显著，成功申报2处市级文物保护单位，1人获批国家级非遗传承人。

【文化事业】　2018年，彭水自治县“两馆一站”（图书馆、文化馆、文化站）免费开放有序实施，县文化馆举办各类培训辅导55期，举办大型展览5次、讲座3次，组织馆办团队下基层演出15场次，指导辅导建立基层文化活动基地12个。县图书馆举办讲座16场次，展览20场次，图书流动服务50余场次，开展全民阅读推广活动40余场次，县文图两馆全年累计服务达40万人次。文图两馆总分馆制建设有序推进，39个分馆挂牌运行，图书馆总分馆间实现“一卡通”，分馆读者借阅证办理3000余张。

【文化产业】　参加文化和旅游部产业项目服务平台第十二期产业精品项目交流对接会暨重庆市文化和旅游产业重点项目签约仪式，彭水新城文化中心项目、电影《精灵守护者》项目签约。积极引导文化消费，到南川区参加第三届重庆文化旅游惠民消费季和2018年重庆冬季旅游暨第二届金佛山冰雪节启动仪式，举办第二届重庆文化惠民消费季彭水分会场系列活动，对引导市民文化消费起到了积极推动作用。

【舞台艺术】　2018年，县文化委选送少儿舞蹈创作精品节目《苗娃闹春》参加重庆市第十九届蒲公英少儿舞蹈决赛获重庆赛区金奖、《山寨的童谣》参加第十届小荷风采杯重庆赛区暨重庆市第五届放飞中国梦小白鸽杯少年舞蹈决赛，获得创作、表演二等奖。快板剧《乡村振兴谱华章》参加“绿色中国行走进世界苗乡·养心彭水”公益演出；情景小品剧《医患真情》演出达50余场，评书《贺龙灭亲》在第六届重庆市戏剧曲艺大赛中获曲艺类三等奖，舞蹈《溜溜的摆》获全国广场舞电视大赛总决赛金奖。

【电影发行放映】　2018年，全县有影城2家，分别是位于汉葭街道北门街民族会场底楼的重庆保利万和彭水影城和位于汉葭街道石嘴街金山广场C栋5楼的云幕国际影城，固定荧幕各3块，座席分别为200座、300座，年票房收入分别为270万元、231.78万元。全县有流动放映队15支，全年组织放映惠民电影3510场。

【图书馆】　2018年，彭水自治县完成39个图书馆分馆平台搭建及图书分类、编目录、入上架等工作。全年举办展览22场次、基层辅导98次、讲座17次，举办寻找最美朗读者、“4·23”世界读书日暨第十一届重庆读书月启动仪式及系列活动、“同筑中国梦·共度书香年”送文化下乡、我们的中国梦·文化进万家迎新春活动、暑期志愿者服务活动等全民阅读推广活动49场次，共计服务人次20万余人次。

【群众文化】 组织开展2018年春节系列活动、全县广场舞大赛、渝东南民族民间歌舞会演、喜迎十九大·舞动中国梦广场舞大赛、第三届舞狮大赛等大型群众文化活动50余场次。全县各级各部门自主开展的文化活动200余场次。

【民间文艺】 2018年，彭水自治县在隆鑫希望小学举办彭水第二届文化遗产月宣传启动仪式，磁器口参加第三届重庆非遗暨老字号博览会惠民消费演出彭水专场，选送《梅子山歌》《鞍子苗歌》参加绿色中国行庙池演出，《梅子山歌》中的《苞谷调》参加在梁平区举办的中国首届农民丰收节，组织《彭水双百会》在九黎城举办，《彭水耍锣鼓》参加放歌巴渝《秋来秋去》，彭水《苗绣》《苗银》《木雕》入选重庆市第二届巴渝工匠绝技绝活展示。

2018彭水自治县第二届文化遗产宣传月启动仪式

（县文化旅游委　供图）

【考古与文物】 全年签订《文物安全责任书》1365份，全县文物安全实行平台管理，县级以上文物保护单位巡查率达90%。新城万寿宫等3处县级文物迁移保护得到市政府批复，县九黎公司作为业主单位对其进行拆除。6月至12月，为配合靛水新城乌江滨江段防洪护岸综合治理工程的开展，市文化遗产研究院和县文物管理所联合开展该建设工程范围内徐家坝遗址的西北部的文物考古发掘工作，发掘总面积达到800平方米，共清理各类遗迹61处，包括灰坑26处、灰沟3处、基槽2处、窑址1处、柱洞29处。遗迹和出土器物的时代以商周时期为主，还涉及汉、唐、宋等不同时期。2018年12月，彭水苗族土家族自治县博物馆在县文物管理所挂牌成立。

【体育】 2018年，彭水自治县新规划并启动40个体育场地建设项目，完成10个社区健身点建设任务，全县人均体育场地面积达1.75平方米。组织开展全民健身活动以及“园丁杯”“能源杯”等县级品牌职工运动会10余次，丰富广大干部职工精神文化生活。培训乡镇（街道）文化专干、社会体育指导员、篮球裁判员450余人次，组织开展“争做群众身边的好体育人”主题活动，100余名“好体育人”参加志愿活动，发放健身宣传手册1万余册，指导群众健身10万余人次。全县经常性参加体育健身活动达36万人，超过总人口的50%。积极组织参加市级举办的各类体育比赛，共获得7金12银22铜。大力推进体育兴旅，积极举办摩托艇、艺术滑水、钓鱼、山地户外、森林自行车、漂流等赛事10余次，以赛事为媒，充分利用各级媒体广泛深入宣传彭水，不断提升彭水影响力和美誉度，助力彭水旅游发展。

广播电视

【概况】　2018年，彭水苗族土家族自治县广播电视台设8个部室，核定事业编制51人，实有在职职工51人（含台聘人员12人，在编39人，新招考3人）。高级工程师1人，助理编辑4人，助理记者2人，二级播音员2人；持有记者证13人，播音主持人证3人。2018年，县电视台加强广播建设，广播频率从96.3HZ调整为87.7HZ，节目信号覆盖全县80%以上乡镇（街道）、村、社区。县电视台完善基础设施建设，架设雷公盖高山无线发射台光缆专线1条，购入6+1讯道高清转播车1台。电视消息《四川孕妇高速临产各方及时救助保平安》和系列报道《十七年后回家的儿子》，皆获第四届重庆市区县广播电视好新闻奖三等奖。

【地方宣传】　2018年，县电视台围绕县委、县政府中心工作，针对中共十九大精神、脱贫攻坚、扫黑除恶、重点工程建设、文化旅游等重要工作，全年播出《彭水新闻》288期，新闻稿件2300余件，《新闻周刊》48期。在《彭水新闻》中开设“脱贫攻坚进行时”“关注重点工程”“推动重庆各项事业沿着总书记指引的方向奋力前行”“把党的十九大精神全面落实在重庆大地上·彭水篇”“安全生产动态”“扫黑除恶在行动”“城乡环境卫生提升行动”“重庆环境保护集中督查在行动”等多个专栏，全面立体地报道相关部门工作进度，树立典型，倡导良好社会风尚。

县电视台采访贫困户

（县电视台　供图）

【对外宣传】　全年在中央电视台播出新闻稿件20条，重庆台用稿216.5条。2月、5月在重庆电视台的单月用稿量近30条，位居各区县前列。第三届渝东南生态民族旅游文化节等系列节赛活动开展期间，在重庆台每天都有新闻播出，用稿19条。上送新闻《三义乡：“五小”经济带动贫困户增收》《大垭乡冬瓜村：“扶贫车间”建村头村民挣钱顾家两不误》等，充分体现扶贫政策给当地百姓带来的实惠；稿件《断腕青年宿祖兵　双臂捧出新希望》，真实反映残疾青年宿祖兵在党和政府的带领下，走产业脱贫之路的典型事迹。

【直播转播】　2018年，县电视台对“两会”“2018春晚”“2018中国乌江苗族踩花山节·民歌会”“渝舞青春广场舞大赛彭水赛区决赛”等县上大型活动进行了电视直播。配合中央电视台和重庆市级媒体，完成“改革开放四十周年区县行”“绿色中国行·走进世界苗乡”等在人民网播出的大型现场直播任务。

【新媒体】　2018年，彭水电视台微信公众号每周一到周五更新，共完成推送725次，开设阿依河创AAAAA景区、苗乡最美河流评选等专区，粉丝量稳定在4万左右。彭水手机台开始应用网页技术H5技术，全年推送消息1923条，其中原创图文新闻356条，进行13场直播，浏览量达到250万人次。如原创的《县庆34年，愿这里永远是春天》，点击率高达13000余次。11月，开通彭水电视台抖音号。

【人才队伍建设】　2018年，县电视台派员参加市委宣传部、市人社局、市文旅委、中广协、市广电协会、重庆电视台以及山东省聊城市茌平县等单位组织的各类技能培训活动80余人次。

【二级台标准化建设】 2018年，县电视台对新办公楼装饰装修方案进行优化，装修面积由原来的3979.34平方米减少为2844平方米，投资预算由原来的3525万元减少到1700万元。因资金紧缺，根据上级批示，于11月27日经彭水自治县交易中心组织县属国有企业进行竞争性谈判，将所持重庆广播电视信息网络公司股份（476.36万股）以2200万元，转让给重庆中业投资集团有限公司。

报　　刊

【概况】 2018年，彭水日报社始终牢记党的新闻舆论工作的职责和使命，牢牢把握正确舆论导向，加快媒体融合发展，持续开展“走转改”活动，按照内强素质、外树形象、提升影响力、传递正能量的要求，紧紧围绕县委、县政府中心工作，唱响主旋律，打好主动仗，凝聚正能量，发出好声音，营造好氛围，实现新作为，有力有序有效搞好新闻宣传，用心用力用情讲好彭水故事。

【新闻宣传】 2018年，彭水日报社宣传新思想，展现新作为，扎实做好宣传报道工作。先后开辟“把党的十九大精神全面落实在重庆大地上·彭水篇”“推动重庆各项事业沿着习近平总书记指引的方向奋力前行”等专题专栏，组织采编人员进机关、进企业、进学校、进农村、进军营，采写形式多样的新闻稿件，全方位、多角度、深层次报道全县广大党员干部群众学习贯彻中共十九大精神和习近平总书记重要讲话的实际行动。开设“脱贫攻坚进行时”“聚焦脱贫攻坚故事”专栏，累计用稿2200余篇。紧扣县委、县政府中心工作，开设“理论观点”“人大政协之窗”“书香彭水”“味道彭水”“新春走基层”等专栏，用稿达5000余篇。特别是2018年中国摩托艇联赛重庆彭水大奖赛和中美澳艺术滑水对抗赛，采取“总编辑+部室主任+记者”运行模式，进行精心策划、派出骨干力量、辟出重要版面予以大篇幅聚焦。推出“现场直击”“新闻故事”“新闻调查”“民生巡礼”等重大民生主题报道，全年刊发稿件2000余篇，让广大人民群众及时了解到各种大政方针和新闻动态。

【媒体融合】 2018年，彭水日报社加速推进全媒体发展，在办好报纸的同时，着力加快网站、手机报、APP、微信等新媒体建设。无论是中国彭水网，还是彭水手机报、APP和微信，在创新设计方面都进行了一些大胆探索和思考。板块设置、栏目设计、均经过反复“调适”，新媒体设计制作一些接地气、惠民生的服务性板块。每周开设一期“民生服务”“民生热线”等栏目。加强从业人员适应媒体发展的大轮培训，邀请资深网络高手和新闻专家作专题讲座，既培训专业高手，又打造“多面手”。先后对《彭水日报》和彭水手机报进行大刀阔斧的改版，特别在媒体融合发展中，报社从内容到形式、从方法到手段架设起“交互式”互连、互通、互动、互利的“桥梁”，走内容为王之路，保持权威、真实、高端的风格。出台新媒体管理细则等相关规定，要求记者优先向新媒体稿库传稿，各新媒体平台编辑和传统媒体编辑根据各自媒体定位选稿，连线一线记者采访所需内容，进行策划、编辑、发布。一线记者采写的时政新闻等有较大新闻价值和时效性的新闻稿件，在定稿后第一时间提交新媒体稿库。特别在节假日报纸休刊期间，确保重要新闻及时发、不漏发、不误发。把网站内容做“广”。同一新闻的相关内容和文字、视频、图片等不同表达形式进行二次加工和发布，整合在一个专题，形成一个更加完整的整体，充分体现出内容发布的全面和广阔性。让微信更“快”。充分微信发布速度快的优势，抢占新闻事件的首发权，牢牢把握舆论引导的主动权和制高点。让手机报更“火”。把手机报作为“掌上党报”，引导舆论，坚持快速、精准，第一时间把党委政府的声音传递给受众。利用新华社现场云、华龙网、今日头条等新媒体平台向全球直播共18场，累计阅读量超过200万人次。报社已拥有《彭水日报》、中国彭水网、彭水手机报、苗乡彭水APP、彭水快报微信公众号、直播平台、数字报等“七位一体”全媒体阵营。其中，手机报和APP用户分别达到13万和12万，中国彭水网是重庆市首批获得新闻资质的网站，网站的浏览量排名进入重庆市前列。

【基层联系】 2018年，彭水日报社持续深入开展“走转改”活动，健全完善《采编人员联系乡镇街道和县级部门制度》，把采编人员“赶”下基层，实行“以老带新”“以上率下”的做法，把全县39个乡镇、110个县级部门分成9个组，每组由总编辑、副总编辑和部室主任带队，实行骨干记者和年轻记者合理搭配，文字记者和摄影记者密切配合，规定每月下基层不少于8天。为进一步提高新闻服务大众的质量，相继修改出台系列方案和制度，以周会制度为平台，从加强策划入手，有计划、有准备地安排采编人员深入基层采访，丰富报道内涵、改进报道文风，增加报道吸引力、感染力，集中力量推出一批有深度有分量的重头报道，打造有影响力的精品力作，持续掀起宣传高潮，为全县经济社会发展凝聚正能量。先后开展“一节一赛”、教师节、农民丰收节、中秋节送月饼、最美赏月人等联合大型主题融媒体报道。通过新媒体直播、H5、图文、活动等方式帮助普通群众和民营企业卖羊肚菌、李子、蜂蜜、山药、土鸡、柚子、西瓜、葡萄、苕粉、擀酥饼等特色产品，累计刊发群众销售农产品的稿件100余篇。推介彭水乡村旅游，先后推出自驾游、踏春线路、赏花线路、避暑纳凉好去处等50余篇稿件，获得全国网友好评。

【质量建设年】 全面启动质量建设年活动，进一步加强对采访、编辑、校对、版式、内容等环节实施综合质量管理，苦练内功，熟练业务，确保导向正确、引导有力，管理规范、减少错误，努力提高办报质量和水平。认真组织学习和贯彻落实县上《关于印发规范彭水日报社、县广播电视台记者稿费发放意见的通知》等文件精神，制定相关实施细则，坚持奖勤罚懒的原则，严格按照规定和要求，落实好稿费发放政策。加快新闻报道质量建设，全体采编人员开展“回头看问题整改”，提升采编业务技能，进一步加强对采访、编辑、校对、版式、内容等环节综合质量管理，努力提高办报办网水平，进一步完善稿件三审三校等制度，确保报道导向正确无误，全年无任何安全事故发生。

【获得荣誉】 报社坚持推动媒体品牌战略建设，不断提升媒体核心竞争力和凝聚力。报社支部被评为机关党建先进基层党组织，报社工会成为全市78个模范职工之家之一（彭水仅2家），社长、总编辑张波获“重庆五一劳动奖章”，记者赵勇分别被《重庆日报》、华龙网评为优秀通讯员，报社妇女联合会评为彭水“三八”红旗集体。《彭水日报》先后获得“中国最具品牌创新力传媒”“中国十大影响力地市党报”等称号。在5月举办的第十三届中国传媒大会，《彭水日报》获得2017年中国传媒融合发展十大地市区域报，社长、总编辑张波被评为2017年传媒融合创新年度杰出人物。报社10件作品获重庆市区县报新闻奖，6件作品获中国少数民族地区报新闻奖。

档案史志

【概况】 彭水苗族土家族自治县档案局位于汉葭街道黔中大道2号，局馆合一，占地面积641平方米，总建筑面积4200平方米。2018年，县档案局紧紧围绕全县工作大局和政府工作报告确定的目标，认真履行党史、方志、档案三大职能，完成各项工作目标任务。

【红色文化挖掘】 2018年，县档案局出版了纪念中共彭水地方组织建立90周年系列丛书《碧血》《铁血》《热血》，分别记载中共彭水地方党组织1925—1932年开展的革命活动、彭水的解放、彭水的剿匪斗争的情况。面向全县各级各部门赠送，掀起党史学习热潮。在普子镇、县武警中队、东门烈士陵园举办《不忘初心牢记使命—彭水革命历史陈列展》；推动民族中学全校师生学习地方党史，编印校本党史书籍《彭水革命故事》；发现重要党史遗址：1930年彭水二届县委诞生地。推动重庆"10+4"红色故里行暨新时代重庆革命老区红色旅游发展论坛在彭水黄家镇成功举办，黄家镇也被称为"重庆唯一红军主题生活小镇"。

【地方志编修】 2018年，县档案局方志编研人员完成了《彭水苗族土家族自治县志（1986—2005）》的出版准备工作。该志经初评、修改后报送重庆市地方志办公室审读。重庆市地方志办公室认为志书质量较高，可以进入出版环节，并经市人民政府办公厅同意出版。完成《彭水年鉴（2018年卷）》的编辑出版工作，全书共30余万字，详细记录了彭水自治县2017年度政治、经济、文化、社会等各个方面的发展情况。完成历史文献档案资料收集整理，编辑出版《彭水县史料集成》，为利用彭水历史档案提供便利条件。

2018年3月，《彭水县志（1986—2005）》专家评审会

（县档案局　供图）

【档案工作】 2018年，档案工作完成阶段工作目标任务。建设档案数字化加工标准场所，对残联、桐楼乡、两江能源公司等10余个单位进行档案业务一对一指导。实现档案安全保管、安全利用的目标，全年未发生档案安全事故。利用方志档案服务全县工作大局，为城市展览馆提供历史文献档案资料，协助研究彭水城市发展历史，服务城市展览馆建设。

乡镇街道

汉葭街道

【概况】 彭水自治县汉葭街道处于乌江、郁江交汇处，地处北纬29°17′，东经108°09′，位于彭水县城中心，是彭水政治、经济、文化、交通中心。辖区面积189.73平方千米，集镇面积213.26万平方米，辖12个社区、8个村、148个村（居）民小组，共127161人，其中城镇人口96615人、农村人口30546人；人口密度670.22人/平方千米。城镇化率75.9%，耕地面积4447.5公顷，比2017年增长4%；林地面积9640公顷。2018年，实现地区生产总值27.8亿元，同比增长10%；完成固定资产投资21.5亿元，同比增长4%；城镇居民人均可支配收入34801元，同比增长8%；实现农民人均纯收入14832元，同比增长6%。城镇登记失业率控制在4.5%以内。辖区内有各类中小学16所，其中：中学1所，职教中心1所，特殊教育学校1所，小学13所；学前儿童入学率100%，文化站1个，社区卫生院2所。

【脱贫攻坚】 2018年，汉葭街道完成精准扶贫建档立卡贫困户动态调整、更新工作。严守程序脱贫75户261人、返贫1户2人、个人清退2人、整户新增50户148人、个人补录69人、自然增加107人、自然减少80人。农村饮水全覆盖已完成124口人畜饮水池的规划设计，开工建设82处，主体完工42处，投资1000余万元，解决1万余人饮水难题。“三改两硬化”（改厨、改厕、改房，人行便道硬化、院坝硬化）有序推进，全年不安全住房改造整治类计划177户，启动51户，完工34户；不安全住房重建类计划户数191户，启动134户，完工44户。2018年，重新规划2017年入户人行便道157190.4米，硬化农户院坝334273.77平方米，目前硬化完成90%，2018年新增入户人行便道4451米，硬化农户院坝17442平方米。

【经济发展】 2018年，汉葭街道强化产业发展，以北斗村、兴和村、易家坝村、长溪村为龙头，计划发展油茶533.33公顷，在长滩种植花椒66.67公顷、李子26.67公顷、红心柚23.33公顷，在易家坝发展蜜本南瓜20公顷；发展下塘社区鹰嘴桃示范片、芦渡湖社区葡萄种植示范片、下塘社区和大树村蔬菜种植基地、凤凰花海旅游度假区，累计带动贫困户41户158人。共有规模化蔬菜合作社及大户14家，经果林合作社及大户6家，食用菌主体户1家，红薯主体户1家，药材

汉葭街道白溪社区乡村旅游景点

（汉葭街道　供图）

花卉主体及大户 3 家，烤烟大户 22 家；实现生猪、土鸡、山羊存栏分别为：1.2 万余头、9.54 万只、3582 只。

【社会发展】 2018 年，汉葭街道聚焦民生实事，“五大保险”覆盖面不断扩大，2018 年新增社保参保人员 1098 人，合作医疗参保率达 96%；新增城镇就业人口 501 人，回引返乡农民工 405 人，完成全年目标 101%；落实城镇低保 1424 户 2488 人，农村低保 484 户 1044 人，新增城乡低保 18 户 36 人，清退 16 户，发放低保金、优抚金、临时救助金、高龄津贴等共计 140 余万元。对辖区 1440 名残疾人、237 名精神病患者摸底建档，凝聚社会力量帮助特殊困难人员，每月组织志愿者开展“进社区、暖人心”活动，2018 年争取轮椅 23 个、拐杖 30 个、助听器 35 个；大力宣传二孩政策，做好孕前优生健康检查工作，全年开展“计生赶场”宣传活动 6 次。2018 年，街道自主开展“学习十九大”专题文艺会演 2 次，营造浓郁学习氛围，专项开展农家书屋大自查、大整治活动，对 8 个村配送图书万余册。

【生态发展】 2018 年，汉葭街道加大力度促靓洁，提升美丽乡村建设水平。每月抽查 2 个工作小组，对街道下属 15 个农村村（社区）进行专项检查与不定期抽查。以“河长制”为支点，开展“碧水”行动。按照“一河一档、一河一策、一河一单、一河一责”要求，结合街道实际，对全街道区域内 2 条县级河流、9 条镇级河流全部明确河长、段河长责任，全年巡河 1074 次，开展河道清理 9 次，河流水质持续好转。对辖区内 2 处废弃分散式饮用水源点关闭销号，利用月巡查机制，对饮用水源点实行动态管理。加快污水处理厂建设，辖区共 6 个污水处理厂，已有 4 家污水处理厂正式运行，有效提升辖区内生活污水处理能力。以露天焚烧监管为疏点，开展“蓝天”行动。加强露天焚烧秸秆、垃圾、树枝树叶等违法行动的执法监管，现场动态巡查 90 次，处理违规焚烧者 1 人；开展县城燃煤专项整治活动，巩固县城高污染燃料禁燃区，为辖区内全年空气优良天数不低于 330 余天保驾护航。

【城市建设】 2018 年，汉葭街道协调推动老城区改造，提升城市宜居水平。以“两违”整治为重点，强化城市建设管理。制止违法建设 67 起，发出停建通知 28 户，强制拆除 10 户；以危房拆除重建类改造为抓手，促进城市建设提档升级。对城区内的危旧房进行一次全面核查，共查出拆除重建类 83 余户，收购 D 级危房 33 户；以旧城美化改造为节点，完善城市功能体系。2018 年已全面完成城区北街小巷硬化工作、棚户区改造、停用南门洞菜市场工作，并聘用背街小巷清洁员 160 名，制定日常考核制定，实行网格化管理，建立长效保洁机制。

绍庆街道

【概况】 彭水自治县绍庆街道位于河堡社区，东靠乌江，西临靛水街道伍湖社区，南界黄家镇湘楠村，北临高谷镇兴隆村，辖区面积 122.05 平方千米，场镇面积 8 平方千米，常住人口 46000 人。街道下辖 6 个社区、4 个村，64 个村（居）民小组，学校 16 所（含幼儿园 4 所），医院 3 个。街

阿依河勃希草莓基地

（绍庆街道　供图）

道机关在职人员86人。街域经济以生态农业为基础，形成优质水果、蔬菜种植、经济林木等特色农业产业。旅游产业以特色生态文化旅游和乡村旅游开发为主，阿依河社区获得重庆市特色旅游名村称号。2018年，实现财政税收1800万元；实现地区生产总值14.8亿元；全社会固定资产投资17.6亿元；销售品总额2.9亿元；农民人均纯收入15600元；城镇居民可支配收入28500元。

【脱贫攻坚】 2018年，绍庆街道坚持以深化脱贫攻坚为统揽，全面贯彻落实县委、县政府工作部署，紧紧围绕“让街道人民群众同全县全国人民一道信步迈入全面小康社会”的工作目标，坚持以精准识别、政策落实、帮扶到位为着力点，统筹推进“六个精准”“五个一批”等措施有效落实，促进街道脱贫攻坚步伐迈出有力、走得稳健、取得实效。以产业扶贫为核心，脱贫能力进一步增强。重点发展采摘体验农业、蔬菜种植、中药材、现代林业等特色产业，升级打造阿依河草莓采摘园等成熟产业，在弹子社区规划建设3.33公顷香水柠檬、四季青柏试验基地。加快发展村级集体经济，天台、过江、坝竹、镇南、弹子、临江6个村（社区）已成立全资公司，天台已发展鹰嘴桃26.67公顷，坝竹村已种植楠竹13.33公顷，镇南规划种植蔬菜10公顷，阿依河规划种植草莓3.33公顷，弹子社区规划经营辣椒种植及加工项目，豆制品加工项目和四季果园项目，临江规划种植花椒，打造彩色林。以设施改善为根本，脱贫基础进一步巩固。2018年全街道基础设施得到明显提升，阿依河、镇南通畅公路全面完工，临江社区12.19千米通畅路招投标已完成，临江、阿依河通达公路已通过验收。农村饮水巩固提升全覆盖工程共计32处，已完工16处。全力推进人居环境整治扫尾工作。高规格打造阿依河6组端公槽易地扶贫搬迁市级示范点，新建弹子便民服务中心，改善公共服务。以政策落实为主导，脱贫成效进一步强化。2018年共计实施扶贫项目37个，涉及资金3149万元；建档立卡贫困人口参加合作医疗2383人524260元；教育扶贫惠及497名学生，发放学生资助39.7万元，健康扶贫惠及1709人次，其中二次报账1290人次，门诊报账419人次，贫困人口大病医疗临时救助贫困户6户3万元，贫困户家庭医生签约服务率达100%。以就业扶贫为补充，脱贫动力进一步激发。申报就业扶贫公益性岗位45个，生态护林员74个，共计发放工资90.2万元。开展就业脱贫技术培训4期165人，发放培训补贴8250元；发布岗位信息260条，提供就业岗位2个。截至2018年年底，为355户贫困户发放1775万元免抵押、免利息、免担保小额扶贫贷款，补贴利息81.08万元，用于贫困户发展特色种养业、农家乐、入股参与农民合作社、家庭农场、专业大户等新型农业经营主体。

【经济发展】 2018年，街道开展农技上门服务，发放各类补贴资金206万余元。积极开展春防和平时防漏补注及动物产地检疫工作，切实按照县委、县政府部署做好非洲猪瘟防控工作。林业服务工作稳步推进。义务栽植香樟树苗6.67公顷，兑现第一轮退耕还林直补资金95.73万元，完成年度退耕还林任务466.67公顷和国土绿化提升行动470公顷任务。水务服务工作有序开展，切实做好防汛工作，定期对辖区内1座水库、17口山坪塘进行日常排查；投资265万元，完成2018年人饮全覆盖计划任务35处工程，同时有序开展2019年项目库计划任务工程。完善“河长制”巡查制度，全街道累计巡河667次，完成巡河率110.61%，巡河率排名全县第一。

【社会发展】 2018年，在计生服务方面，绍庆街道人口覆盖率、个案信息准确率分别达98%、95%以上，孕前优生检查226人次，完成上级下达任务的98%，参检对象随访达100%。在民政低保方面，新增农村低保31户91人、城镇低保11

户33人。坚决查处农村低保经办服务中的腐败和作风问题，进一步规范管理，截至12月底，农村低保已取消84户，城镇低保已取消12户。现城镇低保共计247户622人，农村低保400户950人，发放最低生活保障救助金共计389万余元，完成退役军人和其他优抚对象信息采集1457人。在社会救助方面。实现临时救助112人次，发放救助金共计49.3万元，发放定补救助金332.8万元，发放优抚对象医疗补助金2742元，发放残疾津贴16.6万元。在社保方面，城乡居民合作医疗参保率连续三年全县第一，城乡居民养老保险征收基金1476890元。

【生态发展】 2018年，街道积极推进蓝天碧水行动。开展县城燃煤整治在行动3次，收缴燃炉30余个；对集中饮用水源进行保护，按照县环保局的统一部署，结合“河长制”开展工作，在全街道开展整治违法排污企业，保障群众健康环境的行动中，未发生重大环境污染事故和因环保问题引起的上访事件；加大露天焚烧执法力度，严禁农村焚烧秸秆；开展农村环境整治工作，对环保目标责任书落实情况进行督导检查，坚持和完善党政一把手环保工作实绩考核制度，将农村保洁经费纳入财政预算，确保工作正常有序运转。

【城镇建设】 2018年，街道着力推进靛水新城乌江滨江段防洪护岸综合治理项目、县污泥处理厂、县城地质灾害综合治理项目、渝怀铁路二线、县污水处理厂二期临时污水管网安装项目等。为保障项目的顺利实施，对拆迁工作进行组织分工、明确工作目标、工作职责和责任，实行包案责任制，健全奖惩制度，以点带面扩大成果，实行先易后难，人盯人策略，落实专人对土地、构附着物、房屋实物指标的丈量登记进行全程跟踪，并做好纠纷协调及相关政策解释工作，如期完成目标任务。所有项目共计征收集体土地26.16公顷，其中永久用地18.95公顷，临时用地7.21公顷，兑现土地两费合计250余万元；拆迁房屋共29户，兑现房屋补偿款共计1458余万元，安置人口85人。

靛水街道

【概况】 靛水街道位于彭水自治县西部，距县城7千米，2010年规划为彭水新城建设区，2011年撤乡设街道。辖区面积225.46平方千米，耕地面积24.67平方千米，辖9个村、6个社区；辖18个党组织，有党员673人，便民服务中心15个。2018年年末，户籍人口30808人，其中农业人口21903人。全年财政收入3711万元，农民人均纯收入10894.4元。街道辖区有中学2所，小学4所，幼儿园4所，卫生院1所。

【脱贫攻坚】 2018年，靛水街道坚持以脱贫攻坚统揽全街道经济社会发展，全年共计召开脱贫攻坚专题会议47次，调整村级主要负责人4人。启动公路建设27.5千米，养护管理200余千米，维修整治50余千米，完成D级危房建设20户，启动异地扶贫搬迁9户，人饮全覆盖工程新建取水口87个，蓄水池76口，有效解决群众饮水难问题，“三改两硬化”工程实现硬化、改造2000余户群众生产生活条件。发放金融扶贫贷款2241万元，为贫困户发展产业提供有力支持；着力引导产业规模化发展，全年新增培育主体专业合作社5个，种植大户3户，畜禽养殖大户8户。在大厂坝花丘堡建设巴渝民宿项目，新建18栋避暑纳凉民宿，有效带动17户贫困户改变贫困面貌；引进川渝商会在长沟村示范种植洋姜20公顷，吸收村级集体资金和农户土地入股，对农户保底分红，有效增加村集体和农户收入；在五湖、桂花、长岩、洋霍、火石、天井等村社发展中药材、蔬菜、经果林等特色种植200余公顷。全年实现脱贫50户、154人。

【经济发展】 2018年，辖区内工业总产值26886.9万元，同比减少14.1%。农业总产值23862万元，同比减少9%，粮食总产量11144吨，同比减少2%。全年实现烤烟税500万元，其他税收50万元。清理县级部门在街道辖区的项目建设15个，完成当年投资29078万元，申报2018年项目激励补助227万元。

【社会发展】 全年3.04万人建立城乡居民医疗保险信息档案，城乡居民参保率达92%，新型农村合作医疗保险参保人数25995人，缴纳427万元，政策减免4104人。城镇新增就业人员完成目标任务107%，城镇登记失业人员完成目标任务101%，城镇就业困难人员完成就业任务147%，农民工创业就业回引率128%，完成高校毕业生就业信息核查7人，完成任务100%，回引农民工就业创业人数460人，完成任务102%；完成社保养老基数801639元，完成任务数80万元的100.2%。核查清理农村低保111户213人、城镇低保29户49人，新增农村低保58户98人、城镇低保5户11人；全年发放优待金183502元、临时救助金34.3万元、特困金156万元、80岁以上老人营养补助61.2万元、孤儿生活费7.6万元、优抚对象生活补助144万元。开展退役军人等优抚对象信息采集工作，进一步摸清520名优抚对象基本情况；组织残疾人参加职业技能培训，发放残疾人辅助器械40余件。做好计生服务，全年奖励扶助190人224880元，特别扶助5人40320元；完成孕优检查97人；联合卫生院完成贫困人员二次医疗报销672人次，合计报销46.44万元。

【生态发展】 2018年，靛水街道建立饮水源台账，每月对集中式水源点巡逻监查，全年共监查12次，每季度对26个分散式水源点进行巡逻监察，全年共巡查104次。对自然保护区进行日常巡查管理，全年共巡查48次，对废弃矿山进行复绿整改。对露天焚烧秸秆、垃圾等及时制止30处。农村连片整治，污水处理厂达标排放监管，全年巡查污水处理厂24次。做好全国第二次污染源普查，共完成清查工业企业73家，集中式4家，纳入普查35家，按时保质保量完成普查任务。及时按质完成中央环保和市级环保督查整改工作，中央环保督察整改4件，市环保集中督察整改5件。固体废物点位排查4处，清理4处。对辖区内的医院、诊所16家进行清查，对其感染性和危险性废物处理情况进行监管督查，对辖区内企业的非道路移动机械48台进行清理登记并纳入监管。

【城市建设】 围绕38号路等重点项目，全年完成土地征收37.48公顷，签订房屋拆迁协议127户，搬迁坟墓195座，拆除房屋196户，完成安置房分配122套，住房货币化安置1932人。保持“两违”建筑查处高压态势，开展“两违”建筑巡查341次，摩围山景区及新城红线周边违建行为得到有效遏制。实施人居环境整治工程，硬化室内地坪3.4万平方米、院坝5.1万平方米、人行便道3.1万米，后阳沟整治1.3万平方米，改厕262户，灶台贴砖75户，三格化粪池27个，圈舍封墙774.89平方米，惠及农户2000余户。

【安全稳定】 全年高度重视扫黑除恶工作，加大宣传力度，共悬挂制作宣传标语横幅86幅、张贴专栏15张、发放宣传资料1.8万余份、发送宣传短信5000余条，特别是为外出务工人员发送宣传短信约1000条，召开院坝会100余场次，扫黑除恶专项斗争深入人心。落实领导干部“坐班接访”制度，确保各类信访问题得以妥善解决，全年办结县级交办信访案件38件；每月定期开展矛盾纠纷排查工作，排查各类矛盾纠纷975件，查实并调解745件，调处成功率100%；建立涉稳人员台账，落实“五帮一”帮扶稳控机制，由驻村领导包片包案重点稳控对象，涉稳群体的管控工作得以有效强化。落实安全生产“一岗双责”监管责任，严格落实企业主体责任，全年查处车辆违法行为600余起，排查乡村道路、非煤矿山、工贸企业、在建项目、消防安全、危化品及烟花爆竹等行业安全隐患共207个，下达限期整改指令137份，完成整改207个，整改率达100%，辖区安全生产形势持续稳定。

高谷镇

【概况】 高谷镇位于彭水县城西部，东连汉葭街道，南邻靛水街道，西接武隆区江口镇，北靠鹿鸣乡，距县城14千米。全镇辖区面积118.36平方千米，场镇面积3.07平方千米。辖6个行政村，2个社区；辖12个党组织，有党员423人，镇机关在职人员57人。2018年年末，户籍人口19226人，其中农业人口10330人，场镇人口8896人。2018年，全镇财政总收入3275万元，同比增长2.4%；农民人均纯收入达到1.2万元，同比增长10%；社会消费品零售额达到1.14亿元，同比增长7.6%。税收收入75.4万元，同比增长8.3%；金融存款余额4100万元，同比增长5.3%；金融贷款余额1070万元，同比下降1.7%。镇辖区内有中小学4所，即高谷中学、高谷中心校、共和完小、庞溪完小。有金融机构2个，即重庆农村商业银行彭水支行高谷分理处、邮政储蓄高谷营业所。

【脱贫攻坚】 2018年，高谷镇实现脱贫128户475人，累计脱贫829户3472人，贫困发生率降至2.8%，贫困户的满意度从2017年的45%上升到95%。全镇8个村（居）通畅率达到100%，组级通达率达到95%。实施农村饮水全覆盖工程，新安装供水管道1万米，114口饮水池正式投入使用。推进人居环境整治行动，完成改厨114户，改厕86户，室内硬化2万平方米，院坝硬化6.8万平方米，建设人行便道8.2千米。2018年，高谷镇庞溪新村易地扶贫搬迁集中安置点建成投入使用，占地7000余平方米，共建设住房38套，搬迁入住38户168人（其中建卡贫困户7户32人），配套建成街道400余米、停车场900平方米、广场700平方米、活动室50平方米、塑胶篮球场1个，并配套发展增收产业。

【经济发展】 2018年，全镇工业总收入574.17万元；农业总收入10065.71万元，粮食总产量8425吨；辖区内非公有制企业154个。大力发展特色产业。庞溪村种植红心蜜柚20公顷；陈家社区绿金农业专业合作社发展蜜本南瓜66.67公顷；群峰村种植高山生态辣椒20公顷；狮子社区发展草莓26.67公顷。重点发展山羊、蔬菜、中药材，积极推动产业项目落地，成立合作社，完善利益联结机制，带动更多贫困群众脱贫致富。通过政策宣传，2018年加入基层经济组织的农户占常住农户的比例达到76%。拓展网络覆盖工程，深入实施电信服务试点项目建设，新增网络用户285户。实施农村电商工程，新建电商平台2个，快递3家。推进农旅融合发展，推动兴隆苗寨景区提档升位，把兴隆苗寨打造成集休闲农业、乡村旅游等功能为一体的田园综合体，有效激活兴隆村闲置资源，拓宽农民增收致富渠道。

【社会发展】 加强社会保障，2018年累计发放低保、五保、残疾等特殊困难群体待遇457万元，临时救助金39.8万元；2018年城乡合作医疗保险参保率95%，建卡贫困人口100%参保；全镇建卡贫困户住院1203人次，产生医疗费用288.52万元，合作医疗报销191.6万元，二次报销46.81万元，自付费用9.76万元。提升医疗服务，新建中心卫生院1所，村卫生室7所，开展健康扶贫医疗保障政策宣讲培训4次，签约家庭医生服务978户3985人，建卡贫困户实现家庭医生签约全覆盖。发展教育事业，强化贫困学生教育资助，2018年全镇893名贫困中小学生享受扶贫资助共计143.9万元，资助53名贫困大学生共计20.2万元。开展就业帮扶，2018年共发布就业信息100余条，组织开展农技、养羊等实用技术培训350人次，特别是148人的厨师培训反映良好。实现就业再就业72人、农村公益性岗位过渡安置28人。

【生态发展】 2018年，高谷镇严格生态环保，开展国土绿化提升行动，做好土地例行迎检工作准备，限时完成2018年卫片执法整改工作，完成退耕还林433.33公顷，兑现专业合作社和农户补助300万元，兑现生态公益林补偿资金103万元。坚持节约资源，强化土地、森林等资源保护，限时完成乌江流域和场镇人口密集区共3家养殖场的关闭工作，巩固同心煤矿关闭成果。推进绿色发展，大力发展生态产业，不断壮大生态经济，努力实现产业兴、百姓富、生态美的有机统一。加大农业面源污染治理力度，开展农业节肥节药行动，实现化肥农药使用量负增长。巩固中央环保督察反馈问题整改成果，扎实推进市县环保集中督察反馈问题整改，深入排查整治环境突出问题，确保生态环境安全。积极推进兴隆苗寨生态旅游建设，成功举办“世界苗乡·养心彭水·相爱一生兴隆游”活动。狠抓污染防治，完成狮子、陈家污水管网建设，完成非正规生活垃圾堆放点的整治。全面落实“河长制”，确保辖区3条河流河长履职到位，累计巡河366次，加强河道清漂和沿线污染防治。持续开展乌江高谷河段清漂工作，切实保护一江碧水。

【城镇建设】 2018年，高谷镇提速推进新型城镇化，以“产业特色鲜明、环境和谐宜居、城建配套完善、文化健康丰富、发展活力迸发”为目标，突出抓好改装换颜、扩路丰网、路灯照明、街道绿化四项重点工程，着力从产业形态、镇域环境、文化发展、基础设施等方面进行升级打造，着力构建山水相望、宜居宜业宜游的生态小镇。推进场镇扩容提质，街道规范整洁，加强集镇商户和农贸市场摆摊设点规范化、精细化管理，推行垃圾分类处理，强化赶集日交通疏导，切实解决好场镇脏、堵、乱问题。持续丰富集镇业态，发展建材、餐饮、金融、服装、家电、汽车美容维修、广告、电商、快递等产业，建成和完善洗车场3个。

郁山镇

【概况】 郁山镇辖区面积149.6平方千米，辖11个行政村、4个社区、78个村民小组，总户数12243户，总人口42268人，人口密度282.54人/平方千米。集镇面积3.8平方千米，集镇人口37160人。耕地面积5180.27公顷，林地面积5633.2公顷，退耕还林面积800公顷。境内现有完全中学1所，即郁山中学，有学生859人，教师110人，学校占地面积28500平方米；中心校1所，即郁山中心校，有学生1964人，教师118人，学校占地面积9900平方米；完全小学1所，即朱砂完小，有教师28人，学生173人，学校占地面积4588.86平方米；有村小6所，共有学生130人，教师22人。镇中心卫生院现有编制职工62人，其中借调12人，在岗职工66人，副高3人，中级职称6人，初级20人，开放床位80张。共设置内儿科、外科、妇产科、中医理疗科、口腔科、医技科、公共卫生科、内部安全保卫科、卫生健康扶贫专项办公室。全年业务收入984万元，同期增长5%。镇辖区有金融机构3个，即重庆农村商业银行彭水分行郁山分理处、邮政储蓄郁山营

彭水首届中国“农民丰收节”暨郁山红苕粉节宣传海报

（郁山镇人民政府 供图）

业所、彭水民泰村镇银行郁山分行。2018年全镇成功举办彭水首届中国“农民丰收节”暨郁山红苕粉节，彰显千年古镇文明形象。

【脱贫攻坚】 2018年，郁山镇抓精准、促落实，脱贫攻坚成效明显。扶贫对象精准：全年进行2次动态调整，确保对象精准。责任主体精准：建立工作责任机制，明确帮扶责任人，压紧压实各级责任。坚持党政一把手负总责，分管领导专门抓，全体干部具体抓，形成领导包村、职工包组的脱贫攻坚责任体系。扶贫政策精准：多方筹措资金解决贫困户“两不愁、三保障”难题，帮助贫困户改善居住条件，解决安全住房问题623户，完成易地搬迁10户36人，另有28户86人纳入集中安置计划，完成农村C、D级危房改造61户，完成改厕500户、改厨560户，完成院坝硬化面积9.5万平方米，完成人行便道硬化23千米。新建整治农村安全用水水池378个，有效解决25000余人饮水安全，涉及贫困户709户；镇卫生院为贫困户开展免费健康检查服务，贫困人口享受医疗救助3725人次，共计75.9万元，为2904名扶贫对象购买医疗保险，共计15.7万元；完成贫困家庭大学新生一次性入学资助32人；加强贫困劳动力培训就业力度，全年组织218人次参加各类创业就业培训，农村公益性岗位安置贫困人口103人，农民人均可支配收入大幅提升。2018年，实现脱贫126户406人。

【经济发展】 2018年，全年全镇一般公共预算收入5014.5万元；完成地区生产总值5.18亿元，同比增长6.5%；固定资产投资1.58亿元，同比增长9%；城镇常住居民人均可支配收入达31996元、同比增长9.5%，农村常住居民人均可支配收入达12136元、同比增长8.6%。传统农业不断稳固。红薯产业已具规模。集中建设育苗红薯产业基地2.72公顷，全镇种植红薯面积2080公顷，推进红薯高产示范田建设，在钟鼓、天星社区、玉山、坪阳建设红薯高产示范基地83.33公顷，红薯产业带动贫困户452户，户均增收2600元以上；全年种植水稻733.33公顷、种植玉米597.47公顷，粮食产量稳中有增。全年出栏生猪14609头、山羊1120只、肉牛587头，中蜂保有量10367群。新型产业逐步发展。培育扶持白池村小龙虾和清洁村水盐菜产业，为村民拓宽增收渠道。2018年农业总产值达3.08亿元，增长8.5%。

县领导调研清洁村榨菜产业

（郁山镇人民政府　供图）

【社会发展】 2018年，全镇基础设施进一步完善，完成白池村、钟鼓村、朱砂村通畅公路路基的实施共计18.4千米，硬化水泥路面8千米；完成全年公路养护乡道19.4千米，村道140千米；规划和编制了《彭水自治县郁山镇2019—2020年农村公路建设方案》，初步形成服务全镇经济发展的交通框架。教育卫生事业进一步提升，强化教育工作，督促学校抓好教育教学、学校安全等工作，配合中小学、幼儿园完成留守儿童信息登记核查工作。开展卫生健康工作，开展健康教育讲座26场次，健康教育专栏12期，家庭医生签约服务达1.8万余人，开展孕前优生健康检查122人，计生奖扶政策全面落实，发放奖扶资金37.5万元，镇卫生院被评为健康扶贫市级先进单位，多次接受国家级检查。民生工程进一步推进，完成城镇新增就业、残疾人灵活就业、劳动技能培训、法律援助、租赁补贴、地名普查等任务，城乡低保、五保、优抚和困难救灾救济及时到位。完成全民参保登记任务。发放各类民政资金1434.9万元。其中发放城乡居民最低生活保障金919.6万元；民政定补资金366.1万元；高龄津贴及生活困难老龄人生活补贴58.9万元；残疾人补贴35.6万元；临时救助金54.8万元；全镇农村小额人身保险完成入保1723人，缴纳保费6.9万元；基层武装工作进一步增强，完成年满18岁男性青年兵役登记，做好民兵预备役整组工作，组织民兵参加郁山镇2018年度防洪抢险应急演练，进站体检57名，新入伍9名，超额完成县人武部下达的征兵上站体检任务。

【生态发展】 2018年，全镇坚持发展与生态两条底线，做到既要绿水青山，也要金山银山。不断健全水质、工业企业、大气监管体系，全年查处关停大型违规采沙场6家，搬迁禁养区企业排污养殖场3家，现场检查处理违规企业36家。对镇内大小河流实施监管，完成郁江、中井河等7条河流清河护岸整治，全年完成河长巡河576次。新增耕地13.07公顷，整治坡耕地28.33公顷，建成高标准农田8.8公顷。退耕还林800公顷，完成营造林160公顷，森林覆盖率达44%。

【社会治理】 全年排查各类安全隐患72处，完成整改68处，完成路检路查2000余车次，纠违800余车次，警示教育5000余人次，全年未发生较大以上安全生产事故。平安建设更加深化，排查化解各类矛盾纠纷602件；打击整治违法犯罪，破获各类刑事案件64件；查处治安案件81件；开展扫黑除恶专项斗争，镇、村（社区）、各行业、派出所、司法所部门协同配合，发放宣传单4.5万份，悬挂张贴宣传标语118幅，扫黑除恶群众知晓率达90%以上。食药品监管更加规范，通过不断完善食品安全监管体系，实行党政同责，着力开展示范镇村创建，全面实施风险分类分级管理。全年累计执法出动833人次759家次；实施各类许可142家，督办三类医疗器械1家，取缔23家；完成各类食品抽检360件，药械不良反应监测23件。示范镇及5个村社创建全面达标，80家挂牌整治单位全面完成；处理投诉举报47件，办理行政案件3件，罚没款8900余元，查扣物品150余公斤，查封场所7家次。食品药品监管工作在全县成绩突出，药械监测单项工作获先进集体荣誉，切实保障了全镇人民群众饮食用药的安全。

【城镇建设】 2018年，全镇开展城镇环境卫生提升行动。完成居民社区重要路段照明路灯工程，新中社区、白马社区、南京社区社区共计安装路灯210余盏。对南京社区、新中社区、天星社区、白马社区场镇道路实施冲洗16次。新增绿化面积约100平方米，调整绿化面积2800平方米。管理汽车停靠车位30余个。维护及管理大型停车场4个；发放清运扫把152把，维护场镇120升垃圾桶150个，日常维护3吨垃圾清运车1辆、手推车13辆、5立方垃圾箱体13个、大型垃圾处理站1个。发放生活垃圾收运三轮车19个。

保 家 镇

【概况】 保家镇位于彭水自治县中心地带西南部，东界长生镇、乔梓乡，南接汉葭街道，西临龙射镇、普子镇，北接郁山镇，距县城23千米。全镇辖区面积205.18平方千米，有耕地面积6211.29公顷，林地面积11608.07公顷。辖9个行政村、3个社区、90个村民小组，共18511户、56115人，苗族、土家族等少数民族15000余人；城区面积4.6平方千米，城镇化率达30.2%。渝湘高速公路、渝怀铁路、国道319线纵贯全境，已实现村通畅、组通达。郁江河、普子河、狗耳泉河三江汇集。矿产资源丰富，境内主要以大理石、方解石两类矿产为主，总储藏量分别达100

万吨、200万吨。有桃花山庄、普子河流域原生态风景区等旅游资源。属全国重点镇、市级中心镇、市级商贸百强镇和市级特色小镇，镇辖区内有40个党支部，2018年有党员1184人，新发展党员7人。有镇辖初中1所、小学4所。中小学在校学生7034人，在职教师459人。保家中心卫生院在编职工76人，核定床位100张，全年医疗业务总收入2000万元，其中医疗收入1600万元。全年出生人口704人，一孩282人，二孩309人，多孩113人，符合政策生育率为85.6%。有金融机构3个，即重庆农村商业银行保家支行、民泰银行保家支行、邮政储蓄银行保家营业所。2018年，全年财政收入6245.3万元，为年度预算的231%，其中公共财政收入5845.2万元，为年度预算的216%。本级财政收入95.2万元，财政预算执行情况较好，财政保障能力明显提高，“保工资、保运转、保民生”的能力明显增强。

【脱贫攻坚】 2018年，保家镇推进“造血”扶贫向纵深发展，将个体精准扶贫与产业扶贫相结合，精准施策、精准发力。开展农村实用技术（种植类、养殖类）培训264人次、申请贴息扶贫小额信贷529户，发放贷款金额2239.46万元。以“公司+基地+农户”的模式，进一步扶持壮大各村（社区）的主导增收产业，2018年度，全镇烤烟生产超额完成任务，共种植60公顷，产量达102.9吨，实现产值272万元；着力打造清平社区、大堂村独资高标准生态茶园，清平白茶基地投入500余万元，白茶种植规模达到33.33公顷，育苗800万株；大堂白茶基地流转土地近133.33公顷，开发农旅结合发展模式，引导各类产业落地生效。全年已实施D级危房42户；新建农村通畅道路3条23千米；规划人饮水池321口，其中完工61口，在建260口，将实现覆盖全镇12个村（社区）、90个村民小组、5057户、22888人；实施易地扶贫搬迁41户、186人；实施人居环境改造整治维修280户，拆除重建44户，改厨185户，改厕161户，硬化院坝45123平方米，硬化街檐15893平方米，并根据群众自愿原则组织实施，切实改善农村生产生活条件。全面加强基层阵地建设，2018年投入400余万元资金用于龙河村、大堂村、大河坝村、溪口村四个村便民服务中心的新建及三江村便民服务中心改扩建。大堂村便民服务中心、三江村便民服务中心改建完工入驻；溪口村、龙河村、大河坝村便民服务中心主体完工。强化队伍建设，按照县委、县政府的统一要求，及时将选派到保家镇的县级部门12名干部充实到4个贫困村开展驻村帮扶工作；抽调8名中层干部到8个非贫困村任驻村工作队队长兼第一书记，配齐配强驻村工作队队员8人，落实帮扶责任人283人。全年经各村（社区）认真审核、镇党委会集体研究，全镇贫困户新识别和脱贫户返贫纳入建档立卡13户51人、贫困户家庭成员自然增加74人、自然减少66人、贫困户脱贫退出68户274人。

【经济发展】 2018年，全镇工业总产值11.9亿元，同比增长8.18%。粮食生产稳中有进，实现连续增产，2018年全镇粮食总产量达17527吨，基本口粮得到保障，农业总产值20567万元。农村经济总收入40548万元，同比增长8.38%，农

白茶基地—育苗

（保家镇人民政府　供图）

民人均所得12505元，同比增长8.2%。全镇培育种养殖大户36户、专业合作社70个、家庭农场18个，种植红薯866.67公顷、中药材133.33公顷、蔬菜600公顷、经果林333.33公顷、白茶166.67公顷、核桃533.33公顷；出栏生猪33911头、山羊3915只、肉牛2384头，发展家禽183035羽、中蜂5107群。2017年7月，保家镇引进浙江安吉白茶，茶商成立了重庆郁江农业发展有限公司，建立集种植、加工、销售茶叶为一体的综合型企业。2017年至今，保家镇清平社区富家村已种植高端优质白茶33.33公顷，建有优质白茶苗圃1个，育有优质白茶苗200万株（茶苗从浙江安吉引进），带动当地有效劳动力就业创收。

【社会发展】 2018年，保家镇及时到位民政救助，将725户1876人纳入城乡低保范围，发放低保金706.66万元，对城乡困难群众做到应保尽保；全镇特困人员223名，690人享受高龄补贴，463人享受残疾人补助，孤儿12人，发放临时救助、高龄津贴、残疾人护理、特困人员供养等民政救助金及各类补贴305万余元，惠及困难群众及优扶对象2218人。改善就医环境，推行“先诊疗，后付费”就医模式，有效解决建卡贫困户、五保户、低保户等弱势群众就医难问题；继续推行合作医疗参保制度，全镇集中参保人员40152人，妇女宫颈癌免费筛查1018人，有效解决群众看病难、看病贵问题。加强社会保障，全镇参加城乡居民养老保险人数达15000余人，完成基金征收190万元，享受城乡居民养老保险待遇7942人；退役军人信息采集通过审核798人，转移劳动力15000余人，实现劳务收入5亿元；新增就业350人，发放小额就业贷款400万元，开发农村公益性岗位36个，城镇公益性岗位6人，有效解决高校毕业生就业问题。

【生态发展】 2018年，全镇继续推进生态环境保护和生态文明建设。继续实施生态保护，不断巩固生态镇创建成果。巩固绿化建设成果，保证全镇森林覆盖率72%以上。建立长效管护机制，做好天然保护林的林木管护，实施退耕还林1000公顷。加强污染源的监管，组织开展第二次全国污染源清查、普查工作，建立相关档案资料，牵头配合完成审计工作中环保突出问题5件，处理6起环保投诉案件，完成4处养殖场的关闭搬迁工作。开展环境综合整治，城乡环境卫生提升行动扎实开展，配置垃圾勾臂车4辆、垃圾清运车1辆、洒水车1辆、三轮摩托车27辆、胶轮车98辆、垃圾箱116个、垃圾桶1785个；整洁庭院评比活动成果持续巩固，共评选“整洁庭院”25户、“清洁户”954户。

【城镇建设】 以“市级特色小镇”建设为抓手，立足城乡面貌改善，加快小城镇基础设施建设步伐，完善城镇功能。争取各项资金近3000万元，维修污水处理厂5处、新建市政配套设施6千米。新增行道树400余根，路灯线路改造8600米，更换路灯220盏，鹿山社区登山步道2.5千米，人行道铺砖25000平方米，整治雨水管道350米，污水管道500米，新建休闲广场900平方米。

【安全稳定】 2018年，保家镇落实安全工作“党政同责、一岗双责”责任制和企业安全生产主体责任，开展烟花爆竹突击检查执法8次，查处违规存储各类烟花爆竹4起，查扣1200余件；查处道路交通违法行为700余件，处罚170余次；查处关停非煤矿山类企业6家。大力开展扫黑除恶工作，全年共发放宣传资料56000余份，悬挂横幅97幅，出动宣传车34次，进村入户宣传41次，县级及以上媒体累计报道5次，共设置举报箱13个，公开举报电话和邮箱，畅通举报渠道，及时开展重点人群突击检查，坚决做到“黑恶必除，除恶务尽”，确保扫黑除恶专项行动取得成效，为经济社会发展提供和谐稳定的社会环境。全力抓好信访稳定。镇、村（社区）排查各种矛盾纠纷75件，成功调处73件，矛盾纠纷化解率达96%。接访群众4500人次，走访下访群众12000余户、30000余人；实行24小时专人值班制度，认真监控专网信息，有效处置触网信息3次。有效开展禁种铲毒工作。通过全面开展大排查、大整治、大防控，对29名社区戒毒（康复）人员实行一人一档；开展禁种铲毒工作宣传活动8次，悬挂标语条幅72幅，发放宣传资料25000余份；镇政府、派出所联合踏查田边地角、房前屋后40余次，驻村干部、村组干部踏查380余次，成功铲除罂粟种植地1处。持续深入开展反邪教警示教育活动，开展辖区涉邪人员摸排工作6次，实现全镇“两个绝对不允许”“三个零指标”和“五无”的工作目标。保证食品安全，全年检查食品销售及餐饮经营户528户，督促食品销售主体办理食品经营许可证149户，设置网格化监管信息公示栏的销售主体163户；对全镇开展风险分级评定，其中流通领域103户，餐饮95户。通过风险分级巡查，评出风险评定流通等级A级97户，C级6户、餐饮B级95户；完成131批次抽检工作，其中国抽22批次，市抽109批次，覆盖全镇各类工业食品和食用农产品。

桑柘镇

【概况】 桑柘镇位于彭水自治县东南部、西临新田乡，北靠走马乡和乔梓乡，南临鹿角镇和诸佛乡，东部和小厂乡接壤，镇人民政府驻地桑柘坪，海拔887米，距县城43千米。全镇辖区面积192.65平方千米，耕地面积2723.2公顷，林地面积8000公顷，辖11个行政村、3个社区、111个村（居）民小组，户籍人口31269人。辖区共有19个党组织，党员672人。辖区有中学1所，完小1所，村级小学3所，独立小学1所，民办幼儿园1所，中心卫生院1所，村级卫生室18个。有金融机构2个，重庆农村商业银行彭水支行桑柘分理处、邮政储蓄银行桑柘营业所。

【脱贫攻坚】 2018年，桑柘镇推进“造血”扶贫向纵深发展，将个体精准扶贫与产业扶贫相结合，精准施策、精准发力，按照“两不愁、三保障、一达标”的标准和“八步、两评议两公示一比对一公告”的流程要求，开展贫困户动态调整工作。2018年实现77户291人脱贫达标，807户3360人稳定增收，贫困对象减少至90户327人，贫困发生率降至1%。交通建设方面：桑柘镇抢抓市上交通“三年会战”机遇抓好农村公路建设，完成34千米通畅建设，启动40.1千米通畅建设，全镇通达工程通达率、通畅率分别达到100%、75%。人饮方面：完成181处人饮建设工程，并全面完成水池建设和管道安装工程任务，共解决3992户17331人农村群众饮水难问题，饮水安全保障率达到99%。特色产业发展方面：狠抓烤烟传统支柱产业，2018年全镇种植烤烟种1223.73公顷，产量达219.75万公斤，烟农实现总收入5736.5万元，创税约1200万元。谋划产业转型升级，依托桑柘良好的资源优势和多年积累的产业体量和经验，突出绿色、生态、健康理念，大力发展高端蔬菜、高山蔬菜、中药材、胡蜂、羊肚菌、万寿菊、碧根果等特色产业。实施鹿箐村石漠化治理栽植生态林133.33公顷（香樟、金丝楠）、经果林66.67公顷（核桃、板栗、冬枣、甜翠柿），形成以烤烟为主导产业，传统产业稳定发展，特色产业有效互补的产业发展格局。就业创业方面：积极开展就业帮扶、创业扶持工作，促进有就业创业意愿的农村建卡贫困劳动力、贫困高校毕业生等就业困难人员实现就业创业。开展雨露技工、农村实用技术、创业就业培训，强化劳务经纪人、致富带头人培训，不断提升农村劳动力创业就业能力。易地扶贫搬迁方面：2018年完成15户77人搬迁。教育、健康扶贫方面：所有贫困人口参加农村合作医疗，实现建卡贫困户100%参保。按照贫困人口人均100元的标准购买精准脱贫保。做好学前教育、义务教育、普通高中、职业教育和高等教育的建卡贫困户、城乡低保户家庭学生资助工作。完善义务教育阶段“控辍保学”机制，做到无一名学生因贫失学。乡风文明方面：强化政策引导、教育引导、典型引导，有效引导和教育群众树立勤劳致富、脱贫光荣等思想。营造良好的乡村文明风气，凝聚脱贫攻坚正能量。表彰孝心儿女22户、好夫妻22户、清洁卫生家庭42户、绿色发展标兵18户。集体经济发展方面：三个贫困村利用每村30万元的产业发展资金均采取与农业企业合作的方式，打造红薯产业基地，助推贫困村经济发展，促农增收。金融精准扶贫方面：全镇发放精准贷468户、金额2340万元，用于发展产业，确保贫困户增收。美丽乡村建设方面：继续抓好“三改两硬化”工作的实施，2018年全镇实施修建人行便道357米，受益农户12户，受益人口37人；实施院坝硬化11518.6平方米，受益农户155户，受益人口581人。投入资金323万元，完成李家、白龙、易家、茶新等4个便民服务中心改扩建。2018年全镇整改不安全住房333户，新建厕所248户，三格化粪池11户，改厨119户。规划实施C、D级危房改造18户，分类施策，建改结合，全面消除农村居民住房安全隐患。实施农村“四类人群”危旧房改造计划，农村不安全住房（唯一住房）改造实现全覆盖。

【经济发展】 2018年，全镇农村经济总收入约2.98亿元，同比增长11.02%；本级财政收入5463万元，税收收入约1268万元；2018年城镇居民人均可支配收入18665元，同比增长9.4%；农民人均纯收入10150元，同比增长8.2%。粮食播种面积达到4733.33公顷，种植马铃薯1666.67公顷、红薯900公顷。全镇落实烤烟面积1273.33公顷，产量达219.75万公斤，公斤均价26.1元，烟农实现总收入5736.5万元，创税约1200万元。发展高端蔬菜66.67公顷，高山蔬菜133.33公顷，中药材100公顷，胡蜂1000群，羊肚菌20公顷，万寿菊100公顷，碧根果100公顷，马铃薯1666.67公顷、红薯920公顷。引进先进农机设备，机械化作业水平不断提高，2018年全镇农业综合机械化水平达52%。大力发展绿色环保型畜牧业，退耕还草、生态养殖、动物防疫等工作走在全县前列。成功举办“世界苗乡·养心彭水·长寿之源桑柘游”暨乡村旅游文化节，共接待游客1万余人次，其中过夜游客2000余人次，实现旅游收入100余万元，带动贫困户50余户，贫困户实现收入10余万元。

莲藕种植

（桑柘镇人民政府　供图）

【社会发展】 2018年，桑柘镇新增城镇就业人员301人，完成下岗失业再就业104人，农民工返乡就业再就业403人。新增五保户9户，实施临时救助46人，累计兑现低保、残疾人生活补贴、民政定补、临时救助、医疗保险各类民政资金500余万元。全镇城乡居民养老保险参保人数达10716人，2018年征收基金170万元。规划实施桑柘分散安置区桑柘镇中心医院同河分院公共设施建设项目，包括铺设广场青石板砖1235平方米及配套附属设施建设，改善群众就医环境。开展乡风文明评选，召开大会表彰清洁卫生家庭42户，表彰孝心儿女、好儿媳、最美家庭等61户，引导树立良好家风、朴素民风。

【生态发展】 2018年，全镇继续实施生态保护，在市级生态镇的基础上，继续创建国家生态镇，不断巩固生态镇创建成果。全面完成室内改厕、改厨任务。2018年，桑柘镇完成改厕1509户，改厨完成407户，完成拆除重建类房屋建设160户，“三改”项目共使用资金508万元。加强污染源的防控监管，建立巡河制和污染源排查长效机制，开展生态环保巡查200余次。开展环境综合整治，抓好14个村的环境连片整治，加强农村饮用水源保护、污水和生活垃圾处理，为各村设立垃圾箱、垃圾桶，落实保洁人员，做到生活垃圾及时清理，实现村容整洁美观。对硬化道路进行绿化美化，培育宜林荒山及无立木林地造林200公顷、农田林网和特色经济林改造200公顷、森林抚育66.67公顷、特定灌木林培育133.33公顷。在做好公路、河流绿化的同时，场镇和各村建立美化景点，在农村“四旁”植树3.33公顷，高标准做好桑柘镇常绿美化工作。

【城镇建设】 2018年，桑柘镇以“全国重点镇”建设为抓手，立足城乡面貌改善，加快小城镇基础设施建设步伐，完善城镇功能，完成场镇规划编修。建成1600余平方米休闲广场、1个公共厕所、2个停车场，改造农贸市场，所有摊贩入市经营，规范场镇车辆停靠，镇村环境明显优化。

鹿　角　镇

【概况】 鹿角镇位于彭水自治县东南部，东界诸佛乡，南接鞍子镇、善感乡，西邻双龙乡、石盘乡，北接新田镇，距县城23千米。辖区面积115.49平方千米，耕地面积2738公顷，林地面积6827.93公顷，场镇面积0.91平方千米。辖6个村、1个社区、48个村（居）民小组，3215户、13395人；辖11个党组织，有党员311人；镇机关在职人员54人。有140平方米镇公共服务中心1个，总面积3480平方米便民服务中心7个；有中小学3所，即鹿角中学、鹿角中心小学、大元完小。中学在校学生647人，在职教师69人；小学在校学生1271人，在职教师68人。鹿角中心医院在编职工25人，核定床位40张，全年医疗业务总收入456.7万元。有金融机构2个，即重庆农村商业银行鹿角营业所、邮政储蓄鹿角营业所。

【脱贫攻坚】 2018年，鹿角镇强化工作责任，建立和完善双组长责任制和分级负责制。强化精准帮扶，配齐配强7支扶贫工作队和187名帮扶责任人。坚持精准识别，全年开展动态调整2次，民主评议返贫1户4人，补录1户5人，自然增加203人，自然减少52人。聚焦“两不愁三保障一达标”，深化落实产业扶贫、设施扶贫、教育扶贫和健康扶贫等“八大扶贫举措”。全年实现52户213名贫困人口脱贫，完成周家村贫困村销号，全镇现有贫困户510户2046人，其中已脱贫449户1838人，未脱贫户61户208人，全镇贫困发生率降至1.6%。新建通畅公路2条，启动建设4条，全年新建（预建）通畅公路29.58千米。投入“三改两硬化”资金193万元，完成人行便道建设1707米、硬化院坝8283平方米、整治不安全住房155户、拆除重建31户、改厕58户、新建化粪池43口、改厨79户，易地扶贫搬迁16户67人，农村人居环境明显改善。饮水工程全覆盖推进，新建大小饮水池94口2440立方米，安装饮水管道14万米，除个别地方确因无水源外，全镇基本实现饮水安全全覆盖。“地票交易”取得突破，完成贫困户宅基地复垦198户7.93公顷、备案226户9.07公顷，其中水麻村宅基地复垦实现全覆盖，广大群众直接受益。

【经济发展】 2018年，全镇实现农村经济总量11730万元，同比增长8.1%。有序实施滨江路等重点建设工程，完成固定资产投资3600万元。持续抓好农业生产，实现粮食产量1232万公斤，同比增长3.2%。积极引导居民外出务工和本地就业，设置农村公益性岗位安置贫困人口104人，农村居民可支配收入13727元，同比增长9.2%；实现金融机构存款余额37270万元，同比增长32.7%。农业基础设施不断完善，全镇人饮工程基本实现全覆盖。坚持大力发展特色效益农业，走"一村一品"带动示范、"一户一业"增收致富的发展思路。苹果桃、南瓜、小米花生、羊肚菌、花椒、金橘、蜂蜜等老产业稳步发展。采用"专业合作社+农户"模式，新发展花椒26.67公顷、中药材13.33公顷、金橘53.73公顷，成功试种羊肚菌0.4公顷。落实项目，壮大乌江村苹果桃产业，成功举办第二届苹果桃采摘节。投入集体经济90万元，建成周家、横路、红专3个村光伏发电站，村级集体经济发展取得突破。

【社会发展】 2018年，鹿角镇开展低保政策大宣传、大整治，实施分类大救助。通过整治，全镇低保由2016年163户444人减少到75户160人。2018年，动态调整到89户192人，实现应进则进、应出尽出，杜绝关系保和人情保。2018年，发放低保金88万余元、优抚金50万元、高龄补贴21万元、残疾人"两项补贴"12万元、特困人员救助45万元、临时救助13万元、优抚对象门诊费8.4万元、冬春生活救助8万元，困难群众满意度明显提高。全年完成老年健康检查865人次、宫颈癌筛查400人次、孕优检查70人次。城乡居民社会养老保险参保4314人，参保率87%；城乡居民合作医疗保险参保11060人，参保率95%。办理4050社保补贴10人，提供公益岗位就业20人，引导返乡农民工创业3人，办理就业再就业小额担保贷款7人，发放贷款金额70万元，更多的人得到了更多的社会保障。

【生态发展】 2018年，鹿角镇开展进村入户、开院坝会、评卫生户等多种方式的宣传引导和教育劝导，广大群众个人卫生意识和公共环卫意识明显提高，正逐步养成垃圾不乱扔、污水不乱倒的行为习惯。开展城乡环境卫生提升行动，将集镇卫生保洁交由专业保洁公司管理，实现集镇卫生保洁市场化、专业化和精细化，集镇环境卫生更清洁。开展农村生活垃圾治理，落实村级保洁员12名，配置三轮车8辆、勾臂车1辆、设置垃圾箱（桶）188个，实现了主次干道和居民点有人保洁、有桶收集、有车清运，形成了组收、村运、镇收集、县处理的长效机制。开展场镇历史垃圾清理10次，修挡墙4处、建隔离网1处，积存垃圾得到有效治理，全年共收运生活垃圾923吨，完成国家级、市级农村生活垃圾治理验收工作。"河长制"落实有效，全年巡河602次，发现并处理问题30余条，其中查处违规建设3起、违法采砂2起、违法电鱼2起；新建二级污水管网3千米，污水处理厂规范运行，全年处理生活污水17.76万吨。开展农村面源污染治理，清理排查20头生猪当量以上养殖场16个，落实粪污治理5个，关闭禁养区畜禽养殖场2个（大青山野猪养殖场和黄金堡养殖场）；加大禁止露天焚烧秸秆宣传，制止露天焚烧行为50人次，处理因露天焚烧引发森林火灾行为1人次。开展绿化行动，完成森林抚育面积133.33公顷，退耕还林任务100公顷；投入近3万元，治理松虫线材病78.33公顷；严肃查处乱砍乱伐行为2起，通过积极努力治脏、治污，保护山、保护水，在建设山清水秀美丽之地的前进道路上更进一大步。

【城镇建设】 2018年，完成鹿角镇总体规划成果深化（2018—2035）修编工作，集镇规划更科学完善。严格建房审批，全年规范建房8处，并依规发放乡镇规划许可证。加大巡查整治力度，对9起违建行为发放停建通知书，并限期拆除1处，违法建房和违章建筑得到有效整治。积极协调部门，维修整治鹿角小学段破烂路面。投入1千万元，建成滨江休闲步道2千米，建连接桥1

座，成为群众休闲健身的好去处。实施春节灯饰美化亮化工程，营造深厚节日氛围。

【乡村旅游】 立足鹿角地处乌江画廊旅游带和30分钟县城旅游圈优势，加快以观光旅游、休闲度假、采摘体验、农耕文化为主的充满乌江风光和苗乡风情的鹿角小镇。建成鹿角镇滨江休闲步道，加快实施绿化工程，力争把滨江路建成一道靓丽的风景线。7月14日，在乌江村马鬃岭举行开园仪式，举办“第二届苹果桃采摘文化节”。开园仪式活动现场举办精彩的文艺演出，举行“桃王”评比、吃桃比赛、“抱桃回家”、特色农产品展销等活动。

黄家镇

【概况】 黄家镇位于彭水的西南面，距离县城46千米；东与朗溪相邻，西与润溪相靠，南与务川、龙塘相连，北与靛水、绍庆相接。行政区划调整后，辖区面积78.19平方千米，耕地面积2949公顷，林地面积2953.33公顷。辖先锋居委、光辉村、漆红村、燕子村、白沙河村、刘家坪村、鹿井村、金池村、香楠村、新家村共9个行政村，1个居委，53个村民小组，1个居民小组；4个贫困村（含1个深度贫困村白沙河村）；辖12个党组织，有党员379人。黄家镇有公务员编制22个，事业编制11个，机关工勤编制2个，现有机关在职人员53人（含司法所1人，水务站2人，大学生村干部2人，三支一扶2人，消防队员8人）。建成镇公共服务中心1个，便民服务中心10个，2018年年末，户籍人口为15150人、3956户，其中农业人口13884人、3404户。2018年，全年财政收入3538万元。农村人均可支配收入达10056元。辖区内有中小学2所，即黄家镇中心校、黄家中学。中小学在校生1576人，在职教师139人。黄家镇卫生院在编职工28人，核定床位20张，全年医疗业务总收入约357万元，其中医疗收入224万元。有金融机构2个，即农村商业银行彭水支行黄家分理处、邮政储蓄黄家营业所。

黄家镇红军街

（黄家镇人民政府　供图）

【脱贫攻坚】 截至2018年年底，完成3个贫困村（新家、鹿井、漆红）的整村脱贫和931户3996名贫困人口的脱贫任务，其中2018年完成100户383人的脱贫任务，还有未脱贫农户101户353人，现有贫困发生率为2.3%。2018年全镇整合县级、乡镇和村级8个单位、324名党员干部、职工和村级干部，对全镇1032户、4349名贫困人口进行帮扶，落实帮扶全覆盖，实现一对一帮扶，开展帮扶培训，根据贫困户家庭实际情况，合理制定增收方案和帮扶措施，实现措施到户精准。扎实开展贫困户精准识别与精准退出工作，上半年5—7月通过走访排查按程序精准识别贫困户31户105人，返贫2户4人，自然增加320人，自然减少55人；下半年10月再次走访，按照标准开展“八步”评议，11月新识别贫困户7户13人，脱贫退出100户383人，自然增加68人，自然减少45人。开展人居环境整治工作，全镇共计发放水泥砖217135匹，水泥2023.25吨；石沙7368.47立方米；两轮自查验收中，防腐整治165337平方米，安全护栏改造6394.6米，亭空封装5929个，屋面捡瓦1168.1平方米，更换不安全桷子檩子椺条等2279米，粉刷墙面1232平方米，拆除重建

24户，改建厨房678户，改造卫生厕所950户，投入资金691.3万元。“双硬化”规划的18.84千米人行便道、7.8万平方米院坝全面完成；实施康居农房2户，农村危旧房改造3户，易地搬迁28户117人；全面实施农村饮水巩固提升全覆盖工程，更换场镇自来水管道2.9千米，建成先锋社区、燕子村、光辉村、漆红村完成人饮项目14个，新增人饮工程规划6个；全镇目前享受扶贫小额信贷借款282人，共计借款1401万元，2018年财政贴息587744.07元，有效缓解农户资金短缺问题，助力农户自身发展。2018年中央脱贫攻坚专项巡视反馈意见共36个，涉及共性问题31个、个性问题5个，对照清单明确时限逐项落实专人整改，促改督战，举一反三，确保一个不漏地分类建立共性问题台账和个性问题台账，全面深化排查问题整改。

【经济发展】 2018年，黄家镇聚力实施产业扶贫工程，培育壮大村级集体经济，产业扶持带动有成效。各村积极规划实施特色主导产业，打造集体经济利农联结机制，带动农户创收。培育种养殖大户55户；专业合作社、农业公司31个，重点发展蜂糖李、花椒、油茶等，初步形成一村一品主导产业，7个村实现了集体经济突破，按照“公司+合作社+农户”的模式产业利益链接机制全部建立。打造先锋社区笔架山农业产业园，核心区占地36.67公顷，带动种植200公顷，主要包括蜂糖李、肾枣等品种，打造观赏、采摘、体验一体化生态旅游，重点创建“蜂糖李之乡”特色品牌；在燕子村拟成立鑫盛农业开发有限公司，发展山桐子106.67公顷；发展刘家坪、漆红、新家、香楠四个村经济林100公顷；在白沙河、漆红、新家、光辉、鹿井村新规划退耕还林333.33公顷。

【社会发展】 2018年，全镇完成建卡贫困户及城乡低保户住院健康扶贫减免716人次补助金额389530元，教育资助低保户大学新生6名、贫困户大学新生72名，资助38万余元。全镇2018年城乡居民养老保险参保6716人，已缴费770544元，城乡居民医疗保险参保12462人，参保率达95.58%；评定城乡低保981人，发放低保资金344191元，发放各类残疾人生活补贴及护理补贴113330元，发放临时救助金14.12万元，发放高龄津贴59600元。积极做好优抚工作，召集全镇优抚对象召开座谈会，交心谈心80余次；持续强化人口计生工作，关爱弱势群体，摸清奖特扶对象128人，共发放奖励扶助金151200元。完成孕前优生健康检查60人、宫颈癌筛查免费检查102人、老年人健康体检862人，发放儿童营养包1561盒。

【城镇建设】 2018年，全镇完善道路交通基础设施，实施先锋社区、刘家坪村通畅公路建设6.4千米，先锋社区通畅公路建设3.9千米，规划设计通畅公路6.2千米、农村公路10.59千米。全面整治环境卫生，在场镇进行“6·5”世界环境日宣传活动，发放宣传资料2000余份，制作宣传栏30幅，张贴三包责任卡2000张等；扎实开展城乡环境提升行动，配备36名保洁员及相应服装工具，发放垃圾桶200个，垃圾清运车10辆，整治污染养殖场6家，整改彭黄二级路沿线垃圾场，关停临时取石场1家、临时墓碑石加工厂3家，勒令停产整改污染企业1家（晓蓉辣椒专业合作社）。

【特色旅游】 2018年，在县委、县政府的重视下，黄家镇通过争取支持、整合资源、筹集资金、宣传打造，围绕“走红军路、逛红军街、游红军馆、登红军山、品红军饭”等活动，引领重庆各红色区县开启红色之旅，形成信仰之路，成为弘扬红色文化、助推脱贫攻坚、奠基乡村振兴示范地。2018年6月29日，举行“2018·重庆‘10+4’红色故里行暨新时代重庆革命老区红色旅游发展研讨会”系列活动，得到国家、市老促会肯定，成为摩围山、阿依河两大景区的有益补充和服务基地。各地机关、旅游团队5000余人前来研学、体验、旅游，灰豆腐、蜂蜜、大脚菌等特色商品供不应求，特色美食名扬市内外。开办农民讲习所讲课21堂（市级讲课3堂），设立重庆市首家红色基因传习所，将红军精神、红旗精神、红船精神融入脱贫攻坚，长效巩固脱贫，奠基乡村振兴。

普　子　镇

【概况】　普子镇位于彭水自治县北部，东接联合乡、连湖镇，西连龙射镇、棣棠乡，南与保家镇接壤，北靠三义乡，距区县城57千米。全镇辖区面积184平方千米，耕地面积5.15平方千米，场镇按功能划分为居住、商贸、行政等区域，规划面积2平方千米，建成区面积1.2平方千米。辖11个村，3个社区；辖12个党组织，有党员708人；镇机关在职人员56人。建成镇公共服务中心1个、200平方米，便民服务中心11个、6670平方米。2018年年末，户籍人口31239人，其中农业人口23958人，场镇人口7281人。2018年全镇经济总产值3.2亿元，同比增长14.3%；人均可支配收入1万元，同比增长5.7%，经济实力稳中有进，态势良好。获得“彭水自治县2018年度禁毒工作先进单位”称号。镇辖区内有中小学3所，即普子中学、普子中心校、砂石小学。中小学在校学生3438人，在职教师205人。普子中心医院在编职工27人，核定床位50张，全年医疗业务总收入1233万元，其中医疗收入872万元。全年出生人口158人，符合政策生育率5.4%。有金融机构2个，即农村商业银行普子分理处、邮政储蓄普子营业所。

【脱贫攻坚】　2018年，普子镇推进“造血”扶贫向纵深发展，强化政策落细落地。全年完成不安全住房拆除重建92户，人居环境改造912户（其中院坝硬化135户、改厕240户、改灶262户）。全年修建或维修人饮水池150口，安装引水管道150千米，供水管道200余千米，修建取水口110处，规划落实管网延伸20千米。实现各村（居）民小组道路通畅率、通达率100%的目标，全年硬化道路5千米。落实政策补助资金1120万元，347户贫困户受益。选聘103名贫困群众担任生态护林员，实现人均年增收5000元。转移镇外务工的农村贫困人口1500余人。2018年，已实现4个贫困村整村出列，已越线脱贫1187户5017人，贫困发生率由19%降至1.5%。

【经济发展】　2018年全镇经济总产值3.2亿元，同比增长14.3%；一般公共预算收入3187万元；工业总产值550万元；人均可支配收入1万元，同比增长5.7%，经济实力稳中有进，态势良好。普子镇巩固传统农业，种植烤烟260公顷，实现产值1300万元；种植红薯86.67公顷，实现产值2000万元；发展壮大畜牧业，全年实现生猪出栏8350头、肉牛出栏920头、家禽出栏21000羽、出售蜂蜜18.7吨。发展特色产业，种植中药材153.33公顷，栽植柑橘、李子等经果林106.67公顷；提升村级集体经济发展，石坝子村乐汇农业

普子镇石坝子村红薯加工厂

（普子镇人民政府　供图）

专业合作社运转正常，实现收入150万元，桐泉村、普子坝社区、大龙桥村集体经济初具规模。

【社会发展】 普子镇加强社会保障，全年全镇享受奖励扶助政策321人，26人办理独生子女父母增发养老金，2.6万人建立城乡居民医疗保险信息档案，城乡居民参保率达95%以上，城镇新增就业人员完成目标任务100%，城镇登记失业人员完成目标任务100%，城镇就业困难人员完成就业任务100%，农民工创业就业回引率5%，新增农村劳动力转移就业率100%，完成高校毕业生就业岗位10人，完成任务100%，新增创业人数50人，完成任务100%。全年发放各类低保金、抚恤金、优待金及临救资金847.8万元。提升医疗服务，完成社会抚养费征收10万元，抓好“三查一治”工作，妇查率98%，新型农村合作医疗保险参保人数24333人，缴纳446万元，政策减免6512人，确保让困难群众真正得到实惠。大力发展教育事业，在2018年扶贫大排查大走访过程中，发现全镇共有22名适龄儿童未入学，已通过不断做工作确保适龄儿童全部入学；核实建档立卡户贫困家庭入学子女563人，为他们落实寄宿生补助、生活资助等政策，做到了教育资助“不漏一户，不漏一生”。

【生态发展】 2018年，普子镇继续实施生态保护。巩固绿化建设成果，在普子坝、沙坝、凤凰3个村，整村推进植树造林活动，完成造林160公顷，全年累计完成退耕还林466.67公顷；采取集中整治的手段，关闭非煤矿山、临时取料厂、采沙厂、碑石厂等严重破坏生态的场所，按照“谁挖砂、谁治理、谁破坏、谁恢复”的原则，督促业主平整土地，恢复生态环境。开展环境综合整治，增添环卫设备，新购垃圾桶374个，垃圾箱15个，维修废旧箱体10个，统筹使用公益性岗位、保洁员，完成对各村（居）主干道、村组道路日常保洁工作，并加强监督考核工作，保证工作取得实效。对场镇及各村（居）的农村生活垃圾采取集中处理，专门落实3名驾驶员进行清运。

【城镇建设】 对场镇及各村（居）的农村生活垃圾采取集中处理，专门落实3名驾驶员对分布在各村居的垃圾箱进行清运，并完善对垃圾中转站的指导、监督工作，完成每日垃圾处理量。新规划集镇污水管网4658米，入户管网3000米，新规划1座污水处理站，扩大场镇的污水处理容量。

【安全稳定】 2018年，普子镇组织安全生产宣传活动30余次，召开驾驶员会议12次，举办安全生产图片展4次，安全生产知识答题1次，发放宣传单2000余份，悬挂横幅、标语、警示牌80余幅，受教育群众达到3000余人。开展重点领域专项治理行动，排查出安全隐患81条，整改81条，整改率达到100%。司法调解卓有成效，全年累计调解矛盾纠纷211件，成功调解211起，调解成功率100%，涉及金额60余万元。

龙射镇

【概况】 龙射镇地处彭水自治县西北部，与平安镇、保家镇、普子镇、棣棠乡、鹿鸣乡及丰都县都督乡、武隆区后坪乡连界，彭石、彭丰二级公路穿越境内，距县城34千米。全镇辖区面积161.16平方千米，列全县39个单位的第六位，其中耕地2351.53公顷、林地5773.33公顷、草地4226.67公顷；境内处于半高山丘陵地带，海拔280—1560米。辖9村、1居委、78个村居民小组，7550户31563人，其中场镇人口10000余人；有彭水第一人民法庭、龙射检察室、龙射派出所、司法所、安监中队、国土所、龙射中学、龙射中心校、龙射供电所、农商行一级分理处、邮政银行、卫生院、片区烟草站、龙射烟草点等镇属部门；有小河水电站、葡萄水库、凤升水库（在建）等水能资源；有煤、铁、铅锌、大理石等矿产资源；有钟山、三星寺等旅游景观；有狮子舞、斗牛士、特色锣鼓等民族风情；烤烟、畜牧、林业、榨菜、魔芋、劳务是全镇的主导产业。

【脱贫攻坚】 2018年，龙射镇坚持精准扶贫精准脱贫基本方略，严格“两不愁三保障”标准，全面开展脱贫攻坚大排查，有效实施动态调整、精准识别，各项数据真实有效。全年整户新增52户211人，整户返贫1户4人、个人补录299人、个人清退和减少62人，当年脱贫42户177人，年末建卡系统贫困户725户2916人，其中未脱贫98户385人，贫困发生率下降到1.6%。人居环境全面改观。持续实施农村人居环境“三改两硬化”整治建设，全面开展环境卫生提升行动，基本消除农村住房不安全和环境卫生脏乱差等问题。全年改造贫困户D级危旧房6户、低保户D级危房1户；实施室内硬化2.5万平方米，改造厕所548户（上部厕屋524个，下部化粪池196个）、厨房335户、不安全住房161户（加固类77户，拆除重建84户）；硬化入户人行便道63.4千米、院坝6.1万平方米。易地扶贫搬迁27户177人。建立健全驻村工作队管理、脱贫攻坚督查等制度，镇驻村工作队员保持稳定，补充1名县级部门驻村工作队员，镇党委、政府分别与驻村领导、第一书记、驻村队员、村支书、村主任签订脱贫攻坚目标责任书，细化措施，落实责任。驻村工作队和帮扶责任人有效开展脱贫攻坚。扎实开展金融扶贫小额信贷后期管理，指导督促贷款农户发展增收产业，按期还本还息，当年贷款结息率达100%。问题整改落实销号。镇党委高度重视历次脱贫攻坚督查、督导、巡查、审计等反馈疑似问题，制定整改方案，成立工作专班，细化责任措施，建立整改台账，镇村干部和广大群众有序实施整改。做到具备整改条件的立行立改、限时见效；需阶段性整改的明确时限和阶段目标，倒排推进整改；带有普遍性、倾向性的深挖细查推进整改；需长期坚持整改的建立长效机制，解决一个、销号一个、巩固一个。

【经济发展】 2018年，全镇经济总收入突破4亿元、达4.01亿元，同比增长8.97%。财政税收1083万元，完成108.3%，同比增长12.2%；银行存款总额4.5亿元，同比增长59.5%；新增贷款3560万元，同比增长63.8%；农村居民可分配收入总额2.6亿元，占全镇经济总收入的65.1%，比上年提高7.3个百分点，农村经济人均纯收入1.13万元，同比增长10.2%。特色产业规模发展。实施农业供给侧结构性改革，加快发展现代农业，“一村一品”主导产业格局基本形成。全年巩固种植玉米800公顷、油菜333.33公顷、红薯466.67公顷、马玲薯533.33公顷、烤烟200公顷，发展蔬菜466.67公顷（榨菜240公顷）、中药材133.33公顷。全年新增实施退耕还林特色经果林面积266.67公顷，累计面积1200公顷。全年生猪年存栏6000余头、出栏12500头，肉牛存栏1159头、出栏400头，山羊存栏3000只、出栏1700只，禽存栏16400羽、出栏36200羽，中蜂保有量2850余群，石蛙15万余只。养殖微冷水鱼20亩40万余条。产业实体带动增强，培育支持农业经营主体发展产业，37个农民专业合作社、8个家庭农场、5户专业大户、10个农业企业参与扶贫产业发展。建成产业扶贫示范点2个，巩固

银木村百亩油菜地

（龙射镇人民政府　供图）

钟山地标羊肚茵、胜利灵芝、东方大地榨菜加工厂、凉风文凤种养业等产业扶贫示范点建设，带动178户513人实现较好收益。稳步发展村级集体经济，5个贫困村投资60万元发展扶贫产业，年固定投资收益率10%。乡村振兴初步规划，制定《乡村振兴战略实施规划建设方案》，开展农村经营承包土地确权颁证，大力实施产业振兴、绿色发展，初步形成长短结合、“一村一品”，以特色经果林、榨菜、畜牧、烤烟、食用菌、中药材等为主导产业，规模化、区域化和标准化发展格局，健全“企业+基地+农户+集体经济”利益联结机制，推动农村增收致富。实施钟山新村“美丽村庄”试点，倡导四旁绿化，推进生态宜居建设。弘扬社会主义核心价值观，开展树新风正村风活动，加强自治、法治、德治“三治”建设，推动村居乡风文明和治理有效深入开展，激发群众内生动力，积极参与乡村振兴建设。

【社会发展】 2018年，龙射镇支持教育事业优先发展。积极落实教育惠民政策，加大贫困助学力度，完善义务教育困难家庭学生控辍保学工作联动机制、考核机制，实现义务教育阶段适龄儿童少年“应入尽入、应返尽返、应保尽保”。加强学校基础设施建设，完成葡萄、大地2所完小教学楼建设，中学塑胶球场和中心校校园整治项目完工投用，启动龙射幼儿园建设，完成规划和用地选址，为改善办学条件、提升办学品位奠定基础。提升卫生保障水平，深化落实健康扶贫，加强基层卫生医疗机构服务能力建设，积极引进医技人才，签约“家庭医生”5328户16152人，特殊人群签约率达100%，群众就地就近就诊就医率成倍增长。全年救助贫困人口1630人次，救助住院1230人次。加大城乡医保政策宣传、缴费和落实力度，全镇综合参保率达94.3%，其中贫困户等特殊困难群体参保率达100%。完成镇中心卫生院环境改造项目建设。及时保障社会民生，认真落实城乡低保兜底保障政策，受益农户303户733人。及时发放特殊群体基本生活待遇，受益特困人员141人、孤儿4人、重点优抚对象111人、高龄老人519人。落实医疗救助政策，申报救助因病致贫3人，临时救助178人次，救助困难学生129人次。关爱帮扶留守儿童413名。发放残疾人两项补贴153人次，发放轮椅等辅助器具10件，申报落实5户残疾人住房安全项目。丰富群众文化活动，规范建设10个村级文化室和农家书屋，落实管理人员，完善管理制度，分类整理录入系统图书1503册。支持开展健康向上、内容丰富、群众满意的文化活动，群众广场舞活动常态开展，农村电影放映下乡11场次，切实增强广大群众的幸福感和获得感。

【生态发展】 2018年，龙射镇大力实施污染防治攻坚战，压紧压实“党政同责、一岗双责”政治责任，加强环境宣传教育和监督管理，开展全国第二次污染源普查，狠抓大气、噪声、水体、粪污、油污，建筑、汽修、工矿等污染，农业面源污染、乡村生活垃圾等治理，推进问题整改。建立健全保洁队伍，配置公益性岗位人员45人，其中建卡贫困人口34人，新增垃圾三轮车14台，东方垃圾中转站建成投用。实施国土绿化行动，新增绿化面积333.33公顷。开展全民环境卫生整治行动，广泛开展环保知识进社区、进村庄、进校园活动，制作宣传横幅10条，张贴门前四包责任制宣传单2000余份，制作“卫生评比公示栏”展板76块，评选清洁村（居）3个并发放奖品1000份。开展“整洁庭院”创建评选活动，调动广大群众参与改善农村人居环境的积极性和主动性，评选整洁庭院30户。加强污水处理，龙射镇现已建集中式污水处理设施1个（龙射镇污水处理厂），设计处理规模600吨/日，由环投公司管理并正常运行，龙射场镇8000余人生活污水得到有效处理。其他离城镇较远的小型聚居点和散居农户建设分散式生活污水处理设施，通过分户式、联户式的办法，采取农村改厕、户用沼气、装配式三格化粪池以及储粪还田等多种形式治理分散污水。扎实推进污染防治，全面落实“河长制”责任，坚持周、月、季巡查，更新河长公示牌6块。第二次污染源普查清查定位67家工业活动，全面普查21家；每月开展秸秆禁烧检查、督查，开展畜禽养殖专项检查22户，关闭禁养区畜禽养殖场（户）4户。落实市环保第十三督察组交办事项5件，县环保局交办事项2件，办结检察建议书2件，调查处理率100%。

【安全稳定】 2018年，全镇加强信访稳定管控，有效化解各类纠纷，确保各类信访事件“小事不出村，大事不出镇”，坚决遏制民转刑。全年解决处理各类扶贫领域信访稳定事项20余件，领导干部下访接访各类信访事项120件，解决处理120件，化解各类林地、土地历史遗留纠纷3起，下达处理决定3起。坚决做到县级重点稳控对象控得住、看得牢，层层签订信访稳定、综治、禁毒、防邪反邪、扫黑除恶工作目标责任书，形成层层传导压力、落实责任、抓实工作的良好格局。加强精神病人管控，扭送精神病肇事肇祸人次5人到精神病医院治疗，对精神病患免费发药体检3次，治疗服药达80余人次。实施扫黑除恶专项行动，加大宣传、排查力度，设置扫黑除恶举报箱，公开举报电话，畅通信息渠道，全年累计发放到户宣传资料7000余份，悬挂横幅30幅，设置村务宣传公开栏10处，出动宣传车20天次，召开群众会议180次，进校园宣传8次，进社区30次，清理清除2名村组干部，确保了基层干部队伍的纯洁性。加强安全生产监管，严格落实“党政同责，一岗双责”安全生产责任制，全年安全生产工作检查验收达标。常态化开展道路交通安全检查执法，及时纠正违章和查处违法行为。检查排查安全隐患23次，整治38处。处罚安全隐患140余起。开展安全监管知识宣传教育咨询活动17次，发放宣传资料1.2万份、张贴到户5600份，悬挂标语15幅；新建钟山、葡萄2个劝导站，举办安全劝导员业务培训4次，召开驾驶员培训会11次，与村（居）和重点车辆驾驶员签订安全责任书36份，安装禁停标牌21片、划禁停黄6处、设置临时停车场4个，整治隐患公路16处，设置危险路段交通安全提示标牌27块。

【城镇建设】 2018年，龙射镇积极争取支持实施基础设施建设，实施农村人饮全覆盖工程，新建人饮水池209口，解决2318户10920人饮水难问题。修建场镇排洪沟12条。凉风村便民服务中心及文化活动广场1200平方米建成投用。新建通畅公路11.4千米，硬化通达公路35千米，新建通达公路30千米，安装防护栏10千米，维修整治水毁通达公路50余千米。按照城乡融合发展要求，统筹谋划产业发展、人口布局、公共服务、土地利用、生态保护，推进多规合一。龙射镇已按照要求完成大地、东方、葡萄、白果、凉风、沿河、银木、钟山、永和9个村的村规划，2018年完成《彭水苗族土家族自治县龙射镇总体规划修编（2018—2035年）》，龙射镇始终坚持规划先行、科学建设，先规划后建设，实现村庄功能布局合理优化。

连湖镇

【概况】 连湖镇位于彭水自治县东北部，东与黔江区白石乡、黑溪镇临界，南与彭水自治县石柳乡、联合乡相连，西与三义乡、普子镇相接，北与湖北省利川市接壤，距县城73千米。全镇辖区面积70.32平方千米，场镇规划面积3平方千米；建成区面积0.91平方千米。辖5个村，2个社区；辖8个党组织，有党员345人。建成镇公共服务中心1个、50平方米，便民服务中心7个、6670平方米。2018年年末，户籍人口22595人，其中农业人口16926人，场镇人口5669人。全年财政收入19123340.63元，为年度预算的179.27%；其中公共财政收入5653463.39元，为年度预算的

135.37%，工商税收68318.83元。本级财政收入98318.83元。镇辖区内有中小学4所，即连湖中学、连湖镇中心校、樱桃村完小和回龙村完小。中小学在校学生2156人，在职教师154人。连湖镇卫生院在编职工30人，核定床位32张，全年医疗业务总收入510万元，其中医疗收入270万元。全年出生人口325人，符合政策生育率95%。有金融机构2个：农村商业银行连湖支行、邮政储蓄连湖支行。

【脱贫攻坚】　2018年，连湖镇有建卡贫困户1193户5244人，现已脱贫1051户4648人，未脱贫人口143户602人。精准开展产业扶贫，坚持把产业扶贫作为脱贫攻坚的重点，积极引导建档立卡贫困户申报农业、林业、养殖业项目，全镇发展元宝枫66.67公顷、晚白桃33.33公顷、花椒10公顷。精准开展人居环境改造扶贫，全镇完成人行便道3788米，院坝硬化25489.7平方米。人行便道受益农户88户693人，其中建卡26户178人，院坝硬化受益农户359户1549人，其中建卡80户270人。完成水池99口，基本实现全覆盖饮水。继续强化监督检查，大力整治扶贫领域不作为慢作为乱作为，重点查处贯彻脱贫工作决策部署不坚决不到位、弄虚作假、阳奉阴违等行为，以零容忍的态度快查严处。

【经济发展】　传统产业和新兴农业产业齐头并进，农业综合效益不断提升。全镇发展元宝枫66.67公顷、晚白桃33.33公顷、花椒10公顷。按照“山水连湖、漫养胜地”总体定位，力争3到5年时间，把连湖镇建设成为彭东北区域性中心镇、生态旅游特色镇、渝鄂边贸业重镇。着力培育和打造生态旅游业，不断完善交通、旅游等基础设施，打造以“郁江漫游”为主题的生态旅游业。着力培育和发展生态休闲观光农业，种植元宝枫、葡萄、茶桉和脆红李等经果林，具有较好的发展休闲观光农业的基础。完成郁江沿岸观光步道建设1013米，沿江植被带种植和培育沿江70公顷经果林等建设。

【社会发展】　全年全镇享受奖励扶助政策151人，办理151人独生子女父母增发养老金，建立城乡居民医疗保险信息档案，城乡居民参保率达95%以上，城镇新增就业人员完成目标任务100%，城镇登记失业人员完成目标任务100%，城镇就业困难人员完成就业任务100%，农民工创业就业回引率95%，新增农村劳动力转移就业率100%，完成高校毕业生就业岗位6人，完成任务100%，新增创业人数200余人，完成任务100%。全年发放各类抚恤金37.79万元，优待金0.72万元，临救资金51.39万元，发放299名80岁以上老人营养补助37.92万元，打卡发放五保金27.96万元，打卡发放三无人员生活费59.33万元和孤儿生活费15.31万元，困境儿童生活费4.13万元和60周岁以上的农村籍退役士兵生活补助9.19万元。缴纳新型农村合作医疗保险3150862万元，政策减免各类困难群众5557人次，减免困难群体经济负担722018万元。

【生态发展】　2018年，连湖镇扎实推进生态环境保护和生态文明建设。巩固绿化建设成果，全镇森林覆盖率35%以上，完成造林553.33公顷，栽植垂柳3万株，三角梅3万株，紫荆花1万株。加强对企业、畜禽养殖等污染源的监管。关闭生猪养殖场1家，技改提升3户，开展生态环保巡查60次。开展生态环保巡查200余次，开展乌江流域清洁专项行动。认真落实贯彻“河长制”工作，设立镇村河长体系，按时完成巡河任务，加强河流范围的管控力度，有效防止河流污染。

【城镇建设】　全镇以“彭东北区域性中心镇”建设为抓手，把连湖镇建设成山清水秀、美丽幸福的漫游康养之地。立足城乡面貌改善，加快小城镇基础设施建设步伐，完善城镇功能，完成场镇规划编修。全面整治场镇背街小巷，新增绿化面积14600平方米，全镇安装路灯200盏，建成垃圾压缩站1座，购置垃圾箱体48个和垃圾收运车5辆。积极推进场镇1013米休闲观光步道建设，休闲凉亭3个，有效提升场镇宜居环境。

万 足 镇

【概况】 万足镇位于彭水自治县境南部，东界新田镇，南接石盘乡，西临朗溪乡，北接汉葭街道、岩东乡，距县城11千米。全镇辖区面积58.8平方千米，耕地面积9.49平方千米，场镇规划面积0.3平方千米；建成区面积0.3平方千米。辖2个村，2个社区；辖7个党组织，有党员211人；镇机关在职人员34人。建成镇公共服务中心1个、200平方米，便民服务中心4个、1920平方米。2018年年末，户籍人口8136人，其中场镇人口1792人。全年财政收入1545万元，农民人均纯收入7852元。连续保持“安全生产先进单位”等县级称号，2018年被纳入第一批全国水上运动休闲特色小镇。镇辖区内有小学1所，即万足中心校。在校学生430人，在职教师40人。万足镇卫生院在编职工6人，核定床位20张，全年医疗业务总收入137万元，其中医疗收入55万元。全年出生人口67人，符合政策生育率100%。有金融机构2个，即农村商业银行彭水支行万足分理处、邮政储蓄万足营业所。

【脱贫攻坚】 2018年，万足镇突出对标对表，强化精准施策，夯实攻坚保障，严格落实“双组长”工作制，围绕责任、工作、政策三落实，制定全年脱贫攻坚工作计划，完善“1+23”工作方案，指导各村社区制定年度脱贫规划。推进“造血”扶贫向纵深发展，将个体精准扶贫与产业扶贫相结合，精准施策、精准发力。用好用活精准扶贫贷款990万元和产业扶贫资金99.7万元，帮助198户贫困户发展种植、养殖和个体经商等产业，户均增收5000元以上，帮助贫困户脱贫越线。通过“公司引进+合作社带动+农户实施”方式，着力产业转型，2018年在爱国村引进从创农业开发有限公司新发展花椒33.33公顷，在廖家成立护民种养植专业合作社种植油桐33.33公顷，核桃6.67公顷。在小河社区成立“金万足”农业开发有限公司，在1、2组打造生态农业旅游休闲观光项目，投资150万元，发展花椒20公顷（以地入股，利润各半），种植鹰嘴桃46.67公顷，惠及农户338户、1320人，其中建卡贫困户36户、137人，电站库区移民189户、928人。开发农旅结合发展模式，引导各类产业落地生效。完成通畅公路建设4.18千米，通达公路建设2.45千米，改扩建公路2217米；新添置垃圾桶41个；修建水池37口，维修2口，安装引水管道16千米、供水管道46.5千米；完成人行便道建设244户11.6千米，完成院坝硬化655户3.5万平方米；室内地坪硬化79户1530平方米；改厕167户；改厨112户，排查维修房屋39户，拆除重建15户。2018年，完成脱贫任务共计脱贫36户119人。

【经济发展】 2018年，全镇生产总产值7260万元，同比增长6.1%；农业总产值2277万元，同比增长12.7%；粮食总产量4810吨，同比增长4%。完善农业基础设施，按照“一村一品”工作思路，因地制宜，大力发展特色经果林、畜禽养殖等特色农业，保证实现每个村均有1—2个稳定增收特色产业，贫困户有1个以上的主要增收产业项目。2018年全镇出栏肉牛196头、生猪2914头、羊1215只、兔939只、家禽（鸡、鸭、鹅）3.23万只，有蜜蜂389群，产蛋55吨。油菜种植323.33公顷，红薯种植386.67公顷，豆类种植106.67公顷，玉米种植373.33公顷，蔬菜种植333.33公顷。拓展群众致富增收渠道，推动廖家村巴渝民宿示范点乡村休闲旅游发展。

【社会发展】 2018年，万足镇全年救助困难群众510户2041人。完成城乡低保核查清理工作，全年在册城乡低保109户297人，累计发放低保金总额118.04万元；民政对象申报大病医疗救助22人次，申请临时救助31人次，享受救助资金17.2万余元。全年救助因病因学因灾42户123人，救助金额31万元。开发农村公益性岗位2个，安置9人就业。完成全镇烈属军属和退役军人信息采集工作，共采集数据211人，采集合格率为百分之百，按时悬挂光荣牌。全年城乡居民医保参保5833人，完成比例95.6%。城乡居民养老保险参保总人数2469人，征收养老保险基金44万元。投入资金10万元，完善廖家村卫生室；全镇284户336人贫困人员二次报销医疗费，贫困户医疗签约服务达到100%。全年资助义务教育贫困学生229人次36.2万元，配合落实大学生一次性资助36人18万元；高标准建成小河社区留守儿童中心和持续完善万足留守儿童学校，建立外出农民工亲子交流基地，解决留守儿童健康成长问题。

小河社区留守儿童中心

（万足镇人民政府　供图）

【生态发展】　2018年，万足镇大力提升环保意识，采取各种宣传方式、利用各种活动宣传环保意识、生态意识，提高全镇民众对环境保护工作重要性的认识。做好环境监管工作，每月对辖区集中式饮用水源地、污水处理厂开展巡察检查，每季度对辖区分散式饮用水源地、自然保护区、农村秸秆焚烧巡察检查。配合上级主管部门开展全国第二次污染源普查工作，顺利完成任务。积极开展大棚房清理整治工作，清理出8处农业发展建设用地1.63公顷。切实做好“河长制”工作，巩固万足镇境内6条河流的污染防治工作，由镇水务站牵头，严格执行“河长制”制度，每月出动22人次定期对辖区内河流进行巡查监管。积极抓好生态修复工作，全年落实县上下达的退耕还林任务80公顷，疏林地培育133.33公顷，灌木林133.33公顷，特色经济林200公顷，屋前房后零星空地开展植树3.33公顷。确定并核实了2018年天保公益林面积以及地块分布情况，全镇共4026.67公顷国家公益林。

【城镇建设】　2018年，万足镇以人居环境改造工作为抓手，立足城乡面貌改善，村容村貌得到质的改观，群众居住环境得到明显改善。加快小城镇基础设施建设步伐，完善城镇功能，完成场镇规划编修。拥有垃圾勾臂车1辆，市政三轮车4辆，手推车17台，垃圾箱23个，垃圾桶96个。新增室内垃圾桶18个，塑料垃圾桶23个。启动4.18千米通畅工程和2.54千米通达工程建设。积极推进“三改”和“双硬化”项目建设，维修房屋39户，拆除重建15户。

新　田　镇

【概况】　新田镇位于彭水自治县东南部，北与鹿角镇相邻，东接桑柘镇，西邻万足镇，南接岩东乡，镇政府驻地距县城23千米，辖11个行政村、3个社区、69个村（居）民小组，截至2018年年底，有7090户23934人，辖区面积132.46平方千米，有耕地面积3517.33公顷，林地面积9853.27公顷。辖18个党支部，有党员588人。镇辖区内有中小学、幼儿园5所，即新田中学、新田小学、新场小学、新田幼儿园、康桔幼儿园。有金融机构2所，即新田邮政所、重庆农村商业银行彭水支行新田分理处。有新田卫生院、县人民法院第三人民法庭、县公安局新田派出所、县公安局交巡警大队马峰公巡中队、新田供电所等派出机构。

【脱贫攻坚】 2018年，全镇有建档立卡贫困户888户3263人，脱贫801户2960人，87户303人未脱贫，贫困发生率降到1.3%，4个贫困村实现整村脱贫。

落实工作责任，成立新田镇脱贫攻坚工作领导小组。坚持因村选派，组建14支驻村工作队，签订目标责任书、承诺书，确保责任落实。218名帮扶干部进村入户对888户3263名贫困人口开展结对帮扶。强化精准识别，组织工作人员200余人开展大排查工作，全镇累计走访农户6500余户，其中贫困户144户，脱贫户741户，组织召开贫困户会议14场，村（居）民小组会议73场，根据归类汇总形成问题73个。强化基础设施建设，实施饮水全覆盖工程，建设项目89个，完成投资394.98万元，安装管道9万余米；入户人行便道及院坝硬化项目全面实施，完成人行便道硬化1700余米，完成院坝硬化9100余平方米；实施人居环境改善项目，改厕187户，改厨168户，整治不安全住房256户。全力推进问题整改，针对排查出的问题组织召开专题会，建立责任台账，形成责任清单，逐项落实整改措施、责任领导、责任人员、完成时限，集中力量切实解决问题，让大排查真正推动脱贫攻坚各项工作落到实处。

【经济发展】 2018年，全镇可分配净收入总额27331.78万元，同比增长9%，城镇、农村居民年人均可支配收入分别达23200元、11333元。全年粮食播种面积3076.13公顷，粮食总产量14950吨，蔬菜种植面积810.47公顷。家禽年末存栏26178只，出栏生猪、肉牛、山羊20000余头。大力发展农业产业，完成烤烟种植230.13公顷，烟农实现持续增收。蔬菜种植面积达810.47公顷，以蔬菜为主的微型企业达24个。红薯种植面积666.67公顷，全国薯业现场会在新田镇顺利召开，“公司+农户+基地”的红薯产业发展模式得到全面推广。落实国家耕地地力补贴政策，统筹协调推进农村土地承包经营权确权登记颁证工作。畜牧产业规模不断扩大，全镇现有规模型养殖场85家，专业合作社8家，年均实现畜牧产业产值达3200余万元。强化非洲猪瘟防控工作，完成防疫工作，开展两次畜牧污染普查，摸底排查62家畜牧养殖户，对设施不合格的33家责令关闭。辖区旅游资源丰富，有神农谷旅游点及阿依山休闲度假旅游区。

新田镇红薯收购现场照片

（新田镇人民政府　供图）

【社会发展】 2018年，新田镇社会民生持续改善。社保体系不断完善，城乡居民基本养老保险、医疗保险基本达到全覆盖。残疾人新办二代残疾证27人，两项补贴新增11人，残疾人动态更新调查510人。为888户3263名贫困户贫困人口购买精准脱贫保。购买特殊困难群众惠民保542人。开发公益性岗位20余个。全面落实民政政策，建立健全低保信息网络化管理机制，加强动态管理。严格落实执行城乡医疗、临时困难救助政策，救助困难群众90人次。开展农村房屋保险工作，落实老龄政策，维护老龄人的合法权利，全镇有80周岁以上的高龄老人535人，其中90岁以上的37人。提升计生服务水平，全年完成孕前优生检查86人，新增奖扶人员31人，特扶2人，公共卫生管理新生儿139人，完成宫颈癌筛查158人，本级计生协管执法检查87次。落实教育扶贫政策，全力做好义务教育阶段控辍保学工作，建立镇、村、组三级联动防护网络，实现学生资助全覆盖。落实医疗扶贫政策，按照“大病集中救治一批、慢病签约服务管理一批、重病兜底保障一批”的要求，根据患病情况，实施分类救治，确保健康扶贫落实到人、精准到病，有效解决因病致贫、因病返贫问题。宣传文化繁荣发展，投入70余万元实施综合文化服务中心示范点建设和覆盖工程，推动公共文化服务体系建设。强化宣传，组建宣讲队到各村开展形势政策宣讲活动，为全镇经济社会发展营造良好舆论氛围。认真开展各项专项工作，辖区174家食品药品经营户监督检查覆盖面达到100%，出动检查240余人次。

【生态发展】 2018年，全镇扎实推进乡村生态振兴，坚决打好污染防治攻坚战，促进环境质量全面改善。开展农村生活垃圾综合整治行动，14个村（社区）共配备保洁员26名、三轮车驾驶员12名，定期不定期清扫清运农村生活垃圾，改善村容村貌。在全镇范围内开展环境卫生提升整治行动，自筹资金新购200个120升垃圾桶。用行动践行“两山论”，完成天保二期工程，完成石漠化项目和封育项目的抚育管护，启动国土绿化提升项目。加强林地管理，抓好森林病虫害防治工作，除治松材线虫病72.87公顷。做好大自然保护区和基本农田的巡查管护工作。镇、村级河长加强日常巡河，加强饮用水源管理，强化三洞水、赵元溪、窄井三座水库日常清漂管理，完成第二次全国污染源普查工作。

【基础设施】 2018年，全镇推进村级道路建设，启动坨园村通畅公路7.33千米、任家村通畅二期工程2745米、庹家村通畅公路10.86千米、新田社区新田中学桥梁建设工程。推进民生项目建设，民主村分散安置区公路硬化建设项目、新田卫生院新场分院公共设施项目建设完工，新田安置点基础设施建设项目顺利推进，新建马峰社区养老服务站，马峰社区污水处理厂、坨园垃圾中转站投入使用，对新场供水站人民隧道三洞水水库进行饮用水源地规范化建设。强化村级便民服务中心标准化建设，改扩建干河村便民服务中心，新建泉沟村便民服务中心。强化对便民服务中心文化墙的规范化、标准化建设。

农村人居环境改善

（新田镇人民政府　供图）

鞍　子　镇

【概况】 2018年，鞍子镇辖区面积125.15平方千米，辖鞍子、大池2个社区，冯家、何家、红星、金山、干田、罗家坨、大林7个村，66个村（居）民小组，总户数4785户，总人口17129人，比2017年减少0.1%，其中非农业人口107人。有耕地面积4099.47公顷，林地面积8050.6公顷。粮食产量17160吨，比2017年增产12%。经济总收入17930万元，同比增长3%，其中农业6325万元，同比增长2%；工商企业500万元，同比增长6%；农民人均纯收入10854元，同比增长0.7%；财政收入2901.68万元，同比增长4%；财政支出2901.68万元，同比增长4%。小学2所，在校学生689人，比2017年减少2%；学前儿童入学率97%。文化站1个；医院2所，病床39张，卫生技术人员36人。

【脱贫攻坚】 2018年，鞍子镇有建档立卡贫困户607户2391人，其中因学致贫243户1044人，因病致贫201户752人，因残致贫57户210人，因灾、因缺技术、劳动力等原因致贫61户212人；已脱贫498户1987人（含2018年脱贫75户281人），未脱贫109户404人；有贫困村5个（县级贫困村4个：干田村、冯家村、罗家坨村、大林村，市级深度贫困村1个：金山村），其中罗家坨村、大林村已于2015年脱贫，冯家村于2016年脱贫。2018年有驻村工作队9支，队员（含第一书记）28人，帮扶责任人145名。9个村（社）通畅路达100%。全年完成农村不安全住房改造134户、拆除重建38户，人行便道39888.1米，院坝硬化1239户90774平方米，室内及周边硬化82688平方米，新建灶台585个，改建灶台77个，新建卫生厕所1487个；全镇发放水泥44697包，石沙15351立方米，油漆19102公斤。

【经济发展】 2018年，全镇建优质水稻基地333.33公顷，烤烟66.67公顷，红薯200公顷，义务植树5000余株，豇豆基地33.33公顷，前胡基地13.33公顷、中药材56.67公顷、花椒33.33公顷，依托“苗妹香香”特色品牌新建优质大米核心基地200公顷、特色米基地26.67公顷，小米花生71.33公顷，围绕退耕还林政策发展经果林390公顷、油茶175.33公顷，发展稻花鱼、台鳅、牛蛙等特色水产养殖9.53公顷；全镇生猪存栏4612头、出栏9697头，牛存栏1390头、出栏164头，山羊存栏1650只、出栏4150只，家禽存栏36707羽、出栏49030羽，肉兔存栏1000只、出栏1000只，肉类总产量960.42吨、蜜蜂保有量2920群，能繁母猪342头全面参保，全镇科技示范户66户，新发展养殖大户47户，其中肉牛养殖大户8户，山羊养殖大户7户，能繁母猪养殖大户1户，中蜂养殖大户45户，养猪大户10户。新发展专业合作社2家，农业开发公司1家。全年无重大疫情发生。

【民生保障】 全年共发放农村低保、民政救助、节日慰问金等系列补助资金4586510元；全镇收缴养老保险635205元，参保6321人，完成县上下达任务；2018年城乡合作医疗应参保15391人，已完成参保15000人，完成比例95%以上。

【集镇建设】 2018年，完成对鞍子苗寨80余户庭院绿化、美化、亮化工程；在罗氏祠堂搭建民俗文化传习展示平台，祠堂内植入雕刻工艺品、文字图片、音响设施，添置桌椅，已经建成并投入使用；完成鞍子社区1组新街配套设施建设的立项工程；争资200余万元启动建设大池社区1组磨盘石开挖项目；争资156万元（自筹30万元）为罗家坨苗寨36户实施提档升级；利用中央外事办援助资金，实施完工一期700万元项目，二期1250万元项目已启动。

【安全稳定】 2018年，全镇排查矛盾纠纷218起，调处218起，化解成功215起，调解率100%，成功率99%，挽回经济损失58万元，实现赴渝、进京上访零目标。按照“百日攻坚”“谈心对话”“安全生产月”“打非治违”“汛期安全”“四大行动”等专题部署常抓不懈，2018年共上路200余次，检查车辆2300余辆，收罚金5万元，全年内无重特大安全事故发生。

平安镇

【概况】 平安镇位于彭水自治县西北部，东界汉葭街道，南接高谷镇，西临鹿鸣乡，北接龙射镇，距县城32千米。全镇辖区面积78.4平方千米，辖区平均海拔800米左右，耕地面积1866.67公顷，场镇面积0.37平方千米。辖5个村，1个社区；辖8个党支部，有党员269人。镇公共服务中心1个、90平方米，便民服务中心4个、1460平方米。全镇有3046户12554人，其中农业人口10287人，场镇人口3660人。镇辖区内有中心校1

所，村小学2所，在职教师87人，在校学生1241人。文化站1个，卫生院1所，村卫生室6个，病床29张，卫生技术人员16人，比2017年增长10%。有污水处理厂1座，垃圾中转站1座。有金融机构2个，即重庆农村商业银行、邮政储蓄银行。

【脱贫攻坚】 2018年年底，平安镇有贫困户457户1931人，其中未脱贫户44户148人，巩固脱贫户413户1783人，贫困发生率从2014年的12.8%下降到2018年的1.18%。全年硬化通畅公路10余千米，完成新修和维修水池230口，排查存在建筑安全隐患的农户96户，在2017年“三改”基础上，完成不安全住房整治47户（其中整治类32户，拆除重建类15户），改厨108户，改厕111户，整洁庭院创建30户。

【经济发展】 2018年，全镇生产总值达到2.4亿元，同比增长11%；完成固定资产投资7000万元；劳务收入达到3000万元，同比增长20%；居民存款余额达到1.2亿元。粮食总产量约9200吨，油菜、玉米种植同比上升7%、5%；重点围绕乡村旅游发展规划，管护油茶133.33公顷、青脆李200公顷、梨子133.33公顷、油用牡丹33.33公顷，新引进毛叶山桐子80公顷，同步推进食用菌、蔬菜（阳荷20公顷）、中药材（前胡33.33公顷、玉竹6.67公顷）、花椒13.33公顷等产业发展，为农户实现现金收入打牢基础；种植烤烟60余公顷，实现烤烟收购5.5万公斤，产值超过310万元。发展生猪养殖大户12户，其中100头生猪以上2户；肉牛养殖大户14户；山羊养殖大户9户；养鸡大户1户。生猪存栏4068头、出栏6445头，牛存栏912头、出栏528头，山羊存栏1780只、出栏2848只，家禽存栏2万羽、出栏3.6万羽，蜜蜂保有量1000余群。严防非洲猪瘟等动物疫情，注射牛口蹄疫苗1548头，羊口蹄疫苗3570只，猪口蹄疫苗9054头，免疫密度达100%；注射禽流感疫苗2万羽，检疫生猪1045头。5月25日，在平安镇平安社区花仙子广场举行2018“世界苗乡·养心彭水”爱情花仙平安游开游仪式。开园仪式活动现场举办精彩的文艺演出，在活动期间，举办健身长跑、花海寻宝、摄影比赛、特色美食展以及竞技钓鱼大赛等系列活动，促进旅游业的发展。

【社会发展】 全年全镇农村低保144户436人，城镇低保17户26人，特困对象85人，优抚对象86人，完成优抚对象信息采集120余人。开展临时救助26人次，发放救助金1.4万余元，大病医疗救助35人次15.3万元。享受重度残疾人补贴93人，贫困残疾补贴27人。享受高龄津贴289人，高龄失能津贴17人，完成敬老院装修整改工作，改善13位老人居住环境。在“7·6”洪灾中，发放救灾资金4万余元，其中农业救灾资金3.6万余元，房屋救灾资金4300元。农村计生家庭奖励扶助完成申报7人次。新增城镇就业170人以上，回引286名外出务工成功人士返乡创业就业。养老保险新参保342人，全镇累计参保5586人，居民医保参保10845人，参保率达96%。

【生态发展】 全年举办大型集中宣传教育活动2次，广播宣传50余次，书写标语40余幅。实现集中式饮用水源水质达标率100%。启用污水处理厂，保证场镇生活污水集中处理率达80%以上。加强噪声污染综合整治，环境噪声达标区覆盖率达98%。落实管护林地5488公顷，积极组织植树造林活动，森林覆盖率达65%以上。大力实施场镇清洁工程，确保村级生活垃圾收集处置率达50%以上，场镇生活垃圾收集处置率达100%。

【安全监管】 全年开展安全专项整治15次，销毁黄标车3辆、设立村级路警示标牌70余处，检查车辆1000余台次，在2018年安全工作中获全县安全生产先进单位。持续巩固信访稳定，全年共调解纠纷214件，调解成功214期，调解成功率100%。矛盾纠纷排查30件，预防纠纷30件，受理信访30次。加强社区矫正工作，完善一人一档，接收矫正7名，接触矫正2名。信访稳定工作获全县先进集体。加强扫黑除恶治理，张贴布告120份、悬挂标语50条、发放宣传资料1万份、召开院坝会280次、推送短信180条、制作举报箱8个、发放调查问卷3200份，走访重点人群50余户。做到扫黑除恶宣传发动不漏一户、人人知晓。

【城镇建设】 2018年，平安镇加强C、D级危房改造、“三改双硬化”工程。严把农户规划审批管理，拟定平安“十三五”用地规划，完成2018年危房改造申报工作。开展建设施工领域安全生产“两防”专项整治，清理违法建筑2宗，发放责令停建通知书2份。抓实环境污染治理工作，投资800万元启动场镇污水管网整治配套设施建设，落实生活垃圾长效保洁24人，公益性保洁17人。设立分散式饮用水源保护区5处，清查辖区企业22家，纳入污染源普查13家；建立环境卫生提升包租、干部定点包干责任制，完成畜禽养殖废弃物资源化利用（一场一档）录入31户。市政维修井盖13个、路灯5处，2018年宅基地复垦16余户，异地扶贫搬迁户收储3户。

长 生 镇

【概况】 长生镇位于彭水自治县中部，东抵桑柘镇，西接保家镇，南邻岩东乡，北连乔梓乡，辖区面积56.5平方千米，距县城35千米，辖3个社区26个居民小组，3165户、10237人，人口密度181人/平方千米。集镇面积9.4公顷，集镇人口1817人。耕地面积1639.5公顷，林地面积3467.97公顷，退耕还林面积262.4公顷。粮食产量9470吨，比2017年增长2.2%。经济总收入1.21亿元，比2017年增长7.1%，其中农业收入2410万元，比2017年增长6.1%，务工收入8962万元，比2017年增长9.6%；工商企业728万元，比2017年增长5.2%；农民人均纯收入11647元，比2017年增长9.5%；财政支出1498.3万元，比2017年增长19.01%。机关在职职工25人，公共服务中心1个，便民服务中心3个，文化站1个，小学2所，幼儿园1所，在校学生338人，学前儿童入学率100%。村级卫生服务站3个，医院1所，病床18张，卫生技术人员10人。全年信访积案、民事纠纷调解率和成功率均为100%。全年道路安全检查400余次，杜绝重特大安全生产事故发生，死亡事故为零。连续保持“市级卫生乡镇”“市级平安乡镇”“最佳休闲纳凉避暑乡村”等市级称号。

【脱贫攻坚】 全镇有建卡贫困户489户2021人，2018年脱贫67户260人，未脱贫户57户203人，贫困发生率为1.9%。长生镇坚持在扶贫对象识别上落实精准要求。聚焦“贫困户、低保户、非建档立卡而生活困难的群众”三类群体，坚持网上大数据核查与脚下进村入户调查相结合，加强贫困人口动态监测和全程跟踪管理，杜绝“错评”“漏评”“错退”。在项目安排上落实精准要求，坚持“一村一策、一户一法”，完善“村规划”“户办法”，深入推进交通、水利、电商、乡村旅游、就业培训、环境改善等精准扶贫行动，建好精准扶贫项目台账，实施清单式管理。在对照“1+23工作方案”的基础上，继续抓好整治不安全住房与改善人居环境；加大对已启动的脱贫攻坚“全覆盖”饮水工程跟踪督导，确保工程按时按质完成；推进村组公路建设，实现通畅公路全覆盖，行政村、通达公路覆盖村民小组。在资金使用上落实精准要求，以规划为引领，以项目为载体，科学统筹涉农资金推进脱贫攻坚，强化以脱贫攻坚效果为导向的资金分配方式，确保资金精准、安全、高效使用。在帮扶措施上落实精准要求，坚持一户一本台账、一户一个脱贫计划，针对主要致贫原因，深化结对帮扶、产业扶贫、教育扶贫、健康扶贫、危房改造、基础设施、生态保护、转移就业等帮扶措施精准到村到户到人，确保每一个贫困村、每一户贫困户都有符合自身实际的精准帮扶措施。在干部选派上落实精准要求，坚持人岗相适，对三个社区第一书记、驻村工作队进行调整，严格执行全脱产，进一步优化帮扶力量。加强考核管理，严肃问责不作为、慢作为、乱作为。在脱贫成效上落实精准要求，严格扶贫工作要求和贫困退出标准，强化评估、检查、验收，实行逐户脱贫销号、逐级审核审查，加大监督考核和执纪问责力度，镇党委每个季度对各社区进行督查考核，给每个社区分别拿出4000元工作经费进行奖励。坚决杜绝“假脱贫”“被脱贫”“数字脱贫”。建立完善扶贫后扶机制，加大脱贫成果巩固力度，加强对已脱贫的贫困村、贫困户跟踪管理帮扶，持续增强“造血”功能，防止出现返贫现象。

【经济发展】 2018年，全镇农作物播种面积1726.67公顷，实现产值2410万元。其中，粮食种植面积746.67公顷，薯类及杂粮种植面积646.67公顷；种植优质油菜333.33公顷；种植烤烟70.13公顷，累计收购烟叶12.1万公斤；种植观赏性荷花30公顷；发展黄桃33.33公顷；种植辣椒26.67公顷；种植药用百合6.67公顷；养殖中蜂500群；833.33公顷经果林长势良好；实现生猪、土鸡、山羊、肉牛存栏分别为：5400头、15000羽、1200只、200头，新发展大户4户，成立经果林合作社4个，村级集体经济组织3个，农业生产协会5个，发展电子商务平台2个，200余户群众与寻农记签约，全面推进农副产品产销对接。

长生镇观赏性及食用性荷花种植基地
（长生镇人民政府 供图）

【基础设施】 2018年，全镇改扩建组级公路12.3千米，维修整治公路21.6千米，硬化公路8.6千米，新建人行便道3.03千米；实施人畜饮水工程13个，维修整治饮水工程4处；完成改住房整治类380户、改住房重建类32户、改厨269户、改厕310户；增加1辆小型垃圾车、12个垃圾箱体（5立方米）、200个垃圾桶（240升）、3辆垃圾三轮车；场镇污水处理厂投入运行。

【人居环境】 2018年，全镇围绕签订一张责任状、开展一次大扫除、成立一支清扫队、打造一个示范点、落实一个监督岗“五个一”全力抓好农村环境卫生工作。层层签订责任书，层层落实工作责任，实现保洁工作全覆盖。全年共开展大扫除活动75余次，出动人员1250人次。对全镇14名保洁员、20名公益岗、26名生态护林员实行分片作业、定时保洁，分别由社区统一管理、量化考核。投入资金8万余元，对辖区主干道白色垃圾和杂草、场镇历史垃圾和破损的店招店牌进行全面清理。在每个社区打造1个环境卫生示范点，积极推行垃圾袋装化和分类处理。结合农村党员设岗定责工作，每个组推选2名思想素质好、党性原则强、影响力较大的老党员作为环境卫生义务监督员，有力促进工作落实，全镇人居环境得到改善。

【民生保障】 全面落实易地搬迁政策，完成易地扶贫搬迁任务数112人，易地扶贫搬迁意愿搬迁户25户117人，完成16户87人。落实健康扶贫政策，完成全镇贫困人口、特扶对象、特困人员等2287人次的家庭医生签约服务工作，成立3个全科团队（每个团队由临床医生、护士、公共卫生科医生、村医生组成）。住院共报账1063人次，产生住院费用278.35万元，其中新农合及民政救助报销190.99万元，市级健康扶贫基金报销15.6万元，精准脱贫保报销9.49万元，县级健康扶贫资金报销40.22万元，合计报销256.32万元，报销率达92.09%。落实教育扶贫政策，一次性资助特困大学生入学补助7人，一次性资助建卡大学生25人，补助资金12.5万元，长生小学补助学前教育36人次，补助生活费1.15万元；补助义务教育157人次，补助生活费5.49万元。落实兜底保障政策，全镇在册低保105户260人，其中农村低保83户107人。发放低保资金131.57万元，发放临时救助资金19.31万元，发放被子75床，发放衣服63套。

龙溪镇

【概况】 龙溪镇位于彭水自治县东部，东界黔江区沙坝乡，南接大同镇，西临走马乡，北接郁山镇，距县主城64千米。全镇辖区面积81.227平方千米，场镇规划面积1.2平方千米，建成区面积0.56平方千米。辖7个村，1个社区；辖9个党支部，有党员344人；镇机关在编人员32人。建成镇公共服务中心1个、280平方米，便民服务中心8个、2780平方米。2018年年末，户籍人口15809人，其中农业人口13829人，场镇人口1980人。全年财政收入2292.75万元，其中财政拨款收入2280.75万元，其他收入12万元，农民人均纯收入9902元。

镇辖区内有小学6所，即龙溪镇中心小学校、漆树村小学、老桥村小学校、如榔村小学校、黄岭村小学校和灯光村小学校。在校学生693人，在职教师69人。卫生院1所，在编职工16人，核定床位20张，全年医疗业务总收入340万元，其中医疗收入102万元。全年出生人口152人，符合政策生育率98%。有金融机构1个，即重庆农村商业银行龙溪营业所。2018年，龙溪镇以“全国重点镇”建设为抓手，立足城乡面貌改善，加快小城镇基础设施建设步伐，完善城镇功能，完成场镇规划编修。更换路灯156盏，建成垃圾压缩站1座，购置垃圾箱体24个和垃圾收运车13辆。

【脱贫攻坚】 2018年，龙溪镇推进“造血”扶贫向纵深发展，将个体精准扶贫与产业扶贫相结合，精准施策、精准发力。用好用活精准扶贫贷款347万元，帮助81户贫困户发展种植、养殖等产业，户均增收0.5万元以上。加快实施秘本南瓜、香葱、食用菌等特色效益农业，巩固发展畜禽养殖等传统农业，转型挖掘稻田养泥鳅等生态产业，稳步实施香椿、油茶、蜜柚等退耕还林产业，强力实施电商扶贫产业，逐步探索与毗邻的黔江区白土乡抱团发展乡村旅游等新兴产业，建立起公司与贫困户和村级集体经济组织的利益联结机制，努力拓宽群众增收和村级集体经济组织增值的渠道。扎实推进贫困人口住房安全和人居环境整治工作，完工2018年度C、D级危房改造计划15户，以漆树村为重点，持续推进“三改”工作，新增改厕194户、改厨143户、不安全住房改造71户。开展教育精准脱贫各阶段相关资助政策宣传工作，切实解决好域内适龄儿童在临近区县就读未享受义务教育资助的问题，全面落实健康扶贫政策，健康扶贫报账923人次，健康扶贫救助21.9万余元。加快推进饮水全覆盖工作，全镇共规划工程点183处，已完工145处。启动以漆树村为重点的通畅公路建设18千米。2018年，实现脱贫236户815人，易地搬迁12户54人。

【经济发展】 2018年，全镇辖区内非公有制企业12个，从业人员103人，总产值0.14亿元。农业总产值3562万元，同比增长2.7%；粮食总产量7325吨，同比增长3.8%。农业基础设施不断完善，全镇人饮工程实现全覆盖。加快土地流转，种植优质蔬菜60.66公顷，拓展群众致富增收渠道。发展特色产业壮大村级集体经济，因地制宜发展主导产业，建立完善与贫困户利益联结机制。新增村集体经济组织3个，漆树村生态农业种植、周家坝社区百合基地26.67公顷、龙嘴村蛋鸡养殖、灯光村泥鳅养殖和黄岭村红薯种植项目已初步成型。结合退耕还林政策，完成油茶、油桐、花椒、杉树等栽种533.33公顷。

【社会发展】 全年全镇享受奖励扶助政策5人，办理165人独生子女父母增发养老金，15196人建立城乡居民医疗保险信息档案，城乡居民参保率达95%以上，城镇新增就业人员完成目标任务100%，城镇登记失业人员完成目标任务100%，城镇就业困难人员完成就业任务100%，农民工创业就业回引率98%，全年发放各类抚恤金、优待金及临救资金40.26万元，发放206名80岁以上老人营养补助26.4万元，打卡发放五保金102.196万元，发放孤儿、困境儿童生活费4.8万元和60周岁以上的农村籍退役士兵生活补助11.298万元。大力促进基本公共卫生服务均等化，新农保实现全覆盖。抓好“三查一治”工作，妇查率98%，新型农村合作医疗保险参保人数14359人，缴纳2664040元，政策减免3281人（其中低保1126人，残疾人68人，建卡贫困户1794人，特困人员121人，计生优抚对象129人，重病患者40人，退役军人1人，孤儿2人），让农民真正得到实惠。完成2018年义务教育的各项目标阶段性任务，保证适龄儿童按时入学，做好“希望工程圆梦行动”，注重师资队伍建设，教育质量稳步提高。

【生态发展】 2018年，全镇扎实推进生态环境保护和生态文明建设。巩固绿化建设成果，全镇森林覆盖率64%以上，建立长效管护机制，做好天然保护林的林木管护，完成造林737公顷。加强污染源的监管，开展生态环保巡查150次，完成室内改厕任务85%以上，做好小流域治理、人畜饮水改造项目。开展环境综合整治，抓好8个村的环境连片整治，加强农村饮用水源保护、污水和生活垃圾处理，为各村设立垃圾箱、垃圾桶，落实保洁人员，做到生活垃圾及时清理，实现村容整洁美观。

梅子垭镇

【概况】 梅子垭镇位于彭水自治县东南部，东接黔江区石家镇，南接酉阳自治县浪坪乡，西临鞍子镇，北接诸佛乡，距县城68千米。2018年年末，辖6个村，1个社区，42个村民小组；辖区总人口15614人，其中农业人口14905人，城镇常住人口507人；辖区总面积86.4平方千米。境内最高点海拔930米，最低点海拔650米。属亚热带季风气候，四季分明，日照充足。年平均气温15.2℃，年平均降水量1150～1300毫米之间。境内河道属乌江流域，主要河道由南向北，经梅子垭镇东北部出境如诸佛乡，其中干溪河东源亦出自辖区中部，两岔河和小浩河两条小河是诸佛江的主要支流。镇辖区内有中小学2所，即梅子垭中学、梅子垭小学，中小学在校学生共1477人；卫生院1所，即梅子垭中心卫生院，有金融机构2个，即农村商业银行营业所、邮政储蓄银行营业所。

【脱贫攻坚】 2018年，梅子垭镇推进“造血”扶贫向纵深发展，将个体精准扶贫与产业扶贫相结合，精准施策、精准发力。用好用活精准扶贫贷款和产业扶贫资金，帮助贫困户发展种植、养殖和个体经商等产业，帮助贫困户脱贫越线。充分发挥“党委带领、支部带动、党员带头”的示范作用，以“支部创带工程”为抓手，通过“支部（干部）+公司（基地）+农户”模式，坚持把产业发展作为群众致富的路子，其中合力村种植中药材20.47公顷，盖坪村养殖石斑蛙0.53公顷，甘泉村种植木耳4.87公顷，佛山村种植羊肚菌3公顷，梅花社区种植辣椒27.2公顷，两河村经果林27.33公顷，10余个示范项目基地已基本建成，有效带动面上贫困户增收，壮大村级集体经济。完成佛山村农旅融合公路建设，启动梅花社区通畅路建设共计8.4千米；新添置垃圾桶153个，垃圾箱10个；新修建水池7口，主体已完工24口；完成院坝硬化102户9123.69平方米，人行便道34户1208.3平方米；新建设集中安置点，占地0.91公顷，规划建设35套安置房，人均面积25平方米；C级危房改造2户，D级重建2户，完成改厕150户，改厨80户，不安全住房整治158户，拆除重建26户。2018年，共计实现脱贫94户365人。

【经济发展】 2018年，全镇经济总量突破1.5亿元大关，同比增长10.8%；财政收入在烤烟减产减税的艰难形势下，实现税收305万元，同比增长11%；农民人均纯收入突破11000元大关，达到11300元，同比增长9.9%；银行机构存款余额稳定在1.25亿元以上。2018年，粮食作物总播面达2000余公顷，粮食总产量稳定在8400吨以上；计划种植烤烟1533.33公顷，100%完成下达计划；种植优质辣椒186.67公顷，收购辣椒900吨，总产值230余万元；引导农户从松散型向集约型、从小微型向规模型转变，全镇猪、牛、羊存栏、出栏总量与去年同期相比增长5.7%，新发展规模养殖场3个，家庭农场15家，规模效应逐步显现。

【社会发展】 2018年，全镇共有11820人参加城乡居民医疗保险，参保率90%以上，其中建卡贫困户100%参保。完成2018年义务教育各项目标阶段性任务，保证适龄儿童按时入学。抓好“三查一治”工作，组织开展妇女健康检查300余人次，育龄妇女生育健康检查70余人次。按时申报并发放低保、临时救助、高龄补贴、大病医疗等，使政策全面落实到位。完成退役军人信息采集工作，慰问、悬挂光荣牌218户，覆盖率达100%。

【生态发展】 2018年，梅子垭镇树立“绿水青山就是金山银山”的理念，全年退耕还林266.67公顷。污染防治扎实有效：采取责令沙场停产、清理河道垃圾等多项措施，切实加强水环境监管；整治散乱污企业，切实抓好节能减排，做好大气污染防治等。“河长制”全面实施：主干河流及其支流按照分级负责、属地管理、条块结合、全流域包干的管理体系，全部实现每条河流都有人管理，都有人负责，“河长制”实现全覆盖、无遗漏。2018年，不断挖掘和传承本地民俗文化，积极打造“五个一”（一寨一馆一酒一歌一剧）民族文化品牌，即：建好一个国家级传统村落、少数民族特色村寨佛山寨；管好一处重庆知青档案陈列馆；做好一杯苗乡糯米酒；唱好一首梅子山歌；拍好一部电视连续剧《深山仁心》。通过这一寨一馆一酒一歌一剧的提升与打造，为梅子垭镇旅游文化发展打下良好基础。

【安全稳定】 全镇落实“党政同责、一岗双责”的安全生产责任制，严格落实安全生产工作；2018年，分管领导负责安全工作的总牵头，抓好会议贯彻落实、制度建设、监管台账、资料收集、考核督查，确保安全事故零发生；深入开展安全生产“大检查、大排查、大整治”活动，全年开展安全专项检查157次，安全生产形势保持平稳，无安全事故发生。认真做好防火、防汛、防疫、环保、大气污染防治、节能减排、食品药品、禁种铲毒、信访稳定等工作，社会和谐稳定的良好局面得到进一步巩固和发展。

太 原 镇

【概况】　太原镇位于彭水自治县北部，东界普子镇，南接棣棠乡，西临石柱自治县龙潭乡，北接石柱自治县马武镇，距县主城65千米。全镇辖区面积98.86平方千米，耕地面积20.38平方千米；集镇建成区面积4.4平方千米。辖3个村，1个社区；辖6个党组织，有党员264人；镇机关在职人员27人。建成镇公共服务中心2个、120平方米，便民服务中心4个、400平方米。2018年年末，户籍人口12482人，其中农业人口8509人，场镇人口3973人。全年财政收入1839万元，为年度预算的100%。农民人均纯收入11628元。镇辖区内有小学2所，即太原镇小学校、太原镇高桥完全小学校。小学在校学生940人，在职教师55人。太原镇卫生院在编职工16人，核定床位22张，全年医疗业务总收入386万元，其中医疗收入216万元。有金融机构2个，即重庆市农村商业银行太原分理处、中国邮政集团太原邮政所。

【脱贫攻坚】　2018年，太原镇严格程序民主评议，做好扶贫动态管理，2018年，整户新增17户63人，自然增加51人，自然减少122人。针对全镇建卡贫困户505户2036人实现全覆盖结对帮扶，针对贫困户贫困程度，全体领导干部投身一线，开展“大走访、回头看”，做到户户见面、户户了解、因户施策、逐户建档，紧紧围绕贫困户“两不愁三保障一达标”内容，深入农户查找问题，梳理出涉及10个类别的问题91个，及时研判，建立台账，销号管理，责任到人，限时整改落实，拟定贫困户走访重点内容14项，发放政策宣传资料2000余份。提升业务素能，镇党委每月召开2次以上扶贫专题会议研究工作，将扶贫工作站作为扶贫政策宣传落实主阵地，常态化组织开展扶贫专题培训，全年累计开展13次，并邀请县有关部门针对贫困户开展电商扶贫、劳动技能、种养殖技术服务专题培训11场次，累计培训800余人次。全年实现高质量脱贫55户206人。

【经济发展】　2018年，全镇多渠道发展集体经济项目。麒麟社区用活集体产业发展资金，以入股分红的方式，投入10万元集体资金到纯菜油加工厂，为集体经济创收。区阳村争创碧水清泉特色农旅AAA级旅游景区，完善配齐各项基础设施，促进碧水清泉冷水鱼养殖基地转型升级发展，实现分红3.36万元，农户分红5.04万元。花园村开发设施农业，完成建成100个种植大棚，9公顷淡水养殖基地。挖掘优势探索新兴产业，结合太原的水文优势，依托扶贫小额贷款资金政策，引导贫困户发展石蛙养殖，现已建成养殖室9个，存栏种蛙1000只，规划启动石蛙养殖基地0.67公顷。争取产业政策支持，逐步实现每个村1—2个特色优势产业，协调推进麒麟社区、高桥村66.67公顷粮油基地与33.33公顷中药材基地建设，实施区阳村荷花池项目建设。绿色发展农旅产业，立足于乡村振兴战略，引导碧水清泉冷水鱼养殖基地开拓农旅项目，发展休闲生态旅游、冷水鱼特色餐饮，基地风貌改造和餐饮住宿建筑已建成投用，冷水鱼特色景观区已建设成型，全年实现旅游收入106.4万元。全镇大力实施退耕还林项

碧水清泉冷水鱼养殖基地

（太原镇人民政府　供图）

目，全年退耕还林466.67公顷，种植油茶400公顷，核桃地33.33公顷，黄柏33.33公顷，促进经济、生态效益双提升。2018年，成功举办“2018·世界苗乡·养心彭水·鲟缘邂逅太原游—乡村旅游助推脱贫攻坚系列活动”。活动内容包括民俗文艺晚会、片区教职工篮球运动会、农夫集市、脆红李观光采摘、太原红色旅游景点等，活动以电商为载体，深入实施城旅、农旅、商旅、文旅融合，以乡村旅游推动脱贫攻坚，努力把乡村旅游打造成农民增收和新农村建设的新亮点。

【社会发展】 2018年，太原镇社会福利全面保障。居民养老保险参保6382人，2636人领取养老金，领保人员指纹采集率100%；城乡居民医疗保险参保11653人，参保率达95%；发放社会保障卡11354张，发放率达90%。开展免费孕前优生健康检查、唐氏综合征筛查。发放临时救助金181319元、低保金1627583元、五保金46.8万元、四类人员补助金294050元。卫生计生全面覆盖。全面落实公共卫生医疗服务，建立健康档案，举行健康咨询4场次，发放宣传资料8500余份，全面落实新生儿访视制度，发放儿童营养包，预防接种率达95%。加强医疗队伍建设及人才培养，派送医生到县级医院挂职学习，定期对村医进行培训。落实计划生育家庭一帮一责任制度，申报15个农村计划生育家庭奖励扶助对象，全面推进网上办事。开展计生赶场4场次，发放宣传单7000余份。文化宣传全面展开。制作太原宣传片1部，报送太原镇信息64期，被《彭水日报》刊发58篇，彭水电视台采稿10篇，重庆农业频道报道2篇。计生、社保、林业、村建、安全等集中宣传30余次；通过新浪微博发布信息375条，新浪博客关注8000余人次。积极参与万人同跳踩花山和万人同唱娇阿依活动。开展送书法进农家、全民文化普及、知识讲座及培训等活动，群众文化自主增强，表现形式自发多样。

【基础建设】 2018年，太原镇加强人居环境改造。全年硬化入户人行便道1572米，硬化院坝10595平方米；实施易地扶贫搬迁14户56人；竣工并验收三改项目744户，其中不安全住房434户，改厕211户，改厨99户。抓牢水利设施建设，投资641万元，进行118处工程点“人饮全覆盖”工程建设，解决辖区1967户8467人（其中贫困户319户1306人）安全饮水问题。建设花园村1组渠堰整治建设项目和花园村大灌区建设项目；启动实施花园村旗帜水库整治项目；完成区阳河堤整治项目。狠抓道路交通建设，全镇通达路49.2千米，通畅路67.5千米，小组通达覆盖率90%。建设高桥村、麒麟村通达公路5.4千米，疏通公路垮塌7次，维修整治水毁公路3处，投入公路养护45千米，落实养护人员9人；完成花园村曾家坡至干田坡4.6千米通畅公路前期准备工作；开工建设高桥村电站至林场9.18千米通畅公路项目。

大　同　镇

【概况】 大同镇位于彭水自治县东部，东与黔江区新华乡、白土乡接壤，南以桐楼乡为邻，西靠桑柘镇，北以走马乡、龙溪镇为界，距县城63千

大同镇俯瞰图

（大同镇人民政府　供图）

米，全境平均海拔1300米，多平坝和丘陵；全镇辖区面积50.21平方千米，耕地面积1566.6公顷，林地面积1950.08公顷，集镇面积0.39平方千米。辖3个村，1个社区；辖5个党组织，有党员149名；镇机关在编人员28人。2018年年末，户籍人口8607人，场镇常住人口3550人。2018年，农村居民可支配收入达8942元，同比增长11.2%；银行存款1.3亿元，贷款900万元，基础设施建设配套费94935元，耕地占用税35430元。镇辖区内有小学1所，即大同小学，有在校学生963人，在职教师57人。大同卫生院在编职工8人，核定床位14张，全年医疗业务总收入135万元，其中医疗收入72万元。有金融机构1个，即农村商业银行小厂支行。

【脱贫攻坚】　坚持精准识别精准退出。全镇有建卡贫困户336户1390人。其中已脱贫307户1280人，未脱贫29户110人。2018年脱贫31户132人。不断完善扶贫工作体系，全面落实“双组长”扶贫工作领导机制，镇党委每月研究1次脱贫攻坚工作，每月听取1次驻村工作队工作汇报。实行领导包村、职工包组、帮扶责任人包户的三级帮扶责任体系。强化扶贫领域专项治理，深入开展扶贫领域腐败和作风专项治理、社会经济组织骗取财政补贴专项治理、C、D级危房改造问题专项治理等一系列扶贫领域专项治理工作，强化扶贫执纪问责。积极落实各项扶贫政策，深入实施健康扶贫，全镇贫困户基本合作医疗保险和精准脱贫保实现全覆盖，实施大病救助25人次10.66万元，医疗二次报销累计849人次49.25万元，其中2018年报销386人次，报销金额16.6万元。建立健康档案8512份，发放健康卡1339张，签约率达100%。精准实施易地搬迁，2016年以来累计搬迁贫困户19户64人，搬迁补助全部兑现到位，其中17户已签订宅基地复垦或整宗房收储协议。积极落实就业扶贫措施，开展贫困人口种植、养殖、林业技术和乡村旅游、烹饪技术培训160余人，为贫困户落实公益性岗位18人、生态护林员岗位24人，助推贫困户稳定脱贫致富。

【经济发展】　大同镇稳定烤烟支柱产业。2018年种植烤烟538.53公顷，53户贫困户实现收入446万元。严防畜禽病疫防控防治，畜牧业稳定发展。全年存栏生猪2200余头、牛1200余头、山羊2500余只，发展中蜂400余群，实现畜牧业产值2000余万元。特色产业发展迅速，种植高山蔬菜133.33公顷，经果林233.33公顷，中药材33.33公顷。解决70余户贫困户就近务工实现增收。乡村旅游日益活跃，凭借地域优势打造避暑纳凉人家、院落，接待游客1000余人次。劳务经济持续向好，全年劳务输出约1600人次，实现务工收入约3200万元。集体经济从无到有，大厂社区率先成立欣康旅游开发有限公司，当年实现收入2万元。

【社会发展】　2018年，大同镇认真做好优抚工作。对132名退伍军人进行逐一检查认定，录入系统。做好城乡居民基本养老保险工作。建卡贫困户、计生优抚对象、低保户、五保户、孤儿等合作医疗参保率100%。养老保险参保3648人，缴费362080元。卫生事业稳步推进。完成33名奖扶对象审批工作。全年孕前优生检查16对、农村

“世界苗乡·养心彭水”首届高山避暑纳凉暨大同镇乡村旅游文化节

（大同镇人民政府　供图）

妇女宫颈癌检查100人次。文化事业健康发展。组队参加全县“一节一赛”踩花山节。组织举办“世界苗乡·养心彭水”首届高山避暑纳凉暨大同镇乡村旅游文化节“多彩大同杯”2018年首届门球邀请赛、第二届象棋公开赛等文体活动，集聚人气、丰富群众文化生活。民生保障不断提高。发放低保、五保、临时救助、高龄失能补贴等特殊困难群体资金217.98万元，为60名残疾人办理“两项补贴”，组织残疾人参加职业技能培训，发放残疾人辅助器械25件。乡风文明工作取得大进展。开展“文明新风进农家”活动，评选出示范文化9户，“五好文明家庭”10户，“科技示范户”9户，“最美庭院”20户。开展“美德在农家”评选活动，评选“明理公婆”“孝顺儿媳”“巧手农家女”“勤劳之家”“文明之家”代表25户。认真做好武装征兵工作，顺利完成18周岁适龄青年兵役登记任务和征兵任务。

【安全稳定】 2018年，全镇校园及周边治理有效。开展2018年春季秋季校园及周边社会治安综合整治专项行动，全面净化校园及周边社会治安环境，确保全镇校园安全稳定。矛盾纠纷排查调处有力。矛盾纠纷排查497件、其中典型案例1件，调解案例3件、口头申请496件、书面申请1件。通过排查，各类矛盾问题基本得到妥善解决。扫黑除恶和禁毒工作开展有序。共发放宣传资料1500份、张贴标语15幅，粉刷固定标语6条。通过全面摸排，未发现有黑恶势力。对全镇范围内种植作物进行逐一排查，未发现罂粟等违法作物。法治信访建设推进较好。镇信访办接访231件，按照信访条例认真接待和处理每一件信访件，认真作了答复和处理，其中镇领导下访接访数64人次，一般信访件数10人次，办结率95%。通过电子信息平台诉求件，发生网络舆情及在线民声诉求40件，均按期回复、办结，并书面进行上报。安全隐患排查治理有效。累计检查生产经营单位或场所147个次，检查人数总人次607人次，查出安全隐患37项，整治安全隐患37项，下达责令整改书2份，罚款1万元。全年辖区内无重特大安全事故，社会实现和谐稳定。

【村镇建设】 大同镇路网密度逐年加大，全镇完成24.3千米通畅公路建设。人饮实现全覆盖规划，全镇规划37个工程点（水池、管网或取水口），完成管道安装35000米。人居环境不断提升，实施“三改双硬化”（改房、改厕、改灶，硬化入户便道和院坝）改造，累计完成改房132户，改厕542户，改厨320户，院坝硬化669户，入户便道27千米。阵地建设得到加强，启动大厂和龙门村级服务阵地新建和马驴、大河村级服务阵地改造，服务功能得到完善。完成镇社保大厅和敬老院的改建，充分发挥窗口作用，群众办事更加便捷。土地整治推进有力，投资580万元对大河村土地进行综合整治，不断提高土地综合利用效率。清洁行动持续显效，投资49.8万元完成大同镇垃圾压缩中转站建设。建立村内卫生日常保洁机制，推行“户收集、村集中、镇转运”的生活垃圾收集处理方式。全镇垃圾清运系统实现全覆盖，村容村貌更加整洁干净。

鹿 鸣 乡

【概况】 鹿鸣乡位于彭水自治县西北部，东界平安镇，南接高谷镇，西临武隆区沧沟乡，北接武隆区火炉镇，距彭水县城28千米。全乡辖区面积132.1平方千米，耕地面积3091公顷，场镇面积12平方千米。辖10个村、58个村民小组，便民服务中心10个。辖11个党组织，有党员411人；乡机关在职人员38人。2018年年末，户籍人口18985人，其中农业人口16969人，场镇人口2016人。农业总产值16178万元，农村居民人均可支配收入8521元。一般财政公共预算收入2442.18万元。乡辖区内有中小学4所，即鹿鸣中心校、合理完小、马金希望小学、向家希望小学，中小学在校学生1147人，在职教师91人。鹿鸣乡中心医院现有职工21人，其中在编职工17人，核定床位25张，全年医疗业务总收入350万元，其中医疗收入270万元。2018年出生人口158人，符合政策生育率93.4%。有金融机构1家，即重庆农村商业银行鹿鸣支行。

【脱贫攻坚】 2018年，鹿鸣乡严格按照“四进、七不进、一出、三不出”的工作方法，重新核查全乡所有贫困人口、非贫困人口以及低保、五保、残疾等特殊对象，做到应进则进、应退则退，坚决纠正错评、漏评、错退等现象。新增识别贫困户1户3人，返贫2户6人，人口自然增加51人，自然减少55人，全年实现105户460名贫困人口脱贫，贫困发生率降至1.8%。新增通畅公路6.64千米、通达路1.87千米，实现100%村通畅，100%组通达。投资1349余万元，规划人饮工程全覆盖共计176处，工程完工率达95%。建设验收人行便道63.46千米，硬化院坝144283.02平方米，硬化室内及房前屋后141436平方米，涉及农户2336户。新建和改造灶台446户，新建和改造厕所734户，房屋挡墙封砖9770.6平方米，新建化粪池22个，危旧房改造465户。累计完成易地扶贫搬迁259户1135人，农村宅基地收储、复垦768户，C级改造385户，D级建设165户，拆除重建36户，实现全乡住房安全得到保障。积极开展贫困家庭义务教育资助，全乡无义务教育阶段学生因贫辍学，完成新建中心校综合运动场0.67公顷征地工作。贫困人口100%参加基本医疗保险和养老保险，家庭医生签约率100%，贫困患者住院费用自付比例低于10%。聘用公益性岗位保洁员36人，生态护林员68人。发放金融扶贫贷款403户1985万元，为贫困户产业发展增加收入提供了资金保障。

【经济发展】 2018年，围绕“盯紧市场壮大传统产业、创新培育新兴产业”的发展思路，全乡共播种农作物面积4113.33公顷，其中粮食作物2993.33公顷，经济作物1120公顷。完成128.47公顷烤烟种植，产值645万元；注重畜禽疫病防控重要环节，引导农户大力发展以生猪、山羊、肉牛、土鸡、蜜蜂为主的畜禽产业，促进群众增收致富，实现畜牧产值3434.69万元；采取“合作社+大户+散户”的发展模式，实现贫困户持续稳定增收。发展漆园村高山生态蔬菜133.33公顷；结合退耕还林政策，在万年村实施红椿种植86.67公顷；在万年、马金、龙田三个村实施青脆李种植126.67公顷、响壳李33.33公顷、猕猴桃26.67公顷、草莓葡萄3.33公顷种植；结合资源优势，继续壮大传统畜牧产业，发展生猪大户1户、肉牛大户1户、山羊大户3户、蜜蜂大户8户，同时在向家村、马金村大力发展淡水养殖产业，现有龙虾、青蛙养殖合作社4个且产业效益良好，全乡规模养殖户达到45户。农业总产值16178万元，粮食总产量9964吨。

【社会发展】 2018年，全乡不断完善社会保障体系，及时足额规范发放各类惠民惠农财政补贴资金。完善城乡居民养老保险制度，不断扩大城乡居民养老保险覆盖面，参保人数2678人，缴纳社保金86.08万元，享受养老保险金达2915人。医疗保险参保15566人，筹资金额206.498万元，参保率94%，“四类人群”参保率达100%。完善城乡低保及救灾救济机制，低保实行动态管理，实现应保尽保，全年为285户771人城乡低保人口发放低保金2869768元，为235户困难群众发放冬令、春荒救济金7万元，为41户困难群众申请发放临时救济金13.18万元，为66人民政定补对象、45人60岁以上退役士兵发放优抚金77余万元。全年发放高龄津贴5503人次、64.18万元。为122人特困人员发放补助金89.7万元。大力促进基本公共卫生服务均等化，全面改善就医环境，免费为458人农村妇女宫颈癌筛查和60人孕前优生健康检查。新增申报奖扶对象6人，全年发放奖扶特扶补助金151人次185280元，人民群众的幸福指数在更加有力的社会保障中进一步提升。

【生态发展】 2018年，全乡大力开展生态环保治理，农村生活环境生态质量持续提升。巩固绿化建设成果，全乡森林覆盖率达69%。建立长效管护机制，做好天然保护林的林木管护。加强污染源的监管，开展生态环保巡查60余次，全面完成畜禽养殖场无害化改造。持续开展环境卫生综合整治，加强农村饮用水源保护和污水生活垃圾处理，为各村设立垃圾箱、垃圾桶，落实保洁人员，新增垃圾运送三轮车12台，做到生活垃圾及时清理，实现村容整洁美观。场镇污水管网及污水处理厂一期工程完工并投入使用。全面推行“河长制”，每条河流落实1名乡级河长，1名村级河长，针对管治难度较大的木棕河新增河道清洁员1名，加强中小河流管护与治理。

【安全稳定】 2018年，全面开展“扫黑除恶专项整治活动”加强社会治安综合治理，狠抓信访维稳工作。通过网格化管理信息服务平台，有力推动综治维稳和平安创建工作水平；充分利用鹿鸣场镇及学校等场所开展综治专题宣传活动8次，发放宣传资料6000余份，LED长期宣传，接受群众咨询1000余人次。认真落实领导干部下访接访制度，全年接访群众400人次，下访群众200余户、300余人。强化矛盾纠纷及不稳定因素排查化解，排查各种矛盾纠纷200余件，成功调处190余件，矛盾纠纷化解率95%，处理化解历史遗留问题3件，切实维护群众合法利益，2018年鹿鸣乡综治信访稳定工作被县上评为先进单位。严格落实安全生产主体责任，切实抓好道路交通、危险化学品、防汛、地质灾害等领域及人员密集场所的安全隐患排查治理，做到不打折扣、不留死角、不走过场。多次和高谷中队、派出所开展联合执法，共检查车辆1500余次，教育、处罚600余起，共计罚款2万余元。认真落实食品药品监督管理力度，加强食品生产、销售行业的监管，严厉打击食品药品安全违法行为，全年食品销售环节共检查400余家，出动执法人数70余次，督促食品销售主体办理许可30余户，指导小作坊整改3家，教育处罚40余次，其中立案1件。为鹿鸣乡提供和谐稳定的社会环境。

诸 佛 乡

【概况】 诸佛乡位于彭水自治县东部，政府驻地距县城68千米，由原诸佛乡和珍加乡合并而成，北连桑柘镇、南接梅子垭镇、西临鹿角镇、东靠桐楼乡；辖区面积122.41平方千米，辖10个行政村、54个村民小组、16017人，耕地面积3342.33公顷、林地7096.33公顷。2018年，农民人均纯收入10182元，农业总产值7991万元，粮食总产量8132吨。有党支部13个，其中农村支部10个、非公企业支部2个；辖区内有小学2所，诸佛中

诸佛乡庙池村民俗风貌新街

（诸佛乡人民政府　供图）

心校和诸佛寺小学占地15000平方米，在职教师52人，在校学生668人。卫生院2所占地4000平方米，在职医护人员21名、床位26张。有金融机构1处，业务人员4人。

【脱贫攻坚】 2018年，全乡完成建档立卡贫困户脱贫166户569人，新增建卡贫困户19户63人，转为稳定脱贫12户28人，个人补录146人，死亡外嫁出户96人；成立扶贫驻村工作领导小组，制定驻村工作队、帮扶责任人管理办法，进一步加强驻村工作队、帮扶责任人的管理和业务指导，提升脱贫攻坚战斗力，确保全乡无一起漏评、错评、错退情况的发生；9月3日顺利迎接国务院脱贫攻坚专项督查工作，得到扶贫检查组一行认可肯定，取得较好成绩；获得市级扶贫先进表彰1人。

【经济发展】 2018年，诸佛乡积极推进庙池乡村振兴、"三变"改革示点示范建设。基础设施建设基本完成。配套通畅公路（6.5米标准）4.55千米、产业路16千米、新建山坪塘3座，土地整治项目68.67公顷、新建沟带路3.4千米，新建12口水池，新建3座泵房及安装管道20千米、搭建钢结构大棚8.67公顷、新建入户路3.92千米，

诸佛乡庙池村葡萄产业园

（诸佛乡人民政府 供图）

机耕道13.2千米，完成农房风貌改造39户、水体景观工程2座，完成800平方米健身场、完成污水处理项目建设和2000平方米青石板步行老街建设整治项目。产业发展多元化。组建10个专业合作社，完善农旅融合发展配套设施建设，栽植桃子、梨子、李子、葡萄等优质经果苗木5万余株，有效带动当地群众致富增收。发展模式进一步明显。形成以特色经果林为核心，以武陵山区濒危中药材种植及加工业为补充的"一村一品"产业发展之路；注重文化内涵的挖掘，初步形成以苗族文化为核心，以体验和分享武陵民俗文化为载体，挖掘出"一户一故事"的格局；庙池三农学校的创办增强了老百姓致富的本领和思想意识的提高。社会关注度明显增强。2月初，举办农民运动会和召开乡村振兴战略研讨会；7月3日成功举办"绿色中国行—走进世界苗乡·美丽彭水"大型活动，《人民日报》、新华社、《光明日报》、中央电视台、《农民日报》《中国改革报》和凤凰网等20余家国内重量级媒体对活动进行跟踪报道。

【社会保障】 2018年，诸佛乡积极开展低保动态调整清理工作。全年发放农村、城镇低保11216人次368.55万元，临时救助79人次28.58万元、冬春生活救助121人次12.15万元、发放棉被100余床、棉衣90套，民政定补1966人次126万元，高龄津贴、高龄失能发放3054人次33.6万元。持续保障学生入学，全年教育资助272人14.8万元，争取中心校配套建设项目100万余元。深入开展新农合筹资，动员群众积极交费参合，2018年参合率达95.8%；二次医疗报销2200余人次，补助资金100余万元。养老保险参保，新增参保900余人。积极组织实施"孕优""唐氏筛查""两癌筛查"，发放奖扶资助150人21.4万元。持续做好残疾扶助工作，发放残疾人辅助器具轮椅14辆、双拐29副、单拐20只、手拐凳10只、盲杖5只。提供公益性岗位32个，发放经费51余万元。组建了一支70余人的保洁队伍，开展全乡农村垃圾整

治大行动9次，积极引导群众参与，变被动为主动，全乡环境卫生较往年有了质的提升。

【基础设施】 2018年，全乡加强场镇建设。全面完工两个场镇以及庙池村污水处理厂建设，完成雨污管网建设7千米。新建诸佛乡垃圾中转站，新配备7辆垃圾转运三轮车，极大改善了全乡环境卫生。着力交通建设，完成庙池农庄园区6.5米宽的油化路4.55千米，红岩洞村3条26千米通畅路的路基调平；完成庙池场上至三尖角2.6千米和诸佛岩湾至红门火石坝9.8千米通畅工程招标工作；干子岩小桥实现竣工、诸佛小河桥主体工程完成建设，极大地改善了全乡交通现状。重视水利发展，启动人畜饮水工程192处，完工176处，解决6000余人饮水不安全问题，全乡人畜饮水问题基本保障。加强人居环境整治，2018年实施易地搬迁27户132人；深入推进实施不安全住房改造18户、D级危房改造36户、拆除重建17户、改厕226户、改厨214户，全乡住房基本实现全面保障，人居环境得到全面提升。加强文化建设工作，共计投入158万元完成庙池村文化设施建设、双合场等8个村的“七个一”工程建设。着力阵地建设，争取资金310余万元完成了6个村级便民服务中心的升级改造。

走 马 乡

【概况】 走马乡位于彭水自治县东北部，东临龙溪镇，南接桑柘镇，西临乔梓乡，北接郁山镇，距彭水县城60千米，乡政府所在地海拔710米，辖区面积77.59平方千米，林地面积2745.87公顷，耕地面积1621.4公顷，场镇规划面积1平方千米，建成面积0.5平方千米。辖8个行政村、68个村民小组，辖12个党组织，有党员300人；乡机关在职人员29人。建成乡公共服务中心1个、71.92平方米，应急管理服务大厅1个、60.14平方米。2018年年末，户籍人口20997人。场镇常住人口5000余人。2018年，农村居民人均可支配收入11905元，全乡存款余额1.8亿元。辖区内有中学1所，在校师生500人；小学3所，在校师生1046人；有农商行1家；卫生院1所，有医生15人，核定床位20张。境内有渝东矿业采矿点1处。农民收入主要以务工为主，农业产业以传统产业为主。

走马乡场镇

（走马乡人民政府　供图）

【脱贫攻坚】 全乡有4个贫困村（含1个深度贫困村）、4个非贫困村，2018年全乡在档贫困户774户3336人。已脱贫671户2945人，未脱贫户103户391人。2018年金银村整村脱贫摘帽。全年整改危旧房191户，拆除重建32户，改厨132户，改厕172个；院坝硬化15077平方米，人行便道7605米。规划水池130个，其中新建水池79口，维修水池16口，完工85口，新增水源和更换管道35处，规划铺设管道约24万米，受益农户达2161户10366人（其中贫困户447户1936人）。全年开工实施村通畅公路31.7千米，通达公路铺设碎石20千米，整治组级公路10千米。

【经济发展】 2018年，全乡实现地区生产总值1.5亿余元，同比增长14.2%。全乡发展前胡66.67公顷，苍术13.33公顷，带动82户建卡贫困户；发展海椒33.33公顷，羊肚菌3.33公顷，带动132户建卡贫困户；洪家村发展清脆李100公顷、金银村发展锥栗子26.67公顷、万家村、走马村发展生态林80公顷、沙田村发展脆红李、核桃、梨子共133.33公顷，形成长短期相结合的产业布局。继续抓好畜牧业，对规模养殖户进行重点扶持，对常规养殖户进行跟踪服务，注重示范带动，强化科技措施。2018年，全乡出栏大牲畜1376头、山羊1143只、生猪11195头、家禽4.7万只、蜜蜂保有量2200群，新增规模养殖户5户。

走马乡走马村辣椒管护

（走马乡人民政府　供图）

【社会发展】　2018年，城乡合作医疗参保人数达15000人，全乡医疗报销和救助2084人次318万元；义务教育阶段资助学生168人58800元，学前教育阶段减免学费39人25710元；农村低保每

走马乡走马村端午节包粽子活动

（走马乡人民政府　供图）

月救助256户610人，城镇低保每月救助23户32人，每月为107人特困人员发放救助金75970元，临时救助35人，发放救助金75180元，孤儿供养4人，每月发放供养金每人1000元，每月为80岁以上老人发放高龄津贴80－89岁100元，90－99岁200元，重点优抚对象现有83人，按照规定金额足额足时发放；计生和公共卫生工作稳步推进，孕优参检任务完成近100%，老年人体检完成1000余人，超额完成农村妇女“两癌”筛查任务。

【生态发展】　2018年，走马乡污水处理厂、垃圾处理中转站正常运行。2018年年初制定《走马乡城乡环境卫生提升行动方案》，签订乡村环境卫生治理专项工作责任书，配备乡村垃圾清运三轮车13台、钩背车2台、垃圾桶266个、箱体22个，落实保洁人员48人，确保乡村生活垃圾收集处置率达86%。全乡人居环境工作效果显著，群众满意度高。

【场镇建设】　2018年，全乡场镇基础设施不断完善，场镇人饮工程实现全覆盖；场镇停车库、休闲文化广场全部运行正常；新规划修建环城路800米，于2018年年底开工建设；保兴村、金银村、万家村、楼房坝村4个便民服务中心全部完工并投入使用。

【安全稳定】　2018年，走马乡重拳出击，开展扫黑除恶。乡、村、组召开会议全年累计174场次，召开农户院坝会累计224场次，开展赶集日宣传活动3场次，赶集日、进村入户发宣传单15000余份，进村入户张贴宣传单5000余份，张贴海报237幅，在醒目位置张贴《通告》76份，在醒目位置悬挂横幅标语30条，在公路护栏上张贴标语1000幅，在电杆上张贴标语及举报电话500幅，在乡、村办理宣传专栏10个，流动宣传车宣传39车次，推送扫黑除恶专项斗争不同内容的信息19条。年初与8个行政村签订《2018年社会治安综合治理和平安建设目标责任书》，任务落实到人，责任明确到人。全年共排查调处矛盾纠纷281件次，其中多年历史遗留问题13件次，调解率为100%。共开展法治宣传活动6场次，发放宣传单2000余份，到学校上法治教育课4次，受教育群众2000余人。通过强化各领域安全生产和化解各类矛盾，维护了基层社会安全和谐稳定。

石　柳　乡

【概况】 石柳乡位于彭水自治县东北部，东界黔江区黑溪镇，南接郁山镇，西临联合乡，北接连湖镇，距县城69千米。全乡辖区面积44.31平方千米，耕地面积1756.85公顷，集镇区建设用地23公顷。辖4个村、28个组；辖5个党组织，有党员186人，其中预备党员6人；乡机关在职人员28人。提档升级便民服务中心3个，新建1个。2018年年末，户籍人口11511人，其中农业人口11419人。全年财政总收入1291万元，同比增长3%；其中税收收入92万元，同比增长10.8%。全年预算支出1291万元；农民人均纯收入10000元。辖区内有小学2所，即石柳中心校、正洞坪村小；中心小学教职工27名，在校学生367名；正洞坪村小学校有教职工5名，在校学生25人；新建石柳乡卫生院2300平方米，在编职工9名，核定床位18个，全年医疗业务总收入404万元，其中医疗收入228.94万元；全年出生人口133人，其中男孩79人，女生54人，符合政策生育率88.72%；有金融机构1个，即邮政储蓄石柳乡营业所；有文化广场1个。

【脱贫攻坚】 全乡有贫困村2个，贫困户738户3180人，贫困户占比28.6%，贫困人口占比27.3%。2018年，石柳乡推进“造血”扶贫向纵深发展，以产业扶贫为根本动力，将个体精准扶贫与产业扶贫相结合，精准施策、精准发力，用好用活精准扶贫贷款777万元，贴息29.88万元，帮助158户贫困户发展种植、养殖和个体经商等产业；持续巩固发展金银花、种薯、竹柳、万寿菊、辣椒等特色产业，培育贫困户种养殖大户12户，实现产业总产值2000余万元，带动贫困户产业、就业增收200余万元；有效实施“1+23”方案，帮助贫困户脱贫越线；加大基础设施建设，完成通畅公路建设12千米，硬化、整治公路16千米，启动四个村通畅路12千米；新添置垃圾桶96个；修建水池21口；实施易地扶贫搬迁14户86人；整治农村不安全住房248户、C级危房改造1户、D级重建7户；完成改厕185户、改厨250户；院坝硬化733户、人行便道181户。2018年，实现脱贫29户106人，未脱贫户减少到94户306人，贫困发生率降至2.6%。

【经济发展】 2018年，全乡工业总产值3434万元，营业收入600万元。全乡红薯种植面积500公顷，其中高淀粉红薯26.67公顷，培育发展种薯基地33.33公顷，收获红薯2880吨，精深加工红苕粉10吨，实现产值277万元；烤烟种植面积60公顷，产出烟叶108吨，实现产值281万元；进一步扶持永沛农业有限公司巩固发展金银花57.33公顷，采收生花220余吨，制成干花19.8吨，带动贫困户就业增收50余万元，实现总产值139万元；彭水自治县成容农作物种植股份合作社建设地窖2个，收购种薯300吨，满足本乡及周边乡镇红薯种植面积达400公顷，实现总产值840万元；传统产业持续增收，全乡生猪存栏3586头、出栏6338头，山羊存栏280只、出栏250只，肉牛存栏1258头、出栏463头，畜牧总产值达2069.4万元。农业总产值3753万元，粮食总产量6187吨。

【社会发展】 2018年，石柳乡加强社会保障。城镇新增就业人员完成目标任务100%，全年发放临时救助金21.867万元；因自然灾害救助18户，发放救助金1万元；发放民政定补1252412元，其中特困救助金591380元，孤儿救助金4.7万元，复员老军人、带病回乡退役士兵及60周岁以上的农村籍退役士兵生活补助614032元；发放80岁以上老人高龄津贴16.91万元、智力重度残疾护理补贴6人0.36万元、残疾失能留守老人2人0.24万元、经济困难高龄失能老人8人1.92万元；发放残疾人补贴62720元，其中重度残疾人护理补贴51420万元，贫困残疾人生活补贴1.13万元。全年发放城镇农村低保金共计2593229元。着力提升医疗服务水平，新型农村合作医疗保险参保人数9312人，参保率达91%以上，创历年新高；实施家庭医生签约3085人；新增奖扶6人，共计奖励扶持对象52人，特扶2人，兑付奖特扶金额78720元。全年共计发放医疗补助资金47万余元，兑现贫困户二次医疗补助47.3万元。重视发展教育事业，完成2018年义务教育的各项目标阶段性任务，保证适龄儿童按时入学，落实雨露计划、大学新生入学一次性资助、贫困学生资助等政策468人42.3万元；注重师资队伍建设，教育质量稳步提高。

【生态发展】 2018年，全乡大力开展环境综合整治。实施完成4个村土地连片综合整治工程，建成高标准耕地366.67公顷；加强农村饮用水水源保护和污水处理，落实乡村二级“河长制”，建成投运污水处理厂，配套实施污水管网3000米；加强生活垃圾处理，建成垃圾压缩站1座，购置垃圾箱体14个和垃圾收运车2辆，整合长效保洁员和公益性保洁员51人，4个村垃圾收运实现全覆盖。加强污染源的监管，进行大户养殖场污染源整治，实施禁养区畜禽养殖场关闭3家；开展生态环保巡查160次；做好小流域治理、人畜饮水改造项目。巩固绿化建设成果，对硬化道路硬化美化，栽植松树3.33公顷，新增绿化面积3.33公顷，完成各类营造林133.33公顷，全乡森林覆盖率达48%以上。

岩 东 乡

【概况】 岩东乡位于彭水自治县中部，东以猪头箐为界，毗邻新田镇；南部七梁子山继续延伸，紧靠万足镇；西边斜长约15千米，与汉葭街道山水相连；北以一岭之隔，与羊头铺接壤，距县城约17千米。全乡辖区面积74.06平方千米，耕地面积14.7平方千米。辖堰塘、河坝、下坝、庐山4个行政村，40个村民小组。2018年年末，有户籍人口3429户、10006人。岩东乡境内有堰塘、庐山两个场镇，集镇人口1120人，机关在职人员34人。乡辖区内有小学2所，即岩东中心校、岩东乡庐山完小，在校学生165人，在职教师42人。岩东乡卫生院在编职工10人，核定床位14张，全年医疗业务总收入432万元。有金融机构1个，即邮政储蓄岩东营业所。全年信访积案、民事纠调解率和成功率均为100%。杜绝了重特大安全生产事故发生，死亡事故为零。

【脱贫攻坚】 2018年，岩东乡推进“造血”扶贫向纵深发展，精准施策、精准发力。全面完成下坝村和河坝村两个贫困村投资共400万元的产业配套设施项目的设计、评审和发包程序；依托“一村一品”青脆李特色产业基地，突出打造青脆李产业观光园建设，不断推进贫困户内生动力和村集体资源融合，增强贫困群众“造血”功能；完成投资468万元盖坪高山生态观光园建设项目；启动下坝村投资43万元的新能源照明路灯项目建设；着力培育村级集体经济，依托小龙虾养殖基地，扩大养殖规模10公顷；大力扶持推进乡村旅游+电商服务产业，两个乡村电商服务点运行良好；引进莯辉农业与本土农业企业腾福农业深度合作，开发庐山现代农场亲子乐园，着力打造农旅、商旅深度融合发展模式。完成“双硬化”732户，其中人行便道214户13175米，院坝647户37130平方米；全乡共实施农村危旧房改造18户，涉及资金30万元，其中C级12户，D级6户；完成人居环境改造957户，涉及资金1382570元，其中改厨205户，改厕206户，改建畜禽围栏126户；完成C级危房整治10户，拆除重建D级2户；实施搬迁3户13人，严格控制人均面积和负债两条红线；农村饮水全覆盖工程规划共计51处，新建水池26口，整治水池8口，新建取水口55个，受益农户1772户8380人，其中贫困户281户1128人，涉及资金总计363.59万元。完成新建水池15口，整治水池7口，新建取水口18个，管道安装完成48117米。2018年，实现脱贫44户170人。

【经济发展】 2018年，全乡地区生产总值达1.3亿元，同比增长8%。固定资产投资实现2800万元。农村常住居民人均可支配收入实现9882元、同比增长7.5%。农业基础设施不断完善，全乡人饮工程实现全覆盖。加快土地流转，发展壮大特色产业，青脆李233.33公顷、核桃140公顷、香春芽66.67公顷、红薯100公顷、新发展中药材60公顷，发展壮大龙头企业2个，种养殖大户4户。

青脆李产出

（岩东乡人民政府　供图）

【社会发展】 2018年，岩东乡城乡居民养老保险参保总人数达4603人，新增参保人数210人，其中低保户57人，未脱贫贫困户34人，达龄人员10人，征收基金52.1万元。养老待遇领取人员人脸、指纹认证比例达95%，城乡居民养老保险基本实现全履盖。设立农村公益性岗位10个，协助就业局办理发放2018年度小额贷款70万元。全面完成城乡低保232户，592人复核复查动态调整工作，按时足额发放资金241.23万元，临时救助32人次，发放资金17.85万元。有效保障特困人员，实行月核查制度，停发4个死亡特困人员，发放50人特困供养资金42万元。及时兑现优抚政策，按月发放各种补助补贴金共计58.55万元。每月核查四类高龄人员，及时清除已死亡或者新增符合条件的人员，共计发放资金24.63万元。认真落实残疾人员登记及录入工作，完成动态更新调整及精准康复，及时兑现落实“两项补贴”制度，发放残疾护理和生活补贴共计7.37万元。严格落实特殊困难群众节假日慰问，共发放慰问金5.045万元。统计并完成全乡220名退役军人的系统登记、挂牌和慰问工作。大力促进基本公共卫生服务均等化，新农保实现全覆盖，落实计划生育政策。医疗保险参保8538人，参保率为96.6%，其中低保户参保人数为582人，补贴12.8万元。全年卫生扶贫救助1684人次，金额49.5万元；慢性病门诊救助25人次，金额4.3万元，贫困户医疗签约服务达到100%，公共卫生服务能力和水平不断提高。大力发展教育事业，完成义务教育的各项目标阶段性任务，保证适龄儿童按时入学，注重师资队伍建设，教育质量稳步提高。

【生态发展】 2018年，为打好环境污染防治攻坚战，岩东乡建立了乡村人居环境保洁督查管理体系，利用公益性岗位、公路养护等政策，落实公路和集中居住点清扫保洁人员30人，垃圾车、手推车、垃圾桶等市政环卫设备配备齐全。垃圾中转站运转良好，堰塘场镇污水处理厂及庐山污水管网全面建成并投入使用。完善两级“河长制”体系，巡河工作落到实处，先后投入7万余元集中开展河流“清漂”及环境卫生集中整治工作。动员落实乡风文明村容整洁行动，建立农户环境卫生评星公开栏，以村规民约督查人居环境卫生的落实。严格按照环保督查工作要求，全面督查整改2家畜禽养殖企业或大户环境的污染问题。建立长效管护机制，做好天然林保护工作。

【城镇建设】 2018年，岩东乡立足城乡面貌改善，加快基础设施建设步伐，完善城镇功能，完成场镇规划编修。完成下坝村许家坪至花地槽公路硬化。全面整治场镇背街小巷、河道沟渠，增设路灯124盏。

润 溪 乡

【概况】 润溪乡位于彭水自治县西南部，东接黄家镇、龙塘乡，南邻大垭乡和贵州省务川濯水镇，西隔芙蓉江与武隆区浩口乡相望，北与靛水乡和武隆区文复乡接壤，距县主城49千米。全镇辖区面积10665.6公顷，耕地面积2118公顷。辖8个村；辖10个党组织，有党员338人；镇机关在职人员36人。建成乡公共服务中心1个、1000平方米，便民服务中心8个、4210平方米。2018年年末，户籍人口13572人，其中农业人口8017人。全年财政收入3133.6万元，为年度预算的100%；其中公共财政收入3133.6万元，为年度预算的100%，工商税收178.25万元。本级财政收入187.21万元。农民人均纯收入11875.61元。乡辖区内有中小学2所，即润溪中心校、龙洋完小。小学在校学生504人，在职教师58人。润溪龙洋中心医院在编职工31人，核定床位40张，全年医疗业务总收入690万元，其中医疗收入170万元。全年出生人口116人，符合政策生育率94.8%。有金融机构1个，农村商业银行润溪支行。

【脱贫攻坚】 2018年，润溪乡推进“造血”扶贫向纵深发展，将个体精准扶贫与产业扶贫相结合，精准施策、精准发力。帮助293户贫困户发展种植、养殖和个体经商等产业，户均增收5000元以上，帮助贫困户脱贫越线。实施主导产业精准帮扶行动。大力实施主导产业帮扶带动行动，抓点示范，以点促面，采取“龙头企业＋集体经济组织＋贫困户”和贫困户在产业基地内务工的利益联结模式，大力发展香菇、中药材、白茶、杭白菊、高山蔬菜、红薯、鱼虾养殖等主导脱贫产业，增加贫困户收入，消化贫困户闲置劳动力。完成摩围山接待中心至凉水村淡水鱼养殖基地旅游通达公路建设5.60千米，硬化、整治公路4.71千米，启动干溪村、麻池村、凉水村、肖家村、莲花村通畅路建设24.26千米；新添置垃圾箱体8个，垃圾桶20个；投入资金850万元整治不安全住房1550户，投入资金772万元新建人行便道10千米、硬化院坝13.8万平方米，投入资金850万元新建水池122个，全乡饮水安全实现全覆盖。2018年，实现脱贫70户325人。在稳定传统产业的基础上，充分利用润溪乡地理优势和优越的基础设施条件，整合金融扶持、政策支持等多种资源，按照“公司＋农户＋合作社”模式积极发展特色高效产业。在白果、樱桃一线大力发展中药材、食用菌和高山蔬菜产业，在凉水、莲花一线发展稻田养虾、淡水鱼养殖和中药材产业，在麻池村发展红薯、藤椒、辣椒等产业，在岩角、麻池、干溪、肖家实施退耕还林433.33公顷，解决贫困户1000余人就业，贫困群众年人均增收5000余元。

【经济发展】 2018年，全乡实现国民生产总值16064.83万元，同比增长8.1%；农民人均纯收入11875.61元，同比增长5.6%；完成固定资产投资5600万元，居民存款余额2.3亿元，同比分别增长18%、60%；居民人均可支配收入为11600元，同比增长8%左右；粮经种植稳步发展。全乡培育经果林200公顷、通过石漠化项目发展经果林180余公顷，种植错季蔬菜100公顷，中药材33.33公顷，养殖小龙虾3.33公顷，种植烤烟166.67公顷、实现烤烟收购25万公斤、产值1500万元、创税173万元。畜牧业健康发展，全年出栏山羊1936只、生猪7963头、肉牛1932头，中锋保有量3516群；开展春秋防疫两次，成功处置山羊布病10只，持续开展非洲猪瘟防治工作，确保畜牧业健康安全发展。

【社会发展】 2018年，润溪乡全面加强教育、文化、卫生、社保、民政等工作，义务教育阶段学龄儿童入学率达到100%，教育资助实现全覆盖(含营养午餐计划)；大力实施乡村文化建设，充分挖掘勤俭持家、尊老爱幼、邻里团结、清政廉洁等本土民族文化，在各村居民集中居住地修建文化墙，进行广泛宣传弘扬；卫生健康事业深入推进，社会保障服务民生，居民养老保险参保率稳步提升，居民合作医疗综合参保率达到95.8%，“三类人群”参保率达100%；民政救助扶贫济困、惠及民生，全乡民政资助对象596人，享受高龄津贴272人，享受定补对象111人，实施临时救助129人次，残疾生活资助1364人次，重度残疾护理补贴724人次，残疾辅助器具发放51副，残疾人危房改造全面完成，让特殊群体感受到党和政府的关怀，社会福祉进一步增强。润溪乡2018年在册低保有244户596人，全年共计发放低保金2228314元。其中，农村低保203户537人，发放1879096元；城镇低保41户59人，发放34928元。润溪乡2018年高龄津贴在册享受人数有272人，全年共计发放308500元。2018年民政定补对象111人，全年共计发出定补金1031634元。因病致贫在册享受人数是27人。2018年临时救助129余人次，共计发出临时救助资金124372元。退役军人信息采集128条。

【生态发展】 2018年，润溪乡围绕脱贫帮扶工作，坚持“抓扶贫，首先必须抓环保”，真正把农村保洁作为扶贫工作的重要组成部分。组织开展“六五”世界环境日宣传活和环保“十进”活动，深入学习《中华人民共和国环境保护法》和习近平总书记的重要讲话精神，推进生态文明的系列创建和强化《生态文明树新风》意识进行宣传；分村发放宣传图册10套，发放宣传资料1500余份；悬挂和刷写生态创建横幅20条，张贴标语50条；利用黑板报、宣传栏进行宣传，全乡共撰写环境整治黑板报8块，宣传栏9块；各村普遍召开党员干部、村民代表会议，对保洁工作无会不讲、无会不抓。全乡配备垃圾车辆2台，手推车12台，垃圾箱12个，垃圾桶250个，农村垃圾收运数量10吨/日，实现了垃圾收运全覆盖。全年整治重点养殖场5个，对关停的非煤矿山2家进行监督管理，陶汰黄标车辆，全面完成任务。

【城镇建设】 2018年，全乡新安装路灯300盏，投入上万元整治场镇设施设备。加强对污水处理厂的监管，按月强化各集中式水源和分散式水源的监管，确保饮用水安全。重新强化“河长制”，形成对巡河监管常态化机制。全年突出重点狠抓辖区内的保洁工作，加强对保洁员的双向管理，对各保洁员职责进行区域划分，做到目标明确，责任明确，并多次集中组织调动全乡保洁员对重点活动、重点区域，各积存垃圾进行突击治理。实现乡村主干道可视范围内无白色垃圾，农村五户大院干净整洁。各沟、河堰无白色垃圾。同时配合县污普办开展污染普查工作。全乡组织开展农村人居环境进一步改造，全面实施C、D级危房和不安全住房的排查复查改造工作，新规划一批非贫困户拆房复垦和实施一批原规划贫困户的拆房复垦工作。

【特色旅游】 2018年，黄帝峡巴渝民俗示范点正式开门迎客，开启润溪避暑纳凉乡村游的新时代，吸引川、渝、黔等上万名游客到此休闲避暑，带动当地群众每年户均增收2万元，其“公司+农户”股权利益联结机制得到中央政治局委员、市委书记陈敏尔的肯定。2018年7月，润溪乡举办“世界苗乡·养心彭水”摩围小隐润溪游系列活动。吸引来自贵州、武隆、重庆主城、全县共计8万余人前来参观旅游，实现旅游综合收入920万元。全方位展现了美丽润溪的自然风光和独特的人文风情，为扎实推进乡村振兴战略，积极发展旅游产业，走农旅融合发展道路打下了坚实的基础。

棣棠乡

【概况】 棣棠乡位于彭水自治县北部，东界普子镇，南靠龙射镇，西临丰都县都督乡，北接太原乡和石柱自治县，距县主城48千米。全镇辖区面积90.79平方千米，耕地面积23.44平方千米。辖4个村，辖5个党组织，有党员252人。便民服务中心4个、1200平方米。2018年年末，户籍人口12319人，其中农业人口11288人，场镇人口1031人。乡辖区内有学校2所，即棣棠乡中心校、棣棠乡幼儿园。在校学生574人，在职教师39人。棣棠乡卫生院在编职工14人，核定床位20张，全年医疗业务总收入245万元，其中医疗收入170万元。全年出生人口75人。有金融机构1个，即农村商业银行彭水支行棣棠分理处。场镇集居住、商贸、行政等功能区域为一体，场镇面积0.2平方千米。乡机关在职人员38人（含临聘人员）。乡域经济以生态农业为基础，形成优质水稻、中药材种植、养殖等特色农业产业。旅游产业以特色生态文化旅游为主题。

【脱贫攻坚】 2018年，棣棠乡推进“造血”扶贫向纵深发展，将个体精准扶贫与产业扶贫相结合，精准施策、精准发力，在县扶贫开发领导小组统筹安排下，对标23个专项工作组，强化“1+N”扶贫工作体系，推动社会大扶贫格局，对上积极争取、对下创新整合。深化落实产业扶贫、设施扶贫、教育扶贫、健康扶贫等“八大扶贫举措”聚焦精准发力高质量破解深度贫困问题。全乡共有贫困人口569户2383人，2018年脱贫55户201人，未脱贫贫困人口82户284人，贫困发生率从2014年年底的18.12%下降到2.34%，贫困人口稳定实现“两不愁三保障”目标。新增“四好农村公路”20千米，实现了村通畅、组通达。统筹实施完成4个村饮水全覆盖工程，2018年完工饮水工程132处，安装引水管网17.8万米，有效解决全乡农村饮水问题。全力推进农村住房安全保障，实施易地扶贫搬迁70人，农房整宗地收益权收储33户，不安全住房整治即拆除重建9户，C级危房改造11户、D级危房改造6户，全覆盖实施农村人居环境“三改”全乡改厨、改厕、改房169户，院坝硬化和人行便道硬化2418.75米和7637平方米，贫困户实现全覆盖。持续推进健康扶贫，贫困户合作医疗参保率达100%，全年贫困人口二次报销929人次，金额达到36万元，家庭医生签约全覆盖。开发公益性和公共服务岗位，拓展增收路径。积极与县就业局、林业局、市政园林局等部门对接，为贫困户提供环卫、生态护林员、保洁等公益性岗位78个，实现贫困户就业

县领导调研脱贫攻坚工作

（棣棠乡人民政府　供图）

稳定增收。新建成信号基站1座，全面启动农网改造升级，力争实现供电可靠率100%目标。2018年脱贫攻坚完满完成国家第三方对重庆脱贫攻坚成效考核、重庆市对区县脱贫攻坚考核任务并取得好成绩。

【经济发展】 2018年，全乡实现固定资产投入1165.9万元，有序实施棣棠河综合治理工程、黄泥、四坪村便民服务中心建设、易地搬迁集中安置点建设、里头河风貌建设、牌楼村干溪坝通畅公路建设、露营基地通畅路建设和四合5组通畅公路建设等7个重点项目，实现财政总收入1396万元；银行存款1.4亿元，较2017年增长25%，银行贷款253万元，较2017年上升26%；全乡居民人均可支配收入达10123元，较2017年增长3.7%。在稳定粮油种植面积的基础上，巩固发展烤烟支柱产业，全年烤烟种植126.67公顷，收购量24.55万公斤（比2017年增加6.2%），实现产值623万元。因地制宜，走“专业合作社+农户”的路子，按照“合理化布局、规模化推进、标准化种植、科学化管理”的方针，采取土地流转等方式主推发展前胡、苍术、瓜蒌、黄精等中药材133.33公顷，把中药村产业作为脱贫致富的新的支柱产业。大力发展高淀粉红薯，完善配套加工设施，全年种植面积达80公顷，建成加工厂1座。不断壮大畜牧产业，全年出栏生猪5676头，肉牛77头，山羊273头，土鸡8242只，培植养殖示范户25户，红腹锦鸡、石蛙等特色养殖业稳步发展。集思广益抓集体经济，牌楼村采取村集体经济建平台、市场化运作的方式在里头河建成特色冷水鱼养殖基地1个，让集体经济发展资金落到实处。

【社会发展】 全年全乡1.08万人建立城乡居民医疗保险信息档案，城乡居民参保率达95.8%，养老保险基金征收达50.67万元，征收率达129.9%，超前超额完成全年征收目标。全年打卡发放各类抚恤金、优待金、低保、及临救等民生资金390万余元，发放80岁以上老人高龄津贴32.02万元，发放61名五保对象五保金55.57万元，发放122人低保资金76.83万元和6名孤儿资金7.2万元、困难失能老人生活补助3.6万元和88名优抚对象生活补助42.57万元，发放残疾人生活、护理补助6.8万元，临时救助48人，救助资金14.25万元等。大力促进基本公共卫生服务均等化，新农保实现全覆盖。抓好“孕优检查”工作，检查率100%，新型农村合作医疗保险参保人数9547人，缴纳137.4万元，政策减免3270人（其中残疾112人，低保及退役军人224人），让农民真正得到实惠。完成2018年义务教育的各项目标阶段性任务，保证适龄儿童按时入学，做好“雨露计划”，注重师资队伍建设，教育质量稳步提高。

【生态发展】 2018年，棣棠乡继续实施生态保护。巩固绿化建设成果，全乡森林覆盖率60%以上。建立长效管护机制，做好天然保护林的林木管护；抓好退耕还林工作，完成造林166.67公顷、新增绿化工程670公顷，抓好河流治理，构建生态屏障，建设美丽乡村。加强污染的监管，切实贯彻“共抓大保护，不搞大开发”的导向，聚焦打好污染防治攻坚战，完成全乡污染源普查工作，普查工商企业24家、入河排污口8处、畜禽养殖企业31家，对22处环保监测点进行环保备案，开展生态环保巡查48次，全面完成室内改厕任务，做好小流域治理、人畜饮水改造项目。开展环境综合整治，抓好4个村的环境连片整治，加强农村饮用水源保护、污水和生活垃圾处理，为各村设立垃圾箱、垃圾桶，落实保洁人员，做到生活垃圾及时清理，实现村容整洁美观。加强思想武装，通过党员学习教育活动、职工会、村干部会、院坝会等形式和横幅、标语、宣传单等载体深入学习习近平生态文明思想，大力宣传“绿水青山就是金山银山”发展理念，切实提升干部群众思想认识。

【城镇建设】 以“城镇建设”为抓手，立足城乡面貌改善，加快基础设施建设步伐，完善集镇功能。完成场镇雨污管网工程，更换路灯32盏，建成污水处理厂1个，购置垃圾箱体18个和垃圾收运车1辆。投资1200万元建设完工黄泥村排洪沟水毁修复工程和棣棠河河堤整治工程，切实改善、美化河道环境。启动黄泥村、四坪村便民服务中心、四坪村安置点广场建设，不断提升基层阵地建设。启动四合5组、牌楼3组、6组19.4千米的通畅公路建设，维修通达公路4千米。启动棣棠乡易地移民安置点建设，切实改善偏远地区、交通不便农户住房、生活条件，打造棣棠民心工程。实施场镇亮化升级改造工程，新增路灯49盏，实现场镇老街到彭石公路场镇路段全覆盖，不断提升场镇形象。

乔梓乡

【概况】 乔梓乡位于彭水自治县东南部，距县城34千米，距渝襄高速公路保家互通14千米，距渝怀铁路彭水站25千米，交通方便快捷。全乡辖区面积54平方千米，辖5个行政村、12186人。海拔高度在700—1200米之间。乔梓乡自然风光秀美，气候宜人，有丰富的植被资源，有圣水洞、仙人洞、神仙岩、长寿山等景点，有上千亩经济林观光片，更有丰富的有益长寿健康的富锶水资源，境内长寿村六组更有一个院子百年间出了6位百岁老人，被称为“长寿堂”，北京电视台和中央电视台多次做过详尽报道，在全国引起巨大反响。乔梓乡以境内丰富的富锶水资源为载体，依托太极集团做大做强长寿水产业，全力打造中药材种植基地，进一步加快发展生态旅游和生态工业产业，全力打造以“康养”为主题的乡村旅游产业。乡辖区内有小学2所，即乔梓乡中心小学校，在校学生313人，在职教师39人。乔梓乡高龙完小，在校学生189人，在职教师15人。乡中心医院在编职工13人，核定床位23张，全年医疗业务总收入350万元，其中医疗收入200万元。全年新出生人口133人，符合政策生育96%。有金融机构1个，即农村商业银行乔梓营业所。

【脱贫攻坚】 2018年，乔梓乡推进“造血”扶贫向纵深发展，将个体精准扶贫与产业扶贫相结合，精准施策、精准发力，2018年，全乡76户342人顺利脱贫。完成易地扶贫搬迁6户27人，发展中药材前胡种植201.5公顷，实现产值400万元，贫困户户均增收8000元以上，集体经济收入30万元。全年基础设施建设投入5860万元。完成人行便道建设4622米；硬化院坝16980平方米；完成改厨改厕194户；完成C、D级危房改造21户。完成通畅公路建设4千米，整治通达公路8.3千米，全乡实现村通畅100%、组通达100%；建成水池40个共计3445立方米，基本实现饮水安全全覆盖。

【经济发展】 2018年，全年全乡经济总量达5.54亿元（太极集团产值3.7亿元），基础设施建设综合投资达5860万元，同比2017年分别增长7%和13%。2018年全乡订单种植中药材前胡200

高龙村前胡生长基地

（乔梓乡人民政府　供图）

公顷，种植农户546户，其中贫困户271户，在家贫困户中药材种植覆盖率达80%以上。实现中药材种植农户户均增加纯收入8000元以上，全乡实现纯收入400万元，实现村集体经济收入30万元。2018年，全乡生产水稻328吨、玉米1309吨、薯类6230吨、豆类59吨、油料458吨；种植蔬菜瓜果达1000吨；生猪常年保有量7200头、肉牛存栏860头、山羊存栏1012只、家禽存栏1586只、蜜蜂常年保有量1295群。发展脆冠梨采摘园33.33公顷、藕田养虾33.33公顷、核桃13.33公顷、花椒26.67公顷。

【社会发展】 2018年，全乡享受奖励扶助政策3005人，办理107人独生子女父母增发养老金，1.2万人建立城乡居民医疗保险信息档案，城乡居民参保率达92%以上，城镇新增就业人员完成目标任务110%，城镇登记失业人员完成目标任务100%，城镇就业困难人员完成就业任务205%，农民工创业就业回引率140%，新增农村劳动力转移就业率100%。

【生态发展】 2018年，乔梓乡建立乡村组三级干部齐抓共管的责任机制，建立村庄保洁制度，实行农户“门前四包”责任制；全面开展农村生活垃圾堆放点排查整治工作，清理陈年积存生活垃圾和临时性露天生活垃圾堆放点；建立“户集、村收、乡转运”模式，乡垃圾中转站运行有序。充实保洁人员，配备垃圾设备。全面落实“河长制”，实现岸清水绿。成立以乡党委书记为辖区总河长，乡长、分管水务、环保工作的班子成员为河长，加强沿河岸线管理保护，加强日常巡河工作，排查入河污染源，严防严控工矿企业污染、生活污染、畜禽养殖污染、水产养殖污染和农业面源污染。全力打好污染防治攻坚战，坚持绿色发展。扎实开展二次污染源普查工作，切实加强长寿村神仙岩太极水源保护工作，严格执行“三禁”（禁养、禁建、禁伐），全面支持绿色生态工业（太极、康百）发展。完成石漠化综合治理400公顷和退耕还林400公顷，同时做好森林火灾和森林资源保护工作。

延伸阅读：

乔梓乡人民政府与太极集团、康之沅中药材种植专业合作社签订三方战略协议，采用“公司+合作社+农户”的方式，开启“三零”模式，共同打造乔梓乡中药材脱贫攻坚主导产业。零成本投入：太极集团中药材公司投资近100万元为农户免费提供前胡种子1500余公斤，帮助群众摆脱了发展产业缺资金的困境。零风险经营：免费技术服务；建立信息平台，搭建技术员、农户的“连心桥”；订单种植、保护价收购、零距离增收：康之沅中药材种植专业合作社负责到农户种植现场收购，免除农户运输费用，实现了农户在家门口增收。2018年，全乡订单种植中药材前胡200公顷，蒲公英26.67公顷，薄荷13.33公顷、仓术3.33公顷。种植26.67公顷以上的示范点1个、种植13.33公顷以上的示范点4个，实现产值900万。种植农户546户，其中贫困户271户，户均0.2公顷以上，通过示范片劳务带动农户300户，其中贫困户130户。中药材产业覆盖在家贫困户80%，户均增加纯收入8000元以上。为实现产业脱贫和加快建成小康乔梓奠定良好的基础。

龙塘乡

【概况】 龙塘乡位于彭水自治县西南部，距县城62千米，距摩围山景区15千米，辖区面积81.02平方千米，与黄家镇、润溪乡、靛水街道及贵州省务川县泥水镇接壤。有林地面积4466.67公顷，耕地面积1296.87公顷，其中田154.93公顷，土1141.93公顷，森林覆盖率达62.5%。乡辖8个村、62个村民小组，2017户、8338人。有9个党组织，党员240人。2018年新建成石院村便民服务中心，启动双龙村便民服务中心建设，基层便民阵地得到提升。场镇有中心校和乡卫生院各1个。中心校现有教职工18人，学生297人。卫生院现有医务人员12人，病床19张。有农商行1个，烟草点1个。乡域经济以农业和务工收入为主。2018年，全年财政收入1699万元。农民人均纯收入10313元。农村居民储蓄存款达9498万元，贷款余额300万元。农业总产值7861万元，粮食总产量4367吨。2018年，龙塘乡完成综合文化广场和广场路建设。

2018年9月，龙塘乡开展"小手牵大手"为主题的环境治理活动

（龙塘乡人民政府 供图）

【脱贫攻坚】 龙塘乡推进"造血"扶贫向纵深发展，着力补齐短板，精准施策、精准发力。种植烤烟270.53公顷，带动129户贫困户增收。种植辣椒200余公顷，组建2个辣椒专业合作社，带动322户贫困户增收。发展中锋1000群，实现产值100万元，带动65户贫困户增收，引导有条件的农户发展乡村旅游，在黄金村建成森林农家乐一条街，2018年实现游客接待300余人次。完成通畅公路建设12.5千米，通达公路建设5.5千米，硬化、整治公路40.6千米；修建水池42口；完成人行便道硬化6千米；院坝硬化13000平方米；改厨121户；改厕350户；D级2户；拆除重建5户，2018年实现脱贫31户93人。

【经济发展】 2018年，龙塘乡按照"一乡一园，一村一品、一户一产业"的发展思路，通过做大做强产业为脱贫攻坚注入强劲动力。打造九竹坎生态农业观光园，发展蔬菜66.67公顷、中药材黄精33.33公顷、脆红李13.33公顷。在桃园村种植辣椒40公顷、竹荪6.67公顷；桃子村种植辣椒33.33公顷；成立竹荪专业合作社，建立竹荪示范基地。在黄金村打造食用菌基地，发展蔬菜13.33公顷，前胡6.67公顷，板栗32公顷；石院村成立了专业合作社，壮大集体经济发展，发展蔬菜33.33公顷，前胡6.67公顷，苏麻6.67公顷；生态猪100头。以"公司+专业合作社+农户"的模式实施石漠化治理工程，在双龙等7个村发展核桃266.67公顷，在双星村发展车厘子53.33公顷。以龙虎水库为中心，在白金村发展脆红李66.67公顷，楠竹33.33公顷。在石园村发展脆冠梨66.67公顷，发展油樟80公顷。

【社会发展】 2018年，龙塘乡强化保障性扶贫，落实各项民生政策，有低保154户252人，低保兜底110户，发放救灾救济款8万元。就业扶贫，开发农村公益性岗位83名。教育扶贫，资助学前教育17人次，义务教育69人次，贫困高三毕业生14人次。健康扶贫，完成贫困户住院补助1126人次。完成城乡居民合作医疗保险参保率92%。金融扶贫，发放283户金融扶贫贷款。

【生态发展】 2018年，全乡开展农村环境卫生提升行动。对各村农村环境卫生治理，签订责任书，建立环境卫生分段维护制度；对考核不合格的公益性岗位、保洁员实施动态调整；建立各村家家户户每月环境评比公示制度。乡村定期开展"河长制"巡河，确保河道水清坡绿。加强生态扶贫，开发生态护林员公益性岗位62人。完成66.67公顷国二绿化提升行动。购置垃圾收运车1辆，投资50余万元进行绿化改造。2018年《念好"清好治绿评"全面提升环境卫生》《重庆彭水龙塘：处处展新颜》等环境治理经验被《彭水日报》《市人大公报》《重庆企业家日报》相继报道。环境卫生治理工作2018年代表彭水接受重庆市的环境卫生验收。强化基础设施建设，龙塘“四好”农村公路接受新华社、《农民日报》、中央政府网站报道。

联 合 乡

【概况】 联合乡位于彭水自治县东北部，距县城61千米。全乡辖区面积59平方千米，耕地面积1845.33公顷，场镇规划面积0.45平方千米。辖4个村25个村民小组；辖6个党组织，有党员246人；乡机关在职人员40人。建成乡公共服务中心1个、50平方米，便民服务中心4个、1200平方米。2018年年末，户籍人口14294人，其中农业人口13124人，场镇人口1170人。全年财政收入1765万元。农民人均纯收入9386元。乡辖区内有中心小学1所，村级小学3所，即联合中心校、三门小学、石柱小学、茨坝小学。中小学在校学生761人，其中幼儿班145人，在职教师59人。联合中心医院在编职工8人，核定床位15张，全年医疗业务总收入160万元，其中医疗收入120万元。全年出生人口197人。有金融机构1个，即农村商业银行彭水支行联合分理处。全年信访积案、民事纠调解率和成功率均为100%。杜绝了重特大安全生产事故发生，死亡事故为零。

【脱贫攻坚】 2018年，联合乡推进“造血”扶贫向纵深发展，将个体精准扶贫与产业扶贫相结合，精准施策、精准发力。用好用活精准扶贫贷款1085万元和产业扶贫资金32万元，帮助480户贫困户发展种植、养殖和个体经商等产业，户均增收4000元以上，帮助贫困户脱贫越线。坚持产业主导，立足“一村一业”。在龙池村，通过政府引导，采取专业合作社＋农户的模式，种植榨菜40公顷，辣椒33.33公顷，小米花生33.33公顷，高淀粉红薯66.67公顷，覆盖全村农户380余户，涉及贫困户52户，解决50余贫困人口全年务工。在河东村，利用河东村具备平坝和半山的优势，引导返乡农民工李建义在河东村6组通过渝宏青脆李种植股份合作社（其中建卡贫困户入社16户），种植34.2公顷青脆李；加大对建成的33.33公顷肾枣和33.33公顷翠冠梨的管护力度；引进彭水华瑞农业科技有限责任公司，充分利用扶贫产业政策，通过“公司＋农户”的生态猪养殖模式，对河东村符合养殖条件的建卡贫困户由公司每月给3—5户贫困户提供猪仔，贫困户按照公司规定的饲养方法规范育肥后，以高出市场价3元/斤的价格予以回收，此项目全年带动约60户贫困户参与生猪养殖。在同连村，2018年种植烤烟53.33公顷，并由村支部牵头成立彭水自治县政惠中药材种植专业合作社，种植前胡54.47公顷，苍术3.33公顷，打造中药材种植基地。基地覆盖全村115余户，其中涉及建卡贫困户71户；新发展窄耳根2.67公顷，实行订单种植销往重庆。在蔡家坝村，引进重庆市瑞浩林业发展有限公司投资200万元，采用“公司＋农户＋村集体经济组织”的发展模式，动员和引导群众规模种植竹笋，流转土地133.33公顷，打造竹笋产业扶贫基地，全乡一村一品特色增收产业初具规模。启动同连村龙池庙至大坪林场4.2千米、茨坝至许家垭口8.7千米、方二平至茨坝8.4千米，河东村楼子平至土地堂3.5千米、龙池村易蒿坪至塘心5千米，共计29.8千米通畅公路，硬化龙池村清水桥至马口7.1千米、彪家至水沟7千米、板口至马劲子4.2千米通畅公路建设共18.3千米，人行便道硬化3.8千米，硬化、整治公路7千米；新添置垃圾箱8个，垃圾桶60个；修建水池114口；完成院坝硬化422户33060平方米；改厕389户；C级危房改造3户；D级重建7户。2018年，实现脱贫93户324人。

【经济发展】 2018年，联合乡辖区内非公有制企业17个，粮食总产量9964吨。农业基础设施不断完善，全乡人饮工程实现全覆盖。积极推进河东村“公司+农户”生态猪养殖模式，引导群众自愿参加，发展生态猪养殖14户，建卡贫困户5户；由同连村支两委牵头成立彭水自治县康之源中药材种植专业合作社，采用“公司+合作社+农户”的模式，引导发动全村115户，建卡贫困户71户发展林下订单种植中药材前胡53.33公顷；成立龙池村小敏、贤彬果蔬专业合作社，流转133.33公顷土地，种植小米花生、辣椒、高淀粉红薯、青菜头，打造蔬菜种植基地，覆盖全村380户，贫困户52户，解决50余贫困人口全年务工；依托退耕还林政策在蔡家坝、龙池村、河东，栽植竹笋、柚子、核桃、板栗、李子等333.33公顷。尤其利用河东村平坝和半山的优势，引导返乡农民工李建义组建渝宏青脆李种植股份合作社(16户建卡贫困户入社)，种植34.2公顷青脆李；通过招商引资，引进重庆市瑞浩林业发展有限公司，采用“公司-农户+村集体经济组织”的发展模式，流转土地133.33公顷，引导群众规模种植竹笋，打造竹笋产业扶贫基地，拓展群众致富增收渠道。全力抓好畜牧业。圆满完成全年畜牧生产的各项任务，全乡生猪存栏4785只，牛存栏847头，羊存栏1325只，禽存栏7213羽，蜜蜂812桶。全年出栏生猪5437头、价值11417700元，肉牛363头、价值2904000元，山羊1456只、价值1747200元，禽7528羽、价值526960元，蛋22.5吨、价值675000元，蜂糖4.25吨、价值1105000元。加强非洲猪瘟检查排查，设置非洲猪瘟临时检查点，实行24小时值守，严禁外乡生猪、猪肉入境；全面开展辖区内生猪养殖大户、生猪养殖场排查，以便及时发现并处置猪瘟疫病；与辖区内的部门食堂、餐馆全部签订禁止餐厨剩余物饲养生猪的承诺书，以减少非洲猪瘟传播途径。自非洲猪瘟防控以来，共排查生猪养殖场户6场（户）、排查生猪700余头，排查生猪屠宰场商贩6个，签订承诺书5份，与县动监所一起直接无害化处理生猪7头，与县动监所查处并移交施法机关违规调运生猪案件1起，确保辖区内猪瘟疫情零发生。

【社会发展】 2018年，联合乡推进民政救济工作。认真落实五保、低保、优抚对象、孤儿救助等各项惠民政策。集中供养老人8人，保障五保户老有所养。严格有序地开展城乡居民最低生活保障工作，对辖区低保对象实行动态管理。全乡在册农村低保共有547人，全年累计发放低保金1619908元；在册城镇低保共有25人，全年累计发放城镇低保金98291元。全乡在册优抚定补人员61人，累计发放定补资金549059元。其中城镇三无人员和农村五保126人，全年合计发放资金1074350元，孤儿供养7人76920元。健全社会保障体系。2018年征收社保基金167万元，新增参保人员241人；全面开展养老保险领取待遇人员人脸、指纹信息比对工作，已采集、比对养老保险居民3416人，清理重复、死亡领保人员29人；扎实开展农村小额人身保险工作，参保159份，征收保费6360元；设立农村公益性岗位16个，转移就业贫困户175户；设立城镇公益性岗位3个，解决大学生就业2人。计生方面，农村计划生育奖扶、特扶申报，年审达100%，全乡新增奖扶人员6例，退出人员0例，全乡共有特扶人员2例，奖扶人员73例。积极落实“孕优”检查20对40人，免费“宫颈癌”检查100人。全年办理生育服务证48件，其中办理一孩生育证19件，二孩生育服务证29件。促进教育事业不断进步。全乡有中心小学1所，村级小学3所。截至2018年下学期，全乡小学1—6年级在校生761人，幼儿班145人，教职工59人，小学正常入学率100%、升学率100%。

【生态发展】 2018年，联合乡成立2018年联合乡森林防火工作领导小组，与各村签订森林防火、森林资源保护目标管理责任书；制定森林防火预案、森林资源管理制度；对4棵古树建立台账，录入古树名木电子信息系统上报，同时加强对野生动物、古树名木的宣传保护力度，坚决打击乱捕滥猎、乱砍滥发等违法行为，有效的保护生物物种的多样性；加大森林病虫害监测力度，积极开展秋季松材线虫病普查工作。植树造林，还原生态清新之美。积极开展国土绿化提升行动，依托退耕还林政策在蔡家坝、龙池种植竹笋、油茶、花椒等233.33公顷。在龙池村民委处实施“四旁植树”3.33公顷，在龙池村规划森林抚育工作计划66.67公顷，在河东村实施特经林改造约20公顷。以环境保护区为重点，切实开展郁江流域禁养区畜禽养殖场关闭搬迁工作。对辖区内8家位于禁养区、限养区内的畜禽养殖场实施了关闭、搬迁和停产，1家申请了取消关闭，1家签了限养协议，兑现关停补偿经费204970.17元。开展环境综合整治。完成联合乡垃圾中转站建设并投入运行，清除历史积存垃圾5吨，建立乡、村、组、户环境卫生保洁责任制，加大日常保洁力度，以村民小组为单位，开展“卫生庭院”月评、“优秀保洁员”季评活动，每月每组评选3户卫生庭院户和不卫生庭院户1户，对卫生庭院户授星并给予奖励，对不卫生庭院户进行劝导和纠正；每季度评选1名优秀保洁员，营造环境卫生整治良好

联合乡开展义务植树活动

（联合乡人民政府　供图）

氛围。组织政府、学校、医院、电站干部职工和场镇居民对场镇周边环境卫生、广告牌、牛皮癣和滥搭滥堆滥放现象进行集中清理，清理广告牌5块，整治滥堆滥放现象10余处。整合133个公益性岗位人员分“辖区”开展环境卫生整治，巩固提升环境卫生整治成效。以“河长制”为支点，开展水污染防治行动。全面开展“清河一号”行动，对河流水面垃圾、漂浮物进行专项治理，开展河道清理12次，河流水质持续好转。以露天焚烧监管为目的，加强日常巡查检查。现场动态巡查和告戒100余次。

【城乡建设】　2018年，联合乡立足乡村面貌改善，加快基础设施建设步伐，启动了河东村楼子坪至土地堂3.5千米、龙池村易蒿坪至塘心5千米通畅公路前期准备工作。完成联合乡垃圾中转站建设并投入运行，清除历史积存垃圾5吨，购置垃圾箱体8个和垃圾桶60个。投入资金118万元建设650平方米同连村便民服务中心，投入资金95万元新建龙池村便民服务中心460平方米，投入56万元完成河东村300平方米原便民服务中心升级改造，进一步完善功能、提升形象。

芦　塘　乡

【概况】　芦塘乡位于县城东北部，处武陵山区，居郁江河、普子河下游。西、南两面与保家镇接壤，北邻普子镇，东连郁山镇、联合乡，辖区面积52.25平方千米。全境地势东北高西南低，平均海拔800米，多年平均气温17.50℃。有耕地1066.67公顷、林地2666.67公顷，森林覆盖率52%以上。全乡辖5个村、34个村民小组，农业人口2590户、9435人。2018年农民人均纯收入9817.2元。全乡有2个贫困村，1个市级深度贫困村，有建卡贫困户607户2532人，贫困户占比26.3%。辖区内有小学3所，即芦塘乡中心校、星光村小、天落水小学。芦塘中心校有9个教学

班，学生376人。其中幼教2个教学班，学生74人；普教7个教学班，学生302人。在职教职工32人。芦塘乡中心校辖2所村小（教学点）。星光村小有5个教学班，学生86人，教师7人，其中含幼教1个班，学生18人；天落村小有2个教学班，学生8人，教师2人，其中含幼教1个班，学生5人。有金融机构1个，即重庆市农村商业银行芦塘分理处。

【脱贫攻坚】 2018年，全乡扎实有效推进脱贫攻坚各项工作，坚持“公司+基地+农户、短中长产业相结合”的发展思路，发展以生猪、禽类、烤烟、西瓜为主的短期产业，新培育种养殖大户3户和新型农民5人，巩固种植传统烤烟产业135.73公顷和地理品牌标识西瓜100公顷，突出生态、景观和经济效益，种植以红豆杉为主的经果林606.67公顷，完成国土绿化建设任务536.67公顷。完成不安全住房整治394户，改厕594户，改厨564户，院坝硬化289户，完成硬化面积17178平方米，共兑付资金410万元。全乡规划修建人饮蓄水池65口，已完成62口，安装人饮管道120千米。全面实施双硬化全覆盖工程，完成院坝硬化15000余平方米，人行便道硬化12.5千米，实现有意愿农户100%改造到位。发放47户金融贷款贴息9.88万元，教育资助中小学生541人和就读大学生23人，资助金额达92.65万元，实现贫困户大病医疗补充商业保险全覆盖和医疗费用二次报销587190元，购买精准脱贫保2532人。2018年，实现80户303人脱贫。

【经济发展】 2018年，全年完成固定资产投资3018万元，比2017年增长10.5%。一般公共预算收入3729.38万元，比2017年增长144.8%。本级财税收入完成139.61万元，当地银行存款余额9632万元，比2017年增长14.06%。贷款余额330万元，比2017年下降8.3%。人均粮食占有量稳中有增，人均纯收入实现9401元。全乡有传统的烤烟种植业135.73公顷，获得重庆市地理品牌标识的西瓜特色种植业100公顷。大力推进农业转型升级，新发展红豆杉特色小镇1个，种植以红豆杉为主的经果林606.67公顷。较好地实现了主导产业对农户的全覆盖。乡内有煤矿1个，系渝东南唯一保留的煤矿，产能30万吨，2018年实际释放产能12万吨。同时以“乡村振兴”为抓手，切实抓好特色旅游和生态旅游建设，持续建设抗癌植物红豆杉基地、森林湿地景观、涵养山泉水资源、空气负氧离子极高的阿依林海—康养旅游度假区。基础设施不断完善，全镇人饮工程实现全覆盖。对全乡村民小组通畅公路全面规划，

芦塘西瓜

（芦塘乡人民政府　供图）

阿依林海—康养旅游度假区

（芦塘乡人民政府　供图）

并完成通畅公路9.2千米，启动建设通畅公路5.2千米，全面推动芦塘星光至联合同连通畅公路建设，打通东北出境大通道。全面实施人饮提升全覆盖工程，全乡规划修建人饮蓄水池65口，已完成62口，安装人饮管道120千米。全面实施双硬化全覆盖工程，完成院坝硬化15000余平方米，人行便道硬化12.5千米，实现有意愿农户100%改造到位。

【社会发展】 2018年，芦塘乡强化社会救助管理。坚持“动态管理”和“公开、公平、公正”的原则，新增城乡低保14户29人，停发47户68人，调增4户4人，调减9户9人，农村低保保障249户427人，城市低保保障28户41人；发放春节困难群众救助金44100元，春荒救助金3550元，棉被110床。同时抓好五保、优抚工作，加强敬老院安全、消防、卫生管理工作。推动科教文卫发展。中小学校不断提高教师素质、提升教学质量，工作成绩得到多方媒体报道，文体活动丰富多彩，组织乡人大代表到芦塘两所小学考察2次，对5名品学兼优的贫困大学生实行“雨露计划”，提高学生的道德素养和实践能力，全力保障群众利益。抓好民生保障政策的落实，城乡居民养老保险累计参保人数为3105人，其中老年人1545人，正常参保人数为1560人，参保率达到应参保人数的64.25%。全乡共有老年人1545人，待遇每月按时发放。城乡居民医疗保险参保7278人，参保比例为93.1%，实现全乡贫困户以及资助对象100%参保。新增制卡212张，补卡83张，基本实现参保人员人人有医保卡。

【生态发展】 2018年，全乡坚持以乡村振兴为抓手，新时期环境整治初显成效。围绕生产美、生活美、生态美目标，大力实施人居环境改造和环境卫生治理。持续整治农村生活垃圾。开展农村环境卫生大提升行动，建成垃圾中转站一个，实施分类治理，促进农村垃圾集约化回收、资源化利用。增加环卫设施，清除露天垃圾池60个。建立长效保洁队伍，开展卫生之家评选活动。开展农村污水治理，建成污水处理厂1座，雨污分流管道2500米。持续改善人居环境，推进厕所革命。以建设美丽宜居乡村为目标，完成不安全住房整治394户，改厕594户，改厨564户，院坝硬化289户，完成硬化面积17178平方米，兑付资金410万元。

【城镇建设】 2018年，芦塘乡将农村环境大提升行动作为乡村振兴的基础性工作进行安排部署，制定了以建设“山美、水美、路美、居住美”为愿景的三年规划和打造“绿色环保无垃圾乡”为目标的近期规划，加快基础设施建设步伐启动。垃圾中转站投入使用，新购置垃圾桶200余个，对全乡56口露天垃圾池进行彻底清除，改放成较大容量的垃圾桶。被评为“卫生之家”的780户农户由乡政府逐户上门授牌，并赠发洗衣粉、肥皂等物质奖励，同时开展“整洁庭院”评比，市政工作名列全县前茅。板栗村集中安置点完成阶段性建设任务，将解决34户141人的居住条件；坡坪村集中安置点正在建设中，将解决25户69人的居住条件。

朗　溪　乡

【概况】 朗溪乡位于彭水自治县南部，东临石盘乡，南与贵州沿河县的塘坝乡、后坪乡接壤，西与黄家镇和贵州务川县的茅天镇连界，北与绍庆街道、万足镇相连，地跨两省三县七乡镇，是连接彭水与贵州的重要边界乡。全乡辖区面积60.28平方千米，辖5个行政村、27个村民小组，人口2346户、9626人，苗族、土家族占89%。政府驻地朗溪乡朗溪村一组（小地名：朗溪场），海拔667米，集镇面积560000平方米，集镇人口1493人，城区化率达15.9%，耕地面积1778.8公顷。交通较为便利，路经黄家镇距离县城68千米，路经万足镇距离县城38千米。机关在职人员24人，共有村支两委成员35人，辖7个党组织，有党员198人。乡辖区内有小学2所，即朗溪中心校和马头村小。共有在校学生296人，在职教师29人；有标准化中心卫生院1所，在编职工8人，核定床位14张。有金融机构1个，即农村商业银行彭水支行朗溪分理处。

【脱贫攻坚】 2018年，全乡坚持以问题为导向推进工作。组织开展脱贫攻坚大排查，全面排查脱贫攻坚工作的各类问题，建立台账，落实责任领导和整改时限，以查促改推进工作。坚持以促进群众特别是贫困群众持续稳定增收为目标推进脱贫攻坚。开展种养殖和务工技术培训，引导贫困户发展初具规模的养殖户30余户，辣椒166.67公顷、高淀粉红薯200.33公顷、苦荞25.53公顷、高粱36.27公顷、中药材55.33公顷、蔬菜233.33公顷、经果林166.67公顷。积极引导劳动力外出务工作，确保贫困户增收产业全覆盖。因户施策改善人居环境。2018年，双硬化县级验收人行便道2509米，院坝硬化48248.3平方米，资金报账127.08万元，完成2017年计划易地扶贫搬迁54户验收，完成农户“三改”1190户，农户人居环境大幅改善。兑现落实各类政策，全乡合作医疗参合率达到97%，贫困人口参保率100%、精准脱贫保参保100%，教育、医疗扶贫政策全面兑现落实到户，低保、五保等兜底保障工作落实到位。工作压力进一步传导，工作责任人进一步强化。层层传导压力，全面落实责任，持续加大攻坚力度，投入人力、物力，派驻工作队吃住在村里。2018年，在认真巩固脱贫攻坚成果的基础上，强化精准脱贫，年内实现贫困对象脱贫101户328人，脱贫成果巩固效果良好。

【经济发展】 2018年，全乡收到财政划拨资金12651692元，2018年共支出12651692元，按功能分类，一般公共服务支出3575572元；文化体育事业支出23.15万元；社会保障和就业支出1430504元；医疗卫生与计划生育支出221610元；城乡社区事务支出55800元；农林水事务支出6657707元；住房保障支出197769元；资源勘探信息等事务支出184932元；公共安全支出104800元。农民人均纯收入11254元，同比增长6.6%。农村经济总收入11286万元，农业总产值9184.2万元，同比增长4.9%。乡域经济以生态农业为基础，形成辣椒、核桃、中药材、高淀粉薯、烤烟等特色农业产业。依托现有的竹板桥古法造纸、马头山红色文化等乡村旅游资源，加大宣传力度和旅游地基础配套设施建设，打响乡村旅游名牌，加大何家盖传统村落建设资金投入，人行便道及广场工程项目已建成投用，2018年全年接待游客3800余人次，较2017年同比增长8.7%，乡村旅游前景向好。农业产业发展推进有力，其中巩固发展166.67公顷辣椒，建乡级产业示范1个，村级示范2个。朗溪乡核桃基地林下种植黄豆46.67公顷，发展中药材55.33公顷，建示范基地26.67公顷。发展壮大养殖业，新发展生猪2000头、牛500头、山羊800只、中蜂150群，新发展农村家庭农场、专业合作社、种养殖大户等农业经营主体51户，实现718户贫困户（除整户外出、无劳动力等214户）产业全覆盖。

【社会发展】 2018年，全乡居民医疗参保7631人，参保率达98%（未计算市内大学生参保和职工参保），基金收缴115.4万元；其中财政资助2910人221184元。养老保险新参保269人，转移就业300人，新增就业30人，开发农村公益性岗位13人，城镇公益性岗位2人，5个行政村已配备农村养老保险指纹采集设备。计生卫生稳步推进，组织53人参加免费孕前优生检查。教育事业日渐均衡，为乡中心小学争取到运动场建设项目，贫困生教育资助全面落实，落实学生各类资助、救助、补助政策，杜绝义务教育阶段的孩子因贫辍学。稳步推进就业创业，开展就业培训教育工作，全年转移就业300人，新增就业30人，开发农村公益性岗位13人，城镇公益性岗位2人。困难群众保障口袋不断扎紧，动态管理133户保低对象，发放低保金118.9万元，高龄津贴18.3万元，五保金、优抚金62万元，残疾人护理补贴及生活补贴4.4万元，发放救助资金9.5元，立功受奖优秀士兵1人1600元，向1037人次发放各类节日慰问、爱心大礼包等。文化建设力度加大，大力丰富群众文化娱乐生活，举办清明祭扫、七一主题党日和学习中共十九大精神活动，结合脱贫攻坚工作，配套全乡文体活动基础设施，充分利用全乡6个农村书屋，对图书进行集中编码、上架，建立台账。加大安全整治力度，突出食品药品、道路交通、建筑施工等重点领域，开展安全隐患排查、整治，开展集市宣传活动12次，发放宣传资料3500余份，悬挂宣传标语32幅，积极宣传引导，形成安全工作强大合力，构建起人人关心、参与的社会安全环境。排查化解矛盾纠纷，加大领导干部接访、约访、带案走访力度，全年累计接访群众300余人次，走访群众200余户、1100余人，全年排查各类矛盾纠纷78起，化解率100%，政府公开信箱交办案件、信访系统转交案件办结率100%，加强重点人员、重点人群监管，健全完善稳定工作台账，有效杜绝重大群体性事件发生。

【生态发展】 2018年，朗溪乡大力推进生态文明建设，树立“绿水青山就是金山银山”的理念，实行环保“一岗双责”“党政同责”工作责任机制，坚守生态保护红线，保障全乡生态文明建设向纵深发展。加强环保日常监管工作力度，开展各项污染监管行动72次，举办6·5环境宣传日活动，发放宣传资料2200余份，全年全乡新增2辆勾臂车，新投放垃圾箱体6个、垃圾桶156个，开展自然保护区生态巡管、农村生活垃圾治理、“零容忍、大执法”专项行动，整改率100%。林业保护有序开展，新一轮退耕还林200公顷管护良好，森林防火宣传12次，发放宣传资料3000余份，严肃执法，查处乱砍滥伐行为4件次，开展2次防火演练，全面签订森林防火目标责任书。全乡林地面积3050公顷，森林面积2802公顷，活立木蓄积量184029立方米，森林覆盖率达60%，有效保护绿水青山。

善感乡

【概况】 善感乡位于彭水县城之南，处乌江东岸，东临鞍子乡，南与酉阳自治县龚滩镇接壤，西隔乌江与贵州省沿河县洪渡镇相望，北连鹿角镇，距彭水县城48千米，距龚滩古镇8千米，是百里乌江画廊的精品段。全乡辖区面积78.81平方千米，辖5个行政村、28个村民小组，户籍人口7273人，居住民族主要为苗族、土家族、汉族。辖7个党组织，有党员235人；乡机关在职人员41人。建成乡公共服务中心1个，便民服务中心5个。全乡最高海拔1120米，最低海拔225米，大部分区域海拔在400—600米间，属低山区。境内水源较丰，有溪流4条，年降水量1000—1100毫米，年平均气温16.8℃，日照充足，属亚热带季风气候。辖区固定资产投资达4800万元，同比增长6.7%；一般公共预算收入增长93.4%；新增城镇就业人口30人；农村居民人均可支配收入为9335元，同比增长9.8%；城镇化率提高1.2个百分点。善感乡被重庆市评为“市级休闲农业与乡村旅游示范乡镇”。2018年，善感乡获县级“平安建设”“信访稳定”先进集体称号，获渝东南生态民族旅游文化节双百会民间捶打竞技赛金奖。乡辖区内有中小学2所，即善感乡中心校和水田村小。中小学在校学生217人，在职教师29人。善感乡卫生院在编职工7人，核定床位10张，全年医疗业务总收入57.7万元，其中医疗收入21.6万元。全年出生人口46人，符合政策生育率98%。

【脱贫攻坚】 2018年，善感乡深入贯彻习近平总书记扶贫开发重要战略思想，全面落实全市、全县深化脱贫攻坚部署要求，认真对接落实中央外办定点帮扶工作，精心制定“1+N”扶贫工作方案，统筹推进基础设施、人居环境整治、产业扶贫等扶贫行动，完成善感段二级路升级改造，道班至乡政府公路升级改造即将动工，行政村通畅率、村民小组通达率均达100%；建成70余口饮水池，实现安全饮水全覆盖；落实易地搬迁贫困人口102人，实施宅基地复垦、农房收储125户，周家寨安置点完成主体工程，农纲安置点建设推进有力；整治不安全住房32户，改造D级危房4户，改厕51户、改厨49户；人行便道及院坝硬化基本实现全覆盖；培训贫困人口500余人；发放医疗救助金51万余元、临时救助金7万元，家庭医生签约服务覆盖2753人；教育资助500余人次，重点帮扶新入学本科生16人；低保兜底45户132人。全年整改各种问题160余个，脱贫71户294人，全乡贫困发生率降至3.8%，顺利接受重庆市脱贫攻坚第三方评估检查，脱贫攻坚成效获得中央外办及市县有关领导肯定。

【经济发展】 2018年，全乡固定资产投资达4800万元，同比增长6.7%；一般公共预算收入增长93.4%；新增城镇就业人口30人；农村居民人均可支配收入为9335元，同比增长9.8%；城镇化率提高1.2个百分点。实施“瓜果之乡”发展战略，管护油茶266.67公顷、新栽植400公顷；精心管护柑橘133.33公顷、核桃200公顷、猕猴桃33.33公顷、采摘园40公顷，发展烤烟86.67公顷、西瓜166.67公顷、中药材36.67公顷、蔬菜100公顷，大力发展电商产业，推动猕猴桃、腊肉等农产品网上营销，新发展村集体企业2家、农业专业合作社3个、种养殖大户3家。采取多措并举，全力打好非洲猪瘟防控阻击战，辖区实现清净无疫。大力实施“旅游兴乡”发展战略，农业观光园项目建设初具雏形，园区大门、滑草场、观光亭有序推进；建成景区牌坊、停车场、旅游厕所等一批旅游配套设施；增设垃圾桶40余个；旅游码头全面开工建设；周家寨民宿改造及观景平台即将动工；周家寨“三变改革”“乡村振兴”试点有力推进，全年接待游客5万人次、实现旅游综合收入300万元，乡村旅游注入新的活力，全乡生态产业呈现良好发展态势。

【社会发展】 2018年，善感乡认真贯彻落实深化“放管服”改革决策部署，开展政务服务事项标准化体系建设。大力开展义务教育发展基本均衡创建活动，生均办学条件基本实现全面达标。深入推进医药卫生体制改革，完成乡卫生院装修改造；全面实施全民参保计划，城乡合作医疗保险、养老保险位居全县前列。开发公益性就业、产业就业岗位，新增城镇就业30人以上。完成民族团结进步市级示范创建任务。建成乡体育文化中心，完成各村“七个一”体育文化设施建设；开展文化下乡演出活动，成功举办两次篮球友谊赛；积极参加县级文化竞赛活动，获得金奖、银奖各1次。严格兑现各项惠民政策，全年发放救灾、救济、慰问金21.8万元；发放种粮直补、林地直补、退耕还林补助共240余万元。城乡低保严格实行动态管理，做到应保尽保、应出则出，社会保障水平不断提高。

【生态发展】 2018年，全乡深入推进“五大环保行动”，全面完成节能减排任务和生态环保督查问题整改，辖区空气质量优良指标达95%以上。严格落实“河长制”，健全工作机制；加强辖区流域管护与治理，建成场镇污水处理厂并投入使用，集中式饮用水源地水质稳定达标。坚守生态保护红线，完成林地违法占地问题整改；大力推进桂花村股权化改革试点项目，有力推进国土绿化、退耕还林工作，切实加强松材线虫除治，全乡森林覆盖率达70%。扎实推进承包地确权登记颁证，全面清理整治“大棚房”，整改完成2件土地卫片执法交办案件。建成垃圾中转站，稳定充实环卫人员，深入开展农村环境卫生专项整治行动，购置垃圾桶300余个，形成垃圾收运管理长效机制，农村生活垃圾无害化处理率达90%以上。

善感乡路面清洁工作

（善感乡人民政府　供图）

延伸阅读：

2018年，善感乡通过资源的整合利用，形成全民参与“三变”改革的基本格局。利用退耕还林、农旅融合产业发展、农业综合开发、移民后期扶持、扶贫项目等政策，共整合土地资源参与入股166.67公顷，其中特色经果林153.33公顷，林下种草33.33公顷，推行“村级集体经济组织＋农户”和公司＋专业合作社＋农户的模式，占全村耕面积的55.8%。新增水、电、路、公厕、沟渠、管网等各类基础设施投入1200余万元，新硬化旅游环道公路12千米，新建和改建星级公厕4个，新建停车场1个，旅游观光亭4个，已建和在建滨江河堤工程2千米，规划改造民房风貌及庭院绿化30余户。新建采摘步道15千米，硬化及油化公路6千米，改良土壤33.33公顷，新修沟渠500米，新建山坪塘2口，畜水池600立方米，铺设滴灌管道5千米，新建采摘园大门1座，滑草场1个。共吸纳入股农户272户，占全村农户的91.3%，其中贫困户103户，占全村贫困户总数的97.1%。撂荒多年的土地资源得到有效开发利用，破解了全村资源分散、资金分散、农民分散难题。

三　义　乡

【概况】　三义乡位于彭水自治县北部，距彭水县城78千米，东北与湖北利川文斗乡接壤，西与石柱自治县马武镇、黄鹤乡相连，南接连湖镇、普子镇。全乡辖区面积为74.76平方千米。乡内地貌类型复杂，“两山夹一槽”是其主要特征，境内谷地、岩溶洼地及小型山间盆地相间，山高坡陡、逆顺地貌并存。海拔最低420米，最高1650米。全乡辖6个行政村、29个村民小组，总数户1814户，总人口6977人，其中外出务工人员2277人、占全乡总人数的32.7%。乡辖区内有小学1所，在校学生389人；医院1所，病床12张，卫生技术人员6人；烟草点1个，职工8人；金融服务网点2个（邮政、农商行）。

【脱贫攻坚】　2018年，三义乡贫困人口从2014年的536户1924人，减少至115户349人，贫困发生率由2014年的37.7%下降至6%，2018年脱贫118户457人。2018年，三义乡抓“三变”改革，完善利益链接。探索建立“龙头企业（公司）＋村集体经济＋农民专业合作社＋农户”发展模式，6个村均成立集生产、销售等于一体的村级股份制合作社或公司，主要开展中药材、烤烟、特色种养殖等产业引领，让未脱贫的贫困户100%捆绑入社。建立“产业扶贫项目＋贫困户”捆绑机制。特别是1000万元农业综合开发、900万元石漠化治理、400万元设施农业等项目政府投资部分转化为扶贫对象“红色股份”，五丰村、龙合村“党社联建”和田园农旅一体化、莲花村“一户一棚”（菌类）、龙阳村高山大米“生态＋”等成为“三变”改革典型示范。搭建乡电商综合服务站，开展“农村电商＋扶贫”模式试点，带动100多农户增收。建立起贫困户参与村集体经济务工、管护等机制，在增加劳务收入的同时，以集体经济二次分红为贫困户“兜底”，杜绝养“懒汉”现象。抓精准施策，帮扶成效不断显现。医疗扶贫方面，医疗救助479人次25.38万元，特慢病贫困患者门诊医疗补助229人次6059.84元，对38户因病困难家庭发放医疗救助卡8.7万元。教育扶贫方面，全面落实中小学及高中、职高的教育资助政策，针对高三毕业贫困学生，根据录取情况组织申报大学新生入学一次性资助和学费补助（核实是否补助到位）。社会保障扶贫方面，全乡210户低保户（贫困人口为14户）、143名80岁以上老人、34名高龄老人、167名残疾人（贫困人口为72名）、60名五保老人各项政策全面按月兑现，1至11月共计兑现资金126.3万元。就业扶贫方面，举办职业技能培训使150余户贫困户掌握实用技术，解决贫困户就业235人。易地搬迁方面，扎实推进莲花村易地扶贫搬迁集中安置市级示范点建设，全面完成安置房及便民服务中心、广场、议事堂、道路、管网等附属项目主体工程建设，集中安置58户191人（安置建卡贫困人口46户158人）；同步推进5户以上相对集中安置搬迁。不安全住房暨人居环境整治方面，全面推进不安全住房及人居环境改造，启动实施五丰、龙合村人居环境市级示范项目，全乡已实施农村不安全住房328户，完成改厨377户、改厕375户、院坝硬化23860平方米。

【经济发展】 2018年，三义乡狠抓产业发展，拓宽增收渠道。高山反季节蔬菜成功上市。引入重庆均杰农业公司与本乡彭辣农业开发公司合作，通过土地流转和订单收购等方式发展高山反季节蔬菜（莲花白）33.33公顷，成功进入重庆双福国际农贸市场。全乡发展烤烟268.87公顷、高淀粉红薯33.33公顷、辣椒20公顷，5个村由村集体领种中药材近133.33公顷。收购烟叶50.1万公斤，占收购任务的104.8%，产值达1354.7万元，每公斤均价27.04元。前胡26.67公顷，产值达96万元。辣椒46.67公顷，产值达280万元；高淀粉红薯64.67公顷，产值达135万元。烤烟、中药材、蔬菜经果、特色养殖四大主导产业覆盖农户1051户4281人，扣除在外务工人员、覆盖率达90%。其中贫困户581户2400人，覆盖率92.1%，实现人均收入6000余元，占全乡人均可支配收入的62%。推出“一道菜+”模式，引入全国百强餐饮企业——重庆五斗米集团与弘升村建龙养殖合作社分工协作，以三义珍珠鸡为主要食材打造“汤和理”渝派特色餐饮门店，已签订养殖珍珠鸡养殖合同20万只，近100户农户受益。全乡发展生猪和特色猪2000余头，肉牛600余头，山鸡30000余只，黑山羊150余只，中蜂近700群，年产值近千万元。“五小”经济成功起步。因地制宜、因户施策，发展小加工、小餐饮、小运输、小制作、小买卖等“五小”非农经济和小果园、小生态园、小瓜菜园、小水产园、小养殖园等“五小”庭院经济，分别选择26户、15户示范户进行扶持打造。产值400余万元，户均增收3万元—5万元。

【基础设施】 2018年，三义乡加快推进基础设施建设，累计开工项目219个，开工率达92.01%，累计完成投资2.19亿元，已开工项目投资完成率达47.92%。其中完工项目125个，规划项目完工率达52.52%。交通大通道与小康道路实现100%开工。全乡规划的小康路118.01千米全部开工，完工投用45千米。S422、三义至湖北边界共计25千米大通道的施工单位已进场。完善道路防护设施60千米，全乡二干一环多支线网已见雏形。安全饮水及水利设施进展顺利。全乡72个安全饮水工程开工率100%，已竣工70个，余下的场镇自来水厂和莲花安置点水厂正在建设之中，饮水入户实现全覆盖。7个水渠及山坪塘项目已开工5个，余下的弘升小（二）型水库、五丰村塘家湾山坪塘项目正开展初步设计。供电及通讯设施取得突破。总投资为980万元的农村电网改造基本完工，县电力公司对全乡烤烟用电、贫困户家庭用电安全进行全面检查和改造；全乡规划的11个4G移动通信基站项目全面建成，电信光纤通村入户实现全覆盖。公共服务短板得到有效弥补。乡污水处理厂建成投用，垃圾中转站主体基本完工。乡公共服务大厅完成拆迁协议签订，文化站及小坝便民服务中心、卫生院等场镇公益项目正在实施征地拆迁。龙合、弘升村级便民服务中心改造完成，五丰、莲花便民服务中心正在实施装修，龙阳便民服务中心主体即将完工。乡自来水厂投入试运行。乡中心校综合楼改扩建正在实施主体工程建设，行政村路灯全覆盖基本完成。

双　龙　乡

【概况】　双龙乡位于彭水自治县东南部，距离县城34千米，东与鹿角镇隔江相望，南邻贵州省沿河县塘坝乡，西接贵州省沿河县洪渡镇，北与石盘乡接壤，地势呈西南高，东北低。辖区面积54.98平方千米，耕地1483.41公顷，其中：水田344.19公顷，旱地有1139.22公顷，林地3464.79公顷，森林覆盖率达70%以上。辖马岭、小坪、龟池3个村，21个村民小组。建成乡公共服务中心1个、180平方米，便民服务中心3个、3560平方米。2018年年末，户籍人口6105人，其中非农业人口723人，农业人口5382人，常住人口3818人，占总人口的69.9%，多以老人、妇女和儿童为主。双龙乡现有小学2所，教职员工16人，在校生147人；现有中心卫生院1所，医护人员8名，新型农村合作医疗群众参合率达95%以上。

【脱贫攻坚】　2018年，双龙乡推进“造血”扶贫向纵深发展，将个体精准扶贫与产业扶贫相结合，精准施策、精准发力。实现27户89人脱贫。按照“公司+专业合作社+农户”的模式，分别成立由村两委控股的彭水自治县春源生态农业发展有限公司、彭水自治县润民生态农业发展有限公司、彭水自治县耀春生态农业发展有限公司并开始运营，立足区位优势和地理优势，分别新建成马岭村电商便民生活超市和小坪村30万袋无公害黑木耳标准化生产示范基地，在贫困村采取“公司+农户”的模式建设66.67公顷优质柑橘产业基地，带动521户1818人增收。投资250万元的双龙乡马岭村至鹿角镇鹿角居委联网村通畅公路开工建设，小坪村6组（沙堡至小坪坝）2.3千米通达路已开工；投资288万余元，新建水池25口、取水口56口，安装管道101945米；完成双硬化人行便道2810米、院坝6140平方米；投资638718元，改造不安全住房221户，改造厕所72户，改造厨房54间；完成农村危旧房改造29户，C级18户，D级1户启动；完成全乡16人易地扶贫搬迁任务。

【经济发展】　2018年，全乡完成区域生产总值达8342.8万元，同比增长8.01%；农民人均纯收入10100元，比2017年增加8%；财政收入达694万元；粮食总产量3545吨，人均占有粮食650公斤。

双龙乡马岭村电子商务中心

（双龙乡人民政府　供图）

【社会发展】　2018年，双龙乡科教文卫工作稳步推进。推进教育扶贫政策宣传，实现建档立卡贫困学生教育资助全覆盖。推进文化基础设施、设备的建设，完成各类文化书籍填补。获重庆市尊医重卫先进集体。社会保障工作不断完善。落实社保扶贫工作，兑现建档立卡贫困人口城乡合作医疗参保补助50652元，实现贫困人口全员参保。社会保障覆盖面进一步扩大，完成城乡居民养老保险参保3130人，新参保30人，新增待遇领取8人。全面落实优抚政策，发放民政低保金883367元，高龄补贴金125900元，困难残疾人补助金36440元，解决大病医疗报账129余人次，临时救助27人。

【生态发展】 2018年，双龙乡生态环境保护和生态文明建设扎实推进。加强农村环境保护政策宣传，强化环境保护人人有责，组织开展整洁庭院评比3次，涉及3个村475户，通过评选给予物质奖励和精神奖励217户，全乡通报差评47户。投资40万元，新建公共厕所1座，新购压缩式垃圾运输车1辆，垃圾箱体4个，垃圾桶200个，全乡落实公益性岗位人员24人、保洁员9人，境内基本实现生活垃圾“户分类、村收集、乡转运(中转到善感垃圾站)、县处理”，农村人居环境明显改善，村庄环境基本干净整洁有序，村民环境与健康意识普遍增强。强化国土绿化工作。完成266.67公顷国土绿化及退耕还林工作，确保全乡森林覆盖率逐年上升，着力打造双龙绿吧。

石 盘 乡

【概况】 石盘乡位于彭水自治县东南部，东邻鹿角镇、双龙乡，南接贵州沿河县塘坝乡，西连万足镇、朗溪乡，北与新田乡隔江相望，距县城25千米。全乡辖区面积64.12平方千米，耕地面积24.67平方千米。辖2个村；辖3个党组织，有党员101人；乡机关在职人员26人。建成乡公共服务中心1个、60平方米，便民服务中心2个、100平方米。2018年年末，户籍人口3470人。全年财政收入1244.37万元，为年度预算的144%，其中财政拨款收入1058.79万元，非税收入0.46万元，烟叶税185.58万元。乡辖区内有小学1所，即石盘乡中心小学校，在校学生88人，在职教师14人。石盘乡卫生院在编职工5人，核定床位6张，全年医疗业务总收入56万元，其中医疗收入26万元。全年出生人口16人，符合政策生育率100%。有金融机构2个，即农业银行石盘乡金融点、邮政储蓄石盘乡营业所。

【脱贫攻坚】 2018年，石盘乡扶贫小额贷款13万元，帮助4户贫困户发展种植、养殖等产业。硬化公路9.4千米，启动石新村、香树村通畅路共计19千米；修建水池17口；硬化人行便道644米，已实现全覆盖，硬化院坝137户7427平方米，硬化率达到95%；改厨改厕95户；排位加固45户、拆除重建3户；D级危房改造3户。2018年，实现脱贫7户29人。

【经济发展】 2018年，全乡农业基础设施不断完善，种植烤烟213.33公顷，收购烤烟35万公斤，种植高山蔬菜33.33公顷，发展林下养鸡1万羽，中蜂养殖500群，山羊养殖1500只，中药材66.67公顷，肉牛养殖300头，提档升级13家农家乐，新建电商2家，山货特产带得走，促进农民稳定增收能致富。

【社会发展】 全年全乡享受奖励扶助政策33人，全乡领取养老保险待遇832人，其中建卡贫困户182人；参加养老保险1732人，其中建卡贫困户383人，低保35人，特困人员1人，已缴费人数458人，已缴费金额170100元，新参保人数71人，参保率80%。城镇新增就业人员30人，完成目标任务100%；农民工创业就业回引220人，完成目标任务100%；新增农村劳动力非农就业20人，完成任务100%；新增农村公益性岗位2人，共计5人，高校大学生就业2人。全年发放各类抚恤金、优待金131252元，打卡发放五保金292990元，60周岁以上的农村籍退役士兵生活补助13860元。大力促进基本公共卫生服务均等化，新农保实现全覆盖，新型农村合作医疗保险参保人数2865人，缴纳44万元，参保率达90%以上，特殊人员享受政策1044人（其中建卡贫困户850人，残疾34人，计生优抚奖扶对象32人，低保56人，特困人员34人，其他民政对象38人），让农民真正得到实惠。

【生态发展】 2018年，石盘乡继续实施生态保护，巩固绿化建设成果，全乡森林覆盖率66.65%。建立长效管护机制，做好天然保护林的林木管护；全面完成国土绿化提项目，完成造林363.33公顷。加强污染源的监管，关闭污染企业1家，开展生态环保巡查40余次，全面完成县级部门下达的改厕任务，做好小流域治理、人畜饮水改造项目。开展环境综合整治，抓好2个村的环境连片整治，加强农村饮用水源保护、污水和生活垃圾处理，为各村设立垃圾箱、垃圾桶，落实保洁人员，做到生活垃圾及时清理，实现村容整洁美观。

大垭乡

【概况】 大垭乡位于彭水自治县西南角，东、南、西三面与贵州务川、道真两县连界，西北与武隆隔芙蓉江相望，地处重庆、贵州两省（市）四县交界的边陲之地。距县城60千米。全乡辖区面积67.31平方千米，耕地面积1466.67公顷。辖4个村；辖5个党组织，有党员145人；乡机关在职人员44人。建成乡公共服务中心1个、300平方米，便民服务中心4个、600平方米。2018年年末，户籍人口5802人，其中农业人口5480人，常住人口2666人。全年财政收入3262万元，为年度预算的431%，其中公共财政收入3220万元，为年度预算的425.9%，工商税收22万元。本级财政收入20万元。农民人均纯收入8540元。乡辖区内有中小学1所，即大垭中心校小学，在校学生113人，在职教师18人。大垭乡中心医院在编职工8人，核定床位6张，全年医疗业务总收入79.8万元，其中医疗收入43.3万元。全年出生人口45人，符合政策生育率100%。有金融机构2个，即农业银行重庆彭水支行大垭自助银行、农村商业银行重庆彭水支行大垭分理处。

【脱贫攻坚】 2018年，大垭乡在补齐基础设施短板工作上取得了实效。水、电、路、信、房等基础设施建设取得阶段性成果，群众生产生活条件大为改善。人饮全覆盖工程全面铺开，人饮工程69处、山坪塘2口，总投资1134万元。投资810余万元的农网改造项目全部完成；开工通畅路101.69千米，完工105千米。移动、联通、电信三大公司在大垭乡建设基站，移动已完成4个，联通完成1个，电信完成1个，通信质量大大提高。农村不安全住房整治300户，完成改厨455户、改厕521户、院坝硬化45619.3平方米。人居环境整治完成1036户，启动阿依大美市级示范片和珠子溪大美市级示范片建设，其中，唐家坝人居环境整治成为全市亮点。以“畜、林、药、蔬、特”作为产业发展总体布局，大力发展农民专业合作社、培育种、养殖大户，各村产业发展初步形成“一村一品“布局。主要产业为辣椒166.67公顷，高山蔬菜66.67公顷、中蜂2000群、花椒33.33公顷、经果林200公顷、土鸡17000只、生猪2000头、肉牛700头、中蜂2000群、野猪200头。2018年，脱贫32户124人。

【经济发展】 2018年，全乡农业总产值646万元，同比增长10.2%；营业收入645万元，同比增长11.4%；实现增加值400万元，同比增长12.6%；实现利润总额92万元。完成工业固定资产投资50万元。辖区内非公有制企业3个，从业人员15人，总产值175万元。农业总产值2256万元，比2017年减少8.4%；粮食总产量2718吨，比2017年减少6.8%。农业基础设施不断完善，全乡人饮工程实现全覆盖。加快土地流转，种植高山蔬菜66.67公顷，蜂糖李86.67公顷，中药材72公顷，黑桃33.33公顷，拓展群众致富增收渠道。

【社会发展】　全年全乡享受奖励扶助政策40人，5140人建立城乡居民医疗保险信息档案，城乡居民参保率达95%以上，城乡新增就业人员完成目标任务92%，城乡登记失业人员完成目标任务86%，城乡就业困难人员完成就业任务100%，农民工创业就业回引率50%，新增农村劳动力转移就业率100%，完成高校毕业生就业岗位6人，完成任务100%。全年发放各类抚恤金、优待金及临救资金16.2万元，80岁以上老人营养补助9.58万元，打卡发放五保金5.63万元，发放三无人员生活费12.31万元和退役军人生活补助18.71万元。大力促进基本公共卫生服务均等化，新农保实现全覆盖，落实计划生育政策，抓好“三查一治”工作，妇查率98%，新型农村合作医疗保险参保人数4890人，缴纳74.6万元，政策减免2268人（其中贫困户1853人，残疾18人，独生子女33人，低保及退役军人319人，其他项45人）。重点关注中心校建设和教学质量的提升，申请项目投资美化校园，让师生在优美的校园内学习和工作。保障九年义务教育，全年无九年义务教育阶段学生辍学。

【生态发展】　2018年，大垭乡继续实施生态保护，在市级生态乡的基础上，继续创建国家生态乡，不断巩固生态乡创建成果。巩固绿化建设成果，全乡森林覆盖率56%以上。建立长效管护机制，做好天然保护林的林木管护；完成退耕还林林200公顷。加强污染源监管，开展生态环保巡查120余次，全面完成农村卫生厕所改造任务，做好小流域治理和清理、人畜饮水和畜禽养殖排污改造项目。开展环境综合整治。抓好4个村的环境连片整治，加强农村饮用水源保护、污水和生活垃圾处理，为各村设立垃圾箱、垃圾桶，落实保洁人员，做到生活垃圾及时清理，实现村容整洁美观。对硬化道路绿化美化，公路沿线栽植四季桂698株。

【城乡建设】　2018年，大垭乡以“全国重点乡”建设为抓手，立足城乡面貌改善，加快小城乡基础设施建设步伐，完善城乡功能，完成城乡规划编修。启动全乡20千米路基改造和10千米公路硬化。积极推进人居环境整治和全乡房屋整治项目建设。创立人居环境市级示范点1个，安装路灯86盏，建成垃圾压缩站1座，购置3立方米垃圾箱体20个，120升垃圾箱300个，洒水车2辆。

【唐家坝人居环境改造市级示范点】　唐家坝人居环境整治示范点位于彭水自治县大垭乡大垭村1组，涉及农户73户332人（贫困户32户119人），其中苗族57户，土家族15户。唐家坝原为传统苗乡风情村寨，聚居村落依山傍田，林荫水绕，鸟语花香。但道路条件较差，房屋质量大多不好，风貌杂乱，绿化景观不协调，缺乏公共活动场地。唐家坝经人居环境改造后，已成为乡村旅游景点之一，有农家乐、乡村旅馆、广场等基本旅游接待能力。当地村民根据各自特点从事与乡村旅游相关的服务、产业、旅游产品生产等工作，乡村旅游收入成为当地居民的主要收入。

桐　楼　乡

【概况】　桐楼乡位于彭水自治县东南边陲，东临黔江区石家镇、新华乡，南靠诸佛乡，北与桑柘镇、大同镇接壤，距县城84千米。全乡辖区面积45平方千米，辖3个行政村、16个村民小组，1254户5840人，其中农业人口5021人。2018年有贫困户408户1950人（已脱贫人口361户1758

人），辖5个党组织，有党员142人，乡机关在职人员22人，建成乡公共服务中心1个、80平方米，村便民服务中心3个、5300余平方米。有耕地面积1201.06公顷，水田面积281.47公顷，林地面积1908.58公顷；海拔在400米至1100米之间，相对海拔较高，且属于沙岩化地带。乡辖区内有2所学校（桐楼中心小学校和徐家村小）和1所乡级医院、3个村级卫生室。桐楼中心校教师在校学生260余人，在编教师19人，在岗（含临聘教师、工作人员）27人，所教范围为幼儿班、学前班和小学一至六年级，占地面积4360.77平方米；桐楼乡徐家村小教师在编2人，学生15人，所教范围为学前班和小学三年级，占地面积780.23平方米。桐楼乡卫生院在编医生5人，占地面积2260平方米。

桐楼乡雪景

（桐楼乡人民政府　供图）

【脱贫攻坚】　2018年，全乡建档立卡贫困人口408户1950人，有贫困村（已脱贫）1个。未脱贫人口47户190人，已脱贫人口361户1758人。精准识别，实现贫困群众帮扶全覆盖。对照“两不愁三保障一达标”要求，严格按照动态调整相关程序，强化扶贫对象精准识别、动态管理和退出评估，坚决避免“漏评”“错评”“错退”现象发生。2018年动态调整新识别贫困户9户33人，贫困户退出32户149人，自然增加24人，自然减少8人。问题整改，助推脱贫攻坚政策落实。以“底数清、情况明、问题准、台账全、质量高”为工作目标，全面、细致分析梳理大走访、大排查、大整改工作情况，逐一对照2018年国务院大督查指出的4项重点内容和2017年国家考核、国务院扶贫开发领导小组督查巡查、中央巡视“回头看”、县级督导组等指出的共性问题，结合实际，“一对一”制定整改措施，明确整改责任人和整改时限，已完成精准识别、干部能力培训、作风整顿、资料归档、政策宣传、部分人畜饮水及部分危房等问题整改，收集完善佐证材料，确保问题整改的过程扎实、结果真实。

【产业发展】　按照产业兴旺、生态宜居、乡风文明、治理有效、生活富裕的总要求，结合桐楼实际，大力发展特色效益农业，推进一、二、三产业融合发展。推广辣椒种植，打造辣椒之乡。由辣椒种植专业合作社提供辣椒种子，指导农户育苗、移栽、病虫害防治及生产管理，全乡范围内实行“保护价”上门收购。年平均发展辣椒种植66.67公顷。推广橄榄种植，打造橄榄之乡。引进武隆汀澜苗木种植专业合作社投资建设3.33公顷油橄榄种植示范地，全乡推广栽植油橄榄200公顷。用好用活淡水资源，打造鱼米之乡。以彭水自治县赵航淡水养殖场为主，配备孵化、育苗等设施，全乡现有鱼塘30余口，养殖水面面积2公顷，年产水产品达40余吨。以“高山避暑纳凉体验”为依托，打造观云台、崖口云海、崖口火棘果、千年牛马腾等景观点。创办以“白云生处是桐楼”为主题的摄影展，蓝天白云、青山绿水、神奇的牛马藤、鲜红的火棘果、宁静的桐木楼，白云生处的桐楼乡具有别样的芳华和神韵。

【基础设施】　2018年，桐楼乡以设施改善为根本，解决制约发展的突出问题，进一步夯实脱贫基础，全年争取项目14个，规划总投资3200余万元。大力推进交通基础设施建设，群众出行更加便捷。2018年度建成细沙村通畅公路10千米、普子村通畅公路3千米，桐木村7组产业硬化路1千米，桐木村2组通达路2千米。启动桐木村7.62千米通畅路工程、细沙村3千米通畅路工程。强力推进人饮全覆盖工程，群众饮水安全保障。完工山坪塘2个，提灌引水工程1处。2017—2018年规划农村安全饮水“全覆盖”建设工程32处，截至2018年年底，完工30处，安装引水、供水管道达8万米，解决饮水难群众703户3091人，其中贫困户273户1252人。衔接争取到场镇自来水厂新建项目，从根本上解决场镇居民枯水期饮水困难问题。完成黑洞河小Ⅰ型水库征地实物指标调查和公示。持续推进人居环境整治，美丽乡村面貌初现。全乡已实施不安全住房维修整治类222户、拆除重建21户，厕所改造217户、厨房改造142户，化粪池改造80户，院坝硬化4.5万平方米，入户人行便道硬化16千米。争取到场镇及村级居民点路灯安装项目270盏。着力夯实农田水利基础设施建设，提高土地利用效率。启动桐木村、细沙村（共5个村民小组）土地整治项目，整治压土面积284公顷。

【民生保障】　2018年，桐楼乡全面落实贫困人口教育资助工作。资助学生268人次，其中学前幼儿64人次，九年制义务教育204人次。保教费、生活费累计资助约11.5万元。全面落实医疗保障及健康扶贫工作。实施医疗二次补助达435人次，补偿金额约20.8万元。设置健康扶贫流动宣传车，按时每周下村一次，对65岁老年人免费健康体检，高血压、糖尿病、重性精神病、结核病等病人，进行随访复查。采用计生赶场发放宣传单、流动车下村定点宣传、公共卫生宣传专栏等，大力宣传健康扶贫相关政策。全面落实全民参保工作。2018年征收城乡居民养老保险基金80余万元，全乡参保4821人，参保率达94.6%，特困人员、低保、未脱贫建卡户参保率均为100%。全面落实就业扶贫工作。2018年全乡实现城镇新增就业30人，农村劳动力转移就业150人，新增农村劳动力非农就业25人，新增农村公益性岗位就业3人，城镇公益性岗位就业2人；落实就业创业政策，对2名符合条件的创业人员给予小额贷款和贴息、创业补贴和奖励等方面给予支持。积极引导贫困人口搬迁工作。大力宣传2018年易地扶贫搬迁政策，结合贫困户意愿及实际生活环境情况，锁定搬迁对象11户40人。完成土地确权。因地制宜，大胆探索，强力推进确权登记颁证工作，在全县率先完成阶段任务，作为先进单位在全县交流发言。完成3个村16个组1320户农户基础资料的规范整理、1600余公顷承包地的外业调查、矢量化工作、第一轮公示。

【生态发展】　2018年，全乡扎实开展农村环境卫生提升行动，实现屋美路净。执行“户集、村收、乡转运”模式，农户生活环境卫生有效改善。建立公路保洁考核激励制度，全乡有公路保洁人员15人，3个村公路沿线配备垃圾箱10台，垃圾清运车1辆，环卫三轮摩托车4辆，手推车15台，塑料垃圾桶110余个，公路环境卫生得到有效治理。开展村组“最美庭院”集中评比活动，带动广大群众自觉提高环境保护和自我居住环境整洁的意识。全面落实“河长制”，实现水清岸绿。成立以乡党委书记、乡长为辖区总河长，班子成员为乡级河长、各村党支部书记为村级河长的管理体系，加强河流、水库的日常巡查工作，严控工矿企业污染，严防畜禽养殖污染，严查农业面源污染。全年累计巡河达326人次。全面推进国土绿化提升行动。2018年实施荒山造林40公顷、特色经济林改造200公顷、农村“四旁”植树3.33公顷、特定灌木林培育66.67公顷、疏林地及未成林地培育66.67公顷，共计投入财政资金79万元；开展松材线虫病除治行动，对林业疫病加大管控力度，根治病虫害，最大程度减少经济损失，防止生态遭受更深层次的破坏，涉及22个作业小班，除治面积146.67公顷，投入整治资金22万余元；实施退耕还林项目133.33公顷，全面推广栽植油橄榄，探索发展特色产业。扎实开展“大棚房”清理整治，针对全乡耕地建房、农用设施用地等进行严格清理和排查上报。

【安全稳定】 全面深化“法治桐楼”“平安桐楼”“和谐桐楼”建设，切实保障社会和谐稳定、人民安居乐业。全面推进依法治乡。健全横向到边、纵向到底的治安防控体系，广泛开展普法宣传，大力营造办事依法、遇事找法、解决问题用法、化解矛盾靠法的浓厚氛围，重拳打击各类违法犯罪活动，实现人民群众安居、安业、安心。全年累计发放法律知识读本400余册，法律宣传材料600余份，无进京、赴市、到县群访，无市县交办重特大信访案件，无群体性事件，社会大局和谐稳定。抓牢安全生产。始终坚持严查严管、严处严罚，突出企业主体责任落实，推动责任全覆盖、管理全方位、监管全过程，坚决守住安全生产底线。认真落实安全生产工作“党政同责、一岗双责”责任追究制，切实加强各行业各领域安全隐患排查整治，全年罚没收入1.05万元，开展安全执法检查1100余人次，严厉查处道路交通违法行为160余起，查处食品药品违法经营1家，发现各类安全隐患80余处，递交整改指令书40份，隐患整改率100%，实现安全事故零目标。筑牢稳定红线。定期开展各行业领域风险隐患研判及排查，建立台账，落实整改措施逐一销号。加强重点人员的管控及矛盾纠纷问题的调查和处置，防止矛盾激化，杜绝越访、非访、集访的现象发生。加大治安巡查监管力度的同时，持续加大暴力犯罪、传销、非法集资、校园周边乱象问题、道路交通违法行为的打击力度。多形式开展平安建设、扫黑除恶、禁种铲毒等宣传活动，发出好声音，传递正能量，被彭水电视台多次宣传报道，形成强大的宣传声势。

荣 誉

先进集体

获奖单位	授奖文号（单位）	获奖日期	获奖内容
彭水自治县	渝安委〔2019〕2号	2019年1月	2018年全市安全生产工作先进区县
县委宣传部	渝委宣办〔2019〕8号	2019年4月	2018年度舆情信息工作优秀单位
县关心下一代工作委员会	—	2018年7月	全国“中华魂”（辉煌与梦想）主题教育活动先进集体
县委老干局	渝委老〔2019〕19号	2019年3月	2018年度离退休干部统计年报全优报表单位、2018年度全市老干部工作部门信息工作先进单位
县卫生和计划生育委员会	渝工发〔2018〕4号	2018年4月	重庆“五一劳动奖状”
县自来水公司安装队	渝工发〔2018〕4号	2018年4月	重庆市工人先锋号
县科协	渝科协发〔2019〕5号	2019年2月	2018年度工作特等奖
县科协	渝科协发〔2018〕4号	2018年1月	第十四届少年儿童“争当小实验家”科学体验活动优秀组织单位
县科协	渝科协发〔2018〕7号	2018年1月	28届重庆青少年模型大赛优秀组织单位
县科协	渝科协发〔2018〕61号	2018年5月	29届上半年模型大赛优秀组织单位
县科协	渝科协发〔2018〕70号	2018年7月	2018科技展览有奖征文及夏令营活动优秀组织单位
县科协	市科协	2018年9月	首届重庆市公民素质大赛优秀组织单位
县科协	市科协	2018年9月	第三届重庆市青少年素养大赛优秀组织单位
县科协	市科协	2018年10月	第三届科协改革研讨征文优秀组织单位
县科协	渝科协发〔2018〕122号	2018年12月	2018年全国科普日优秀组织单位
县科协	渝科协发〔2018〕130号	2018年12月	首届重庆市青少年STEAM科创大赛优秀组织单位
县消防大队	应急渝消〔2019〕36号	2019年2月	2018年度先进大队
县消防大队	应急渝消〔2019〕36号	2019年2月	2018年度勤政廉政先进单位、安全工作先进单位
县消防大队沙沱中队	急渝消〔2019〕36号	2019年2月	2018年度先进中队

获奖单位	授奖文号（单位）	获奖日期	获奖内容
县人民检察院执检科	渝检（政）〔2018〕13号	2018年2月	集体三等功
县人民法院	渝高法〔2018〕33号	2018年2月	调研工作先进法院、信息工作先进法院、新闻舆论工作先进法院、财务统计工作先进法院、队伍建设先进法院、以审判为中心的刑事诉讼制度改革专项工作先进法院、家事审判改革试点专项工作先进法院、执行案件专项工作先进法院
县人民法院行政庭	渝四中法〔2018〕35号	2018年4月	集体三等功
县人民法院立案庭	最高人民法院	2018年7月	家事审判工作先进集体
县司法局	渝司发〔2018〕32号	2018年2月	2017年度区县（自治县）执法执业综合管理目标考评优秀等次
县医疗纠纷调解委员会	国卫办医函〔2018〕296号	2018年5月	2013—2017年度全国创建“平安医院”活动表现突出集体
县医疗纠纷调解委员会	司发通〔2018〕40号	2018年5月	全国人民调解先进集体
高谷镇狮子社区	司发通〔2018〕71号	2018年7月	全国民主法治示范村（社区）
高谷镇人民调解委员会	渝人社发〔2018〕112号	2018年7月	重庆市优秀人民调解委员会
县城市管理局	建村〔2019〕25号	2018年11月	彭水自治县农村生活垃圾治理工作顺利通过国家验收
县环境保护局	渝环〔2018〕202号	2018年8月	2017—2018年度全市生态环境宣传教育工作先进集体
县运管所	渝道运发〔2018〕39号	2018年3月	2017年度安全工作目标考核先进单位
县交委	渝交协〔2018〕19号	2018年4月	2017年度通联工作优秀单位
县交委	渝交委办〔2018〕6号	2018年4月	2017年度交通政府网站工作先进集体
县交委	渝交委办〔2018〕8号	2018年5月	2017年度政务信息工作成效突出和进步较大单位
县交委	渝交委安〔2018〕14号	2018年5月	2017年度安全工作目标考评先进单位
县交委	渝交委办〔2018〕10号	2018年5月	2017年度全市交通系统政务信息工作先进集体
县运管所	渝道运发〔2018〕49号	2018年4月	2018年道路运输春运工作先进单位
县交委	渝交委运〔2018〕4号	2018年4月	2018年春运工作先进集体
县铁建办	渝涪铁资产电〔2019〕9号	2019年1月	2018年度征地拆迁工作先进集体
县交委	渝人社发〔2019〕10号	2019年1月	重庆市交通系统先进集体
县港航处	渝港航发〔2019〕9号	2019年1月	2018年水运重点工作目标任务督查先进单位
县红十字会	渝红会〔2018〕91号	2018年12月	应急救护“五进”培训一等奖
高谷镇狮子社区	司法通〔2018〕71号	2018年7月	全国民主法治示范村（社区）
高谷镇人民调解委员会	渝人社发〔2018〕112号	2018年7月	重庆市优秀人民调解委员会

获奖单位	授奖文号（单位）	获奖日期	获奖内容
黄家镇人民政府	渝农普办字〔2019〕1 号	2019 年 2 月	重庆市第三次全国农业普查市级先进集体
乔梓乡人民政府	渝农普办字〔2019〕1 号	2019 年 2 月	重庆市第三次全国农业普查市级先进集体
双龙乡人民政府	—	2018 年 8 月	重庆市尊医重卫先进集体

先进个人

获奖单位	姓　名	授奖文号（单位）	获奖日期	获奖内容
县人大办	刘洋行	市人大常委会办公厅	2018 年 11 月	《我国人大特定问题调查制度的发展历程与趋势研究》《人大专题询问走向常态化制度化》获市人大制度研究会年会暨理论研讨会征文一等奖、三等奖
县人大办	刘洋行	渝人办〔2018〕38 号	2018 年 6 月	《百年古村绽放新的光彩》《县人大做好专委会工作》分别获重庆人大新闻奖一等奖、三等奖
县委宣传部	刘玲军	渝委宣办〔2019〕8 号	2019 年 4 月	2018 年度舆情信息工作优秀个人
县信访办	冯万会	市信访办	2018 年	重庆市信访基础业务岗位练兵三等奖
县工商联	张幸福	全联发〔2018〕37 号	2018 年 12 月	第七届“光彩事业国土绿化贡献奖”
县总工会	李　伟 张　波 马明华	渝工发〔2018〕4 号	2018 年 4 月	重庆“五一劳动奖章”
县总工会	莫亚群	人社部发〔2018〕27 号	2018 年 4 月	全国工会系统先进工作者
县总工会	王子祥	总工发〔2018〕29 号	2018 年 9 月	全国优秀工会工作者
县总工会	晏苗苗	渝工发〔2018〕19 号	2018 年 12 月	重庆市网上劳动和技能竞赛金牌职工
县总工会	张洪明 任建锋	中互重字〔2018〕104 号	2018 年 12 月	2018 年职工互助保障工作先进个人
县科协	王贵兰	市科协	2018 年 6 月	第三届重庆市青少年科学素养大赛优秀组织工作者
县公安局	彭飞雄	市渝公政〔2018〕256 号	2018 年 7 月	居民身份证制度改革成绩突出个人（嘉奖）
县公安局	谭　锋	渝公发〔2018〕151 号	2018 年 8 月	服务民营经济发展工作成绩突出个人（嘉奖）
县公安局	袁　科	渝公发〔2018〕195 号	2018 年 11 月	侦办部督“3·16”特大购物诈骗案成绩突出个人（二等功）

获奖单位	姓　名	授奖文号（单位）	获奖日期	获奖内容
县公安局	王　勇	渝公发〔2018〕196 号	2018 年 11 月	侦办部督“6・29”消费卡贷款诈骗案成绩突出个人（嘉奖）
县消防大队	张志豪	应急消〔2019〕34 号	2019 年 2 月	2018 年度执勤训练工作先进个人
县消防大队	黄　建	应急渝消〔2019〕36 号	2019 年 2 月	2018 年度安全工作先进个人
县人民检察院	张兵红 王　涵	渝检（政）〔2018〕14 号	2018 年 2 月	个人二等功
县人民检察院	李思岱 向　杰 赵　捷	渝检（政）〔2018〕14 号	2018 年 2 月	个人三等功
县人民检察院	丁　可	渝检（政）〔2018〕13 号	2018 年 2 月	个人三等功
县人民法院	何长江 何小敏	渝四中法〔2018〕35 号	2018 年 4 月	个人三等功
县人民法院	何小敏	—	2018 年 10 月	巾帼建功标兵
县司法局	彭晓林	渝人社发〔2018〕112 号	2018 年 7 月	重庆市优秀人民调解员
县司法局	洪　明	渝人社发〔2018〕112 号	2018 年 7 月	重庆市优秀人民调解员
县司法局	龚明君	渝普法办〔2018〕34 号	2018 年 12 月	第二届“重庆市十大法治人物”
县司法局	谢朝聘	渝普法办〔2018〕35 号	2018 年 12 月	“2018 年度最美法律志愿者”提名奖
九黎集团	王汉章	渝人社发〔2018〕203 号	2018 年 10 月	重庆市旅游工作先进个人
县环境保护局	陈小燕	渝环〔2018〕202 号	2018 年 8 月	2017—2018 年度全市生态环境宣传教育工作优秀通讯员
县交委	李　刚	渝安办〔2018〕8 号	2018 年 3 月	2017 年危险化学品、烟花爆竹打非治违先进个人
县交委	向建波 张　聪 李　根 王　杰 向　川 陈　宇 张蜀州 田　东	渝港航发〔2018〕164 号	2018 年 7 月	“7・12”抗洪抢险先进个人
县交委	杨碧清	渝人社发〔2019〕10 号	2019 年 1 月	重庆市交通系统先进个人

获奖单位	姓 名	授奖文号（单位）	获奖日期	获奖内容
中国电信彭水分公司	肖体春 谢 娜 黄永松 冉 琴	中电信渝〔2018〕311号	2018年	新兴业务类三等奖
原县煤炭局	刘 颇	安监总人事〔2018〕21号	2018年1月	安全生产监管监察先进个人
原县安监局	尹 枢 刘在纯	渝应急发〔2019〕19号	2019年3月	2018年度全市非煤矿山安全生产工作先进个人、2018年度应急管理工作先进个人
县气象局	余 燃	渝气发〔2019〕6号	2019年1月	2018年全市重大气象服务先进个人
县广播电视台	赵应波 冉景荣	重庆市文化委员会	2018年9月	《“无事整酒”得到遏制 淳朴民风理性回归》获2017年度“重庆市广播电视优秀作品”（新闻类）电视消息三等奖。
县广播电视台	徐 磊 冉景荣	中国广播电影电视社会组织联合会	2018年8月	电视消息《四川孕妇高速临产 各方及时救助保平安》获2017全国县级广播电视长消息二等奖
县广播电视台	徐 磊 余梅花	重庆市新闻工作者协会	2018年7月	系列报道《十七年后回家的儿子》获第四届重庆市区县广播电视好新闻奖三等奖
高谷镇人民政府	谢朝聘	渝普法办〔2018〕35号	2018年12月	2018年“最美法律志愿者”提名奖
太原镇人民政府	曾祥松	渝农普办字〔2019〕1号	2019年2月	重庆市第三次全国农业普查市级先进个人名单
诸佛乡人民政府	邓明斌	渝人社发〔2017〕228号	2018年3月	市扶贫开发工作先进个人
诸佛乡人民政府	何文忠	—	2018年10月	市扶贫工作先进个人
乔梓乡人民政府	陈 业	渝农普办字〔2019〕1号	2019年2月	重庆市第三次全国农业普查市级先进个人

附　录

2018 年重庆市彭水苗族土家族自治县国民经济和社会发展统计公报

一、综合

全县常住人口 48.85 万人。其中，城镇人口 17.99 万人，乡村人口 30.86 万人。城镇化率 36.83%，比上年提高 1.52 个百分点。

全年人口出生率为 9.78‰，死亡率为 4.23‰，人口自然增长率为 5.55‰，出生婴儿性别比（以女性为 100，男性对女性的比例）为 108.5。年末户籍总人口 70.15 万人，比上年增加 0.13 万人。其中，户籍城镇人口 20.57 万人，户籍乡村人口 49.58 万人。

初步核算，全年实现地区生产总值（GDP）170.11 亿元，按可比价格计算，比上年增长 7.5%。其中，第一产业实现增加值 27.10 亿元，增长 5.2%；第二产业实现增加值 66.91 亿元，增长 9.8%；第三产业实现增加值 76.10 亿元，增长 6.4%。三次产业对经济增长的贡献率分别为 10.8%、50.6% 和 38.6%，分别拉动经济增长 0.8 个、3.8 个和 2.9 个百分点。三次产业结构比由上年的 18.9∶41.6∶39.5 调整为 15.9∶39.3∶44.8。按常住人口计算，全县人均地区生产总值实现 34741 元，较上年增加 6266 元，增长 7.6%。

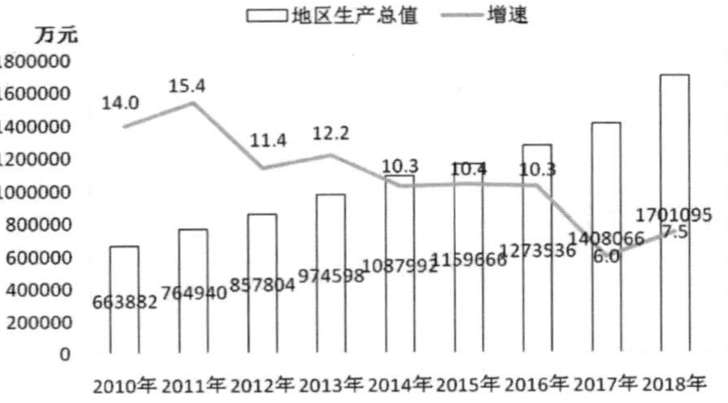

图一　2010—2018 年全县地区生产总值及增长速

全年新增城镇就业人员 6016 人，指导帮助 2121 名登记失业人员和 749 名就业困难人员实现就业再就业，城镇登记失业率为 3.37%。

二、农业

全年实现农林牧渔业总产值 44.88 亿元，比上年增长 5.5%。其中，农业 27.40 亿元，增长 6.2%；林业 3.20 亿元，增长 11.2%；畜牧业 13.62 亿元，增长 2.7%；渔业 0.15 亿元，增长 17.7%。实现农林牧渔业增加值 27.45 亿元，比上年增长 5.3%，其中，农业 18.15 亿元，增长 5.6%；林业 2.36 亿元，增长 12.0%；畜牧业 6.47 亿元，增长 2.1%；渔业 0.12 亿元，增长 16.7%。

表1　2018年全县主要农产品产量

产品名称	单位	产量	比上年±%
粮食	万吨	31.48	-2.2
#玉米	万吨	11.36	-6.0
水稻	万吨	6.33	-3.2
薯类	万吨	13.01	1.5
油料	万吨	3.08	4.5
蔬菜	万吨	38.67	5.9
烤烟	万吨	0.95	-6.2
水果	万吨	2.25	8.2

全年粮食播种面积8万公顷，下降1.1%；油料播种面积1.672万公顷，增长3.5%；烤烟播种面积0.522万公顷，下降3.1%；蔬菜播种面积1.50万公顷，增长3.4%。全年粮食总产量31.48万吨，下降2.2%。其中，夏粮产量7.62万吨，增长0.2%；秋粮产量23.86万吨，下降3.0%。油料总产量3.08万吨，增长4.5%；烤烟总产量0.95万吨，下降6.2%；蔬菜总产量38.67万吨，增长5.9%。

三、工业和建筑业

全年实现工业增加值35.56亿元，比上年增长4.9%，占全县地区生产总值（GDP）的比重达20.9%，对全县经济增长的贡献率为14.5%，拉动经济增长1.1个百分点。规模以上工业企业实现总产值50.31亿元，增长15.9%。其中，国有控股企业27.63亿元，下降2.7%；大中型企业14.29亿元，增长0.1%。按轻重工业分，轻工业实现产值13.83亿元，增长7.6%；重工业实现产值36.48亿元，增长19.4%。

规模以上工业企业总产值分行业看，煤炭开采和洗选业实现产值1.13亿元，下降23.6%；农副食品加工业实现产值4.53亿元，增长18.8%；制鞋业实现产值5.84亿元，下降18.9%；非金属矿物制品业实现产值10.71亿元，增长100.5%；电力生产和供应业实现产值20.28亿元，增长4.7%。

表2　2018年全县规模以上工业经济主要经济指标

指标名称	计量单位	2018年	同比±%
指标名称	计量单位	2018年	同比±%
规模以上工业总产值	万元	503147	15.9
#大中型工业企业	万元	142948	0.1
#国有控股	万元	276295	-2.7
按轻重工业分			
#轻工业	万元	138318	7.6
重工业	万元	364829	19.4
规模以上工业增加值	万元		
规模以上工业企业销售产值	万元	490300	14.7
规模以上工业企业主营业务收入	万元	443608	10.8
规模以上工业企业利税总额	万元	104042	10.1
规模以上工业企业利润总额	万元	66036	9.3

全年规模以上工业企业实现主营业务收入44.36亿元，增长10.8%；实现利税总额10.40亿元，增长10.1%；实现利润6.60亿元，增长9.3%；产品销售率97.4%，比上年下降1个百分点。

全年规模以上工业主要产品产量中，原煤产量11.46万吨，下降8.8%；水泥产量163.06万吨，下降5.5%；水泥熟料118.31万吨，增长9.7%；水力发电量60.90亿千瓦时，增长4.4%；商品混凝土20.83万立方米，下降5.6%；胶鞋产量2147.37万双，下降22%；包装饮用水产量18779.9吨，增长19.6%。

表3　2018年规模以上工业主要产品产量

产品名称	单位	产量	同比±%
产品名称	单位	产量	同比±%
原煤	万吨	11.46	-8.8

产品名称	单位	产量	同比±%
水泥	万吨	163.06	-5.5
水泥熟料	万吨	118.31	9.7
水力发电量	亿千瓦时	60.90	4.4
商品混凝土	万立方米	20.83	-5.6
胶鞋	万双	2147.37	-22.0
包装饮用水	吨	18779.9	19.6

全年实现建筑业增加值31.35亿元，同比增长16.2%，对全县经济增长的贡献率达36.1%，拉动经济增长2.7个百分点。全年纳入企业一套表的资质以内建筑业企业28家，全年实现注册地建筑业总产值43.38亿元，增长1.6%。

四、固定资产投资和房地产开发

全年完成固定资产投资87.81亿元，比上年增长10.5%。按产业划分，第一产业完成投资3.29亿元，下降42.2%；第二产业完成投资13.74亿元，增长34.4%；第三产业完成投资70.78亿元，增长11.9%。其中，全年完成工业投资13.74亿元，增长34.4%，占全县固定资产投资总额的15.7%；房地产开发完成投资15.59亿元，下降24.1%，占全县固定资产投资总额的17.8%。

全年商品房施工面积140.12万平方米，下降1.0%；商品房竣工面积12.93万平方米，增长906.3%；商品房销售面积35.54万平方米，增长13.1%，其中住宅销售面积27.29万平方米，增长3.8%；商品房销售额18.29亿元，增长33.7%，其中住宅销售额11.94亿元，增长18.0%。

五、国内贸易和对外开放

全年批发和零售业实现增加值10.41亿元，比上年增长8.5%，占全县地区生产总值的6.1%；住宿和餐饮业实现增加值5.61亿元，增长6.4%，占全县地区生产总值的3.3%。

全年实现社会消费品零售总额65.82亿元，比上年增长13.3%。按经营地统计，城镇实现消费品零售总额18.80亿元，增长12.4%；乡村实现社会消费品零售总额47.01亿元，增长13.7%。按行业统计，批发业实现零售总额17.59亿元，增长18.1%；零售业实现零售总额43.20亿元，增长12.7%；住宿业实现零售总额1.25亿元，增长7.3%；餐饮业实现零售总额3.77亿元，增长2.3%。

在限额以上企业商品零售额中，粮油、食品、饮料、烟酒类零售额增长68.9%；服装、鞋帽、针纺织品类增长2.8%；五金、电料类增长46.9%；石油及制品类增长18.9%；家用电器和音响器材类增长20.1%；中西药品类增长13.2%；文化办公用品类增长17.7%；家具类增长6.9%；建筑及装潢材料类增长18.6%；汽车类增长28.9%。

截至年末，全县限额以上单位个数共164家，其中批发业80家，零售业66家，住宿业5家，餐饮业13家。全县批发零售业企业实现销售额154.56亿元，增长16.6%，其中限额以上批发零售单位实现销售额70.76亿元，占全县批发零售业商品销售额比重为20.4%；住宿餐饮业企业实现营业收入19.59亿元，增长14.6%，其中限额以上住宿餐饮业实现营业收入1.74亿元，占全县住宿餐饮业营业收入的比重为8.9%。

招商落地在建项目34个、计划投资80.3亿元，实际利用内资11.2亿元、增长19.8%。全年外贸进出口总额达938万元，同比增长83.2%，其中出口总额938万元，增长83.2%。

六、交通、邮政和旅游

全年交通运输、邮政和仓储业实现增加值7.03亿元，比上年增长5.4%，占全县地区生产总值的4.1%。

全年公路通车里程达到7640千米。其中，高速公路65千米，二级公路242千米，三级公路113千米，四级公路5962千米。

全年完成公路客运量945万人次，增长

4.3%；完成货运量302万吨（不含铁路运输，下同），增长14.0%。全年旅客周转量达到46442万人千米，下降7.3%；货运周转量达到32383万吨千米，增长8.8%。

全年完成邮电业务总量4.19亿元，比上年增长0.8%。其中：邮政业务总量0.65亿元，增长24.3%；电信业务总量3.54亿元，下降2.5%。年末固定电话用户6.51万户，增长18.7%；移动电话用户52.76万户，增长5.0%；互联网用户12.31万户，增长24.9%。

全年累计接待游客2529万人次，比上年增长20.7%，其中海外游客15万人次，增长271.4%；国内游客2514万人次，增长20.2%。全年全县实现旅游综合收入111.80亿元，比上年增长21.8%。全县旅游景区接待游客500.13万人次，旅行社组团人数达50.02万人次，分别增长42.0%、37.2%。

七、财政、金融和保险

全年实现地方财政收入29.25亿元，比上年增长0.7%，其中，一般公共预算收入13.25亿元，下降0.5%；基金收入15.06亿元，增长0.2%。一般公共预算收入中，税收收入8.55亿元，增长1.3%，占地方财政收入的比重达29.2%，非税收入4.71亿元，下降3.7%。税收收入中，增值税3.25亿元，增长15.3%；企业所得税1.05亿元，增长0.6%；个人所得税0.34亿元，增长14.0%；城市建设维护税0.37亿元，增长29.4%；房产税0.33亿元，增长16.7%；契税0.83亿元，增长61.0%；烟叶税0.51亿元，增长5.8%。

图二　2010—2018年地方财政收入及增长速度

全年实现财政支出79.08亿元，比上年增长12.2%。其中，一般公共预算支出62.21亿元，增长13.0%；基金预算支出16.62亿元，增长11.4%。一般公共预算支出中，一般公共服务支出3.85亿元，增长1.4%；教育14.10亿元，增长12.7%；文化体育与传媒0.45亿元，下降5.4%；社会保障和就业6.31亿元，增长2.8%；医疗卫生6.45亿元，增长21.6%；环境保护2.79亿元，增长0.3%；城乡社区事务4.24亿元，下降18.8%；农林水事务15.16亿元，增长30.9%；交通运输2.48亿元，增长31.8%；住房保障1.75亿元，增长22.5%。

全年金融业实现增加值8.70亿元，增长0.1%，占全县地区生产总值5.1%。年末金融机构存款余额190.80亿元，增长2.3%，其中住户存款余额153.26亿元，增长13.6%。年末金融机构贷款余额188.62亿元，增长5.0%，其中，住户贷款54.03亿元，增长3.2%；非金融企业及机构团体贷款134.59亿元，增长5.8%。

年末营利性保险机构15家，保险业从业人员2110人。全年保险机构实现保费收入5.69亿元，比上年增长7.1%。其中，财产险保费收入1.43亿元，增长0.6%；人身险保费收入4.26亿元，增长9.5%。全县保险机构赔付支出1.55亿元，比上年增长19.0%。其中，财产险赔付支出0.88亿元，增长33.7%；人身险赔付支出0.67亿元，增长3.9%。

八、教育

2018年末全县各级各类校（园）148所，其中，小学72所，初级中学19所，九年一贯制学校3所，完全中学3所，特殊教育学校1所，职业中学2所，幼儿园51所。全县普通高中招生4893人，在校生14889人，毕业生5378人；普通初中招生8508人，在校生25597人，毕业生8566人；

小学招生7185人，在校生47801人；毕业生8792人；职业中学招生1613人，在校生4748人，毕业生1280人。全县各级各类学校有专任教师6704人。

学前一年入园率达93.8%，学前三年入园率达80.2%。初中毕业生升高中比例达96.2%。中考上市联招线2862人。全县高考各批次上线6041人，上线率达98.7%；其中：本科各批次上线2416人，重点本科上线810人，职高本科上线126人。

九、文化、卫生和体育

截至年末，全县共有文化馆1个，公共图书馆1个，影剧院2个，广播电视台1座，乡镇综合文化站39个。广播人口综合覆盖率90.2%，电视人口综合覆盖率96.3%。

截至年末，全县共有各级各类医疗卫生机构（含村卫生室）422个，其中，医院11个，乡镇卫生院36个，社区卫生服务中心4个，诊所（卫生所、医务室）56个，村卫生室311个，疾病预防控制中心1个，卫生监督所1个，妇幼保健院1个，结核病防治所1个。各类医疗卫生机构开放病床2594张，其中：医院开放病床1364张，乡镇卫生院、社区卫生服务中心开放床位1194张，妇幼保健院开放病床30张。全县有卫生技术人员2509人，其中：执业（助理）医师995人。

成功举办了第八届中国摩托艇联赛“太极水杯”重庆彭水大奖赛及中美澳艺术滑水精英赛、第八届江河钓鱼大赛、“蚩尤九黎城杯”第六届中国彭水阿依河国际漂流大赛、第三届海峡两岸暨港澳地区户外挑战赛暨“蚩尤九黎城”重庆彭水户外挑战赛、第三届“摩围山杯”中老年篮球邀请赛等大型体育活动，成功承办了2018“彭水·城投杯”中国西部四省一市篮球联赛和重庆彭水森林自行车赛等体育赛事，开展大中型群众体育活动30多次，参与人数达5万余人次，观众人数在50万人次以上。积极参加市级以上体育赛事，获得市级以上奖牌30枚，其中金牌4枚、银牌10枚和铜牌16枚。

十、人民生活和社会保障

全年常住居民人均可支配收入17493元，比上年增长10.8%。按常住地分，城镇常住居民人均可支配收入29124元，比上年增长8.6%；农村常住居民人均可支配收入11144元，比上年增长9.3%。

城镇常住居民人均可支配收入中，工资性收入13973元，增长8.5%；经营净收入6028元，增长9.3%；财产净收入4109元，增长8.7%；转移净收入5014元，增长8.1%。

农村常住居民人均可支配收入中，工资性收入4895元，增长10.0%；经营净收入4110元，增长8.4%；财产净收入245元，增长8.6%；转移净收入1894元，增长9.5%。

截至年末，全县统筹范围内参加社会养老保险的企业职工人数达3.60万人，收缴养老保险基金3.44亿元；参加失业保险的人数达2.60万人，失业保险费征缴收入565万元；参加医疗保险的人数达3.91万人，医疗保险征缴收入2.43亿元；参加城乡居民合作医疗保险的人数达57.54万人，城乡居民参合率达99.1%。

截至年末，全县享受最低生活保障的人数达2.85万人，其中城镇低保0.64万人，农村低保2.21万人。全年累计发放城乡居民最低生活保障金1.41亿元，其中城镇居民低保0.38亿元，农村居民低保1.03亿元。城乡低保标准分别提高到546元/月和410元/月，分别比上年增长9.2%和17.1%。

十一、资源、环境和安全生产

全年降水总量1364毫米，全年总用水量8905万立方米。年末全县监测的19座小型水库蓄水总量656万立方米，比上年末下降2.7%。

植树造林力度加大，森林工程建设成效显著，森林资源得到有效保护。全年完成各项造林面积2.45万公顷，其中人工造林面积0.76万公顷，全县森林覆盖率达57%，比上年提高2.8个百分点。

全年全社会用电量7.97亿千瓦时，比上年增长12.7%，其中大工业用电量2.93亿千瓦时，增长19.3%。

县城空气质量状况优良的天数为349天，全年优良率为95.6%。环境空气中可吸入颗粒物（PM2.5）、可吸入颗粒物（PM2.5）、二氧化硫（SO_2）、二氧化氮（NO_2）年平均浓度分别为27微克/立方米、38微克/立方米、18微克/立方米、20微克/立方米。全年县城降水pH平均值为6.78，全年无酸雨。地表水总体水质良好，均能达到Ⅲ类水质要求。集中式饮用水源水质总体良好，县城饮用水源水质达标率为100%，乡镇街道集中饮用水源水质达标率为95.8%。

全年发生生产安全事故1起、死亡1人。全年受理社会治安案件1494件，治安案件发案率21.3件/万人；刑事案件立案1083件，破获各类刑事案件1131起，刑事案件发案率15.4件/万人。

注：

1. 本公报中2018年数据均为初步统计数，最终数据以《2019年彭水统计年鉴》为准。部分数据因四舍五入的原因，存在着分项与合计不等的情况。

2. 地区生产总值绝对数按现价计算，增长速度按可比价计算。

3. 规模以上工业、有资质的建筑业、限额以上批发和零售业、限额以上住宿和餐饮业、全部房地产开发经营业、规模以上服务业等行业统计标准：

规模以上工业：年主营业务收入2000万元及以上的工业法人单位。

有资质的建筑业：有总承包、专业承包和劳务分包资质的建筑业法人单位。

限额以上批发和零售业：年主营业务收入2000万元及以上的批发业、年主营业务收入500万元及以上的零售业法人单位。

限额以上住宿和餐饮业：年主营业务收入200万元及以上的住宿和餐饮业法人单位。

房地产开发经营业：全部房地产开发经营业法人单位。

规模以上服务业：年营业收入1000万元及以上或从业人员50人及以上的执行企业会计制度的法人或视同法人单位。包括：交通运输、仓储和邮政业，信息传输、软件和信息技术服务业，租赁和商务服务业，科学研究和技术服务业，水利、环境和公共设施管理业，居民服务、修理和其他服务业，教育，卫生和社会工作，文化、体育和娱乐业；以及物业管理、房地产中介服务等行业。

4. 公报中所涉及的部门统计数据来自相关行业部门，其他数据来自县统计局。